Windows 11

Seis anos após dizer que o Windows 10 era a "última" versão do Windows, a Microsoft lançou o Windows 11, em 5 de outubro de 2021. Embora alguns digam que é apenas o Windows 10 com nova roupagem, o 11 adiciona novos recursos, remove alguns antigos e muda a aparência do Windows de modos sutis. Estas dicas ajudam a trabalhar com a última edição, o Windows 11.

AS MAIORES MUDANÇAS NO WINDOWS 11

A Microsoft projetou o Windows 11 visando segurança e capacidade. Ele requer um chip TPM (*trusted platform module*) especial para rodar, que deixa seu PC mais seguro, mas tem um preço: muitos PCs mais antigos não têm um chip TPM, portanto, não conseguirão fazer o upgrade para o Windows 11.

O Windows 11 traz também estas grandes mudanças para seu PC:

- **Barra de tarefas.** Para muitas pessoas, a maior diferença no Windows 11 é a barra de tarefas. Todos os ícones agora ficam *centralizados* nela, em vez de alinhados da esquerda para a direita. O botão Iniciar não fica mais na parte esquerda inferior da tela, agora é o ícone mais à esquerda na barra de tarefas centralizada.
- **Menu Iniciar.** O menu Iniciar não inclui mais *blocos* dinâmicos: ícones quadrados que serviam como marcas em constante atualização para exibir notícias atuais, tempo, email e outras informações. Pelo contrário, o menu Iniciar mostra três linhas de ícones na metade superior, com ícones para os apps usados com frequência na metade inferior.
- **Widgets:** Para compensar a falta de blocos dinâmicos do menu Iniciar, a Microsoft adotou o conceito e criou o painel Widgets: uma faixa de blocos que se atualizam para mostrar as últimas novidades, informações sobre o trânsito, suas fotos mais recentes e outras informações.
- **Bate-papo do Teams:** Em um esforço para lucrar com a mania de bate-papo por vídeo no Zoom durante a pandemia, a Microsoft criou um programa de bate-papo por vídeo no Windows 11. Chamado *Teams Chat*, ele permite reuniões por vídeo e troca de mensagens com amigos, família e colegas de trabalho.
- **Atualizações:** A Microsoft tratava o Windows 10 como um serviço contínuo, lançando duas grandes atualizações todo ano. Esse ritmo implacável diminuiu com o Windows 11, felizmente. A Microsoft promete atualizar o Windows 11 apenas uma vez ao ano.
- **Apps:** A Microsoft atualiza alguns apps do Windows 11 todo dia ou semana, adicionando novos recursos, removendo os pouco populares e corrigindo problemas. As atualizações chegam automaticamente pelo app Microsoft Store. Isso evita o trabalho de pesquisar as últimas atualizações, mas também tem surpresas: por vezes, seus apps mudam de aparência e não se comportam mais como antes.

Windows 11 Para leigos

- **Requisitos de hardware rigorosos:** Em um grande avanço em relação ao passado, o Windows 11 requer um PC potente montado nos últimos dois anos ou mais. Há chances de que você não consiga fazer upgrade de seu PC antigo com o Windows 10, e certamente não será possível com o Windows 7 ou o Windows 8.

- **Cortana.** Colocado diretamente no menu Iniciar e na barra de tarefas do Windows 10, a Microsoft separou por completo o assistente Cortana do Windows 11. Se você não gosta dele, essa é uma boa notícia. Se sentir falta, clique no botão Iniciar, digite "cortana", e o assistente digital surgirá para servi-lo.

- **Sem modo Tablet.** O Windows 11 não inclui mais um modo Tablet, que fazia o Windows se comportar de modo muito diferente nas telas de toque. Pelo contrário, o Windows 11 parece e se comporta igualmente nos PCs desktop, notebooks e tablets.

Se seu PC com Windows tem capacidade suficiente para rodar o Windows 11, é provável que faça a atualização automaticamente com o Windows Update no final de 2021 ou início de 2022. Se a capacidade não for suficiente, o Windows 10 continuará rodando até outubro de 2025. Nesse momento, a Microsoft parará de enviar patches de segurança para o Windows 10 e começará a incomodá-lo para comprar um novo PC.

TECLADO E ATALHOS DA TELA DE TOQUE NO WINDOWS 11

Por muitos anos, foi fácil colocar duas janelas lado a lado no desktop. O Windows 11 expande esse conceito, facilitando colocar *ainda mais* janelas lado a lado. Com todas as janelas visíveis na tela, é muito mais fácil copiar e colar informações entre elas.

Na verdade, ao arrastar uma janela para um canto, o Windows 11 mostra grades na tela que ajudam a posicionar todas as janelas abertas.

O Windows 11 também melhora os desktops *virtuais*, um modo de criar vários desktops separados. Você pode alinhar as janelas e os programas de um projeto em um desktop, por exemplo, e, então, trocar para um segundo desktop para colocar as janelas de um projeto separado.

Windows® 11
para leigos

Windows® 11 Para leigos

Andy Rathbone

ALTA BOOKS
GRUPO EDITORIAL
Rio de Janeiro, 2023

Windows 11 Para Leigos

Copyright © 2023 STARLIN ALTA EDITORA E CONSULTORIA LTDA.
Copyright ©2022 Andy Rathbone.
ISBN: 978-85-508-2042-2

Alta Books é uma Editora do Grupo Editorial Alta Books.

Translated from original Windows 11 For Dummies. Copyright © 2022 by Wiley Publishing, Inc. ISBN 978-1-119-84647-5. This translation is published and sold by John Wiley, the owner of all rights to publish and sell the same. PORTUGUESE language edition published by Starlin Alta Editora e Consultoria Eireli, Copyright © 2023 by STARLIN ALTA EDITORA E CONSULTORIA LTDA.

Impresso no Brasil — 1ª Edição, 2023 — Edição revisada conforme o Acordo Ortográfico da Língua Portuguesa de 2009.

Dados Internacionais de Catalogação na Publicação (CIP) de acordo com ISBD

R234w   Rathbone, Andy
         Windows 11 Para Leigos / Andy Rathbone ; traduzido por Eveline Machado. - Rio de Janeiro : Alta Books, 2023.
         464 p. ; 16cm x 23cm. – (Para Leigos)

         Tradução de: Windows 11 For Dummies.
         Inclui índice.
         ISBN: 978-85-508-2042-2

         1. Computação. 2. Programas de computador. 3. Tecnologia. 4. Interface. 5. Apps do Android. 6. Acessar internet. 7. Personalizar PC Windows. I. Machado, Eveline. II. Título. III. Série.

2023-3194   CDD 005.3
                                                    CDU 004.42

Elaborado por Vagner Rodolfo da Silva - CRB-8/9410

Índice para catálogo sistemático:
1. Ciência da Computação: programas de computador 005.3
2. Ciência da Computação: programas de computador 004.42

Todos os direitos estão reservados e protegidos por Lei. Nenhuma parte deste livro, sem autorização prévia por escrito da editora, poderá ser reproduzida ou transmitida. A violação dos Direitos Autorais é crime estabelecido na Lei nº 9.610/98 e com punição de acordo com o artigo 184 do Código Penal.

O conteúdo desta obra fora formulado exclusivamente pelo(s) autor(es).

Marcas Registradas: Todos os termos mencionados e reconhecidos como Marca Registrada e/ou Comercial são de responsabilidade de seus proprietários. A editora informa não estar associada a nenhum produto e/ou fornecedor apresentado no livro.

Material de apoio e erratas: Se parte integrante da obra e/ou por real necessidade, no site da editora o leitor encontrará os materiais de apoio (download), errata e/ou quaisquer outros conteúdos aplicáveis à obra. Acesse o site www.altabooks.com.br e procure pelo título do livro desejado para ter acesso ao conteúdo.

Suporte Técnico: A obra é comercializada na forma em que está, sem direito a suporte técnico ou orientação pessoal/exclusiva ao leitor.

A editora não se responsabiliza pela manutenção, atualização e idioma dos sites, programas, materiais complementares ou similares referidos pelos autores nesta obra.

Grupo Editorial Alta Books

Produção Editorial: Grupo Editorial Alta Books
Diretor Editorial: Anderson Vieira
Editor da Obra: Anderson Vieira
Vendas Governamentais: Cristiane Mutús
Gerência Comercial: Claudio Lima
Gerência Marketing: Andréa Guatiello

Produtor Editorial: Thiê Alves
Tradução: Eveline Machado
Copidesque: Alessandro Thomé
Revisão: Thaís Pol; Rafael Fontes
Diagramação: Lucia Quaresma
Revisão Técnica: Inaldo Lopes (Especialista em Windows)

Rua Viúva Cláudio, 291 – Bairro Industrial do Jacaré
CEP: 20.970-031 – Rio de Janeiro (RJ)
Tels.: (21) 3278-8069 / 3278-8419
www.altabooks.com.br – altabooks@altabooks.com.br
Ouvidoria: ouvidoria@altabooks.com.br

Sobre o Autor

Andy Rathbone começou a se envolver com computadores em 1985, quando comprou um CP/M Kaypro 2X portátil de quase 12kg. Como outros nerds da época, logo começou a lidar com adaptadores de modem nulo e BBS via telefone, trabalhando em meio período na Radio Shack.

Ele escreveu artigos para várias publicações especializadas antes de passar para livros de computação em 1992. Escreveu a série *Windows Para Leigos*, *Microsoft Surface For Dummies*, *Upgrading & Fixing PCs For Dummies* [sem publicação no Brasil] e muitos outros livros da área.

Hoje, tem mais de 15 milhões de cópias de seus livros impressas e foi traduzido em mais de 30 idiomas. Contate Andy em seu site, www. andyrathbone.com.

Agradecimentos do Autor

Um agradecimento especial a Dan Gookin, Matt Wagner, Tina Rathbone, Steve Hayes, Kristie Pyles, Mary Corder, Colleen Diamond e Ryan Williams.

Agradeço também a todos que nunca encontrei no editorial, nas vendas, no marketing, na revisão, no layout, na gráfica e na produção, pessoas que trabalharam com dedicação para levar este livro até você.

Sumário Resumido

Introdução 1

Parte 1: Coisas do Windows 11 que Todos Pensam que Você Já Sabe 7
CAPÍTULO 1: O que É Windows 11? 9
CAPÍTULO 2: Começando com o Menu Iniciar 21
CAPÍTULO 3: Área de Trabalho Tradicional 47
CAPÍTULO 4: O Básico da Janela da Área de Trabalho 71
CAPÍTULO 5: Armazenando e Organizando Arquivos 89

Parte 2: Trabalhando com Programas, Apps e Arquivos 127
CAPÍTULO 6: Lidando com Programas, Apps e Documentos 129
CAPÍTULO 7: Encontrando a Ovelha Desgarrada 151
CAPÍTULO 8: Imprimindo e Digitalizando Seu Trabalho 163

Parte 3: Fazendo Coisas na Internet 181
CAPÍTULO 9: Navegando na Web 183
CAPÍTULO 10: Socializando: Email, Calendário e Teams Chat 201
CAPÍTULO 11: Computação Segura 229

Parte 4: Personalizando e Atualizando o Windows 11 239
CAPÍTULO 12: Personalizando as Configurações no Windows 241
CAPÍTULO 13: Evitando Problemas no Windows 271
CAPÍTULO 14: Compartilhando um PC com Várias Pessoas 283
CAPÍTULO 15: Conectando PCs a uma Rede 301

Parte 5: Música, Fotos e Vídeos 321
CAPÍTULO 16: Reproduzindo e Copiando Música 323
CAPÍTULO 17: Lidando com Fotos, Vídeos e Celulares 347

Parte 6: Socorro! 363
CAPÍTULO 18: O Caso da Janela Quebrada 365
CAPÍTULO 19: Mensagens Estranhas: O que Você Fez Não Processa 383
CAPÍTULO 20: De um PC Antigo para um Novo com o Windows 11 399
CAPÍTULO 21: Assistência no Sistema de Ajuda do Windows 409

Parte 7: A Parte dos Dez..415

CAPÍTULO 22: Dez Coisas que Você Odiará no Windows 11
(e Como Corrigi-las).. 417

CAPÍTULO 23: Dez Dicas ou Quase para Proprietários de Tablet
e Notebook... 427

Índice...437

Sumário

INTRODUÇÃO 1

Sobre Este Livro 2
Como Usar Este Livro 2
Os Proprietários das Telas de Toque Não Foram Esquecidos 4
E Você? 5
Ícones Usados Neste Livro 5
Além Deste Livro 6
De Lá para Cá, Daqui para Lá 6

PARTE 1: COISAS DO WINDOWS 11 QUE TODOS PENSAM QUE VOCÊ JÁ SABE 7

CAPÍTULO 1: O que É Windows 11? 9

O que É Windows e Por que Você o Está Usando? 10
O que É Novo no Windows 11? 12
O que Falta no Windows 11? 14
Por que o Windows 11 Continua Mudando? 16
Meu PC Atual Pode Rodar o Windows 11? 17
Diferentes Tipos de Windows 11 18

CAPÍTULO 2: Começando com o Menu Iniciar 21

Bem-vindo ao Mundo do Windows 22
Entendendo as contas de usuário 24
Mantendo sua conta privada e segura 25
Inscrevendo-se na conta Microsoft 28
Entendendo o Menu Iniciar do Windows 11 29
Inicializando um programa ou um app no menu Iniciar 32
Encontrando algo no menu Iniciar 33
Exibindo, fechando ou voltando aos apps abertos 34
Conhecendo os apps gratuitos 35
Adicionando ou removendo itens do menu Iniciar 38
Personalizando o menu Iniciar 40
Saindo do Windows 42
Deixando temporariamente o PC 42
Saindo do computador no dia 44

CAPÍTULO 3: Área de Trabalho Tradicional 47

Área de Trabalho e Menu Iniciar. 47

Usando a Área de Trabalho. 49

Inicializando apps com o menu Iniciar 50

Animando o fundo da área de trabalho 52

Vasculhando a Lixeira. 54

Aumentando a Barra de Tarefas. 55

Diminuindo as janelas na barra de tarefas e
recuperando-as 58

Trocando para diferentes tarefas nas Listas de Atalhos
da barra de tarefas. 59

Áreas sensíveis da barra de tarefas. 60

Central de ações e Notificações 62

Exibindo notificações 62

Vendo ícones das Configurações rápidas. 64

Observando os Widgets. 64

Personalizando a barra de tarefas. 65

Configurando Áreas de Trabalho Virtuais. 67

Programas Mais Fáceis de Encontrar 70

CAPÍTULO 4: O Básico da Janela da Área de Trabalho 71

Dissecando uma Janela Típica da Área de Trabalho 72

Puxando a barra de título de uma janela 73

Navegando as pastas com a barra de Endereço de
uma janela 75

Entendendo as novas barras de Menu de sua pasta. 76

Atalhos rápidos com o painel Navegação. 77

Movendo-se com a barra de rolagem. 81

Bordas chatas 82

Manobrando as Janelas na Área de Trabalho 83

Movendo uma janela para o topo da pilha 83

Movendo uma janela daqui para lá 84

Fazendo uma janela preencher a área de trabalho inteira. . . 84

Fechando uma janela. 85

Aumentando ou diminuindo uma janela 85

Colocando as janelas lado a lado com cuidado. 86

Abrindo as janelas com o mesmo bendito tamanho 87

xii **Windows 11 Para Leigos**

CAPÍTULO 5 **Armazenando e Organizando Arquivos**........89

Percorrendo os Arquivos do Explorador de Arquivos 91

A Verdade sobre as Pastas 94

Sondando Suas Unidades, Pastas e Outras Mídias.............95

    Vendo os arquivos em uma unidade......................95

    Vendo dentro da pasta 98

Criando uma Nova Pasta 100

Renomeando um Arquivo ou uma Pasta 101

Selecionando Muitos Arquivos ou Pastas...................102

Livrando-se de um Arquivo ou Pasta.......................103

Copiando ou Movendo Arquivos e Pastas 104

Mais Informações sobre Arquivos e Pastas 107

Gravando em CDs e DVDs.................................109

    Comprando os CDs e os DVDs virgens certos para

      a gravação 110

    Copiando arquivos para/de CDs ou DVDs 111

Trabalhando com Pen Drives e Cartões de Memória.........114

OneDrive: Seu Esconderijo na Nuvem......................115

    Configurando o OneDrive 116

    Mudando as configurações do OneDrive................119

    Abrindo e salvando arquivos do OneDrive...............121

    Entendendo quais arquivos residem no OneDrive,

      no PC ou nos dois lugares 123

    Acessando o OneDrive na internet 125

PARTE 2: TRABALHANDO COM PROGRAMAS, APPS E ARQUIVOS.........127

CAPÍTULO 6: **Lidando com Programas, Apps e Documentos** 129

Iniciando um App ou um Programa........................130

Abrindo um Documento 133

Salvando um Documento 134

Escolhendo qual Programa Deve Abrir qual Arquivo 136

Navegando a Microsoft Store 139

    Adicionando novos apps da Microsoft Store..............140

    Desinstalando apps 143

Sumário **xiii**

Pegando o Caminho Fácil com um Atalho na Área
de Trabalho 143
Guia Absolutamente Essencial para Recortar, Copiar
e Colar.. 144
O guia rápido e fácil para recortar e colar 145
Selecionando coisas para recortar ou copiar 145
Recortando ou copiando os itens selecionados 148
Colando informações em outro lugar 149

CAPÍTULO 7: **Encontrando a Ovelha Desgarrada**............ 151
Encontrando os Apps e Programas Atualmente
em Execução 151
Janelas Perdidas na Área de Trabalho..................... 153
Localizando um App, um Programa, uma Configuração ou
um Arquivo Perdido 154
Encontrando um Arquivo Perdido Dentro de uma Pasta 157
Encontrando Fotos Perdidas............................... 160
Encontrando Outros Computadores na Rede................. 161

CAPÍTULO 8: **Imprimindo e Digitalizando Seu Trabalho** 163
Imprimindo com o App do Menu Iniciar..................... 164
Imprimindo Sua Obra-prima na Área de Trabalho 166
Ajustando seu trabalho na página........................ 168
Ajustando as configurações da impressora.............. 170
Cancelando um trabalho de impressão 171
Imprimindo uma página da web 174
Solucionando problemas na impressora 176
Digitalizando com o Menu Iniciar.......................... 177

PARTE 3: FAZENDO COISAS NA INTERNET.............. 181

CAPÍTULO 9: **Navegando na Web** 183
O que É ISP e Por que Preciso de Um?..................... 184
Conexão sem Fio com a Internet 185
Navegando na Web com o Microsoft Edge.................. 188
Movendo-se entre as páginas da web 191
Fazendo o Microsoft Edge abrir seu site favorito 193
Revisitando os locais favoritos 194
Encontrando coisas na internet......................... 194

xiv   **Windows 11 Para Leigos**

Encontrando Mais Informações sobre um site 196
Salvando as Informações da Internet 197
    Salvando uma página da web. 197
    Salvando texto. 198
    Salvando uma imagem. 198
    Baixando um programa, uma música ou outro tipo
     de arquivo 199

CAPÍTULO 10: **Socializando: Email, Calendário e Teams Chat** 201

Adicionando Suas Contas ao Windows 202
Entendendo o App Email 204
    Trocando entre exibições, menus e contas do app Email. . . 204
    Criando e enviando email 207
    Lendo um email recebido 209
    Enviando e recebendo arquivos por email. 212
Gerenciando Contatos no App Pessoas 215
    Adicionando contatos 216
    Excluindo ou editando contatos. 218
Gerenciando Compromissos no Calendário 218
Encontros Online com o Teams Chat 221
    Iniciando o Teams Chat 221
    Enviando mensagens de texto 223
    Conversando por vídeo 224

CAPÍTULO 11: **Computação Segura** 229

Entendendo as Mensagens de Permissão Irritantes 230
Proteção com a Segurança do Windows. 231
    Evitando e removendo vírus 233
    Evitando esquemas de phishing. 235
    Configurando controles para os filhos 236

PARTE 4: PERSONALIZANDO E ATUALIZANDO O WINDOWS 11 239

CAPÍTULO 12: **Personalizando as Configurações no Windows** 241

Encontrando a Configuração Certa 242
Mudando as Configurações com o App Configurações
   do Windows. 243
    Ajustando as configurações do Sistema. 244

Sumário XV

Conectando e ajustando o Bluetooth e outros
dispositivos 251
Conectando redes Wi-fi próximas e a internet 258
Personalizando a aparência do PC 258
Corrigindo e removendo apps 263
Criando e mudando contas de terceiros 265
Mudando rapidamente configurações de data, hora
e idioma 265
Configurando para videogames 266
Adaptando o Windows às suas necessidades especiais 267
Gerenciando sua privacidade e segurança 269
Ficando atualizado e seguro com o Windows Update 269

CAPÍTULO 13: Evitando Problemas no Windows 271

Fazendo Backup do Computador com o Histórico
de Arquivos 273
Informações Técnicas sobre Seu PC 277
Liberando Espaço no Disco Rígido 278
Configurando Dispositivos que Não Funcionam (Lidando
com Drivers) 280

**CAPÍTULO 14: Compartilhando um PC com Várias
Pessoas** 283

Entendendo as Contas de Usuário 284
Alterando ou Adicionado as Contas de Usuário 286
Adicionando uma conta para um membro da família ou
um amigo 286
Alterando as contas existentes 290
Trocando Rápido entre os Usuários 292
Mudando a Imagem da Conta de Usuário 294
Configurando Senhas e Segurança 296
Fazendo Login com o Windows Hello 297

CAPÍTULO 15: Conectando PCs a uma Rede 301

Entendendo as Partes da Rede 302
Configurando uma Pequena Rede 304
Comprando partes de uma rede 304
Configurando um roteador sem fio 305
Configurando computadores Windows para conectar
uma rede 306

xvi   **Windows 11 Para Leigos**

Compartilhando Arquivos com Seus Computadores
em Rede 308

Definindo sua rede doméstica para ser privada 309

Compartilhando arquivos e pastas em sua rede privada . . . 312

Acessando o que outras pessoas compartilharam 314

Compartilhando uma impressora na rede 316

Compartilhando com Compartilhar por proximidade 317

Ativando o recurso Compartilharpor proximidade 317

Compartilhando arquivos com o recurso Compartilhar
por proximidade 319

PARTE 5: MÚSICA, FOTOS E VÍDEOS 321

CAPÍTULO 16: **Reproduzindo e Copiando Música** 323

Reproduzindo Música com o App Groove Música 324

Retornando a Reprodução de Música para o Windows
Media Player 328

Estocando a Biblioteca do Windows Media Player 330

Navegando nas Bibliotecas do Windows Media Player 334

Arquivos de Música em uma Playlist 337

Itens Reproduzidos Agora 338

Reproduzindo CDs 340

Reproduzindo DVDs 340

Vídeos e Programas de TV 341

Criando, Salvando e Editando Playlists 342

Extraindo (Copiando) CDs para o PC 344

Gravando (Criando) CDs de Música 345

CAPÍTULO 17: **Lidando com Fotos, Vídeos e Celulares** 347

Descarregando as Fotos do Celular ou da Câmera no PC 348

Fazendo Fotos e Vídeos com o App Câmera 351

Obtendo Fotos do Celular Android com o App Seu Telefone . . . 353

Exibindo Fotos com o App Fotos 356

Exibindo sua coleção de fotos 357

Exibindo álbuns de fotos 359

Vendo uma exibição de slides 362

Sumário xvii

PARTE 6: SOCORRO! 363

CAPÍTULO 18: O Caso da Janela Quebrada 365

Correções Mágicas no Windows 366
    Redefinindo o computador 366
    Restaurando backups com o Histórico de Arquivos 371
O Windows Continua Pedindo Permissão 375
Preciso Recuperar os Arquivos Excluídos 376
Preciso Corrigir os Apps com Problemas 377
Minhas Configurações Estão Bagunçadas 378
Esqueci Minha Senha 379
Meu Computador Congelou Mesmo 381

CAPÍTULO 19: Mensagens Estranhas: O que Você Fez Não Processa 383

Adicione Sua Conta Microsoft 384
Notificações do Calendário 385
Escolha o que Acontece com o Dispositivo 385
Os Arquivos Excluídos São Removidos em Todos
    os Lugares 386
Quer Mudar os Aplicativos? 387
Deseja Permitir que Este Aplicativo Faça Alterações no
    Seu Dispositivo? 387
Deseja Fixar Este Aplicativo na Barra de Tarefas? 388
Deseja Salvar as Alterações? 389
Insira as Credenciais da Rede 389
Como Deseja Abrir Este Arquivo? 390
Manter Estas Configurações da Tela? 391
Vamos Terminar de Configurar 392
Nenhuma Unidade Útil Encontrada 392
Salvar no OneDrive 393
Escolha o que Acontece com as Unidades Removíveis 394
Ameaças Encontradas 394
Dispositivo USB Não Reconhecido 395
Verifique Sua Identidade Neste PC 396
Não Temos Permissão para Encontrá-lo 396
Você Não Tem Permissão Atualmente para Acessar
    Esta Pasta 397
Suas Configurações de Privacidade Bloquearam o Acesso
    ao Seu Local 398

xviii   **Windows 11 Para Leigos**

CAPÍTULO 20: **De um PC Antigo para um Novo com o Windows 11** 399

O Modo Microsoft de Ir para o Windows 11 400

Contratando Terceiros para Fazer a Mudança 401

Comprando o programa PCmover da Laplink. 401

Visitando uma oficina de reparos 403

Transferindo os Arquivos Sozinho 404

CAPÍTULO 21: **Assistência no Sistema de Ajuda do Windows** 409

Começando com o Windows 11. 410

Contatando o Suporte 410

Opções de suporte da Microsoft 411

Opções de suporte gratuitas da Microsoft. 412

PARTE 7: A PARTE DOS DEZ 415

CAPÍTULO 22: **Dez Coisas que Você Odiará no Windows 11 (e Como Corrigi-las)** 417

Sabendo Se Seu PC Pode Fazer Upgrade para o Windows 11 . . 418

Não Há Programa de Backup!. 419

Quero o Botão e o Menu Iniciar à Esquerda Inferior!. 419

O Windows 11 Continua Mudando!. 420

Não Quero uma Conta Microsoft. 421

O Windows Me Obriga a Fazer Login o Tempo Todo 421

Não Consigo Alinhar Duas Janelas na Tela 422

Tenho Permissão para Fazer Algo Apenas Se Sou o Administrador!. 423

Não Sei Minha Versão do Windows. 424

A Tecla Print Screen Não Funciona 425

CAPÍTULO 23: **Dez Dicas ou Quase para Proprietários de Tablet e Notebook** 427

Os Novos Gestos da Tela de Toque. 428

Trocando para o Modo Avião 429

Conectando uma Nova Rede de Internet sem Fio 430

Ativando a Rotação da Tela do Seu Tablet 431

Ajustando-se a Diferentes Locais. 432

Ativando o Widget Trânsito 433

Sumário xix

Fazendo Backup do Notebook Antes de Se Deslocar. 434

Acessando o Mobility Center. 434

Transformando a Calculadora na Ferramenta do Guerreiro
Viajante. 435

ÍNDICE 437

Introdução

Bem-vindo ao *Windows 11 Para Leigos*, o livro mais vendido no mundo sobre a última versão desse sistema operacional (SO), o Windows 11!

É provável que a popularidade deste livro se resuma a um simples fato: algumas pessoas querem ser gênios no Windows. Elas amam interagir com caixas de diálogo. Algumas pressionam aleatoriamente as teclas na esperança de descobrir recursos ocultos, não documentados. E há as que memorizam longas strings de comandos de computador enquanto lavam o cabelo.

E você? Bem, você não é leigo, com certeza. Mas, em relação ao Windows e a computadores, o fascínio não está nisso. Você quer fazer seu trabalho, parar e seguir com algo mais importante. Não tem nenhuma intenção de mudar, e não tem nada de errado com isso.

É o caso em que este livro vem a calhar. Em vez de torná-lo um gênio no Windows, simplesmente distribui partes de informações de computação úteis quando necessário. No lugar de se tornar especialista no Windows, você saberá o suficiente para começar de forma rápida e simples, com um mínimo de problemas, para que possa fazer coisas mais agradáveis na vida.

E conseguirá fazer isso usando um tablet com tela de toque, um notebook ou um desktop.

COMO ESCREVI ESTE LIVRO

Como este livro chegou tão rápido em suas mãos após a Microsoft lançar a última versão do Windows, o 11? Não o produzi em duas semanas. Durante a criação do Windows 11, a Microsoft enviou as versões iniciais para pessoas que se inscreveram no programa Windows Insider (`https://insider.windows.com`). Isso deu à Microsoft um meio de testar novos recursos antes de enviá-los ao público. E me deu uma oportunidade de escrever sobre os recursos antes que fossem lançados.

Estudei cada versão inicial, escrevendo as seções do livro com antecedência. Então, quando a Microsoft lançou para os membros do Windows Insider a versão final e aprovada, verifiquei cada seção, captura de tela e instrução passo a passo para assegurar que as instruções do livro corresponderiam à versão final da Microsoft.

Algumas semanas depois, quando a Microsoft lançou o Windows 11 para o público, a editora também conseguiu lançar este livro.

Sobre Este Livro

Não tente ler este livro de uma só vez, não precisa. Ao contrário, trate-o como um dicionário ou uma enciclopédia. Vá para a página com a informação necessária e diga: "Ah, é disso que eles estão falando." Então, feche o livro e continue.

Nem tente memorizar todo o jargão do Windows, como Selecionar o Item de Menu na Caixa de Listagem Suspensa. Deixe isso para os entusiastas. Na verdade, se algo técnico aparece em um capítulo, uma sinalização o avisa bem antes. Dependendo de seu humor, você pode diminuir a velocidade para ler ou acelerar sem ver.

Em vez do jargão sofisticado da computação, este livro cobre estes temas, todos explicados em português claro:

» Como manter seu computador seguro e protegido.

» Como entender o novo menu Iniciar do Windows 11.

» Como descobrir, iniciar e fechar programas e apps.

» Como localizar o arquivo salvo ou baixado na semana passada.

» Como configurar um computador ou um tablet para a família compartilhar.

» Como copiar informações para e a partir de um disco ou pen drive.

» Como salvar e compartilhar arquivos de seu smartphone ou câmera digital.

» Como imprimir e escanear seu trabalho.

» Como vincular dois ou mais computadores a uma rede para compartilhar internet, arquivos ou impressora.

» Como corrigir o Windows quando ele se comporta mal.

Não há nada para memorizar nem aprender. Basta ir para a página certa, ler a pequena explicação e voltar a trabalhar. Diferentemente de outros livros, este permite que você evite a confusão técnica e ainda termine seu trabalho.

Como Usar Este Livro

Sem dúvidas, o Windows 11 o fará coçar a cabeça em algum momento. É a versão mais complicada do SO já lançada para o público, portanto, tenha orgulho do fato de que você é forte o bastante para perseverar.

Quando algo deixá-lo desconcertado no Windows, use este livro como consulta; encontre o tópico problemático no sumário ou no índice. O sumário lista o capítulo, os títulos da seção e os números da página; o índice lista os tópicos e as páginas. Percorra o sumário ou o índice até o ponto que lida com o problema em particular, leia apenas aquilo de que precisa, feche o livro e aplique o que você leu.

Se quiser arriscar e descobrir mais, leia um pouco mais nos itens marcados abaixo de cada seção. É possível descobrir outros detalhes de modo voluntário, dicas ou referências cruzadas para verificar. Mas sem pressão. Você não é forçado a descobrir nada que não queira ou para o qual simplesmente não tem tempo.

Se tiver que digitar algo no computador, verá um texto em negrito fácil de seguir:

Digite **Email** na caixa Pesquisa.

No exemplo anterior, você digita *Email* e pressiona a tecla Enter. Digitar palavras no computador pode ser confuso, portanto, há uma descrição que explica o que você deveria ver na tela.

Quando descrevo uma combinação de teclas que você deve pressionar, fica assim:

Pressione Ctrl+B.

Isso significa pressionar a tecla Control no teclado pressionando junto a tecla B (é a combinação de teclas de atalho que aplica a formatação negrito no texto selecionado).

Sempre que descrevo um email ou um nome de arquivo, fica assim:

```
notepad.exe
```

E os endereços de site ficam assim:

```
www.andyrathbone.com
```

Este livro não se acovarda dizendo: "Para ter mais informações, consulte seu manual." O Windows nem vem com um manual. Também não temos informações sobre como rodar programas específicos do Windows, como Microsoft Word ou Excel. O Windows é complicado o bastante por si só! Por sorte, outros livros *Para Leigos* explicam os programas mais populares.

Introdução   3

Mas não se sinta abandonado. Este livro cobre o Windows com muitos detalhes para você fazer seu trabalho. E mais: se tiver dúvidas ou comentários sobre o *Windows 11 Para Leigos*, sinta-se à vontade para me contatar em `www.andyrathbone.com`. Respondo às perguntas dos leitores toda semana, diretamente ou online.

Por fim, lembre-se de que este livro é de *consulta*. Não foi planejado para ensiná-lo a usar o Windows como um especialista. Deus me livre! Pelo contrário, ele distribui partes de informações para que você não *tenha* que aprender o Windows.

Os Proprietários das Telas de Toque Não Foram Esquecidos

Embora o Windows 11 venha pré-instalado em todos os novos PCs desktop e notebooks Windows, a Microsoft também destina essa versão aos proprietários das *telas de toque*. Tablets, alguns notebooks e monitores desktop vêm com telas que você pode controlar tocando nelas com os dedos.

Se você é um novo proprietário de uma tela de toque, não se preocupe. Este livro explica onde precisa tocar, deslizar ou pressionar os dedos em todos os lugares certos.

Se ficar coçando a cabeça com as explicações destinadas aos proprietários de mouse, lembre-se destas três regras das telas de toque:

» **Quando informado para *clicar*, você deve *tocar*.** Tocar e soltar rápido o dedo em um botão é o mesmo que clicar nele com o mouse.

» **Quando informado para clicar duas vezes, *toque duas vezes*.** Dois toques em uma rápida sucessão resolvem.

» **Quando informado para *clicar com o botão direito* em algo, *segure o dedo no item*. Quando o ícone aparecer, *retire o dedo*.** O menu para clicar com o botão direito aparece na tela (isso teria acontecido se você clicasse com o botão direito no item com o mouse). Quando estiver vendo o menu suspenso, toque em qualquer item listado para o Windows obedecê-lo.

LEMBRE-SE

Se você acha as telas de toque complicadas quando está sentado à mesa, sempre pode adicionar um mouse ou um teclado ao tablet. Eles funcionam bem. Na verdade, um mouse e um teclado sempre funcionam melhor do que os dedos no desktop com Windows, mesmo no Windows 11 (são quase obrigatórios nos pequenos tablets com Windows).

E Você?

Há boas chances de que você já tenha o Windows 11 e saiba o que *você* quer fazer com o computador. O problema é o *computador* fazer o que você deseja que ele faça. Você consegue de uma forma ou de outra, talvez com a ajuda de um gênio em computação, por exemplo, um amigo no escritório, um parente ou talvez o filho adolescente do vizinho.

Mas, quando o gênio não está por perto, este livro pode ser um substituto caso precise.

Ícones Usados Neste Livro

Basta olhar para o Windows e notar seus *ícones*, que são pequenas imagens de botão para pressionar, iniciando vários programas. Os ícones neste livro se encaixam bem. São até um pouco mais fáceis de entender.

PAPO DE ESPECIALISTA

Cuidado! Esta sinalização o avisa de que informações técnicas desnecessárias estão se aproximando. Desvie desse ícone para evitar grandes baboseiras técnicas.

DICA

Este ícone alerta sobre informações interessantes que facilitam a computação: um novo método para impedir que o gato durma sobre seu tablet, por exemplo.

LEMBRE-SE

Não se esqueça desses pontos importantes (ou pelo menos marque as páginas para que possa pesquisar de novo uns dias depois).

CUIDADO

O computador não explodirá enquanto você realiza operações delicadas associadas a este ícone. E mais: usar luvas e prosseguir com cuidado é uma boa ideia.

NOVO

Este ícone alerta para as áreas em que o Windows 11 se comporta de modo bem diferente da versão anterior, o Windows 10.

Além Deste Livro

Como todo livro *Para Leigos*, este aqui vem com uma Folha de Cola gratuita que reúne as informações mais necessárias para pessoas que lidam com o Windows. Ela descreve como a Microsoft mudou o Windows 11 após seu lançamento e mostra atalhos de teclado e dicas sobre como usar o Windows 11 em uma tela de toque. Para acessar a Folha de Cola, vá para www.altabooks.com.br e, usando a caixa Pesquisar, digite **Windows 11 Para Leigos**.

De Lá para Cá, Daqui para Lá

Agora você está pronto para a ação. Pagine um pouco e percorra uma seção ou duas das quais você sabe que precisará mais tarde. Lembre-se: este é o *seu* livro — sua arma contra os nerds que causaram todo o conceito complicado de computador. Circule os parágrafos que achar úteis, destaque os principais conceitos, adicione notas adesivas e escreva nas margens ao lado das coisas complicadas.

LEMBRE-SE

Quanto mais você marcar seu livro, mais fácil será encontrar o conteúdo bom de novo.

1

Coisas do Windows 11 que Todos Pensam que Você Já Sabe

NESTA PARTE...

Entenda as alterações no Windows 11.

Navegue e personalize o novo menu Iniciar.

Armazene arquivos na nuvem com o OneDrive.

NESTE CAPÍTULO

» Conhecendo o Windows 11

» Conferindo novos recursos

» Descobrindo o que falta

» Mantendo atualizados o Windows 11 e seus apps

» Entendendo o porquê das mudanças

» Decidindo se seu PC tem capacidade suficiente para rodar o Windows 11

» Sabendo de qual versão você precisa

Capítulo 1

O que É Windows 11?

á boas chances de que você tenha ouvido falar sobre o *Windows*: as caixas e as janelas que o cumprimentam sempre que você liga o computador. Na verdade, milhões de pessoas no mundo todo estão intrigadas com o Windows enquanto você lê este livro. A maioria dos novos computadores e notebooks vendidos hoje vem com esse sistema pré-instalado, pronto para abrir caixas coloridas na tela.

Este capítulo o ajuda a entender por que o Windows reside em seu computador, e apresento a versão do SO mais recente da Microsoft, o *Windows 11*. Explico como ele difere das versões anteriores e por que partes do Windows 11 e sua coleção de apps podem mudar sem você saber.

O que É Windows e Por que Você o Está Usando?

Criado e vendido por uma empresa chamada Microsoft, o Windows não é como um software comum que o permite calcular imposto de renda ou enviar emails revoltados para políticos. Não, o Windows é um *sistema operacional*, ou seja, ele controla como você trabalha com seu PC. Existe desde 1985, e a versão mais recente se chama *Windows 11*, mostrada na Figura 1-1.

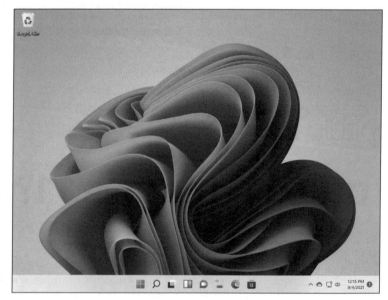

FIGURA 1-1: Embora o Windows 11 fique diferente em PCs diferentes, em geral é muito parecido com isto.

O nome *Windows* vem de todas as janelinhas que ele coloca na tela do computador. Cada janela mostra informações, como uma imagem, um programa ou uma advertência técnica desconcertante. Você coloca as várias janelas na tela simultaneamente e passa entre elas, visitando diferentes programas. Ou pode aumentar uma janela para preencher a tela inteira.

Ao ligar o computador, o Windows entra na tela e começa a supervisionar qualquer programa em execução. Quando tudo dá certo, você nem nota o Windows; apenas vê seus programas ou seu trabalho. Mas, quando as coisas não vão bem, ele costuma fazê-lo coçar a cabeça com uma mensagem de erro intrigante.

SEPARANDO ANÚNCIOS DOS RECURSOS

A Microsoft promove o Windows como uma companhia útil sempre com os melhores interesses do usuário em mente, mas essa descrição não é muito verdadeira. O Windows sempre tem os interesses da *Microsoft* em mente.

Por exemplo, a Microsoft usa o Windows para conectar seus próprios produtos e serviços. O *Microsoft Edge*, o novo navegador da web do Windows, é aberto com links para os próprios sites da Microsoft. A área Favoritos do navegador, um lugar para você adicionar *seus* destinos da web favoritos, vem recheada de sites da *Microsoft*.

O Windows 11 coloca um link para o OneDrive, seu serviço de armazenamento online, em cada pasta. Mas a Microsoft não tem pressa de mencionar que você deve pagar uma taxa recorrente quando atinge seu limite de armazenamento.

Anúncios aparecem no menu Iniciar, assim como na *tela de bloqueio* do Windows, exibida quando você não usou seu PC por um tempo.

O app Mapas usa o serviço de mapas Microsoft Bin no lugar do Google Maps ou de outro concorrente.

A Microsoft também deseja que você comece a comprar *apps*, em vez dos programas tradicionais. Os apps são vendidos somente pelo pacote de apps Microsoft Store, e a Microsoft fica com uma parte de cada venda.

Resumindo, o Windows não só controla seu computador, como também atua como um veículo de publicidade da Microsoft. Trate esses anúncios integrados como um vendedor batendo à sua porta.

Além de controlar seu computador e mandar nos programas, o Windows vem com muitos programas e *apps* gratuitos — miniprogramas. Eles permitem que você faça coisas diferentes, como escrever e imprimir cartas, navegar na internet, tocar música e enviar fotos pouco iluminadas de sua última refeição para os amigos.

E por que usar o Windows 11? Bem, é possível que você não tenha muita escolha. Quase todo computador, notebook ou tablet com Windows vendido após outubro de 2021 vem com o Windows 11 pré-instalado. Algumas pessoas escaparam do Windows comprando computadores da Apple (belos computadores muito mais caros). Mas há boas chances de que você, seus vizinhos, seu chefe e milhões de outras pessoas no mundo todo estejam usando o Windows.

» A Microsoft deseja que o Windows 11 e sua coleção de apps rodem em quase *tudo*: PCs, notebooks, tablets, consoles de videogame e até nos dispositivos que estão por vir. Por isso, o Windows 11 inclui muitos botões grandes, para facilitar mexer com os dedos nas telas de toque. O Windows 11 também pode executar *apps*, os pequenos programas encontrados em smartphones e tablets, nas janelas em um PC desktop.

» Para confundir todos, a Microsoft nunca lançou um Windows 9. Ela pulou uma versão, indo do 8.1 para o 10.

» Para confundir ainda *mais*, a Microsoft disse que o Windows 10 seria a última versão do SO. Seis anos depois, começou a promover o Windows 11.

NOVO

» Por anos, o menu Iniciar do desktop residiu na parte esquerda inferior da tela. O Windows 11 moveu o menu Iniciar e a tecla que o inicializa para o centro inferior da tela (no Capítulo 2 explico como voltar para a antiga posição).

O que É Novo no Windows 11?

A Microsoft exibe o Windows 11 como uma solução de computação universal que roda em notebooks e PCs desktop (anteriormente na Figura 1-1), assim como nas telas de toque, inclusive tablets, como mostrado na Figura 1-2.

FIGURA 1-2: O Windows abandonou o modo Tablet encontrado no Windows 10.

12 PARTE 1 **Coisas do Windows 11 que Todos Pensam que Você Já Sabe**

O Windows 11 se comporta de modo quase idêntico em todo dispositivo e tem um bônus: seus apps e programas rodarão no tablet, no PC e no notebook com essa versão.

NOVO

Além que pretender rodar em tudo, exceto em rádios-relógios, o Windows 11 tem estas alterações em seu computador:

» **Botão e menu Iniciar:** O Windows 11 move o botão e o menu Iniciar de sua posição tradicional, à esquerda inferior, para o centro da tela. O menu Iniciar reformulado exibe algumas linhas de ícones, mas omite os títulos animados encontrados no Windows 10. Veja com atenção e notará que agora o menu Iniciar tem cantos arredondados, como todas as outras janelas da área de trabalho. Vá para o Capítulo 2 para ter mais informações sobre o botão e o menu Iniciar.

» **Requisitos de hardware:** As versões anteriores do Windows funcionavam muito bem nos antigos PCs, mesmo aqueles com dez anos. O Windows 11 interrompe esse modelo, infelizmente. Se seu computador tem mais de três anos, é provável que você não consiga fazer o upgrade. Explico como ver se seu PC pode atualizar para o Windows 11 no Capítulo 22.

» **App Configurações:** Você sabe tudo sobre o menu Configurações do Windows 10? Esqueça, pois o app Configurações tem um novo layout, com novas opções em novos lugares. Vá para o Capítulo 12 para ver muitas dicas e truques do menu Configurações.

» **Apps na área de trabalho:** *Apps*, que são pequenos programas no mundo dos celulares e dos tablets, consumiam a tela inteira no Windows 8 e no 8.1. O Windows 11 permite escolher se é para rodar os apps em tela inteira ou dentro de janelas da área de trabalho (a Microsoft diz que o Windows 11 permitirá que você baixe e execute apps projetados para smartphones Android em 2022). Explico os apps e os programas no Capítulo 6.

» **Explorador de Arquivos:** O Explorador de Arquivos, que permite encontrar, armazenar e gerenciar arquivos, recebe uma aparência nova e menor. A faixa de opções de menu no topo desapareceu, sendo substituída por uma única linha de ícones sem nome. Explico o novo Explorador de Arquivos no Capítulo 5.

» **Teams Chat:** Quando todos correram para o bate-papo por vídeo no Zoom durante a pandemia, a Microsoft decidiu promover seu próprio app Teams para as pessoas que fazem reuniões online. Agora, a parte de bate-papo do programa Teams da Microsoft vem predefinida no Windows, o que explico no Capítulo 10.

NOVO

» **Seu Telefone:** O app Seu Telefone recém-reformulado permite enviar e receber mensagens de telefone a partir do teclado do PC desktop, tudo sem fio. Você pode navegar as últimas fotos de seu telefone na área de trabalho, fazer chamadas e até executar apps. Explico o app Seu Telefone no Capítulo 17.

» **Widgets:** *Widgets* são apenas uma faixa de janelinhas que se atualizam automaticamente para mostrar as últimas notícias, o clima ou outros boatos. Eles aparecem na tela com um clique em seu ícone na barra de tarefas, um processo explicado no Capítulo 3.

Diferentemente das versões anteriores, o Windows 11 não lembra mais dois SOs apertados em um computador. Ele parece um único SO que pode lidar com tablets e PCs desktop.

DICA

O Windows 11 é um upgrade gratuito para pessoas que têm computadores totalmente atualizados com o Windows 10, que atendem aos novos requisitos rígidos de hardware necessários para executá-lo. Para ver se seu PC atual se qualifica, baixe e execute o app PC Health Check da Microsoft em `https://aka.ms/GetPCHealthCheckApp`. Há chances de que você precisará comprar um novo PC com o Windows 11 pré-instalado.

O que Falta no Windows 11?

O Windows 11 oferece muitos recursos novos, descritos na seção anterior e explicados neste livro. Mas ele abandonou muitos recursos encontrados no Windows 10. Veja um resumo dos recursos esquecidos no Windows 11:

» **Compatibilidade:** O Windows 10 podia rodar em muitos PCs mais antigos, tornando-o popular para os proprietários dos antigos PCs com o Windows 7. Já o Windows 11 requer PCs mais novos com a última tecnologia. Há chances de que você tenha de comprar um novo PC. (Tive de comprar um só para escrever este livro!)

» **Linha do tempo:** O Windows 10 controlava com quais programas e arquivos você trabalhou nos últimos trinta dias. Um clique no botão Linha do tempo permitia ver todos eles, deixando você ir rápido e facilmente para, digamos, um arquivo não terminado na semana passada. O Windows 11 remove o recurso, sem substitutos.

» **Barra de tarefas móvel:** Em geral, a barra de tarefas do Windows fica na borda inferior da tela. As versões anteriores permitem mover essa barra para qualquer borda desejada. No Windows 11, agora a barra de tarefas fica fixa na parte inferior da sua área de trabalho, sem opção para movê-la.

» **Papel de parede sincronizado:** No Windows 10, os proprietários da conta Microsoft veem o papel de parede aparecer sempre que iniciam a sessão do programa. Para a tristeza dos decoradores de PC, o Windows acabou com esse recurso.

» **Modo Tablet:** Projetado especificamente para tablets com telas de toque, o modo Tablet espaçava rapidamente seus ícones para aceitar dedos maiores. A tela Iniciar e os programas sempre preenchiam a tela inteira. O Windows 11 abandona o modo Tablet porque é automaticamente amistoso.

» **Blocos dinâmicos no menu Iniciar:** No Windows 10, o menu Iniciar às vezes lembrava um letreiro móvel com blocos animados mudando para mostrar coisas diferentes. O Windows 11 abandona os blocos animados em favor de um menu mais simples que mostra apenas ícones estáticos. Também não é mais possível criar pastas no menu Iniciar para armazenar itens relacionados.

» **Internet Explorer:** O velho navegador da Microsoft, Internet Explorer, desapareceu por completo no Windows 11, substituído pelo novo navegador, Microsoft Edge.

» **Cortana:** A Microsoft dispensou o robozinho que tentava ajudá-lo a trabalhar, mas sempre atrapalhava. Você ainda pode inicializar o app Cortana no menu Iniciar, caso sinta falta, mas, do contrário, o Cortana não irá incomodá-lo.

» **Paint 3D:** O Paint 3D permite projetar modelos tridimensionais para impressoras 3D usando camadas de plástico. Poucas pessoas usaram e menos ainda notarão a sua ausência.

» **Skype:** A Microsoft pagou bilhões pelo Skype, um app para chamadas baratas (ou gratuitas) usando a internet. Mas ela deixou o app abandonado. Agora ele foi substituído pelo Teams, um programa para criar reuniões online. A Microsoft adicionou a parte de bate-papo do Teams no Windows 11 para competir com o Zoom, que ganhou popularidade durante a pandemia.

» **OneNote:** O Windows 10 vinha com o OneNote, um app para fazer anotações, muito parecido com um caderno virtual. O OneNote desapareceu no Windows 11, mas os tomadores de notas compulsivos como eu ainda podem instalá-lo gratuitamente pela Microsoft Store.

CAPÍTULO 1 **O que É Windows 11?**   15

O QUE É CHIP TPM?

Abreviação de Trusted Platform Module, TPM é um chip de computador que coloca uma camada extra de segurança em seu PC. Porém, os PCs mais antigos não o têm, ou seja, eles não podem ser atualizados para o Windows 11.

Alguns PCs mais antigos vêm com chips TPM, mas o fabricante os deixou desativados. Para ver se seu PC tem um chip TPM compatível e se pode ser ativado, baixe o app PC Health Check da Microsoft, disponível em `https://aka.ms/GetPCHealthCheckApp`.

Por que o Windows 11 Continua Mudando?

O Windows 10 se atualizava aparentemente por capricho, em grande parte em detrimento das pessoas que preferiam seus PCs ficando iguais sempre que estavam ao teclado. Quem deseja um computador com um novo acessório confuso lançado da noite para o dia?

A Microsoft procura amenizar essa confusão atualizando o Windows 11 apenas uma vez ao ano, graças a Deus.

Por outro lado, os apps ainda podem ser atualizados sempre que o criador decide que é hora de mudanças.

A Microsoft envia muitas dessas atualizações automaticamente para seu computador por meio do Windows Update; não é preciso fazer malabarismos para encontrá-las e instalá-las.

Do mesmo modo, seus apps se atualizam automaticamente com a Microsoft Store. Recursos e correções de erros são adicionados sempre; às vezes até os nomes mudam.

Talvez você não note essas mudanças nos apps, assim como no próprio Windows 11. Na verdade, a maioria apenas corrige centenas de bugs chatos, fazendo o Windows 11 rodar e instalar de modo mais suave e seguro.

Portanto, quando o Windows 11 ou seus apps mudarem da noite para o dia, não pense que é sua culpa. A Microsoft o ajusta constantemente; o Windows e seus apps continuarão mudando nos próximos anos.

Meu PC Atual Pode Rodar o Windows 11?

Se você deseja fazer upgrade para o Windows 11, seu antigo computador provavelmente não gostará. Diferentemente do Windows 10, o 11 costuma requerer um PC vendido nos últimos dois ou três anos.

PAPO DE ESPECIALISTA

Se você tem um nerd em tecnologia na família, peça que ele explique a Tabela 1-1, que mostra os requisitos de hardware do Windows 11 que você pode ver escritos nas letras miúdas dos novos computadores.

TABELA 1-1 Requisitos de Hardware do Windows 11 Hardware

Arquitetura	x86 (64 bits)
Processador	1 gigahertz (GHz) ou mais com 2 ou mais núcleos em um processador de 64 bits compatível ou SoC (sistema em um chip). (Diferentemente das versões anteriores, o Windows 11 não vem mais em uma versão de 32 bits.)
Memória (RAM)	Pelo menos 4GB
Placa gráfica	Dispositivo gráfico DirectX 12 com driver WDDM (Windows Display Driver Model) 2.X
Espaço livre em HD	Pelo menos 20GB
Firmware	Interface Unificada de Firmware Extensível (UEFI) com inicialização segura ativada
Conexão de internet e conta Microsoft	A edição Windows 11 Home requer conectividade de internet e uma conta Microsoft para configurar e usar alguns recursos.

Em português claro, a Tabela 1-1 diz simplesmente que a maioria dos computadores vendidos nos últimos dois ou três anos pode ser atualizada para o Windows 11 com pouco problema. Se seu computador é mais antigo, está sem sorte.

DICA

Não sabe a versão do Windows que roda em seu PC atual? Se clicar no botão Iniciar, clique com o botão direito na entrada Computador e escolha Propriedades. A tela mostrada lista sua versão do Windows.

CAPÍTULO 1 **O que É Windows 11?** 17

> ## DEVO ME PREOCUPAR E ATUALIZAR PARA O WINDOWS 11?
>
> A maioria das pessoas não terá escolha: seus PCs atuais não conseguirão rodar o Windows 11 por causa dos novos requisitos rígidos de hardware. Alguns dizem que o programa é a tentativa da Microsoft de alavancar a economiza do PC fazendo todos comprarem novos computadores.
>
> Mas não há motivos para correr e comprar um PC novinho. A Microsoft continuará a dar suporte para o Windows 10 até 14 de outubro de 2025. Após essa data, ela não fornecerá correções de segurança para o Windows 10, deixando-o aberto ao malware e a cibercriminosos.
>
> Ao comprar seu novo PC, ele virá com o Windows 11 instalado. Na verdade, se você esperar mais, ele poderá vir com o Windows 12, pulando o 11 por completo!

Se não houver um botão Iniciar, você está rodando o Windows 8. E se, ao clicar no botão Iniciar, a tela for preenchida com um monte de blocos coloridos, está executando o Windows 8.1.

Por fim, se *clicar com o botão direito* no menu Iniciar abre um grande menu suspenso, você rodando o Windows 10 ou 11. Escolha a entrada Configurações do menu e pagine até a seção Sobre. Sua versão do programa, Windows 10 ou Windows 11, é listada na área Especificações do Windows dessa seção.

Diferentes Tipos de Windows 11

NOVO

A Microsoft oferece diversas versões do Windows 11, mas é provável que você desejará apenas uma: a versão intitulada "Home".

Pequenos negócios escolherão o Windows 11 Pro, e grandes empresas desejarão o Windows 11 Enterprise.

Veja as diretrizes para escolher a versão necessária:

» Se você usará o PC em casa ou em um pequeno negócio, escolha o **Windows Home.**

» Se precisa conectar um domínio pela rede do trabalho, e saberá se está fazendo isso, desejará o **Windows Pro.**

» Se é técnico de informática e trabalha para empresas, vá em frente e pergunte ao chefe se você precisa do **Windows Pro** ou do **Windows Enterprise.** O chefe tomará a decisão dependendo de ser uma pequena empresa (Windows Pro) ou uma grande (Windows Enterprise).

» Se tem uma alma corajosa nos negócios, aguarde a versão **Windows 365** da Microsoft. Esse programa representa um experimento ousado em que o Windows roda rapidamente na nuvem, evitando os limites de seu PC lento e antigo.

Para ter mais detalhes sobre a atualização para o Windows 11, visite o site Windows da Microsoft em `www.windows.com`.

PARTE 1 **Coisas do Windows 11 que Todos Pensam que Você Já Sabe**

> **NESTE CAPÍTULO**
>
> » Iniciando o Windows
>
> » Fazendo login
>
> » Entendendo o menu Iniciar
>
> » Trocando entre os apps
>
> » Vendo todos os apps e programas
>
> » Personalizando o menu iniciar
>
> » Desligando o computador

Capítulo **2**

Começando com o Menu Iniciar

O menu Iniciar do Windows 11 não lembra muito o menu Iniciar nas versões mais antigas do SO. Em vez de residir na parte esquerda inferior, ele fica no *centro* inferior da tela. Mas, embora sua posição e design tenham mudado, a mecânica básica do menu Iniciar permanece igual.

Clique no botão Iniciar e o menu aparece, listando os apps e os programas instalados no PC. Clique em um app ou um programa e ele vai para a tela, pronto para a ação.

Neste capítulo, explico como entender esse novo e peculiar menu Iniciar. Se você usa um tablet ou um PC desktop, este capítulo mostra como fazer com que o menu Iniciar realize seu principal trabalho: inicializar apps e programas.

DICA

Se você usa um computador com tela de toque, substitua pela palavra *tocar* quando ler a palavra *clicar*. Tocar duas vezes é como *clicar duas vezes*. E quando vir o termo *clicar com o botão direito*, toque e segure o dedo na tela; retire o dedo quando o menu clicado com o botão direito aparecer.

Bem-vindo ao Mundo do Windows

Iniciar o Windows é tão fácil quanto ligar o computador — o Windows vai para a tela automaticamente com um floreio. Mas, antes de começar a trabalhar, o Windows o deixará paralisado: ele exibe o que se chama *tela de bloqueio*, mostrada na Figura 2-1, sem nenhuma chave de entrada por perto.

FIGURA 2-1: Para sair da tela de bloqueio, pressione uma tecla no teclado ou arraste para cima na tela com o mouse ou o dedo.

Introduzida no Windows 8, a tela de bloqueio aparece antes de você conseguir entrar no seu computador com o nome da conta.

Como desbloquear a tela de bloqueio? A resposta depende de você estar usando um mouse, um teclado ou uma tela de toque:

- » **Mouse:** No PC desktop ou notebook, clique em qualquer botão do mouse.
- » **Teclado:** Pressione qualquer tecla, e a tela de bloqueio some. Fácil!
- » **Toque:** Toque na tela com o dedo, então deslize-o para *cima* no vidro. Um movimento rápido do dedo resolverá.

22   PARTE 1 **Coisas do Windows 11 que Todos Pensam que Você Já Sabe**

Quando está para entrar, o Windows deseja que você *faça login*, como na Figura 2-2, clicando em seu nome e passando na verificação de segurança.

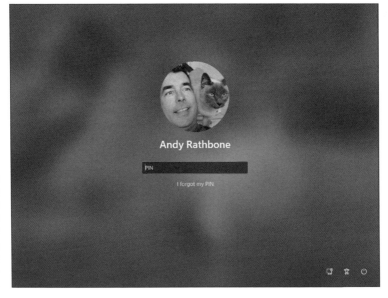

FIGURA 2-2:
Clique no nome da conta do usuário e digite sua senha ou PIN na próxima tela.

Quando vir a tela Fazer login, haverá diversas opções:

» **Se você vir seu nome ou o email listado, digite a senha ou o PIN; use o leitor biométrico Windows Hello ou a câmera.** Após verificar sua identidade, o Windows permite que entre e exibe o menu Iniciar, como o deixou na última vez (descrevo como configurar o Windows Hello no Capítulo 14).

» **Se não vir seu nome, mas tem uma conta no computador, examine a esquerda inferior da tela.** Lá, o Windows mostra uma lista de todos os proprietários da conta. Talvez você veja a conta do proprietário do computador.

» **Se comprou um novo computador, use a conta criada quando ligou o computador pela primeira vez.** Como parte do processo de configuração, o Windows o guia na criação de uma conta Microsoft no computador.

» **Nenhuma conta?** Então descubra quem é o dono do computador e implore para a pessoa configurar uma conta para você.

Se precisar de mais informações sobre as contas do usuário, inclusive como criar as novas e gerenciar as antigas, vá para o Capítulo 14.

Não *quer* iniciar na tela Fazer login? Dois botões na parte inferior da tela oferecem outras opções:

» **O bonequinho,** mostrado na Figura 2-2 e na margem, personaliza o Windows para pessoas com dificuldades físicas de audição, visão ou habilidade manual, tudo explicado no Capítulo 12. Se você escolher esse botão sem querer, clique ou toque em uma parte diferente da tela para não mudar nenhuma configuração.

» **O botãozinho redondo,** mostrado na Figura 2-2 e na margem, permite finalizar ou reiniciar seu PC, além de suspendê-lo, um estado de economia de energia que retorna rapidamente. (Se você clicou sem querer no botão e finalizou o PC, não entre em pânico. Pressione o botão de energia no gabinete do PC e ele retornará para essa tela.)

Mesmo bloqueada, como mostrado antes na Figura 2-1, a tela de seu computador mostra informações atuais à direita inferior. Dependendo de como seu PC está configurado, talvez você veja a hora e a data; a intensidade do sinal de internet sem fio (quanto mais ondas de rádio no ícone, melhor a conexão); carga da bateria (quanto mais colorido o ícone, melhor); seu próximo compromisso agendado; uma contagem dos emails não lidos; e outros itens.

Entendendo as contas de usuário

O Windows permite que várias pessoas trabalhem no mesmo computador, ainda mantendo o trabalho de todas separado. Para tanto, é preciso saber quem está diante do teclado atualmente. Quando você faz *login* — se apresenta — clicando no nome de usuário e digitando sua senha, como mostrado na Figura 2-2, o menu Iniciar do Windows e a área de trabalho aparecem como os deixou, prontos para você fazer sua própria bagunça personalizada.

Quando terminar de trabalhar ou fizer uma pausa, desconecte (explicado mais adiante neste capítulo, na seção "Saindo do Windows") para que outra pessoa possa usar o computador. Mais tarde, quando voltar, seus próprios arquivos estarão esperando por você.

LEMBRE-SE

Embora possa mexer em sua área de trabalho, essa bagunça é *sua*. Quando voltar para o computador, seu trabalho estará como o salvou. Sandra não excluiu sem querer seus arquivos ou pastas enquanto jogava *Words with Friends*. O menu Iniciar do Beto ainda contém links para seus sites de ukulele favoritos. E ninguém conseguirá ler seu email.

Até personalizar sua imagem do nome de usuário, você será uma silhueta. Para adicionar uma foto à conta, abra o menu Iniciar e clique em seu nome de usuário (é o ícone logo acima no menu Iniciar). Escolha Alterar configurações da conta no menu suspenso. Quando a página Suas informações do menu Configurações aparecer, clique no botão Abrir câmera para tirar uma foto rápida com a câmera embutida do computador. Ainda de pijama? Então escolha o botão Pesquisar arquivos para escolher uma foto já armazenada em sua pasta Imagens.

Mantendo sua conta privada e segura

Uma vez que o Windows permite que muitas pessoas usem o mesmo computador, como você impede que Diana leia as cartas de amor de Roberto para Miley Cyrus? Como Graça impede que José exclua os trailers dela do filme *Guerra nas Estrelas*? Usar uma *senha* resolve esses problemas, e o Windows tem outras soluções de segurança também.

Na verdade, a segurança é mais importante do que nunca no Windows, porque algumas contas podem ser vinculadas a cartões de crédito. Digitando uma senha secreta ao fazer login, você permite que seu computador reconheça *você*, e mais ninguém. Ao proteger sua conta, ninguém pode acessar seus arquivos. E ninguém pode fazer despesas com jogos de computador quando você está fora de casa.

E mais: se o computador for roubado, uma senha forte impedirá que os ladrões façam login na sua conta, roubando os arquivos.

DICA

Para mudar uma senha na conta Microsoft, visite o site da sua conta em `https://account.microsoft.com`. Após fazer login, escolha a opção Alterar senha perto do nome da conta.

Já os proprietários de contas Local podem seguir estas etapas em seu próprio PC para configurar ou alterar a senha:

1. **Clique no botão Iniciar, depois no ícone Configurações.**

   Quando o menu Iniciar aparecer, clique no ícone Configurações (mostrado na margem), próximo à esquerda superior do menu. O app Configurações aparece.

2. **Clique no ícone Contas (mostrado na margem). Quando o painel Contas aparecer, clique nas palavras Opções de entrada na borda esquerda do painel.**

   As opções para fazer login no computador são exibidas.

3. **Clique no botão Senha, mostrado na Figura 2-3. Então clique no botão Alterar.**

   Talvez precise digitar sua senha existente para entrar. Não vê um botão Senha ou Alterar? Então você tem uma conta Microsoft e precisa mudar sua senha online em `https://account.microsoft.com`.

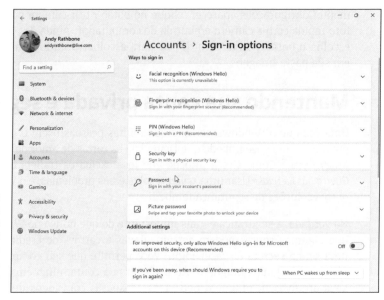

FIGURA 2-3:
Clique na
seção Senha
e depois
no botão
Alterar,
quando ele
aparecer.

4. **Digite uma senha que seja fácil de lembrar.**

    DICA

    Escolha algo como o nome de seu legume favorito, por exemplo, ou a marca do fio dental. Para reforçar o nível de segurança, use algumas letras maiúsculas e um número ou dois na senha, como **iH8Nabos** ou **FioDental2BKleen** (mas não use estes dois exemplos, pois é provável que eles tenham sido adicionados ao arsenal de senhas do invasor agora).

5. **Se solicitado, digite a mesma senha na caixa de texto Redigitar senha para que o Windows saiba que você está escrevendo corretamente.**

6. **Na caixa Sugestão de senha, digite uma sugestão de que você lembra, só você, para a senha.**

    O Windows não permitirá que você digite sua senha exata como sugestão. Será preciso ser um pouco mais criativo.

7. **Clique no botão Próximo e em Terminar.**

    Acha que atrapalhou algo durante o processo? Clique em Cancelar para voltar à Etapa 3 e iniciar de novo ou sair.

Após ter criado a senha, o Windows começa solicitando a senha sempre que você faz login.

- » As senhas levam em conta as letras maiúsculas e minúsculas. Quando digitadas como senhas, as palavras **Caviar** e **caviar** são consideradas diferentes.

- » Medo de esquecer a senha algum dia? Proteja-se agora: vá para o Capítulo 14, no qual descrevo como criar um Disco de redefinição de senha, que é um modo especial de redefinir as senhas esquecidas para as contas locais.

LEMBRE-SE

- » Quando alterar a senha da conta Microsoft em seu PC, mude-a também no Xbox, no tablet com Windows e em todos os outros dispositivos nos quais você faz login com a tal conta (explico as contas Microsoft na próxima seção deste capítulo).

- » O Windows também permite criar uma senha de imagem na Etapa 4, em que você arrasta um dedo ou o ponteiro do mouse em uma foto na tela em certa sequência. Então, em vez de inserir uma senha, você desenha essa sequência na imagem de login (as senhas de imagem funcionam muito melhor nos tablets com tela de toque do que nos monitores desktop).

- » Uma opção que você pode ver na Etapa 4 é criar um PIN. *PIN* é um código com quatro ou mais caracteres como aqueles que você pressiona nos caixas eletrônicos. A desvantagem do PIN? Não há sugestão de senha. Diferente das contas Microsoft, seu PIN só funciona no computador no qual ele foi criado; não é armazenado online, onde hackers podem encontrá-lo.

DICA

- » Cansado de sempre digitar sua senha? Conecte um leitor biométrico compatível com o Windows 11 ou uma câmera ao seu PC (alguns notebooks, tablets e teclados vêm com um embutido). Seu computador permite a entrada rápida após você escanear sua digital ou olhar na câmera do PC. No Capítulo 14, descrevo como fazer login com o Windows Hello.

- » *Já* esqueceu a senha? Quando digitar uma senha que não funciona, o Windows exibirá automaticamente sua sugestão (se você a criou), que deverá ajudá-lo a lembrar. Mas cuidado, qualquer pessoa pode ler sua sugestão, portanto, verifique se é algo que faz sentido apenas para você. Como um último recurso, insira o Disco de redefinição de senha, um trabalho que explico no Capítulo 14.

Explico muito mais sobre as contas do usuário no Capítulo 14.

Inscrevendo-se na conta Microsoft

Se você está fazendo login no Windows pela primeira vez, tentando acessar alguns apps ou apenas tentando mudar uma configuração, acabará vendo uma tela parecida com a mostrada na Figura 2-4.

FIGURA 2-4: Você precisa de uma conta Microsoft para acessar muitos recursos do Windows.

É possível fazer login no computador com uma conta *Microsoft* ou uma conta *Local*. Embora uma conta Microsoft torne o Windows muito mais fácil de trabalhar, cada tipo de conta atende a necessidades diferentes:

» **Conta Local:** Essa conta funciona bem para pessoas que usam programas tradicionais do Windows no desktop com Windows. Contudo, os proprietários da conta Local não podem armazenar arquivos no OneDrive, onde eles ficam disponíveis a partir de outros PCs e dispositivos. Esses proprietários não conseguem comprar apps na Microsoft Store também.

» **Conta Microsoft:** Requerida para acessar muitos serviços da Microsoft, uma conta Microsoft consiste em simplesmente um email e uma senha. Os proprietários da conta Microsoft podem armazenar arquivos na internet com o OneDrive, baixar apps na Microsoft Store e monitorar as atividades online dos filhos. Ao conectar qualquer PC online à conta Microsoft, encontrará seu email, os favoritos do navegador, os arquivos OneDrive e as configurações esperando automaticamente por você.

Você pode fazer login com uma conta Microsoft de duas maneiras; listei o método mais simples primeiro:

» **Use uma conta Microsoft existente.** Se você já tem uma conta Hotmail, MSN, Xbox Live, Outlook.com ou Windows Messenger, já tem uma conta Microsoft e senha. Digite o email e a senha na tela mostrada na Figura 2-4, então clique no botão Fazer login.

» **Inscreva-se em uma nova conta Microsoft.** Clique nas palavras Conta Microsoft, mostradas na Figura 2-4, e a Microsoft o levará para um site no qual poderá criar sua própria conta Microsoft. Você pode usar qualquer email para uma conta Microsoft. Basta digitar esse email, criar uma nova senha para ele e pronto: criou uma conta Microsoft.

Até você fazer login com uma conta Microsoft, a tela chata na Figura 2-4 o atormentará sempre que tentar acessar um recurso do Windows que requer uma conta Microsoft (no Capítulo 14, explico como converter uma conta Local em uma conta Microsoft).

DICA

Quando fizer login pela primeira vez em sua nova conta, o Windows poderá perguntar se deseja encontrar outros PCs, dispositivos e conteúdo em sua rede. Se estiver usando uma rede doméstica ou de trabalho, clique no botão Sim (isso permite imprimir nas impressoras de rede, por exemplo, assim como compartilhar arquivos com outros computadores em rede). Se estiver conectando uma rede *pública*, talvez em um hotel, cafeteria ou aeroporto, clique no botão Não.

Entendendo o Menu Iniciar do Windows 11

No Windows, tudo começa com o botão Iniciar e seu menu. Se você está pronto para explodir naves espaciais, calcular os impostos e verificar seu email, comece clicando no botão Iniciar (mostrado na margem), na borda inferior da tela: o menu Iniciar abre com uma lista de seus apps e programas, como na Figura 2-5.

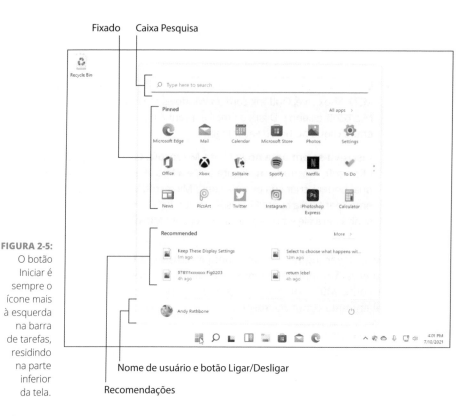

FIGURA 2-5: O botão Iniciar é sempre o ícone mais à esquerda na barra de tarefas, residindo na parte inferior da tela.

Na teoria, você identifica o nome ou o ícone do seu app ou programa desejado e clica nele; o app é inicializado, e está pronto para trabalhar. Na realidade, encontrar o que deseja no menu Iniciar do Windows 11 pode ser um pouco mais confuso, sobretudo se está acostumado com o menu do 10.

No Windows 11, o menu Iniciar tem as quatro partes a seguir:

» **Caixa Pesquisa:** Essa caixa fica no topo do menu Iniciar. Digite o que você está procurando (um nome de arquivo, pasta ou mesmo algumas palavras nesse arquivo) na caixa Pesquisa, e o Windows tentará encontrar, estando no seu PC ou na internet.

» **Fixado:** O Windows mostra uma lista seletiva de apps "fixados" nesta seção. Para ver *todos* os apps, clique no ícone Todos os aplicativos, à direita superior da seção. Explico como fixar seus *próprios* apps favoritos na seção "Adicionando ou removendo itens do menu Iniciar" deste capítulo.

» **Recomendações:** Aqui o Windows lista os arquivos recém-abertos, podendo ser documentos, fotos ou vídeos.

O QUE É APP?

Abreviação de *aplicativo*, os apps se originam do mundo dos *smartphones*, que as pessoas chamam de celulares, com capacidade suficiente para rodar pequenos programas. Os apps modernos do Windows diferem dos programas Windows tradicionais de vários modos:

- A menos que estejam pré-instalados em seu computador, os apps Windows vêm de um lugar: da Microsoft Store. A Microsoft Store, um dos vários apps pré-instalados no Windows, permite baixar mais apps. Uma vez baixados, os apps se instalam automaticamente no computador. Muitos são gratuitos, mas outros têm um custo.
- Nas versões anteriores, apenas os apps *Windows* podiam rodar no Windows. A versão 11 mistura tudo, permitindo que você instale também apps dos smartphones Android (pelo menos é o que a Microsoft diz que acontecerá em algum momento em 2022).
- Os apps Windows 11 rodam no PC, no notebook e no tablet com essa versão. Alguns também rodam no console de videogame Xbox.
- A maioria dos apps executa pequenas tarefas, em geral de um modo que funciona bem nas telas de toque. Alguns apps facilitam visitar sites como Facebook. Outros permitem jogar, ouvir rádio pela internet, rastrear a quilometragem do seu carro ou encontrar os restaurantes próximos que ainda estão abertos.
- Embora a maioria dos apps seja bem simples de usar, essa simplicidade tem limites. Diferentemente dos programas desktop, muitos apps não permitem copiar palavras, fotos, arquivos ou links da web. Muitas vezes, não existe um modo de compartilhar o conteúdo de um app com um amigo.

Em um esforço de parecer jovem e atual, agora o Windows se refere aos programas desktop tradicionais como *apps*. Não se surpreenda ao ouvir pessoas ainda usando o termo *programa* para descrever um software mais antigo designado para o desktop com Windows, como Photoshop ou TurboTax.

>> **Nome da conta do usuário e Ligar/Desligar:** A seção inferior do menu Iniciar lista o nome da conta do usuário. No outro lado está o botão Ligar/Desligar. Clique nele para suspender o computador, reinicializá-lo ou finalizá-lo no dia.

CAPÍTULO 2 **Começando com o Menu Iniciar** 31

DICA

Experimente os seguintes truques para o menu Iniciar ficar mais a sua cara:

» Os fãs de teclado podem acessar o menu Iniciar pressionando a tecla ▦ .

» Para inicializar um programa ou um app ou recuperar um arquivo recém-usado, clique ou toque em seu nome ou ícone. O programa vai para a tela.

» Se não conseguir identificar o programa desejado ou app listado no menu Iniciar, clique no botão Todos os aplicativos, que fica em frente à palavra *Fixado*. O menu Iniciar muda para mostrar todos os apps armazenados por ordem alfabética.

» Em uma tela de toque, navegue o menu Iniciar com o dedo: toque em um ícone, e o Windows inicializa o app ou o programa correspondente.

O menu Iniciar no Windows 11 parece um pouco diferente do encontrado nas versões anteriores, mas funciona de modo similar: permite inicializar programas e abrir arquivos.

Inicializando um programa ou um app no menu Iniciar

O Windows coloca os *apps* na borda superior do menu Iniciar, que são pequenos programas para realizar tarefas simples. Na verdade, agora o Windows se refere a *todos* os programas Windows como apps. Para ver *todos* os apps e programas instalados no PC, clique no botão Todos os aplicativos, à direita superior do menu Iniciar. Uma lista alfabética de todo programa e app instalado aparece, pronta para que você clique com o mouse ou toque com o dedo.

Cada nome no menu Iniciar é um botão para iniciar um app ou um programa Windows tradicional. Claro, o Windows complica as coisas oferecendo vários modos de inicializar um app ou um programa:

» **Mouse:** Mova o ponteiro do mouse sobre o ícone e clique com o botão esquerdo do mouse.

» **Teclado:** Pressione as teclas de seta até uma caixa aparecer no ícone desejado. Então pressione a tecla Enter (pressione Tab para pular entre as diferentes seções do menu Iniciar).

» **Tela de toque:** Toque no ícone com o dedo.

Não importa o app escolhido, ele vai para a tela, pronto para informá-lo, entretê-lo ou, se tiver sorte, ambos.

Explico os apps predefinidos do menu Iniciar posteriormente neste capítulo. Se você quiser se aprofundar, pode começar baixando e instalando seus próprios apps, clicando no ícone Microsoft Store do menu Iniciar (explico como baixar apps no Capítulo 6).

Encontrando algo no menu Iniciar

Você pode percorrer o menu Iniciar até que seus olhos de águia identifiquem o programa, o app ou o ícone necessário, então pode acessá-lo com um rápido clique do mouse ou toque do dedo. Mas, quando a emoção da caçada diminui, o Windows tem vários atalhos para encontrar apps e programas ocultos em um menu Iniciar cheio.

Em particular, procure estas seções no menu Iniciar:

» **Fixado:** O Windows coloca ícones para apps e programas populares na área Fixado do menu Iniciar, além de anúncios para os novos. Explico como adicionar ou remover os itens fixados posteriormente, na seção "Adicionando ou removendo itens do menu Iniciar" deste capítulo.

» **Recomendações:** Ao abrir o menu Iniciar, ele automaticamente armazena, na borda inferior da lista, os apps ou os documentos recém-instalados. Clique em um para inicializar e começar a trabalhar.

» **Todos os aplicativos:** A seção superior do menu Iniciar lista os apps que foram fixados na seção. É como fixar coisas em um mapa. Porém, a Microsoft fixou os apps lá, não você, portanto, é possível que não veja o que deseja. Para ver *todos* os apps no seu PC, clique no botão Todos os aplicativos (mostrado na margem) para ver a lista alfabética de todo app e programa em seu PC.

DICA

Há boas chances de que você encontre o item desejado no menu Iniciar sem se aprofundar muito. Mas, quando um app ou um programa se mostrar particularmente difícil, experimente estes truques:

» Após abrir o menu Iniciar, quem usa teclado pode simplesmente começar digitando o nome do app ou do programa desejado, assim: **facebook.** Conforme você digita, o Windows lista todos os apps que correspondem ao que foi digitado até o momento, acabando por restringir a pesquisa ao objetivo.

» Se os apps não refletirem o modo como trabalha, será hora de personalizar o menu Iniciar para atender às suas necessidades. Vá para a seção "Personalizando o menu Iniciar" deste capítulo para ter mais informações.

Exibindo, fechando ou voltando aos apps abertos

É muito fácil passar de um app aberto para outro. Como estão todos abertos em janelas na sua área de trabalho, basta clicar no app desejado: ele vem para o primeiro plano, pronto para o trabalho (para obter mais detalhes sobre a área de trabalho, vá para o Capítulo 3).

E se as janelas se sobrepuserem e você não conseguir identificar a desejada?

Se estiver rodando o Windows em um PC, um notebook ou um tablet, traga para o primeiro plano qualquer app seguindo estas duas etapas rápidas:

1. **Clique ou toque no botão Visão de Tarefas.**

   A tela limpa, e o Windows mostra exibições em miniatura de seus apps e programas abertos, como na Figura 2-6.

FIGURA 2-6: Clique no botão Visão de Tarefas para ver exibições em miniatura de cada app e programa em execução atualmente.

2. **Toque ou clique em qualquer miniatura para voltar o app ou o programa para seu tamanho total.**

DICA

Estas três dicas podem ajudá-lo a rastrear os apps em execução, além de fechar os que você não deseja mais abertos:

34 PARTE 1 **Coisas do Windows 11 que Todos Pensam que Você Já Sabe**

» Os apps e os programas em execução atualmente também aparecem como ícones na *barra de tarefas*, a faixa estreita na parte inferior da tela (explico a barra de tarefas no Capítulo 3). Os ícones para os apps abertos na área de trabalho têm uma pequena linha ou ponto abaixo.

» Para fechar um app indesejado mostrado na exibição em miniatura, clique ou toque no X que aparece à direita superior dele (o X só aparece quando o ponteiro do mouse está sobre a miniatura). Com um mouse, você também pode clicar com o botão direito na miniatura do app e escolher Fechar no menu suspenso.

» Após fechar o app, as exibições em miniatura dos outros apps em execução ficam na tela, permitindo trocar entre eles ou fechá-los. Para sair do modo Visão de Tarefas, clique ou toque na área de trabalho, longe das janelas.

Conhecendo os apps gratuitos

O menu Iniciar do Windows vem com muitos apps gratuitos, representados por um ícone. Todo ícone tem um rótulo abaixo, ajudando a saber o que é.

NOVO

O Windows 11 só mostra *ícones* no menu Iniciar. Ele não mostra mais "blocos dinâmicos" animados, como no Windows 10.

Veja alguns dos apps mais populares do Windows 11, prontos para serem inicializados com o clique do mouse ou o toque do dedo:

» **Alarmes e Relógio:** Oferece relógio mundial, temporizador e cronômetro, mas é provável que você visite o alarme. Permite definir diferentes horas de ativação para cada dia da semana.

» **Calculadora:** Com alternância entre os modos padrão, científico e vários conversores, esse app agradará alunos do ensino fundamental, estudantes de matemática, chefs e físicos.

» **Calendário:** Permite adicionar seus compromissos e obtê-los automaticamente nos calendários já criados com as contas online. Funciona junto com o app de email; explico ambos no Capítulo 10.

» **Câmera:** Explicado no Capítulo 17, o app Câmera permite fazer fotos com a câmera embutida na maioria dos notebooks, tablets e alguns PCs desktop.

» **Explorador de Arquivos:** Esse app ajuda a gerenciar seus arquivos movendo, copiando, excluindo ou pesquisando. Explico essas tarefas no Capítulo 5.

PERSONALIZANDO O MENU INICIAR

O app Configurações do Windows 11 tem outros modos de ajustar o menu Iniciar. Explico no Capítulo 12, mas esta seção se aplica ao menu Iniciar em particular.

Para encontrar as configurações do menu Iniciar, clique no botão Iniciar, escolha o ícone Configurações e clique no botão Personalização do app Configurações. Quando a página Personalização aparecer, clique em Iniciar no painel à esquerda, e as opções do menu Iniciar se abrirão à direita.

A seção do menu Iniciar tem estas opções:

- **Mostrar aplicativos adicionados recentemente:** Uma vantagem para quem odeia organizar coisas, deixe isso ativado, e os apps recém-instalados aparecerão automaticamente na área Fixado do menu Iniciar.

- **Mostrar aplicativos mais usados:** Outro benefício para os preguiçosos, deixe isso ativado: o menu Iniciar fica automaticamente na área Fixado, com seus apps mais usados.

- **Mostrar itens abertos recentemente em Iniciar, Listas de Atalhos e Explorador de Arquivos:** Deixe isso ativado para que possa voltar aos destinos favoritos, listados no menu Iniciar e nas Listas de Atalhos da barra de tarefas, explicadas no Capítulo 3, além do canto esquerdo do Explorador de Arquivos acima.

- **Pastas:** A borda inferior do menu Iniciar normalmente lista o nome da conta, tem muito espaço vazio e um botão Ligar/Desligar. Clique aqui para preencher esse espaço vazio com links para suas pastas favoritas e outras coisas. Você pode adicionar ou remover links para Configurações, Explorador de Arquivos, Documentos, Downloads, Música, Imagens, Vídeos, Rede e Pasta Pessoal, que abre para mostrar links para todas as suas pastas mais populares.

Não há um modo certo ou errado de configurar. Fique com as configurações padrão ou experimente para ver quais funcionam no seu caso. Todas as configurações ativam e desativam, portanto, sempre é possível voltar e mudar de novo se uma alteração não atende a suas necessidades.

- » **Obter ajuda:** Clique aqui para iniciar sua jornada pelos canais de suporte técnico oficiais da Microsoft, tudo visto no Capítulo 21.

- » **Introdução:** Esse programa o orienta no Windows 11, mas também apresenta os serviços pagos da Microsoft, como o OneDrive.

- » **Groove Música:** Explicado no Capítulo 16, esse app reproduz a música armazenada no seu PC e no OneDrive, o serviço de armazenamento online predefinido da Microsoft.

- **Email:** Visto no Capítulo 10, o app Email permite enviar e receber email da maioria das contas, inclusive do Windows Live, do Outlook, do Yahoo! e do Google. Ao inserir o nome e a senha da conta, o app se configura e adiciona automaticamente seus contatos.

- **Mapas:** Útil para planejar viagens, o app Mapas abre uma versão do Microsoft Bing Maps.

- **Microsoft Edge:** O navegador no Windows 11, Microsoft Edge, substitui o Internet Explorer (que não aparece mais no Windows 11). Explico o Microsoft Edge e a navegação na web no Capítulo 9.

- **Microsoft Solitaire Collection:** Essa coleção de uma irresistível perda de tempo inclui FreeCell e outros jogos.

- **Microsoft Store:** Vista no Capítulo 6, a Microsoft Store é o único modo de adicionar mais apps no menu Iniciar. A Microsoft Store também tem alguns programas que você pode instalar na área de trabalho do Windows e no telefone Android, explicados no Capítulo 3.

- **Mixed Reality Portal:** Esse app permite que as pessoas coloquem fones de ouvido caros e divertidos, fingindo estar em um filme em 3D.

- **Filmes e TV:** A vitrine de vídeos da Microsoft permite alugar ou comprar filmes e programas de TV, como mostrado no Capítulo 17. O app também permite assistir a vídeos feitos com sua câmera ou smartphone.

- **Office:** Clique neste anúncio para assinar a versão online do Office. Chamado Office 365, tem versões online do Word, do Excel, do PowerPoint e outros, tudo disponível por uma taxa anual.

- **OneDrive:** O termo descreve o esconderijo na internet da Microsoft onde você pode armazenar seus arquivos. Armazenando-os online no OneDrive, visto no Capítulo 5, você consegue acessá-los de praticamente qualquer computador, telefone (Android e Apple) ou tablet conectado à internet.

- **Fotos:** Visto no Capítulo 17, o app Fotos exibe as fotos armazenadas em seu PC e no OneDrive, seu espaço de armazenamento na internet.

- **Scan:** Esse programa deliciosamente simples evita o software complicado enviado com a maioria dos scanners para fazer bem uma coisa: escanear seus documentos.

- **Configurações:** Isso o leva ao app Configurações do Windows 11, que contém quase todas as configurações encontradas no Painel de Controle nas versões anteriores do Windows (explico o app Configurações no Capítulo 12).

- **Teams Chat:** Esse subconjunto do Teams roda dentro do navegador Microsoft Edge para que você possa enviar mensagens e bater papo por vídeo com amigos e colegas de trabalho.

» **Dicas:** Passe aqui para ver cartões listando etapas para realizar tarefas simples no Windows 11.

» **Editor de Vídeo:** Esse editor de vídeo simples permite cortar vídeos ou juntar fotos e vídeos com música para criar exibições de slide.

» **Gravador de Voz:** O nome diz tudo. Quando o app aparecer, clique no ícone Microfone para começar a gravar; clique de novo e pare. O app lista suas gravações, nomeadas segundo a data e a hora, na borda esquerda, para uma fácil recuperação (clique com o botão direito no nome de qualquer gravação para compartilhar, excluir ou renomear, além de ver seu local no Explorador de Arquivos).

» **Clima:** Essa estação meteorológica prevê o tempo de uma semana em sua área, mas apenas com permissão para acessar suas informações locais (a menos que o computador tenha GPS — Sistema de Posicionamento Global —, o app restringe seu local pela maior cidade próxima, em vez do endereço).

» **Segurança do Windows:** Clique para acessar o programa antivírus predefinido. Vá ao Capítulo 11 para obter mais detalhes.

» **Seu Telefone:** Esse app recém-renovado ajuda a vincular seu telefone Android de modelo mais novo ao Windows para enviar e receber texto, acessar seus contatos, fazer ligações, ver notificações e até ver a tela do seu telefone no PC. Explico o app Seu Telefone no Capítulo 12.

DICA

Explico no Capítulo 3 como escolher quais apps e programas lidarão com quais tarefas, mas há uma sugestão temporária: clique com o botão direito em um arquivo e escolha Abrir com. Aparece um menu para você escolher qual programa deve lidar com o trabalho. A alteração ocorre de imediato.

O menu Iniciar pode mostrar ícones para programas que não estão no seu PC. Clique no app para instalá-los, e a Microsoft receberá uma comissão.

Adicionando ou removendo itens do menu Iniciar

A Microsoft abandonou uma variedade aleatória de ícones na área *Fixado* do menu Iniciar, as linhas de ícones que preenchem a metade superior do menu Iniciar. A confusão resultante consome muito estado real, inclusive anúncios, e provavelmente não é adequada aos *seus* interesses pessoais ou hábitos de trabalho. Esta seção mostra como corrigir essa limitação removendo, ou *desafixando*, os ícones extras da área Fixado do menu, adicionando ou *fixando* os que você mais usa.

DICA

Remover ícones do menu Iniciar é fácil, então comece por aí. Para remover um ícone indesejado ou não usado do menu Iniciar, clique com o botão direito nele e escolha Desafixar de Iniciar no menu suspenso. O ícone desprezado some sem problemas, liberando um estado real primordial (veja bem, isso não *desinstala* o app ou o programa; qualquer item desafixado ainda pode ser encontrado na área Todos os aplicativos do menu Iniciar).

Em uma tela de toque, pressione o dedo no ícone indesejado. Quando o menu suspenso aparecer, escolha Desafixar de Iniciar para remover o ícone.

Após remover os itens indesejados, passe um tempo *adicionando* itens ao menu Iniciar, tornando-os fáceis de acessar, como um porta-lápis na mesa de trabalho.

Para adicionar programas ou apps ao menu Iniciar, siga estas etapas:

Todos os Aplicativos >

1. **Clique no botão Iniciar e, quando o menu aparecer, clique em Todos os aplicativos, mostrado na margem.**

   O menu Iniciar mostra uma lista alfabética de todos os apps e programas instalados, mesmo o que você acabou de desafixar do menu Iniciar.

2. **Clique com o botão direito no item que deseja que apareça na área Fixado do menu Iniciar e, então, escolha Fixar em Iniciar.**

   Cada item selecionado aparece como um novo ícone do menu Iniciar. Repita até ter adicionado todos os itens desejados. Infelizmente, você deve clicar com o botão direito e fixar cada item separado. O Windows não permite selecionar e adicionar vários simultaneamente.

3. **Na área de trabalho, clique com o botão direito nos itens desejados e escolha Fixar em iniciar.**

   Os ícones do menu Iniciar não se limitam a apps e programas. Na área de trabalho ou mesmo no Gerenciador de Arquivos, clique com o botão direito em qualquer pasta, arquivo ou outro item muito usado que você deseja adicionar ao menu Iniciar e escolha Fixar em Iniciar no menu suspenso.

Quando terminar, a área Fixado do menu terá aumentado consideravelmente com todos os destinos recém-adicionados.

DICA

Não consegue encontrar um app recém-instalado? Há boas chances de que esteja oculto na área Todos os aplicativos do menu Iniciar. Se quiser torná-lo visível na área Fixado perto da borda superior do menu Iniciar, você mesmo precisa fixá-lo lá.

Depois de preencher a área Fixado do menu Iniciar com seus destinos favoritos da área de trabalho, vá para a seção "Personalizando o menu Iniciar" deste capítulo para terminar de organizar. Quando finalizar, terá criado um menu Iniciar que atende às suas necessidades.

Personalizando o menu Iniciar

O menu Iniciar contém a maioria dos *ícones* — pequenas imagens representando os apps em seu PC. Os ícones consomem muito espaço, mas não são muito organizados. Você consegue encontrar suas coisas favoritas?

Dê a si mesmo uma chance de organizar o menu Iniciar. As etapas a seguir começam com uma pequena organização: remover os apps indesejados e adicionar os favoritos à área Fixado do menu Iniciar. Essas etapas não desinstalarão os apps; todos ficarão em segurança no PC. Mas a área Fixado do menu estará cheia de apps que refletem seus *próprios* interesses.

Mas não importa o quanto você quer ser organizado, siga estas etapas para começar a tornar o menu Iniciar caótico sua própria lista organizada:

1. **Remova os ícones desnecessários da área Fixado.**

    Localizou um ícone desnecessário? Clique nele com o botão direito e escolha Desafixar de Iniciar no menu suspenso. Repita até remover todos os que não usa (em uma tela de toque, segure o dedo em um app indesejado e toque em Desafixar de Iniciar no menu suspenso).

    LEMBRE-SE

    Escolher Desafixar de Iniciar não **desinstala** o app ou o programa; remover o ícone apenas remove o botão "iniciar" do item na área Fixado do menu Iniciar. Na verdade, se você remover sem querer o ícone de um app ou programa favorito, poderá retorná-lo com facilidade na Etapa 3.

2. **Na área Fixado do menu Iniciar, mova os ícones afins para que fiquem lado a lado.**

    Como exemplo, você pode querer manter seus apps focados em pessoas (Email e Calendário) lado a lado, e talvez na linha superior, como na Figura 2-7. Para mover um ícone para um novo local, mova o ponteiro do mouse sobre ícone, então pressione o botão esquerdo do mouse conforme arrasta o ícone para o local desejado. Quando arrastar o ícone, outros ícones sairão automaticamente da frente para abrir espaço para o novo.

FIGURA 2-7: Seu menu Iniciar pode ser mais fácil de trabalhar quando a área Fixado mostra apenas os ícones favoritos.

DICA

Em uma tela de toque, pressione o dedo no app. Quando aparecer o menu suspenso, arraste o app para a nova posição.

Quando arrastar o ícone do app para o local desejado, retire o dedo ou solte o botão do mouse para colocar o ícone no novo lugar.

NOVO

O Windows 11 não permite mais mudar o tamanho do ícone no menu Iniciar. Também não tem a capacidade de colocar os ícones em grupos de pastas.

3. **Adicione ícones para os apps, os programas, as pastas e os arquivos necessários.**

   Explico como adicionar ícones para apps, programas, pastas e arquivos anteriormente, na seção "Adicionando ou removendo itens do menu Iniciar" deste capítulo.

DICA

Os itens recém-adicionados aparecem na parte inferior da área Fixado do menu Iniciar. Para mover rápido um ícone para cima, clique com o botão direito nele e escolha Mover para o topo no menu suspenso.

Após limpar os ícones indesejados, reorganizar os ícones restantes e adicionar novos ícones para os itens necessários, seu menu Iniciar poderá atender suas necessidades. Nesse caso, pare. Terminou!

CAPÍTULO 2 **Começando com o Menu Iniciar** 41

Saindo do Windows

Ah! A coisa mais agradável que você fará com o Windows todo dia pode ser parar de usá-lo. Mas sair do Windows tem alguns obstáculos: é preciso decidir se irá Suspender, Desligar ou Reiniciar o computador.

A resposta depende de quanto tempo ficará longe do computador. Vai simplesmente se afastar por alguns momentos ou parou de trabalhar no dia?

Explico os dois cenários — uma permanência temporária e se afastar do computador no dia — nas duas seções a seguir.

Se não quiser consultar um manual para descobrir como desligar seu PC, veja o modo mais rápido:

1. **Clique no botão Iniciar e no ícone Ligar/Desligar (mostrado na margem) perto da direita inferior do menu Iniciar.**

2. **Escolha Desligar no menu suspenso.**

3. **Se o computador reclamar, informando que você perderá o trabalho não salvo, escolha Suspender.**

As duas seções a seguir lidam com os pormenores do que se tornou uma tarefa complexa.

DICA

Os usuários avançados gostam deste truque para desligar rápido após salvar o trabalho: clique com o botão direito no menu Iniciar, escolha Desligar ou Sair no menu suspenso e escolha Desligar no menu suspenso.

Deixando temporariamente o PC

O Windows tem três opções quando você se afasta temporariamente do seu computador, talvez para reaquecer um peixe no micro-ondas do escritório e voltar rápido para sua baia de trabalho antes que alguém note. Para fazer a escolha certa entre os vários cenários de "saída temporária" no Windows, siga estas etapas:

1. **Clique no botão Iniciar para acessar o menu Iniciar.**

2. **Clique na imagem da conta de usuário à esquerda inferior do menu.**

   No menu exibido na Figura 2-8, escolha uma das opções:

   - *Alterar configurações da conta:* Essa opção o leva direto para o app Configurações, no qual você pode ajustar as configurações da conta. É possível mudar a foto da conta, por exemplo, ou a senha.

42 PARTE 1 **Coisas do Windows 11 que Todos Pensam que Você Já Sabe**

- *Bloquear:* Para ter privacidade enquanto está passeando em busca de água, essa opção bloqueia o PC, ocultando sua tela com a imagem da tela de bloqueio. Ao retornar, desbloqueie a tela pressionando qualquer tecla e digitando a senha. O Windows exibirá rápido seu trabalho, como antes. Para bloquear o computador rápido, pressione ⊞ + L.

- *Sair:* Escolha essa opção quando terminar de trabalhar no PC e outra pessoa quiser usá-lo. O Windows salva seu trabalho e suas configurações, então volta para a tela de bloqueio, pronto para a próxima pessoa.

- *Outra conta:* Abaixo do seu nome, como na Figura 2-8, o Windows lista os nomes de outras contas no computador. Se uma dessas pessoas pedir emprestado o computador por alguns minutos enquanto você pega café, deixe-a escolher o nome na lista. Quando ela digitar a senha, a tela personalizada dela aparecerá, pronta para trabalhar. Quando ela desconectar e você fizer login de novo, todo seu trabalho reaparecerá, como antes.

FIGURA 2-8: Clique no nome da conta à esquerda inferior do menu Iniciar para escolher as opções.

Cada uma das opções permite se afastar do computador por um tempo, mas o deixa aguardando por seu retorno.

Mas, se você terminou seu dia, está pronto para a próxima seção.

Saindo do computador no dia

Quando você terminar — ou talvez só quiser desligar o notebook no metrô ou no voo para Roma —, o Windows tem três modos de lidar com a situação.

Siga esta etapa para escolher nas opções disponíveis:

Clique no botão Iniciar e no ícone Ligar/Desligar (mostrado na margem).

O menu suspenso do ícone Ligar/Desligar tem três configurações, como na Figura 2-9.

FIGURA 2-9: As opções do menu suspenso do ícone Ligar/Desligar incluem Suspender, Desligar e Reiniciar.

Veja o resumo das suas opções:

» **Suspender:** A escolha mais popular, salva seu trabalho na memória do PC *e* no disco rígido, então permite que seu PC repouse em um estado com baixo consumo de energia. Mais tarde, quando você voltar, o Windows mostrará rapidamente tudo, mesmo o trabalho não salvo, como se você nunca tivesse se afastado. E, se a energia acabar, seu PC ainda voltará com tudo salvo, mas levará um pouco mais de tempo.

» **Desligar:** Essa opção desliga por completo o computador. É como Reiniciar, mas sem voltar de novo. E, se você estiver preocupado em preservar a vida útil da bateria no notebook ou no tablet, será sua melhor escolha.

» **Reiniciar:** Escolha essa opção como uma primeira cura quando algo estranho acontece (um programa paralisa, por exemplo, ou o Windows parece confuso e desorientado). O Windows desliga o computador, então inicia de novo, esperando estar melhor (as correções do Windows Update, assim como dos programas recém-instalados, por vezes pedem para você reiniciar o PC).

Isso deve ser suficiente para ele se movimentar. Mas, se você tiver um pouco mais de tempo, veja outros fatos a considerar:

LEMBRE-SE

Você não *precisa* desligar seu computador toda noite. Na verdade, alguns especialistas deixam seus computadores ligados a noite inteira, dizendo ser melhor para a integridade da máquina. Outros dizem que seus computadores ficam melhor se *desligados* todo dia. Há ainda aqueles que dizem que o modo Suspender lhes dá o melhor das duas opções. Mas *todos* dizem para desligar o monitor quando você para de trabalhar. É certo que os monitores gostam de esfriar quando não estão em uso.

Para evitar problemas de superaquecimento, desligue os tablets e os notebooks antes de guardá-los em suas embalagens por mais de uma hora ou duas.

DICA

Para desligar seu computador o mais rápido possível, clique com o botão direito no menu iniciar, escolha "Desligar ou Sair" no menu suspenso e, então, escolha desligar no menu suspenso.

CAPÍTULO 2 **Começando com o Menu Iniciar** 45

46   PARTE 1 Coisas do Windows 11 que Todos Pensam que Você Já Sabe

> **NESTE CAPÍTULO**
>
> » Entendendo a área de trabalho
>
> » Entendendo o menu Iniciar
>
> » Lidando com a área de trabalho
>
> » Recuperando itens excluídos na Lixeira
>
> » Entendendo a barra de tarefas
>
> » Personalizando a área de trabalho
>
> » Configurando várias áreas de trabalho
>
> » Facilitando encontrar programas

Capítulo **3**

Área de Trabalho Tradicional

Depois de ligar seu PC e digitar o nome de usuário e a senha, a área de trabalho do Windows preenche a tela, pronta para começar. Em grande parte, a área de trabalho do Windows 11 funciona como era na última década. É a área em que você organiza seu trabalho nas janelas na tela e faz as coisas acontecerem.

O novo menu Iniciar do Windows 11 e seus apps trouxeram muitas mudanças, mas a área de trabalho funciona de modo muito semelhante a como era no passado. Este capítulo mostra como fazer a área de trabalho ficar com a sua cara.

Área de Trabalho e Menu Iniciar

O menu iniciar do Windows 11 pode parecer muito diferente de seus antecessores, mas a *área de trabalho*, mostrada na Figura 3-1, é quase idêntica à área no Windows 7.

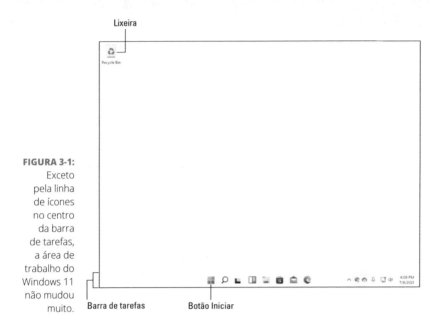

FIGURA 3-1: Exceto pela linha de ícones no centro da barra de tarefas, a área de trabalho do Windows 11 não mudou muito.

ÁREA DE TRABALHO NA TELA DE TOQUE

O Windows 11 abandonou o modo Tablet, adicionando automaticamente mais espaço entre os ícones e aumentando os botões e as bordas que aparecem na área de trabalho. Veja como controlar a área com os dedos no Windows 11:

- *Selecionar:* Para selecionar algo na área de trabalho, toque com um dedo. Se seu dedo indicador for muito grande, tente tocar com o dedo mindinho.

- *Clicar duas vezes:* Para clicar duas vezes em algo, toque duas vezes. De novo, a ponta do dedo funciona melhor.

- *Clicar com o botão direito:* Para clicar com o botão direito em algo, pressione o dedo suavemente e espere um pequeno quadrado aparecer na tela. Quando aparecer, retire o dedo, e o menu suspenso ficará na tela. Então, toque na opção que deseja escolher no menu.

Se a ponta de seu dedo for muito grande para as manobras delicadas na janela da área de trabalho, compre um mouse Bluetooth e um teclado para seu tablet. Eles transformam seu tablet em dois computadores: um que usa apps leves para uma computação casual e outro com uma área de trabalho completa do Windows para fazer um trabalho *real*.

Para ter mais portabilidade, experimente uma caneta Bluetooth. Ela lhe dá precisão para obter os itens de difícil acesso na área de trabalho do tablet.

A área de trabalho do Windows 11 roda a maioria dos programas executados em seu antigo computador com Windows 7, 8 ou 8.1. As exceções são os programas antivírus, pacotes de segurança, videogames de alta performance e alguns programas utilitários. Em geral, eles não se transferem bem de uma versão do Windows para outra.

Diferentemente do Windows 8 e do 8.1, o 11 roda apps em uma janela na área de trabalho.

Usando a Área de Trabalho

A área de trabalho permite executar vários apps e programas simultaneamente, cada um residindo em sua própria *janelinha*. Essa separação permite espalhar vários programas na tela, compartilhando informações entre eles.

Quando instalado pela primeira vez, o Windows inicia com a área de trabalho limpinha, quase vazia, mostrada na Figura 3-1. Após trabalhar um pouco, sua área de trabalho será preenchida com *ícones* — botõezinhos que carregam seus arquivos com um clique duplo e rápido do mouse. Muitas pessoas deixam a área de trabalho cheia de ícones para um rápido acesso.

Outras organizam seu trabalho: quando terminam de trabalhar em algo, armazenam os arquivos em *pastas*, que são lugares para armazenar itens parecidos e que explico no Capítulo 4.

Não importa como você usa a área de trabalho, ela vem com três partes principais, identificadas anteriormente na Figura 3-1:

> » *Botão iniciar:* Para inicializar um programa, clique no botão Iniciar. É o primeiro ícone à direita da *barra de tarefas*, a faixa que corre na parte inferior da sua área de trabalho. Quando o menu Iniciar aparecer, clique no nome ou no ícone do app ou do programa que deseja executar.
>
> Explico o menu Iniciar e todas as suas particularidades no Capítulo 2 (volte para esse capítulo se quiser remover ou reorganizar os ícones dos apps no menu Iniciar). Para ter um acesso fácil a seus programas favoritos, coloque-os na barra de tarefas da área de trabalho (descrita a seguir).
>
> » *Barra de tarefas:* Repousando em berço esplêndido na borda inferior da sua tela, a barra de tarefas mostra ícones para os apps e os programas abertos atualmente, além de ícones para inicializar alguns programas preferidos (passe o mouse sobre o ícone de um programa na barra de

tarefas para ver o nome dele, ou talvez uma miniatura do programa em ação). Descrevo como adicionar os ícones dos programas favoritos à barra de tarefas mais adiante neste capítulo, na seção "Personalizando a barra de tarefas".

» *Lixeira:* A *Lixeira* da área de trabalho, o ícone em forma de cesta, armazena os arquivos e as pastas recém-excluídos para uma recuperação fácil. Ufa!

Explico esses itens posteriormente neste capítulo e no livro, mas as dicas a seguir o ajudarão até você chegar na página:

» Os proprietários de PC e notebook podem iniciar novos projetos diretamente na área de trabalho do Windows: clique com o botão direito em uma parte em branco da área, escolha Novo item e escolha o projeto de seus sonhos no menu suspenso, carregando um programa favorito ou criando uma pasta para armazenar novos arquivos (o menu Novo item até lista alguns programas de seu computador, evitando ter de voltar ao menu Iniciar).

LEMBRE-SE

» Ficou confuso com o motivo de ser de um objeto na área de trabalho? Coloque de forma tímida o ponteiro sobre a coisa misteriosa, e o Windows abrirá uma caixinha explicando o que é ou o que faz. Clique com o botão direito no objeto, e o Windows, sempre prestativo, abrirá um menu listando quase tudo que você pode fazer com esse objeto em particular. Esse truque funciona na maioria dos ícones e dos botões encontrados em sua área de trabalho e programas.

CUIDADO

» Todos os ícones em sua área de trabalho podem desaparecer de repente. Para trazer de volta à vida seu trabalho, clique com o botão direito na área de trabalho vazia e escolha Exibir no menu suspenso. Então, veja se a opção de menu Mostrar ícones da área de trabalho tem uma marca de verificação para que tudo fique visível.

Inicializando apps com o menu Iniciar

O botão Iniciar fica na borda esquerda da sua barra de tarefas, a faixa cheia de ícones centralizada na borda inferior da área de trabalho. Um clique ou um toque no botão Iniciar acessa o menu Iniciar, que lista seus apps e programas instalados. Quando o menu Iniciar aparecer, clique no app ou no programa que gostaria de executar.

Explico o menu Iniciar no Capítulo 2, mas veja um passo a passo sobre como abri-lo e inicializar um app ou um programa:

1. *Clique no botão Iniciar, o ícone mais à esquerda na barra de tarefas.*

   O menu Iniciar aparece, como na Figura 3-2.

FIGURA 3-2: Você pode inicializar apps e programas no menu Iniciar.

O menu Iniciar lista automaticamente os nomes dos apps e dos programas recém-acessados na borda inferior. Acima deles, o menu Iniciar exibe os ícones dos apps populares instalados no computador.

2. *Se você vir o app ou o programa que deseja inicializar listado no menu Iniciar, clique nele.*

   Clique em um nome ou um ícone, e o app ou o programa abre em uma janela em sua área de trabalho, pronto para a ação.

Não vê o nome do app ou do programa que deseja inicializar? Clique no botão Todos os aplicativos, à direita superior do menu Iniciar, para ver uma lista alfabética de todos os seus apps e programas. Nela, você tem várias opções:

» Se não vir o nome do app desejado, percorra a lista de nomes clicando na barra à direita dos nomes (descrevo como percorrer uma caixa de rolagem no Capítulo 4).

» Se o app que você deseja inicializar não aparece na lista, há boas chances de que não está instalado no computador. Para baixá-lo, abra a Microsoft Store, vista no Capítulo 6.

CAPÍTULO 3 **Área de Trabalho Tradicional** 51

Você também pode acessar o menu Iniciar pressionando a tecla no teclado ou no tablet.

Depois de abrir um app ou um programa, você desejará fechá-lo, uma tarefa explicada no Capítulo 4 (mas veja um spoiler: para fechar um app, mova o ponteiro do mouse para a direita superior do app e clique no pequeno X, mostrado na margem).

Explico mais sobre o menu Iniciar, inclusive como personalizá-lo para atender suas necessidades, no Capítulo 2.

Animando o fundo da área de trabalho

Para animar sua área de trabalho, o Windows a cobre com uma bela imagem conhecida como *plano de fundo* (muitas pessoas se referem a isso simplesmente como *papel de parede*).

DICA

De olho na foto que deseja como plano de fundo? Clique com o botão direito nela e escolha Definir como tela de fundo da área de trabalho no menu suspenso. Sua foto irá rapidamente para a área de trabalho, criando um novo fundo.

Quando cansar do cenário predefinido, sinta-se à vontade para substituí-lo por uma imagem armazenada no computador:

1. *Clique no botão Iniciar e escolha o ícone Configurações.*

   O ícone Configurações parece uma engrenagem. Clique nele, e o novo app Configurações do Windows 11 aparecerá (explico o app Configurações no Capítulo 12).

2. *Na coluna à esquerda do app Configurações, clique no ícone Personalização e, na coluna à direita, clique na seção Tela de fundo.*

   A seção Personalização do app Configurações abre a seção Temas. Percorra e clique no botão Tela de fundo; a seção Tela de fundo aparece.

3. *Na seção Personalizar tela de fundo, clique em Imagem no menu suspenso ao lado. Abaixo do menu, clique no botão Navegue pelas fotos, mostrado na Figura 3-3, e clique duas vezes na foto desejada.*

   Encontrou? Clique duas vezes na foto e pronto; sua alteração acontece de imediato. Ou, se ainda está pesquisando, vá para a próxima etapa.

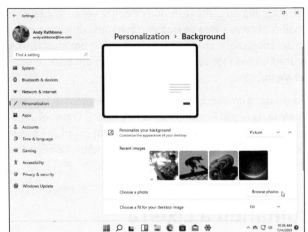

FIGURA 3-3: Clique no botão Navegue pelas fotos para escolher uma foto em outra pasta para o plano de fundo.

4. *Navegue para a pasta* **Imagens**.

   A maioria das pessoas armazena suas fotos digitais na pasta Imagens, no PC ou no OneDrive (explico como navegar as pastas, e o OneDrive, no Capítulo 5).

5. *Clique em diferentes imagens para ver como elas ficam no plano de fundo de sua área de trabalho.*

   Quando encontrar um plano de fundo do qual gosta, terminou. A alteração ocorre automaticamente. Saia do app Configurações clicando na parte direita superior, e sua foto escolhida será colocada na área de trabalho, como um papel de parede sob os ícones e as janelas abertas da área de trabalho.

DICA

Algumas dicas sobre como mudar o plano de fundo da área de trabalho:

» As opções listadas no menu Escolher um ajuste para sua imagem da área de trabalho na página Tela de fundo permitem escolher se a imagem deve ser repetida *lado a lado* na tela, *centralizada* diretamente no meio ou *estendida* para preencher a tela toda. As opções Lado a lado, Preencher e Ajustar funcionam melhor com pequenas fotos repetindo ou aumentando para se ajustarem nas bordas da tela. Experimente; você desejará opções diferentes para fotos com tamanhos variados.

» O navegador Microsoft Edge pode usar a maioria das imagens encontradas na internet para um plano de fundo. Clique com o botão direito na imagem do site e escolha Salvar imagem como no menu suspenso. A Microsoft oferece secretamente uma cópia da imagem em sua pasta Imagens, em que você pode escolhê-la como plano de fundo na Etapa 4 da lista anterior.

CAPÍTULO 3 **Área de Trabalho Tradicional** 53

» Se a fotografia do plano de fundo dificultar ver os ícones da área de trabalho, abra sua área de trabalho com uma única cor: na Etapa 3 da lista anterior, clique em Cor sólida, em vez de em Imagem. Quando os quadrados coloridos aparecerem, clique em um para colocar sua cor na área de trabalho.

» Para mudar a *aparência* inteira do Windows, escolha Temas na borda esquerda da janela Personalização na Etapa 2. O painel direito permite personalizar a aparência de seu computador clicando nas seções Tela de fundo, Cores, Sons e Cursor do mouse, e então mudando como quiser. Explico mais sobre os temas no Capítulo 12.

Vasculhando a Lixeira

A Lixeira, o ícone de cesta à esquerda superior da sua área de trabalho, funciona de modo parecido com uma lixeira *real*. Mostrada na margem, permite recuperar os arquivos descartados da área de trabalho que você achou que nunca precisaria.

Você pode descartar algo da área de trabalho ou do Explorador de Arquivos (arquivo ou pasta, por exemplo) na Lixeira de dois modos:

» Basta clicar com o botão direito no item indesejado e escolher Excluir no menu suspenso. Por cautela, o Windows pergunta se você tem *certeza* de que deseja excluir o item. Clique em Sim, e o Windows o descarta na Lixeira, como se você o tivesse arrastado para lá. Zás!

» Para uma exclusão rápida, clique no objeto indesejado e pressione a tecla Delete.

Deseja algo de volta? Clique duas vezes no ícone Lixeira para ver os itens recém-excluídos. Clique com o botão direito no item que deseja e escolha Restaurar. A lixeirinha útil retornará seu precioso item para o mesmo local de onde foi excluído (você também pode ressuscitar os itens excluídos arrastando-os para sua área de trabalho ou qualquer outra pasta; arraste-os de volta para a Lixeira e exclua-os de novo).

DICA

A Lixeira pode ficar muito cheia. Se você estiver procurando desesperadamente um arquivo recém-excluído, peça à Lixeira para classificar tudo pela data e hora que o excluiu: clique com o botão direito em uma área vazia dentro da Lixeira e escolha Classificar por. Então escolha Data de Exclusão no menu suspenso.

DICA

Para excluir algo de *modo permanente*, basta excluí-lo da Lixeira: clique nele e pressione a tecla Delete. Para excluir *tudo* na Lixeira, clique com o botão direito no ícone Lixeira e escolha Esvaziar Lixeira.

Para evitar por completo a Lixeira ao excluir os arquivos, pressione as teclas Shift e Delete. Puf! O objeto excluído desaparece, nunca mais será visto de novo — um truque útil ao lidar com itens sigilosos, como números do cartão de crédito ou selfies com olhos turvos.

Mas a Lixeira serve como uma cesta inteligente. Veja outros modos brilhantes de usá-la:

» O ícone Lixeira muda de uma cesta vazia para cheia (como mostrado na margem) assim que tem qualquer arquivo excluído.

» A Lixeira mantém apenas os itens excluídos da *área de trabalho*, *seus arquivos e pastas*. Ela não mantém as informações excluídas de apps ou programas.

» Sua Lixeira mantém os arquivos excluídos até o lixo consumir cerca de 5% do espaço disponível do computador. Então limpa automaticamente os arquivos excluídos mais antigos para abrir espaço para os novos. Se você tiver pouco espaço no disco rígido, diminua o tamanho da lixeira clicando com o botão direito em Lixeira e escolhendo Propriedades. Diminua o número Tamanho personalizado para limpar a lixeira mais rápido; aumente o número e a Lixeira guardará os arquivos por um pouco mais de tempo.

CUIDADO

» A Lixeira salva apenas os itens excluídos das *próprias* unidades de seu computador. Isso significa que não salvará nada excluído de um cartão de memória, telefone, MP3 player, pen drive ou câmera digital.

» Já esvaziou a Lixeira? Talvez ainda consiga recuperar o item jogado fora, agora precioso, no backup do Histórico de arquivos do Windows, visto no Capítulo 13.

CUIDADO

Se você excluir algo do computador de outra pessoa em uma rede, não conseguirá recuperar. A Lixeira mantém apenas os itens excluídos de seu *próprio* computador, não no computador de terceiros (por algum motivo terrível, a Lixeira no computador de outra pessoa não salva o item também). Cuidado e tenha um sistema de backup no computador em sua casa.

Aumentando a Barra de Tarefas

Sempre que mais de uma janela fica na área de trabalho, você tem problemas de logística: programas e janelas tendem a se sobrepor, dificultando a localização. Para piorar, programas como navegadores da web e o Microsoft Word podem ter várias janelas cada um. Como controlar todas as janelas?

ONDE ESTÁ O ASSISTENTE CORTANA?

Nas versões anteriores do Windows, Cortana, o assistente pessoal da Microsoft, iniciava conversas sobre as tarefas do computador. Alguns o amavam, mas a maioria das pessoas achava uma invasão. Então a Microsoft removeu o Cortana do Windows 11. Se você tem saudades dele, ative-o clicando no menu Iniciar, digitando **Cortana** e pressionando Enter.

Aparece uma janela, na qual você faz login em sua conta Microsoft. Termine dando ao Cortana acesso às suas informações, permitindo que ele verifique seu calendário, contatos, localização e histórico de pesquisa. Com essas informações, o Cortana pode gerenciar seus compromissos, ajudando em sua vida.

Como um mordomo digital, o Cortana não tem referências dos patrões anteriores, o que leva a um problema de confiança. Algumas pessoas se sentem bem com robôs gerenciando partes de suas vidas. Já outras, o que é compreensível, são menos propensas a esse pensamento.

Como a Microsoft escondeu o Cortana no Windows 11, é provável que logo o assistente seja descontinuado no Windows. Não se apegue muito.

A solução do Windows é a *barra de tarefas* — uma área especial que controla os programas atualmente em execução e suas janelas. Mostrada na Figura 3-4, a barra de tarefas fica na parte inferior da área de trabalho, se atualizando constantemente para mostrar um ícone para cada app ou programa da área de trabalho que roda atualmente.

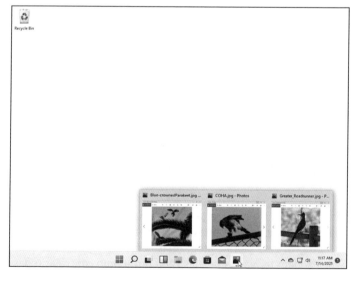

FIGURA 3-4: Mova o mouse sobre um ícone da barra de tarefas para ver os arquivos abertos atualmente do app.

A barra de tarefas fica acessível na borda inferior da tela, mesmo quando os apps ou o menu Iniciar preencherem a tela.

DICA

A barra de tarefas também serve como um lugar para inicializar seus programas favoritos. Mantendo os ícones dos programas favoritos à vista e a um clique de abrir, você consegue uma alternativa para o menu Iniciar.

Em dúvidas sobre o que faz um ícone da barra de tarefas? Deixe o mouse sobre qualquer um para ver o nome do programa ou uma miniatura do conteúdo dele, como na Figura 3-4. Por exemplo, nessa figura, você pode ver que o app Fotos mostra três fotos.

Na barra de tarefas, você pode fazer uma mágica poderosa, como descrito na lista a seguir:

» Para executar um programa listado na barra de tarefas, clique em seu ícone. A janela surge e fica sobre qualquer outra janela aberta, pronta para a ação. Clicar no ícone da barra de tarefas de novo minimiza a mesma janela.

LEMBRE-SE

» Sempre que carregar um app ou um programa, seu ícone aparecerá automaticamente na barra de tarefas. Se uma das janelas abertas ficar perdida na área de trabalho, clique em seu ícone na barra para colocá-la em primeiro plano.

» Para fechar um app ou um programa listado na barra de tarefas, clique com o botão direito em seu ícone e escolha Fechar no menu suspenso. O programa sai, como se você tivesse escolhido seu comando Sair na própria janela (o programa que sai lhe dá uma chance de salvar seu trabalho antes de deixar a tela).

» Os ícones da barra de tarefas com um sublinhado fino na borda inferior permitem que você saiba que o app ou o programa estão atualmente em execução.

NOVO

» Por tradição, a barra de tarefas fica na borda inferior de sua área de trabalho, mas as versões anteriores do Windows permitem movê-la para qualquer borda desejada. Esse recurso desapareceu no Windows 11; agora a barra de tarefas fica bem fixada na borda inferior da tela.

» Não consegue abrir um app ou uma janela? Clique no ícone Visão de Tarefas da barra de tarefas (mostrado na margem) para ver miniaturas de *todos* os apps e programas abertos. Clique no que você deseja rever, e ele aparecerá no topo da tela.

» É possível ir rapidamente para a página da barra de tarefas no app Configurações clicando com o botão direito na barra e escolhendo Configurações da Barra de Tarefas.

» Se a barra de tarefas continuar oculta sob a borda inferior da tela, deixe o mouse na borda inferior até a barra de tarefas aparecer. Então clique com o botão direito na barra recém-revelada e escolha Configurações da Barra de Tarefas. Quando o app Configurações abrir para a página Personalização, percorra até a seção Barra de Tarefas. Clique para acessar a página Barra de Tarefas, então clique no menu Comportamentos da Barra de Tarefas e na opção Ocultar automaticamente a barra de tarefas para remover sua marca de verificação.

DICA

Você pode adicionar seus apps e programas favoritos diretamente à barra de tarefas: no menu Iniciar, clique com o botão direito no nome ou no ícone do programa favorito e escolha Fixar na barra de tarefas. Então o ícone do programa fica na barra para um acesso fácil, como se estivesse em execução. Cansado do programa ocupando espaço na barra de tarefas? Clique com o botão direito nele e escolha Desafixar da barra de tarefas no menu suspenso.

Diminuindo as janelas na barra de tarefas e recuperando-as

O Windows surgiu das janelas (*windows*, em inglês). Você começa com uma janela para escrever uma carta de elogio para a delicatessen local. Abre outra janela para verificar um endereço, então outra para olhar um menu online. Antes de perceber, quatro janelas estão amontoadas na área de trabalho.

Para acabar com a confusão, o Windows tem um modo simples de controlar as janelas: você pode transformar uma janela de um quadrado que bagunça a tela em um pequeno botão na barra de tarefas na parte inferior da tela. A solução é o botão Minimizar.

Vê três botões escondidos na parte direita superior de quase toda janela? Clique no *botão Minimizar*, aquele com uma linha, mostrado na margem. Zás! A janela desaparece e é representada por seu pequeno ícone na barra de tarefas, localizada sempre na parte inferior da tela.

Para um programa minimizado na barra de tarefas voltar para uma janela na tela normal, basta clicar em seu ícone na barra. Muito simples, hein?

LEMBRE-SE

É simples, mas lembre-se do seguinte:

» Não encontra o ícone da barra de tarefas para a janela que deseja minimizar ou maximizar? Se colocar o mouse sobre o ícone da barra de tarefas, o Windows exibirá uma miniatura do programa ou do nome do programa.

58 PARTE 1 **Coisas do Windows 11 que Todos Pensam que Você Já Sabe**

» Se um programa tem vários arquivos abertos, digamos, o Microsoft Word, então coloque o mouse sobre o ícone do Microsoft Word: aparece uma lista, mostrando miniaturas de cada arquivo aberto. Clique em uma miniatura para voltar para esse arquivo em particular.

» Quando você minimiza uma janela, não destrói seu conteúdo nem fecha o programa. E quando clica no nome da janela na barra de tarefas, ela reabre com o mesmo tamanho de antes, mostrando o mesmo conteúdo.

Trocando para diferentes tarefas nas Listas de Atalhos da barra de tarefas

A barra de tarefas do Windows não o limita a abrir programas e trocar entre as janelas. Você pode ir para outras tarefas também clicando com o botão direito nos ícones da barra de tarefas. Por exemplo, clicar com o botão direito no ícone Explorador de Arquivos ativa uma lista rápida das pastas recém-visitadas, como na Figura 3-5. Clique em qualquer pasta na lista para revisitar rápido. Do mesmo modo, clique com o botão direito no app Edge para ver os últimos sites visitados.

FIGURA 3-5: Clique com o botão direito no Explorador de Arquivos para ver uma lista clicável de locais recém-visitados.

Chamadas de *Listas de Atalhos*, esses menus suspensos adicionam um truque especial à barra de tarefas: permitem ir rapidamente para os locais visitados antes, permitindo trabalhar com mais eficiência.

Os itens da Lista de Atalhos funcionam sempre, mesmo quando um programa está fechado. Contanto que o ícone do programa apareça na barra de tarefas, você pode acessar sua Lista de Atalhos. Portanto, mesmo que não tenha aberto o Explorador de Arquivos, ainda poderá clicar com o botão direito em seu ícone na barra de tarefas e ir para a pasta recém-visitada.

CAPÍTULO 3 **Área de Trabalho Tradicional** 59

Áreas sensíveis da barra de tarefas

Como um jogador habilidoso, a barra de tarefas tem dicas e truques. Por exemplo, veja detalhes sobre os ícones na borda direita da barra, mostrada na Figura 3-6, conhecida como *Centro de ações*. Diferentes itens aparecem no Centro de ações, dependendo do PC, dos programas e das configurações do PC, mas é provável que você encontre estes:

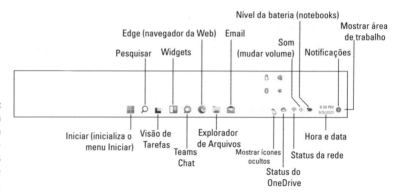

FIGURA 3-6: Clique na seta para ver os ícones ocultos da barra de tarefas.

» *Mostrar área de trabalho:* Essa pequena faixa na borda mais à direita da barra de tarefas minimiza instantaneamente todas as janelas abertas quando clicada. Clique de novo para retornar as janelas. O Windows 11 torna essa faixa quase invisível, mas ela ainda existe; basta apontar para a borda bem à direita. Quando as palavras Mostrar área de trabalho aparecerem, você estará no lugar certo para clicar e minimizar todas as janelas abertas.

» *Hora/Data:* Clique na área de hora e data para acessar um calendário mensal útil. Se quiser mudar a hora ou a data, ou mesmo adicionar um segundo fuso horário, clique com o botão direito nessa área e escolha Ajustar data e hora, tarefa explicada no Capítulo 12. Acima do calendário, o Windows 11 lista qualquer *notificação* de espera, descrita posteriormente nesta lista.

» *Bluetooth:* Clique para ver suas opções para conectar sem fio usando o Bluetooth, normalmente usado com mouses, teclados e alto-falantes próximos.

» *Remover hardware com segurança:* Antes de desconectar um dispositivo de armazenamento, por exemplo, um pequeno pen drive, um leitor de música portátil ou um HD portátil, clique aqui. Isso pede ao Windows para preparar o gadget para a desconexão.

PARTE 1 **Coisas do Windows 11 que Todos Pensam que Você Já Sabe**

» *Notificações:* Quando um pontinho aparece à esquerda da área de hora/data da barra de tarefas, isso significa que uma notificação aguarda para informar sobre emails que acabaram de chegar, futuros compromissos e outras coisas (um número dentro do ponto lista o número de notificações em espera).

» *Rede com fio:* Encontrado na maioria dos PCs desktop, esse ícone aparece quando você está conectado à internet ou a outros PCs por uma rede com fio. Não está conectado? O ícone vira um círculo com uma linha cruzada.

» *Rede sem fio:* Aparece quando seu PC está conectado sem fio à internet e a outra rede. Quanto mais ondas você vir no ícone, mais potente será o sinal sem fio (explico como conectar as redes sem fio no Capítulo 9).

» *Volume:* Clique ou toque em qualquer ícone de alto-falante pequeno para ajustar o volume do PC, como na Figura 3-7. Ou clique com o botão direito no ícone do volume e escolha Abrir o Mixer de volume para acessar um painel de mixagem (os mixers permitem ajustar níveis de volume separados para cada programa, útil para manter o volume do leitor de música mais alto do que os bipes chatos dos outros programas). O cursor do volume também mostra uma lista de ícones de "Ação rápida" que antes ficava na Central de ações do Windows 10; explico isso na próxima seção, "Central de ações e Notificações" deste capítulo.

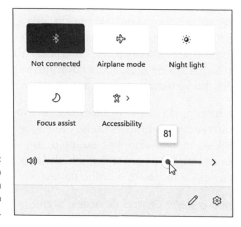

FIGURA 3-7: Deslize o cursor para ajustar o volume.

» *Gerenciador de Tarefas:* Cobiçado pelos técnicos de informática, esse programinha pode encerrar programas com mau comportamento, monitorar tarefas em segundo plano, rastrear o desempenho de seu PC e fazer outras coisas técnicas.

» *Windows Update:* Ao localizar esse ícone, clique nele: O Windows Update deseja que você reinicie o PC para que possa instalar uma atualização.

» *OneDrive:* Quando o computador sincroniza seus arquivos com o OneDrive (seu espaço de armazenamento na internet), pequenas setas arredondadas quase sempre cobrem esse ícone.

» *Liga/Desliga, Tomada:* Mostra que seu notebook ou tablet está conectado em uma tomada elétrica e está carregando a bateria.

» *Liga/Desliga, Bateria:* Seu notebook ou tablet está em execução com bateria apenas (coloque o mouse sobre o ícone para ver quanto resta de energia).

» *Seta:* Às vezes, a barra de tarefas oculta as coisas. Se você vir uma pequena seta apontando para cima no início da área de notificação da barra de tarefas, clique nela para ver os ícones ocultos deslizarem para cima (verifique a seção "Personalizando a barra de tarefas" adiante para obter dicas e ver truques sobre se os ícones devem ficar ocultos).

Você pode escolher quais ícones de notificação sempre ficam visíveis clicando com o botão direito em uma parte vazia da barra de tarefas e escolhendo Configurações da Barra de Tarefas. Quando a página aparecer, clique em Estouro do Canto da Barra e escolha quais ícones devem aparecer deslizando para ativado/desativado (ative quantos couberem sem problemas).

Central de ações e Notificações

NOVO

O Windows 11 fez *grandes* mudanças na borda direita cheia de ícones da barra de tarefas. No Windows 10, a barra de tarefas tinha um ícone Central de ações. Clicar nessa central acessava o painel Notificações: um painel ao longo da borda direita da tela listando informações de alerta sobre novas mensagens de email, compromissos, resultados das varreduras de segurança e outras novidades.

Localizada na margem inferior do painel Notificações, ficava uma lista de ícones que ativava/desativava configurações úteis. Um clique rápido poderia colocar seu notebook no modo Avião, por exemplo; um clique em Luz noturna escurecia a tela do notebook para trabalhar em áreas pouco iluminadas, evitando que seus olhos focassem o brilho da tela.

O Windows 11 abandonou o ícone Central de ações, preferindo dividir seu trabalho em duas seções separadas, como descrito a seguir.

Exibindo notificações

No Windows 11, clicar na área de hora/data da barra de tarefas acessa não apenas um calendário, mas uma lista de notificações acima, como na Figura 3-8. Se não houver notificações, você verá apenas o calendário, com nada listado acima.

FIGURA 3-8: Clique na área de hora/data para ver o painel Notificações, que exibe informações atuais sobre sua vida e o computador.

As notificações podem listar informações sobre seus últimos emails, por exemplo, além da hora dos próximos compromissos, notícias, resultados da varredura de vírus e outras informações.

Primeiro elas aparecem rápido na parte esquerda inferior da sua tela, esperando que seus olhos se movam e absorvam isso. Então, desaparecem, se acumulando no painel Notificações.

As notificações podem ser lidadas de várias formas:

- » Ignore-as. Você não precisa nem ver o painel. As notificações simplesmente se acumularão sem ser lidas, sem danos. A menos que seja um lembrete para um compromisso próximo, mas esquecido, em geral ela é mais informativa do que urgente.

- » Limpe todas. Se você se cansar de ver uma pilha de notificações, clique no botão Limpar todas na parte direita superior do painel Notificações. Zás, acabou!

- » Feche qualquer notificação clicando no X à direita superior.

- » Pare de ver uma notificação especialmente chata clicando nos três pontos ao lado do X à direita superior dela. Quando o menu suspenso aparecer, selecione Desativar todas as notificações para o app ou o programa.

- » Para escolher quais apps podem incomodá-lo com notificações, clique nos três pontos ao lado do X à direita superior de qualquer notificação. Quando o menu suspenso aparecer, clique em Ir para configurações de notificação. Nela, a ativação/desativação permite escolher quais apps podem ou não perturbar você com novidades.

CAPÍTULO 3 **Área de Trabalho Tradicional** 63

Vendo ícones das Configurações rápidas

NOVO

Na parte inferior do painel Navegação, o Windows 10 coloca seus ícones Ações rápidas: ativação/desativação, útil para as configurações mais usadas. O Windows 11 mostra esses ícones quando você clica em Som ou Rede (localizado bem à direita da barra de tarefas). E o Windows 11 os chama de *Configurações rápidas*.

Mostrados antes na Figura 3-7, esses ícones aparecem com mais frequência, embora o Windows 11 permita personalizá-los segundo suas necessidades:

» *Rede ou Wi-fi:* Exibe informações sobre suas conexões de rede atuais, inclusive a internet.

» *Bluetooth:* Quando ativado, permite que seu PC se comunique com outros dispositivos Bluetooth dentro da faixa (cerca de 9 metros). O Bluetooth comum inclui alto-falantes, smartphones e smartwatches. Explico o Bluetooth no Capítulo 12.

» *Localização:* Permite ativar/desativar a localização geográfica de seu computador, útil ao ver apps com mapas ou boletins meteorológicos.

» *Todas as configurações:* Um clique aqui acessa o app Configurações do Windows 11, um painel enorme de botões organizados, substituindo o Painel de Controle encontrado nas antigas versões do Windows (você também pode acessar o app Configurações clicando no botão Iniciar e no ícone Configurações).

Os ícones disponíveis variam de acordo com o modelo do computador ou do tablet.

DICA

Você pode personalizar a coleção de ícones em Configurações rápidas clicando no pequeno ícone de lápis à direita inferior da seção. Quando aparecerem tachinhas ao lado dos outros ícones, clique nelas para remover o ícone. Para adicionar um ícone não listado, clique na palavra `Adicionar`; uma lisa suspensa mostra outros ícones pra adicionar com um clique em seu nome.

Observando os Widgets

NOVO

O Windows 11 apresenta os *Widgets*: um painel cheio de novidades sobre clima, esportes, eventos mundiais, ações e outras informações atualizadas que já aparecem em nossos celulares, sites, TVs, rádios e relógios de pulso.

Para ver Widgets no Windows 11, clique no ícone Widgets (mostrado na margem) em sua base na barra de tarefas. Aparece um painel na borda esquerda da tela, como na Figura 3-9, mostrando informações.

FIGURA 3-9: Clique no ícone Widgets da barra de tarefas, e o painel Widgets aparece.

Os Widgets se preenchem automaticamente com as informações coletadas na internet, e não há muito mais que se possa fazer com eles. Mas veja alguns truques para que eles correspondam aos seus interesses:

» Um clique no botão Adicionar Widgets permite personalizar o painel com ainda mais caixas de informação: próximos compromissos, por exemplo, informações atuais sobre o trânsito ou uma lista de tarefas.

» Para personalizar determinado Widget, clique nos três pontinhos no canto superior direito dele. Aparece um menu, permitindo personalizar os títulos de ações que aparecem na janela Lista de Observação (Watchlist Movers), por exemplo.

Mas, internamente, os Widgets fornecem à Microsoft um modo de conhecer seus interesses, tornando você mais valioso para os anunciantes. E, no mundo de tecnologia atual, isso é cada vez mais importante.

Personalizando a barra de tarefas

O Windows oferece um mundo de opções para a modesta barra de tarefas, permitindo que você lide com ela de mais modos do que um monte de espaguete e um garfo.

Isso é especialmente importante se você não se importa com o menu Iniciar: colocando ícones na barra de tarefas para os programas mais usados, você evita idas e vindas desnecessárias ao menu Iniciar.

Primeiro, a barra de tarefas vem pré-carregada com ícones para cinco apps: o novo app Widgets (as últimas notícias), o Explorador de Arquivos (seu navegador de arquivos), o Microsoft Edge (o navegador da web do Windows

CAPÍTULO 3 **Área de Trabalho Tradicional** 65

11), a Microsoft Store (para baixar apps e programas) e o app de Email. Todos, exceto os quatro primeiros ícones, podem ser movidos, portanto, fique à vontade para arrastá-los para qualquer ordem desejada.

É possível adicionar seus favoritos à barra de tarefas também. Quando identificar o ícone de um programa favorito no menu Iniciar, clique com o botão direito nele e escolha Fixar na barra de tarefas no próximo menu suspenso.

Para personalizar ainda mais, clique com o botão direito em uma parte vazia da barra e escolha Configurações da Barra de Tarefas. A página Barra de Tarefas aparece no app Configurações, como na Figura 3-10.

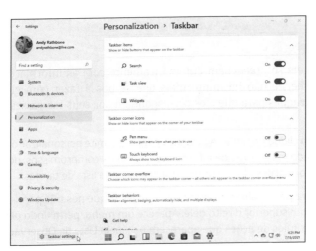

FIGURA 3-10: Clique com o botão direito em uma parte vazia da barra de tarefas e escolha Configurações da Barra de Tarefas para personalizar sua aparência e seu comportamento.

A Tabela 3-1 explica as configurações mais usadas da barra de tarefas, além de minhas recomendações para elas.

TABELA 3-1 Configurações Mais Usadas da Barra de Tarefas

Configuração	Minhas Recomendações
Itens da Barra de Tarefas	Essa ativação/desativação permite adicionar ou remover as opções Pesquisa, Visão de Tarefas e Widgets. Já leio notícias demais, portanto, desativo o painel Widgets com um clique na opção.
Ícones de Canto da Barra de Tarefas	A ativação/desativação fica aqui; projetados em grande parte para as telas de toque, permitindo adicionar ícones para uma caneta digital e teclado da tela de toque. Mantenho isso desativado em meu PC desktop, mas ativado *nos* meus tablets.

Configuração	Minhas Recomendações
Estouro de Canto da Barra de Tarefas	Outro grupo de ativação/desativação permite escolher quais ícones pequenos devem aparecer na borda bem à direita da sua barra de tarefas e quais ficam ocultos, aparecendo apenas quando você clica na pequena seta para cima ao lado dos ícones. É uma escolha pessoal, mas não gosto de ícones ocultos, portanto, deixo todos aparentes.
Comportamentos da Barra de Tarefas	Ignoro esse número impressionante de ativação/desativação, exceto um: no Alinhamento da Barra de Tarefas, escolho à esquerda, que move os ícones atualmente no centro e o botão Iniciar de volta para a esquerda, onde ficaram por anos.

Fique à vontade para experimentar as muitas ativações/desativações desta seção até a barra de tarefas parecer certa para você. Suas alterações ocorrem imediatamente. Não gostou da alteração ou não notou uma grande diferença? Clique de novo no botão para reverter sua decisão.

Mais uma vez, a maioria dos botões de ativação/desativação se resume à preferência pessoal; não há um padrão certo ou errado para todos. As pessoas com o Windows 11 em monitores muito grandes costumam preferir ver os ícones da barra de tarefas centralizados, em vez de no lado esquerdo tradicional.

Configurando Áreas de Trabalho Virtuais

PAPO DE ESPECIALISTA

A maioria das pessoas trabalha com o mesmo conjunto de janelas, repetidamente. Algumas digitam em um processador de texto o dia inteiro; outras digitam números em caixas. Como elas permanecem com um programa, é fácil ligar o PC e começar a trabalhar.

Há pessoas que trabalham em uma grande variedade de tarefas e programas, e elas organizam meticulosamente seus programas e suas janelas para terem um acesso mais fácil. Para agradar aos meticulosos, o Windows 11 continua com as Áreas de Trabalho Virtuais introduzidas no Windows 10. São um modo simples de organizar e trocar entre *grupos* inteiros de janelas.

Por exemplo, você pode criar uma área de trabalho para escrever, completa, com um processador de texto, bloco de notas e distrações para o procrastinador. Uma segunda área de trabalho pode ser organizada para videogame, e uma terceira pode ter um navegador carregado com os sites favoritos que se atualizam constantemente em segundo plano. No trabalho, adicione uma quarta para o Facebook, para que possa trocar rápido para a área de trabalho corporativa quando o chefe passar.

As áreas de trabalho virtuais permitem trocar entre essas áreas com rapidez e facilidade, economizando tempo para reorganizar os programas e as janelas segundo sua preferência.

Para criar áreas de trabalho virtuais e trabalhar entre elas, siga estas etapas:

1. *Clique no ícone Visão de Tarefas na barra de tarefas.*

Um clique ou um toque no ícone Visão de Tarefas, mostrado na margem, e a tela abre, mostrando miniaturas de todas as janelas abertas atualmente. Logo acima do ícone Visão de Tarefas, mostrado na Figura 3-11, você vê uma exibição em miniatura de sua área de trabalho. À direita, uma janela vazia mostra as palavras Nova área de trabalho.

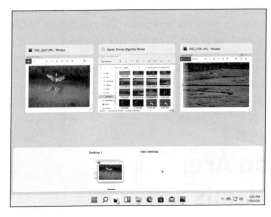

FIGURA 3-11: Clique no ícone Visão de Tarefas na barra de tarefas, e as palavras Nova área de trabalho aparecem acima da barra.

2. *Clique nas palavras Nova área de trabalho, e a nova área vazia preenche a tela.*

A miniatura se expande em uma nova área de trabalho. A nova área é uma réplica da original, mas sem nenhum programa ou janela aberta.

É isso. Você criou uma segunda área de trabalho virtual e trocou para ela. O Windows mantém a outra área de trabalho oculta até você trocar de volta para ela com um clique no ícone Visão de Tarefas.

Algumas pessoas adoram áreas de trabalho virtuais. Outras acham o conceito inteiro desnecessário e confuso. Mas, se você ama ou odeia, estas dicas serão úteis:

» Para trocar entre as áreas de trabalho, clique no ícone Visão de Tarefas. Quando as miniaturas das áreas de trabalho virtuais aparecerem na borda superior da barra de tarefas, como na Figura 3-12, clique na desejada.

68 PARTE 1 **Coisas do Windows 11 que Todos Pensam que Você Já Sabe**

FIGURA 3-12: Quando a miniatura da segunda área de trabalho aparecer, troque para ela com um clique.

- Para ver as janelas de uma área de trabalho virtual abertas atualmente, clique no ícone Visão de Tarefas. Quando as miniaturas aparecerem na borda superior da barra, coloque o mouse (ou *passe*) sobre uma área de trabalho em miniatura; a tela muda para mostrar as miniaturas de janelas abertas *dessa* área de trabalho. Para rever uma janela em qualquer área de trabalho, basta clicar na miniatura da janela.

- Para fechar uma área de trabalho indesejada, clique no ícone Visão de Tarefas e no X (mostrado na margem) na miniatura dessa pequena área de trabalho (passe o mouse sobre a área de trabalho em miniatura, e aparecerá o X). Qualquer janela aberta nessa área de trabalho será descarregada em sua área de trabalho "real" original. Importante: você não perderá nenhum trabalho não salvo fechando sem querer uma área de trabalho virtual.

- Para criar ainda mais áreas de trabalho virtuais, clique no ícone Visão de Tarefas. Na tela que aparece, clique no sinal de mais (mostrado na margem) no centro da área em miniatura.

- Os amantes de teclado podem adicionar uma área de trabalho pressionando a tecla Windows e Ctrl+D. Sua área de trabalho atual imediatamente desaparece, substituída por uma nova área vazia (pressionar 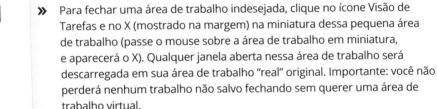 + Tab abre o modo Visão de Tarefas, permitindo ver todas as janelas abertas, além de qualquer área de trabalho virtual).

- Para mover uma janela aberta de uma área de trabalho virtual para outra, clique no ícone Visão de Tarefas para ver as miniaturas de suas áreas de trabalho virtuais abertas. Então arraste para baixo a janela desejada até a miniatura pretendida da área de trabalho na borda inferior da tela (clicar com o botão direito em uma janela desejada abre um menu suspenso que lista todas as opções da área virtual).

CAPÍTULO 3 **Área de Trabalho Tradicional** 69

» As pessoas de olhos aguçados que atualizaram o Windows 10 notarão a falta da barra deslizante na borda direita da tela nas Figuras 3-11 e 3-12. O Windows 10 permite deslizar essa barra para cima ou para baixo e rever os apps e os sites abertos nos últimos trinta dias. Conhecido como *Linha do tempo*, o recurso não é mais incluído no Windows 11.

Programas Mais Fáceis de Encontrar

Sempre que você instala um novo programa no computador, em geral ele faz muitas perguntas estúpidas. Mas fique atento quando vir esta: "Você gostaria de um ícone de atalho na sua área de trabalho ou na barra de tarefas?"

Diga sim, pois isso evitará que você corra para o menu Iniciar para encontrar o ícone do programa.

Mas, se seus programas favoritos ainda não tiverem ícones na área de trabalho ou na barra de tarefas, coloque-os seguindo estas etapas:

1. Vá para o menu Iniciar e clique no botão Todos os aplicativos, na parte direita superior.

   Quando rolar para cima ou para baixo, uma lista alfabética de ícones para todos os seus apps e programas paginará para cima e para baixo também.

2. Clique com o botão direito no nome de qualquer programa ou app que deseja na barra de tarefas, escolha Mais no menu suspenso e, então, Fixar na barra de tarefas no segundo menu.

   Se estiver usando uma tela de toque, pressione o dedo no ícone do app desejado por um segundo ou dois. Retire o dedo, toque na palavra Mais e na opção Fixar na barra de tarefas no menu suspenso.

Agora, em vez de ir para o menu Iniciar, você pode iniciar os apps mais usados com um clique em seu ícone na barra de tarefas.

Após ter colocado ícones na barra de tarefas, imagine que eles estão numerados, da esquerda para a direita (pule os ícones Iniciar, Pesquisa, Widgets e Visão de Tarefas, que não contam). Pressionar ▦+1 na área de trabalho abre o primeiro programa; ▦+2 abre o segundo etc. Você criou atalhos automáticos!

Não se interessa pelos ícones Pesquisa, Widgets ou Visão de Tarefas? O Windows 11 não permite que sejam movidos, mas você pode *ocultá-los*: clique com o botão direito no ícone indesejado e escolha Ocultar na barra de tarefas no menu suspenso.

NESTE CAPÍTULO

» Entendendo as partes da janela

» Manipulando botões, barras e caixas

» Encontrando comandos nos menus de pastas

» Entendendo o painel Navegação

» Movendo janelas e mudando o tamanho

Capítulo 4

O Básico da Janela da Área de Trabalho

O menu Iniciar do Windows contém apenas ícones e um botão ocasional. É fácil ver com o que está lidando usando o dedo ou o mouse.

Já a área de trabalho do Windows inclui muitas janelas móveis, cada uma com botões minúsculos e monocromáticos, letras pequenas, botões sem identificação e bordas finas. As janelas têm muitas partes, várias com nomes confusos que os programas esperam que você lembre. Para ajudar, este capítulo fornece uma lição sobre a anatomia e a navegação básicas das janelas.

Você precisa saber isso porque as janelas tendem a se sobrepor na área de trabalho; é preciso movê-las e empurrá-las manualmente. E se você acha que já sabe isso por causa do Windows 10, pense bem: o Windows 11 fez mudanças drásticas no Explorador de Arquivos.

Dissequei cada parte da janela para que você saiba o que acontece quando clica ou toca nela. De qualquer forma, use as margens deste livro para fazer notas conforme vai do menu Iniciar bem simples para a área de trabalho poderosa, mas complicada, do Windows.

CAPÍTULO 4 **O Básico da Janela da Área de Trabalho** 71

Dissecando uma Janela Típica da Área de Trabalho

A Figura 4-1 coloca uma janela típica na mesa, com todas as partes identificadas. Você pode reconhecer a janela como a seção Acesso rápido do Explorador de Arquivos, a primeira área que aparece ao abrir o Explorador.

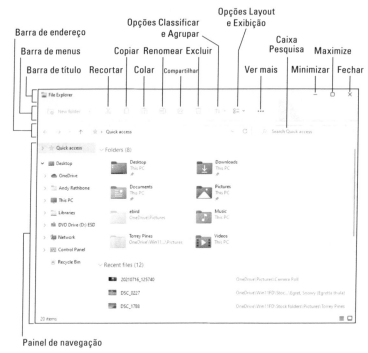

FIGURA 4-1: Veja como os nerds, sempre precisos, lidam com as diferentes partes de uma janela.

Assim como os boxeadores fazem diferentes caretas dependendo de onde são atingidos, as janelas se comportam de forma diferente dependendo de onde foram clicadas. As próximas seções descrevem as principais partes da janela Explorador de Arquivos da Figura 4-1, como clicar nelas e como o Windows reage em resposta.

» Os veteranos do Windows se lembram da pasta Meus documentos, que guarda quase todos seus arquivos. Agora o Windows a chama simplesmente de pasta Documentos (não importa o nome, você ainda deve armazenar seus arquivos nela). Do mesmo modo, a Microsoft tirou o "Meu" das pastas Músicas, Vídeos e outras muito usadas.

72   PARTE 1 Coisas do Windows 11 que Todos Pensam que Você Já Sabe

NOVO

» No Windows 10, um painel grande, cheio de controles, chamado Faixa, fica no topo de toda pasta. O Windows 11 substitui a Faixa por ícones cinzas e esmaecidos sem nome. A maioria dos novos ícones enigmáticos nem mostra o nome ao passar o mouse sobre eles. Por sorte, identifiquei todos na Figura 4-1.

PAPO DE ESPECIALISTA

» O Windows não mostra mais as bibliotecas no painel Navegação. A maioria das pessoas não sentirá falta. Se quiser, retorne-as: clique com o botão direito em um lugar vazio dentro do painel Navegação e escolha Mostrar bibliotecas no menu suspenso.

PAPO DE ESPECIALISTA

» O Windows também não mostra mais Grupos Domésticos no painel Navegação. Não há um modo de retorná-los. No Capítulo 15, explico soluções alternativas de rede e compartilhamento de arquivos.

» O Windows está repleto de pequenos botões, bordas e caixas de formato estranho. Você não precisa se lembrar de seus nomes, embora seja uma vantagem ao descobrir os menus de Ajuda do Windows. Quando identificar uma parte diferente da janela, basta voltar a este capítulo, pesquisar o nome na Figura 4-1 e ler sua explicação.

» Você pode lidar com a maioria das coisas no Windows com um clique, dois ou usando o botão direito do mouse. Sugestão: na dúvida, sempre clique com o botão direito.

DICA

» Navegando as janelas da área de trabalho em um computador com tela de toque? Para ter mais dicas sobre toque, visite a seção no Capítulo 3 sobre como tocar nos programas da área de trabalho em um tablet Windows.

» Após clicar nas janelas algumas vezes, você perceberá como é fácil mandar nelas. A parte difícil é encontrar os controles certos na *primeira* vez; é como entender o painel no carro alugado.

Puxando a barra de título de uma janela

Encontrada no topo de quase toda janela (veja exemplos na Figura 4-2), a barra de título costuma listar o nome do programa e, se aplicável, o arquivo, a pasta ou a seção exibida atualmente. Por exemplo, a Figura 4-2 mostra as barras de título no Explorador de Arquivos (acima) e no app Configurações (abaixo).

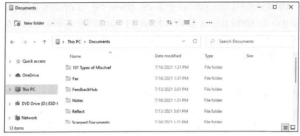

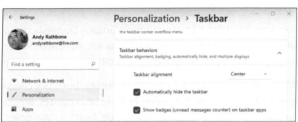

FIGURA 4-2: Uma barra de título cruza o topo do Explorador de Arquivos (acima) e do app Configurações (abaixo).

DICA

Embora tenha bons modos, a barra de título comum tem poderes ocultos, descritos nas dicas a seguir:

» Para encontrar a janela na qual está trabalhando atualmente, veja a barra de título na borda superior da janela. Em geral, uma barra de título será um pouco mais escura que a outra, e sua janela faz uma sombra cinza sobre as outras janelas. Consegue ver como o Explorador de Arquivos (Figura 4-2, acima) faz uma leve sombra sobre a barra de título do app Configurações (Figura 4-2, abaixo)? Isso diferencia essa janela daquelas nas quais você *não está* trabalhando. Vendo todas as barras de título na área de trabalho, é possível dizer qual janela está ativa, aceitando sua digitação.

» O Windows 11 não é consistente com suas barras de título. A maioria dos programas as tem, mas alguns apps não mostram as tais barras, muito menos com cores diferentes. O Windows 11 continua com essa tendência de confusão monocromática.

» Pelo lado positivo, as barras de título são convenientes para mover as janelas na área de trabalho. Mova o mouse para uma parte vazia da barra de título, pressione o botão e mova: a janela segue conforme você movimenta o mouse. Encontrou o local certo? Solte o botão do mouse, e a janela acampa no novo lugar.

» Não vê uma barra de título cruzando a borda superior da janela? A Microsoft a colocou lá, mas a tornou invisível secretamente. Para reposicionar essa janela, aponte o mouse para o topo da janela, onde a barra de título *deveria* estar, e arraste a janela para o novo lugar na área de trabalho.

74   PARTE 1 **Coisas do Windows 11 que Todos Pensam que Você Já Sabe**

» Clique duas vezes em uma parte vazia da barra de título, e a janela preenche a área de trabalho inteira. Clique duas vezes de novo, e a janela volta ao seu tamanho anterior.

» Todos os programas e apps colocam três botões à direita de toda barra de título. Da esquerda para a direita, eles permitem Minimizar, Restaurar (ou Maximizar) ou Fechar uma janela, tópicos tratados na seção "Manobrando as Janelas na Área de Trabalho", mais adiante neste capítulo.

» Não vê os três botões no topo da barra de título? Em outro movimento estranho, por vezes a Microsoft os torna invisíveis. Eles aparecerão se você apontar o mouse para onde deveriam estar, que é à direita superior da janela.

Navegando as pastas com a barra de Endereço de uma janela

Logo abaixo da barra de título ou da barra de menus de toda pasta aberta fica a *barra de Endereço*, mostrada quase no topo da pasta na Figura 4-3. Os internautas terão um *déjà vu*: a barra de Endereço do Windows sai diretamente da borda superior dos navegadores da web, colada no topo de toda pasta aberta.

FIGURA 4-3: Barra de Endereço.

As quatro partes principais da barra de Endereço, descritas da esquerda para a direita na lista a seguir, realizam quatro tarefas diferentes:

» **Botão Voltar e Avançar:** Essas duas setas controlam seu caminho conforme você vasculha as pastas do PC. O botão Voltar retorna para a pasta recém-visitada. O botão Avançar traz você de volta.

» **Botão Seta para baixo:** Clique nessa seta muitíssimo pequena para ver uma lista suspensa de pastas que você visitou anteriormente. É possível clicar em qualquer pasta listada para uma nova visita rápida.

» **Botão Seta para cima:** Clique no botão Seta para cima para subir uma pasta em relação à atual. Por exemplo, se você estava classificando os arquivos na pasta "Coisas" da pasta Documentos, clique na Seta para cima para voltar à pasta Documentos.

» **Endereço:** Assim como a barra Endereço de um navegador web lista o endereço de um site, a barra Endereço do Windows exibe o endereço de sua pasta atual, ou seja, seu local dentro do PC. Por exemplo, a barra

Endereço mostrada na Figura 4-3 tem dois termos: Este Computador e Documentos. Essas palavras informam que você está pesquisando dentro da pasta Documentos Neste Computador (é *seu* computador, não o computador de outra pessoa). Sim, os endereços são complicados o bastante para ter um capítulo inteiro: o Capítulo 5.

» **Caixa Pesquisa:** Toda pasta do Windows mostra uma caixa Pesquisa. Mas, e vez de pesquisar a internet, ela vasculha o conteúdo de sua pasta atual. Por exemplo, se você digitar a palavra **cenoura** na caixa Pesquisa de uma pasta, o Windows pesquisará o conteúdo dessa pasta e recuperará todo arquivo ou pasta que menciona *cenoura* (para ter mais dicas sobre como encontrar coisas, vá para o Capítulo 7).

DICA

Na barra Endereço, observe as pequenas setas entre as palavras *Este Computador* e *Documentos*. As setas fornecem acesso rápido a outras pastas. Clique em qualquer seta, aquela à direita da palavra *Documentos*, por exemplo. Um pequeno menu será aberto a partir da seta, permitindo ir para qualquer pasta dentro de Documentos.

Entendendo as novas barras de Menu de sua pasta

As janelas da área de trabalho têm mais itens de menu que um restaurante asiático. Para manter sua mente nos comandos do computador, em vez de uma saborosa salada de algas, o Windows coloca os menus e os ícones em uma faixa que fica no topo de toda pasta (Figura 4-4).

FIGURA 4-4: Barra Menu da pasta Imagens.

NOVO

No Windows 11, esses novos menus e ícones substituem a Faixa, uma tira cheia de menus encontrada nas versões anteriores do Windows.

Os menus mudam dependendo do conteúdo da janela, assim como dos itens selecionados na pasta. Clique em uma foto na pasta, por exemplo, e a opção mais à direita muda para Definir como tela de fundo: um modo rápido de colocar a foto na área de trabalho.

Assim como os restaurantes às vezes ficam sem promoções, uma janela não consegue oferecer todos os itens de menu. Qualquer opção indisponível fica *acinzentada*, como a opção Colar na Figura 4-4. Mas, se você clicar no ícone Ver Mais (os três botões mais à direita da barra na Figura 4-5), poderá ver mais itens que não cabem no menu.

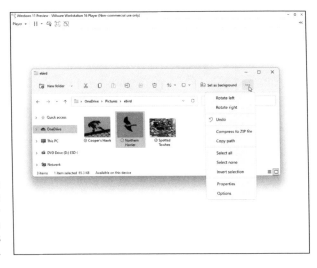

FIGURA 4-5: Clique no ícone Ver Mais para ver outras opções.

DICA

Aumente a janela esticando suas bordas para fora, e mais opções aparecem na barra Menu, descrita posteriormente na seção "Bordas chatas".

Não é preciso conhecer bem a barra Menu, porque o Windows coloca automaticamente os botões corretos no topo da janela de cada programa. Abra uma foto, e a barra Menu rapidamente mostra novos ícones para girar a foto de cabeça para baixo.

Se o significado de um botão não for óbvio de cara, passe o mouse sobre ele; uma pequena mensagem costuma explicar a finalidade dele.

Atalhos rápidos com o painel Navegação

Observe as áreas de trabalho "reais" e verá que os itens mais usados ficam ao alcance: xícara de café, grampeador e, talvez, algumas migalhas dos lanches da cafeteria. Do mesmo modo, o Windows reúne os itens mais usados de seu PC e os coloca no painel Navegação, mostrado na Figura 4-6.

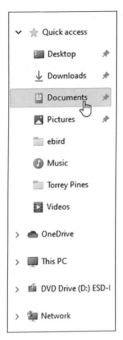

FIGURA 4-6: O painel Navegação tem atalhos para os locais visitados com frequência.

Encontrado na borda esquerda de toda pasta, o painel Navegação tem várias seções principais: Acesso rápido, OneDrive e Este Computador (nos PCs conectados via rede, você verá uma entrada para Rede também). Clique em qualquer seção, por exemplo, Acesso rápido, e o lado direito da janela mostrará imediatamente o conteúdo no qual você clicou.

Uma descrição mais detalhada de cada parte do painel Navegação:

- **Acesso rápido:** Antes chamado de *Favoritos*, esses locais servem como atalhos clicáveis para os locais mais acessados no Windows. O pequeno ícone de "tachinha" ao lado do nome significa que eles estão fixados nessa área e não desaparecerão.

  - **Área de Trabalho:** Um clique rápido aqui retorna à sua área de trabalho, onde a maioria das pessoas armazena seus arquivos e pastas favoritos.
  - **Downloads:** Clique nesse atalho para encontrar os arquivos baixados enquanto navega a internet. Ah, é onde eles são colocados!
  - **Documentos:** Um favorito permanente, essa pasta armazena grande parte de seu trabalho: planilhas, relatórios, cartas e outras coisas criadas.
  - **Imagens:** Outro destino popular, isso o leva às fotos tiradas ou salvas da internet.

- **Áreas recém-acessadas:** A área de Acesso rápido coloca automaticamente links para as pastas mais acessadas. Como não têm tachinhas ao lado, são temporárias. Se o Windows notar que você visita outros lugares com mais frequência, esses novos lugares substituirão os antigos.

» **OneDrive:** Esse espaço de armazenamento online foi dado pela Microsoft quando você criou uma conta Microsoft (sem essa conta, é apenas outra pasta em seu PC). Como o OneDrive é protegido por senha e online, é uma tentação enchê-lo de arquivos favoritos para acessar de qualquer PC, celular ou outro dispositivo conectado à internet. Mas quando os arquivos armazenados excedem o limite gratuito de 5GB, a Microsoft pede seu cartão de crédito para pagar pelo espaço extra. Explico o OneDrive no final do Capítulo 5.

» **Este Computador:** Essa seção permite navegar as pastas e os HDs de seu computador (muitas dessas áreas de armazenamento comumente usadas residem na área Acesso rápido do painel Navegação também). A seção Este Computador tem estas áreas:

- **Área de Trabalho:** Clique aqui para ver os arquivos e as pastas na área de trabalho.

- **Documentos:** Abre a pasta Documentos, um repositório conveniente para cartas, formulários e relatórios.

- **Downloads:** Baixou um arquivo do site? Procure aqui para ser reapresentado.

- **Músicas:** Sim, esse atalho vai direto para a pasta Músicas, na qual clicar duas vezes em uma música inicia sua reprodução nos alto-falantes do PC.

- **Imagens:** Esse atalho abre a pasta Imagens, o local de todas as suas fotos digitais.

- **Vídeos:** Clique aqui para visitar a pasta Vídeos; ao clicar duas vezes em um vídeo, ele abre em uma exibição imediata.

PAPO DE ESPECIALISTA

- **Disco Local (C:):** Um resquício para os velhos tecnólogos, essa entrada permite percorrer centenas de pastas no PC. A menos que você saiba especificamente qual item está buscando, é possível que não o encontre. Fique com outros destinos.

- **Unidades de Disco:** Se seu PC inclui unidades de disco extras, como unidades de DVD, seus ícones aparecem aqui. Insira um pen drive na porta USB, e o ícone aparece aqui também.

» **Rede:** Após criar uma rede doméstica a partir dos PCs, seus nomes aparecem aqui. Explico as redes no Capítulo 15.

ARRASTANDO, SOLTANDO, EXECUTANDO

Embora a frase *arraste e solte* pareça ter saído direto de uma cartilha da Máfia, na verdade é um truque do mouse sem violência usado no Windows. Arrastar e soltar é um modo de mover algo de um lugar para outro, digamos, um ícone na área de trabalho.

Para *arrastar*, coloque o ponteiro do mouse sobre o ícone e *pressione* o botão esquerdo ou direito (prefiro o botão direito). Conforme move o mouse na mesa, o ponteiro arrasta o ícone na tela. Coloque o ponteiro/ícone onde deseja e solte o botão. O ícone *solta*, sem se machucar.

Segurar o botão *direito* do mouse ao arrastar e soltar faz o Windows abrir um pequeno menu útil, perguntando se você deseja *copiar* ou *mover* o ícone.

Departamento de Dicas Úteis: começou a arrastar algo e percebeu no meio do caminho que está arrastando o item errado? Não solte o botão do mouse, pelo contrário, pressione Esc para cancelar a ação. Ufa! (Se você arrastou com o botão direito e já soltou, pode ter outra saída: escolha Cancelar no menu suspenso.)

DICA

Algumas dicas para tirar o máximo do painel Navegação:

» Para não voltar para o menu Iniciar, adicione seus próprios locais favoritos à área Acesso rápido do painel Navegação: clique com o botão direito em uma pasta favorita e escolha Fixar no Acesso rápido no menu suspenso (do mesmo modo, clique com o botão direito em qualquer lista indesejada na área Acesso rápido e remova-a escolhendo Desafixar do Acesso rápido).

» Se você conectou uma rede em casa ou no trabalho, a seção Este Computador do painel poderá incluir a música, o vídeo e as fotos dos outros computadores (que por vezes são referidos como *mídia*). Clique nos ícones desses computadores para acessar essas coisinhas como se estivessem armazenadas em seu próprio computador.

PAPO DE
ESPECIALISTA

» Os proprietários do Windows dos velhos tempos podem notar que o Windows 11 não mostra bibliotecas no painel Navegação. Elas ainda existem, mas estão ocultadas em segundo plano. Para colocá-las na exibição, clique em uma parte vazia do painel Navegação e escolha Mostrar bibliotecas no menu suspenso (você também deve adicionar manualmente as pastas Público a cada biblioteca para que voltem aos gloriosos dias do Windows 7).

Movendo-se com a barra de rolagem

NOVO

A barra de rolagem, que lembra um poço do elevador (veja a Figura 4-7), fica na borda de todas as janelas sobrecarregadas. E, no Windows 11, esses poços de elevador são mais estreitos do que nunca. Por vezes, eles nem aparecem até você passar o mouse sobre a borda de uma janela.

FIGURA 4-7: Barras de rolagem horizontal e vertical.

Dentro do poço, um pequeno elevador (tecnicamente, a *caixa de rolagem*) se move conforme você percorre o conteúdo da janela. Na verdade, vendo a posição da caixa na barra de rolagem, é possível dizer se está vendo itens no começo, no meio ou no final da janela.

Clicando em vários lugares na barra de rolagem, você pode exibir rapidamente diferentes partes das coisas. Veja aqui:

» Clique dentro da barra de rolagem na direção que deseja exibir. Por exemplo, em uma barra de rolagem *vertical*, clique acima da caixa de rolagem para subir a exibição em uma página. Do mesmo modo, clique abaixo para descer uma página.

» Muitos apps ocultam suas barras de rolagem até você apontar para onde elas deveriam estar. A barra é quase invisível, mas aparece por mágica quando o ponteiro do mouse está próximo. Bem-vindo ao novo clube secreto do Windows com itens invisíveis!

DICA

CAPÍTULO 4 **O Básico da Janela da Área de Trabalho** 81

» Não vê uma barra de rolagem ou uma caixa na barra, mesmo quando aponta o mouse na borda da tela? Então já está vendo tudo que a janela tem a oferecer; não há nada para paginar.

» Para se mover correndo, arraste a caixa dentro da barra de rolagem. Conforme arrasta, verá o conteúdo da janela passar rápido. Quando vir o ponto desejado, solte o botão para ficar na posição de exibição.

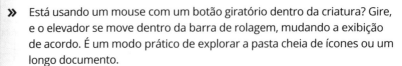

» Está usando um mouse com um botão giratório dentro da criatura? Gire, e o elevador se move dentro da barra de rolagem, mudando a exibição de acordo. É um modo prático de explorar a pasta cheia de ícones ou um longo documento.

Bordas chatas

Borda é a margem fina em volta de uma janela, inclusive as janelas da área de trabalho com apps. Comparando com uma barra de rolagem, é muito pequena. E como em geral é cinza-claro no Windows 11, costuma ser difícil de ver.

QUANDO SÓ UMA NÃO É SUFICIENTE

Em geral, você pode selecionar uma coisa por vez no Windows. Quando clica em outro arquivo, por exemplo, o Windows cancela a seleção do primeiro arquivo para selecionar o segundo. Se deseja vários arquivos ou pasta selecionados simultaneamente, experimente estes truques:

- Para selecionar mais de um arquivo ou pasta, pressione a tecla Ctrl e clique em cada item desejado. Cada item fica destacado. No tablet, pressione o dedo em um arquivo ou uma pasta para selecionar (você pode ver caixas de seleção ao lado dos arquivos ou das pastas, permitindo selecionar vários itens clicando nelas).

- Para selecionar muitos arquivos próximos em uma lista dentro de uma pasta, clique no primeiro arquivo desejado. Então pressione Shift e clique no último arquivo. O Windows destaca imediatamente o primeiro, o último e os arquivos intermediários. Muito esperto, hein? (Para excluir os arquivos indesejados no meio, pressione Ctrl e clique neles; o Windows os cancela, deixando o resto destacado.)

- Por fim, ao obter muitos arquivos ou pastas, tente usar o truque "laço": mova o mouse para uma área da tela ao lado de um item e, pressionando o botão do mouse, mova-o até desenhar um laço em torno de todos os itens. Após ter destacado os arquivos ou as pastas desejados, solte o mouse, e eles ficarão destacados (nos tablets, seu dedo funciona como um mouse ao fazer um laço nos itens).

82 PARTE 1 **Coisas do Windows 11 que Todos Pensam que Você Já Sabe**

Para mudar o tamanho de uma janela, arraste a borda para dentro ou para fora (quando o mouse se tornar uma seta com dois lados, você está no lugar certo para começar a arrastar). Curiosamente, algumas janelas não têm bordas. Ficou no limbo, o tamanho delas não pode ser alterado, mesmo que tenham um tamanho estranho.

Exceto por puxá-las com o mouse, você não usará muito as bordas.

Manobrando as Janelas na Área de Trabalho

Péssimo crupiê na mesa de pôquer, o Windows coloca as janelas na área de trabalho de um modo aparentemente aleatório. Os programas se sobrepõem e, às vezes, saem da área. As próximas seções mostram como reunir todas as janelas em uma pilha organizada, colocando a sua favorita no topo da pilha. Se preferir, coloque todas para baixo como uma mão de pôquer. Um bônus: você pode mudar o tamanho, fazendo com que abram com o tamanho desejado, automaticamente.

Movendo uma janela para o topo da pilha

O Windows diz que a janela no topo da pilha, chamando toda a ação, é denominada de janela *ativa*. Ser a janela ativa significa que ela recebe qualquer tecla pressionada por você ou seu gato.

É possível mover uma janela para o topo da pilha para que ela fique ativa de vários modos:

» Mova o mouse até ficar sobre a parte da janela desejada e, então, clique no botão. O Windows imediatamente traz a janela para o topo da pilha.

» Na barra de tarefas (localizada na parte inferior da área de trabalho), clique no ícone da janela desejada. O Capítulo 3 detalha o que a barra pode fazer.

DICA

» Segure a tecla Alt enquanto toca e libera a tecla Tab. Com cada toque da tecla Tab aparece uma pequena janela, mostrando uma miniatura de cada janela aberta na área de trabalho (você também vê miniaturas dos apps abertos do menu Iniciar). Quando o toque na tecla Tab destacar sua janela favorita, solte a tecla, e a janela irá para o primeiro plano.

» Um clique no botão Visão de Tarefas (mostrado na margem) também coloca exibições em miniatura de cada janela na tela, mesmo se estão em diferentes áreas de trabalho virtuais. Clique na janela em miniatura desejada, e ela vai para o topo, pronta para a ação. Explico o botão Visão de Tarefas e as áreas de trabalho virtuais no Capítulo 3.

NOVO

O Windows 10 tem uma solução para as áreas de trabalho amontoadas: você pode pressionar o ponteiro do mouse na barra de título da janela desejada e balançar rápido; o Windows suspende as outras janelas na barra de tarefas, deixando a janela principal sozinha na área de trabalho vazia. O Windows 11 abandonou esse recurso, por algum motivo questionável.

Movendo uma janela daqui para lá

Por vezes você deseja mover a janela para um lugar diferente na área de trabalho. Talvez parte da janela saia pela borda e você queira centralizá-la. Ou talvez queira uma janela mais perto da outra.

Em qualquer caso, pode mover a janela arrastando e soltando sua *barra de título*, aquela barra grossa no topo (se tiver dúvidas sobre como funciona a função para arrastar e soltar, veja o box "Arrastando, soltando, executando", anteriormente neste capítulo). Quando *soltar* a janela no lugar, ela não só ficará no local para o qual foi arrastada, como também ficará no topo da pilha, até você clicar em outra janela, isto é, colocar a *tal* janela no topo da pilha.

PAPO DE
ESPECIALISTA

Curiosidade histórica: as barras de título sempre costumavam conter o *título* do app ou do programa, daí o nome *barra de título*. Agora, muitos apps omitem o título. Contudo, você ainda pode mover esses apps arrastando na barra de título, como antes.

Fazendo uma janela preencher a área de trabalho inteira

Cedo ou tarde, você ficará cansado dessa lenga-lenga de múltiplas janelas. Por que não fazer uma janela preencher a tela? Bem, você pode.

Para tornar qualquer janela da área de trabalho maior possível, clique duas vezes em sua *barra de título*, a barra na borda superior da janela. A janela preenche a área inteira, cobrindo todas as outras janelas.

Para reduzir a janela aumentada de volta ao seu antigo tamanho, clique duas vezes na barra de título de novo. A janela rapidamente diminui com seu antigo tamanho, e você verá o que ela cobria.

- » Se você é moralmente contra clicar duas vezes na barra de título de uma janela para expandi-la, pode clicar no botão Maximizar. Mostrado na margem, fica no meio dos três botões, à direita superior de toda janela.

- » Quando uma janela é maximizada para preencher a área de trabalho, o botão Maximizar passa a ser o botão Restaurar, mostrado na margem. Clique nele e a janela volta ao seu tamanho menor.

- » Precisa de um método de força bruta? Arraste a borda superior da janela até ela tocar na borda superior de sua área de trabalho. A sombra das bordas da janela se expandirá para preencher a área; solte o mouse, e as bordas da janela preencherão a área de trabalho (sim, apenas clicar duas vezes na barra de título é mais rápido, mas esse método impressiona qualquer observador na baia de trabalho ao lado).

DICA

Ocupado demais para acessar o mouse? Maximize a janela atual segurando a tecla e pressione a tecla de seta para cima (segure a tecla e pressione a tecla de seta baixo para voltar ao tamanho normal).

Fechando uma janela

Quando terminar de trabalhar em uma janela, feche-a: clique no pequeno X à direita superior. Zás! Voltou para uma área de trabalho vazia.

Se tentar fechar a janela antes de terminar seu trabalho, seja um jogo Paciência, seja um relatório para o chefe, por precaução, o Windows pergunta se gostaria de salvar seu trabalho. Aceite a oferta e clique em Sim e, se necessário, digite um nome de arquivo para que possa encontrar o trabalho mais tarde.

Aumentando ou diminuindo uma janela

Como cães grandes e preguiçosos, as janelas tendem a ficar umas sobre as outras. Para espaçá-las mais igualmente, você pode redimensioná-las arrastando e soltando suas bordas para dentro e para volta. Funciona assim:

1. **Aponte para qualquer canto com uma seta do mouse. Quando a seta mudar para duas pontas, pressione o botão do mouse e arraste o canto para dentro ou para fora, mudando o tamanho da janela.**

2. **Quando ficar contente com o novo tamanho, solte o mouse.**

    A janela se instala na nova posição.

CAPÍTULO 4 **O Básico da Janela da Área de Trabalho**   85

Colocando as janelas lado a lado com cuidado

Quanto mais você usar o Windows, mais desejará ver duas janelas lado a lado. Por exemplo, pode querer copiar as coisas de uma janela para a outra ou comparar duas versões do mesmo arquivo. Passando algumas horas com o mouse, você pode arrastar e soltar os cantos das janelas até elas estarem em perfeita justaposição.

Se não tiver paciência, o Windows permite agilizar essa colocação lado a lado de vários modos:

DICA

» Para uma solução mais rápida, arraste a barra de título de uma janela para um lado da área de trabalho; quando o mouse tocar na borda da área, solte o botão. Repita essas mesmas etapas com a segunda janela, arrastando-a para o lado oposto da área de trabalho.

» Se arrastar uma janela para preencher uma borda da tela, o Windows imediatamente mostrará miniaturas das janelas minimizadas. Clique na miniatura da janela que gostaria de ver preencher a outra metade da tela.

» Para colocar quatro janelas na tela simultaneamente, arraste a barra de título de cada janela para um canto diferente da tela. Cada janela se redimensiona para obter seu próprio quarto de tela.

» Para a janela atual preencher a metade superior da área de trabalho, pressione a tecla ⊞ e a seta para a direita. Para preencher a metade inferior, pressione a tecla ⊞ e a seta para a esquerda.

NOVO

» O Windows 11 adiciona, ainda, *outro* modo de organizar as janelas abertas. Passe o mouse sobre o botão Maximizar da janela, e aparece uma grade, como na Figura 4-8. A grade mostra diferentes maneiras de organizar as janelas. Clique em um ponto na grade; ela se destaca, e pronto: sua janela se redimensiona rapidamente e fica no lugar. Isso é melhor para pessoas com monitores grandes com muito espaço para as janelas. Quanto mais espaço na área de trabalho, mais espaços você vê na grade.

FIGURA 4-8: Clique no ponto na grade onde a janela deve se posicionar.

Abrindo as janelas com o mesmo bendito tamanho

Às vezes, uma janela abre em um pequeno quadrado; outras, abre preenchendo toda a área de trabalho. Mas elas raramente abrem com o tamanho exato desejado. Até você descobrir este truque: quando você ajusta *manualmente* o tamanho e a colocação de uma janela, o Windows se lembra do tamanho e sempre reabre a janela do mesmo jeito. Siga estas três etapas para ver como funciona:

1. **Abra sua janela.**

    A janela abre com seu tamanho indesejado de sempre.

2. **Arraste os cantos da janela até ela ficar com o tamanho exato no local preciso desejado. Libere o botão do mouse para soltar o canto na nova posição.**

    Redimensione a janela *manualmente* arrastando seus cantos ou bordas com o mouse. Apenas clicar no botão Maximizar não funciona.

3. **Feche imediatamente a janela.**

    O Windows memoriza o tamanho e a colocação de uma janela na hora em que ela foi fechada por último. Quando você abrir a janela de novo, ela deverá ter o mesmo tamanho da última vez. Mas as mudanças feitas se aplicam apenas no programa onde isso foi feito. Por exemplo, as alterações feitas na janela Explorador de Arquivos serão lembradas apenas no *Explorador de Arquivos*, não nos outros programas abertos.

A maioria das janelas segue essas regras de dimensionamento, mas algumas renegadas podem se comportar mal, infelizmente.

88   PARTE 1 **Coisas do Windows 11 que Todos Pensam que Você Já Sabe**

> **NESTE CAPÍTULO**
>
> » Gerenciando arquivos com o Explorador de Arquivos
>
> » Navegando unidades, pastas e pen drives
>
> » Criando e nomeando pastas
>
> » Selecionando e desmarcando itens
>
> » Copiando e movendo arquivos/ pastas
>
> » Gravando em CDs e cartões de memória
>
> » Entendendo o OneDrive do Windows

Capítulo 5

Armazenando e Organizando Arquivos

A o deixar suas áreas de trabalho de madeira cheias de papel e passar para os computadores, as pessoas acharam que as coisas seriam muito mais fáceis. Documentos importantes não cairiam mais atrás da mesa nem ficariam em gavetas empoeiradas. Trinta anos depois, sabemos a verdade: os computadores têm cantinhos, frestas e esconderijos tanto quanto as áreas de trabalho que eles substituíram... talvez até mais.

No Windows, o Explorador de Arquivos serve como seu arquivo computadorizado. Conecte um pen drive ou HD portátil no computador e o Explorador de Arquivos aparece, pronto para você mexer nas pastas.

Você acessa o Explorador de Arquivos sempre que precisa encontrar pastas dentro do computador, *fora* do computador em unidades de plugin e câmeras digitais, até em alguns locais de armazenamento na internet chamados *nuvens*.

Se está usando um tablet com tela de toque, um notebook ou um PC desktop, os arquivos e as pastas governarão o mundo da computação. E, a menos que você entenda a metáfora de pasta no Windows, poderá não encontrar a informação com muita facilidade.

CAPÍTULO 5 **Armazenando e Organizando Arquivos** 89

GERENCIANDO ARQUIVOS NA TELA DE TOQUE

Resumindo, um dedo é maior que o pequeno ponteiro do mouse. Essa diferença de tamanho simples fez com que as versões anteriores do Windows viessem com um modo Tablet especial. No Windows 10, por exemplo, o modo Tablet inclui botões grandes e apps amistosos para os dedos que preenchem a tela, ocultando a área de trabalho.

No Windows 11, finalmente a Microsoft descobriu um modo de se livrar do modo Tablet: o que é visto em um PC é quase idêntico ao que se vê no tablet. Mas, neste último, agora os ícones se espaçam *automaticamente* o suficiente para o controle com o dedo.

Se roda em um tablet, no notebook ou em um PC desktop de tela grande, o Windows 11 fica quase igual. Ou pelo menos é o que diz a Microsoft; o uso do seu dedo pode variar. Em particular, o Gerenciador de Arquivos ainda pode ser complicado em uma tela de toque.

Se o Windows 11 ainda parecer difícil de controlar com os dedos, considere investir em um mouse Bluetooth (sem fio) barato e portátil para clicar nos controles. E para remover o teclado na tela do tablet que bloqueia grande parte de sua visão da área de trabalho, considere comprar um teclado Bluetooth ou caneta também.

Se quiser que seu tablet funcione também como um PC desktop, compre uma *base* ou docking station. Uma base fica na mesa e permite anexar de modo permanente um monitor, mouse e teclado com fio. Então, quando você colocar seu tablet na base, será quase igual a um PC desktop.

Para evitar uma base, considere comprar um notebook com tela de toque e uma articulação que se dobra para trás. Então poderá apoiá-lo em uma mesa, como um monitor de PC, permitindo anexar com facilidade um teclado de tamanho normal, mouse ou até um teclado completo com trackball.

Este capítulo explica como trabalhar com o Explorador de Arquivos (você pode conhecê-lo como *Windows Explorer*, seu nome nas versões mais antigas do Windows). Este capítulo também explica como usar o OneDrive, seu espaço de armazenamento na nuvem, para armazenar arquivos de seu computador na internet.

No decorrer, você adquirirá habilidades de gerenciamento de arquivos do Windows suficientes para salvar e recuperar seu trabalho sem grandes problemas.

Percorrendo os Arquivos do Explorador de Arquivos

Para manter seus programas e arquivos bem organizados, o Windows abandonou a antiga metáfora do arquivo com ícones silenciosos do Windows. Dentro do Explorador de Arquivos, os ícones representam as áreas de armazenamento de seu PC, permitindo copiar, mover, renomear ou excluir os arquivos antes que os investigadores cheguem.

Para abrir o Explorador de Arquivos, na Figura 5-1, e começar a mexer dentro do PC, clique no ícone Explorador de Arquivos. Mostrado na margem, fica quase no meio da linha de ícones da barra de tarefas, na parte inferior da tela.

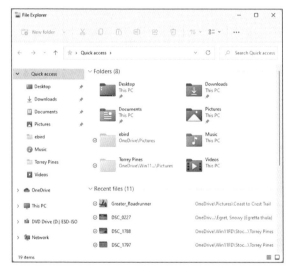

FIGURA 5-1: A janela Explorador de Arquivos mostra as populares áreas de armazenamento e os arquivos recém-abertos.

Nas versões anteriores do Windows, o Explorador de Arquivos abria mostrando os maiores arquivos de seu computador, chamados *unidades* ou *discos* no jargão. O Windows 11 dá um passo à frente.

NOVO

Em vez de deixá-lo nas unidades e forçá-lo a procurar seus arquivos, o Explorador de Arquivos do Windows 11 tenta ser mais útil. Ele lista as pastas mais populares no topo, em sua seção Pastas. Por exemplo, ele mostra Documentos, em que você armazena a maioria dos arquivos, e Downloads, o armazenamento para tudo baixado da internet (você também vê atalhos para as pastas Músicas, Vídeos e Imagens, além de Área de Trabalho).

CAPÍTULO 5 **Armazenando e Organizando Arquivos** 91

Abaixo das pastas principais, na seção Arquivos recentes, o Explorador de Arquivos pode listar atalhos para os itens recém-abertos. Se você trabalhou em uma planilha ontem, por exemplo, encontre-a de novo abrindo o Explorador de Arquivos: um link para essa planilha reside na seção Arquivos recentes, pronta para ser reaberta com dois cliques.

Ver suas pastas de armazenamento principais e arquivos recém-abertos pode ser tudo de que você precisa para começar a trabalhar. Mas, se precisar ver *todas* as áreas de armazenamento do PC, clique nas palavras Este Computador na borda à esquerda. O Explorador de Arquivos abre em uma exibição parecida, mas com as áreas de armazenamento de seu computador (discos rígidos, unidades de disco, pen drives e armazenamentos parecidos) listadas abaixo delas, como na Figura 5-2.

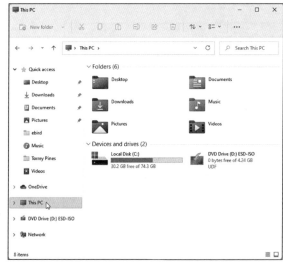

FIGURA 5-2: Clique em Este Computador para ver as áreas de armazenamento do PC, que você pode abrir para encontrar seus arquivos.

As imagens do Explorador de Arquivos mostradas na Figura 5-2 ficarão um pouco diferentes daquelas em seu PC, mas você ainda deverá ver as mesmas seções básicas:

» **Painel Navegação:** O painel Navegação útil, que corta a borda esquerda de toda pasta, lista atalhos para os diferentes espaços de armazenamento em seu PC, no OneDrive e em qualquer outro computador conectado (explico o painel Navegação no Capítulo 4).

» **Pastas:** Quando aberto, o Explorador de Arquivos lista atalhos para suas principais pastas de armazenamento, além do seu *histórico de computação*, uma lista das pastas e dos arquivos recém-abertos. A menos que você comece com um projeto novinho, é provável que encontrará seu trabalho mais recente aqui.

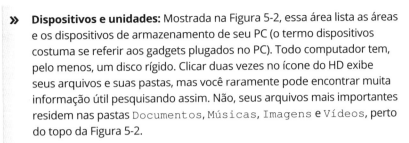

» **Dispositivos e unidades:** Mostrada na Figura 5-2, essa área lista as áreas e os dispositivos de armazenamento de seu PC (o termo dispositivos costuma se referir aos gadgets plugados no PC). Todo computador tem, pelo menos, um disco rígido. Clicar duas vezes no ícone do HD exibe seus arquivos e suas pastas, mas você raramente pode encontrar muita informação útil pesquisando assim. Não, seus arquivos mais importantes residem nas pastas Documentos, Músicas, Imagens e Vídeos, perto do topo da Figura 5-2.

Notou o disco rígido com o pequeno ícone do Windows (mostrado na margem)? Isso significa que o Windows 11 reside nesse disco. Se você clicar no ícone Layout e Exibição no menu superior e selecionar Blocos, uma linha multicolorida aparecerá ao lado do ícone de cada unidade. Quanto mais espaço colorido você vir na linha, mais arquivos colocou no disco. Quando a linha fica vermelha, seu disco está quase cheio e deve considerar excluir alguns arquivos indesejados, desinstalando os programas não usados ou fazendo upgrade para um disco maior.

Talvez também veja um gadget removível anexado ao computador. Veja alguns itens mais comuns:

- **Unidades de CD, DVD e Blu-ray:** Como na Figura 5-2, o Windows coloca uma pequena descrição ao lado do ícone de cada unidade. Por exemplo, *CD-RW* significa que a unidade pode armazenar arquivos em *CDs*, mas não em DVDs. *DVD-RW* significa que pode ler e armazenar arquivos em DVDs *e* CDs. Uma unidade *BD-ROM* pode ler discos Blu-ray, mas pode armazenar arquivos apenas em CDs e DVDs. E as unidades *BD-RE* e *BD-R* sempre versáteis podem ler e armazenar arquivos em discos Blu-ray, DVDs *e* CDs.

  Escrever informações em um disco se chama *gravar*. Copiar informações de um disco se chama *extrair*.

- **Pen drives:** O ícone para algumas marcas de pen drive lembra a unidade real. A maioria dos pen drives apenas mostra um ícone genérico, como na margem.

  Em geral, o Windows não exibe ícones para os leitores de cartão de memória de seu computador até você ter inserido um. Para ver ícones para seus leitores de cartão *vazios*, abra o Explorador de Arquivos, clique no ícone Layout e Opções de Exibição e clique em Mostrar no menu suspenso. Finalmente, selecione a opção Itens ocultos no menu suspenso. Para ocultar de novo, respire fundo e repita as etapas.

- **iPads, celulares e MP3 players:** Os telefones Android, iPads e iPhones costumam ter um ícone genérico de um disco rígido, tablet ou MP3 player. Alguns permitem copiar fotos de/para o dispositivo; outros não. Se você tem um iPhone ou um iPad, precisa do software Apple iTunes

- (www.apple.com/itunes — conteúdo em inglês), que roda na área de trabalho do Windows. O Windows não copia músicas de/para um iPhone ou iPad sozinho (explico os MP3 players no Capítulo 16).

- **Câmeras:** Quando conectadas à porta USB do computador, as câmeras digitais normalmente aparecem como ícones de câmera na janela Explorador de Arquivos. Para importar as fotos de sua câmera, ligue a câmera e defina-a para o modo Exibir Fotos, em vez do modo Tirar Fotos. Então clique com o botão direito no ícone da câmera no Explorador de Arquivos e escolha Importar Imagens e Vídeos no menu suspenso. Após o Windows guiá-lo no processo de extrair as imagens (veja o Capítulo 17), coloque as fotos na pasta Imagens ou na pasta Imagem do OneDrive.

Se você conecta uma filmadora digital, telefone ou outro gadget ao PC, a janela Explorador de Arquivos normalmente gera um novo ícone representando seu gadget. Se o Windows esquecer de perguntar o que você gostaria de fazer com seu gadget recém-conectado, clique com o botão direito no ícone para abrir uma lista de tudo que pode fazer com o item. Nenhum ícone? Então precisa instalar um *driver* para seu gadget, uma jornada vertiginosa detalhada no Capítulo 13.

Para ver o conteúdo de um item listado no Explorador de Arquivos, talvez um pen drive ou sua câmera digital, clique duas vezes nele. Para sair dessa exibição, clique na seta para a esquerda (mostrada na margem) acima do painel Navegação.

DICA

Dica para tablets: quando ler a palavra *clicar*, substitua por *tocar*. Do mesmo modo, *clicar com o botão direito* significa *tocar e segurar*. E o termo *arrastar e soltar* significa *deslizar o dedo na tela como se ele fosse o ponteiro do mouse, então levantar o dedo para soltar o item*.

A Verdade sobre as Pastas

Isso é muito chato, mas, se você não ler, ficará tão perdido quanto seus arquivos.

Pasta é uma área de armazenamento, como uma pasta real, em um arquivo. O Windows divide os discos rígidos de seu PC em muitas pastas para separar seus vários projetos. Por exemplo, você armazena todas as músicas na pasta Músicas e as imagens na pasta Imagens. Isso permite que você e seus programas as encontrem com facilidade.

NOVO

O Windows fornece várias pastas principais para armazenar seus arquivos. Para ter um acesso fácil, elas residem na seção Este Computador do painel navegação, no lado esquerdo de toda pasta. Mostrada antes, a Figura 5-2

94 PARTE 1 **Coisas do Windows 11 que Todos Pensam que Você Já Sabe**

exibe as principais áreas de armazenamento: Área de Trabalho, Documentos, Downloads, Músicas, Imagens e Vídeos (a Microsoft removeu a pasta Objetos 3D, um desafio encontrado no Windows 10).

Tenha em mente estes fatos sobre pastas ao arrastar arquivos para o Windows:

» Você pode ignorar as pastas e despejar todos seus arquivos na área de trabalho do Windows. Mas isso é como jogar tudo no banco de trás de seu carro e apalpar para encontrar seus óculos escuros um mês depois. Coisas organizadas são muito mais fáceis de encontrar.

» Se estiver ansioso para criar uma ou duas pastas (e é bem fácil), avance até a seção "Criando uma Nova Pasta" deste capítulo.

» O navegador do Windows 11, Microsoft Edge, coloca, de modo conveniente, todos os arquivos baixados na pasta Downloads. Até excluí-los, todo arquivo baixado da internet residirá dentro dessa pasta.

PAPO DE ESPECIALISTA

» As pastas do Explorador de Arquivos usam uma metáfora de árvore. O Explorador mostra um ícone para uma unidade que, quando clicada, se ramifica em pastas. Clique em uma pasta e ela se ramifica em ainda *mais* pastas. Continue clicando dentro dessas pastas e, por fim, chegará nos arquivos, que representam as folhas na árvore computadorizada.

Sondando Suas Unidades, Pastas e Outras Mídias

Saber isso tudo sobre pasta não só impressiona os funcionários na loja de informática como também ajuda a encontrar os arquivos desejados (veja a seção anterior para ter informações sobre qual pasta mantém o quê). Coloque seu capacete e se prepare para explorar as unidades e as pastas de seu computador, além dos CDs, dos DVDs e dos smartphones. As seções a seguir são seu guia.

Vendo os arquivos em uma unidade

Como tudo no Windows, as unidades de disco são representadas por botões ou *ícones*. O Explorador de Arquivos também mostra informações armazenadas em outras áreas, como celulares, câmeras digitais, gadgets em rede, HDs portáteis, pen drives e scanners (explico esses ícones na seção "Percorrendo os Arquivos do Explorador de Arquivos", anteriormente no capítulo).

Em geral, abrir um ícone permite acessar o conteúdo do dispositivo e mover os arquivos, como em qualquer outra pasta no Windows.

O QUE É CAMINHO, AFINAL?

Caminho é somente o endereço do arquivo, parecido com o endereço da sua rua. Quando uma carta é enviada para sua casa, por exemplo, ela viaja pelo país, estado, cidade, rua e (com sorte) seu apartamento ou casa. Um caminho de computador faz o mesmo. Começa com a letra do HD e termina com o nome do arquivo. Nesse ínterim, o caminho lista todas as pastas que o computador deve percorrer para chegar no arquivo.

Por exemplo, veja a pasta `Downloads`. Para o Windows encontrar um arquivo armazenado na minha pasta `Downloads`, ele começa na unidade `C:` do computador, passa pela pasta `Usuários`, então pela pasta `Andy`. Nesse ponto, entra na pasta `Downloads` da pasta `Andy` (o Microsoft Edge segue esse caminho quando salva os arquivos baixados).

Respire fundo e solte o ar devagar. Agora adicione o linguajar feio do computador: em um caminho, a letra da unidade de disco do Windows é referida como `C:\`. A letra da unidade e os dois-pontos compõem a primeira parte do caminho. Todas as outras pastas estão dentro da grande pasta `C:`, portanto, são listadas após a parte `C:`. O Windows separa as pastas aninhadas com algo chamado *barra invertida* ou ****. O nome do arquivo baixado — *Declaração Rendimentos 3890*, por exemplo — vem por último.

Junte tudo e terá `C:\Usuários\Andy\Downloads\Declaração Rendimentos 3890`. É o caminho oficial de meu computador para o arquivo *Declaração Rendimentos 3890 na pasta Downloads de Andy.* Claro, em seu computador é possível substituir *Andy* por seu próprio nome de usuário (em geral, os nomes de usuário da conta Microsoft começam com as primeiras letras do endereço de email da conta Microsoft vinculada).

Isso pode ser complicado, então, mais uma vez: a letra da unidade vem primeiro, seguida de dois-pontos e barra invertida. Então vêm os nomes de todas as pastas que levam ao arquivo, separadas por barras invertidas. Por último vem o nome do arquivo em si.

O Windows reúne automaticamente o caminho quando você clica nas pastas, por sorte. Mas sempre que clica no botão Percorrer para procurar um arquivo, está navegando nas pastas e percorrendo o caminho que leva ao arquivo.

Por exemplo, ao clicar duas vezes no ícone do HD no Explorador de Arquivos, imediatamente o Windows abre a unidade para mostrar as pastas lá dentro. Mas como o Windows reage quando você insere algo novo no computador, como um CD, um DVD ou um pen drive?

As versões anteriores tentavam adivinhar isso. Quando você inseria um CD de música, o Windows automaticamente começava a reproduzi-la. Por outro lado, o Windows mais educado e novo de hoje pergunta como você prefere lidar com a situação, como mostrado na notificação suspensa à direita inferior da Figura 5-3.

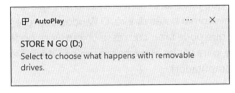

FIGURA 5-3: O Windows pergunta como deve lidar com os itens recém--inseridos.

Quando essa mensagem aparecer, escolha-a com um clique do mouse. Uma segunda mensagem aparece, como na Figura 5-4, listando como seu PC e sua coleção de apps e programas podem lidar com o item.

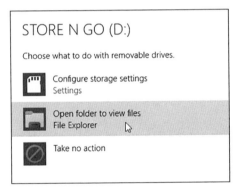

FIGURA 5-4: Escolha como o Windows deve reagir na próxima vez em que você inserir o item.

Escolha uma opção (por exemplo, Abrir pasta para exibir arquivos), e o Windows inicializa o Explorador de Arquivos para mostrar o conteúdo da unidade recém-inserida. Na próxima vez em que você conectar a unidade no PC, o computador não o chateará perguntando; ele chamará automaticamente o Explorador e exibirá as pastas da unidade.

Mas e se você mudar de ideia sobre como o Windows deve tratar um item recém-inserido? Então precisará mudar como ele reage: na seção Este Computador do Explorador de Arquivos, clique com o botão direito no ícone do item inserido, escolha Mostrar mais opções e selecione Abrir Reprodução Automática. De novo, o Windows mostra a mensagem da Figura 5-4 e pede para você traçar o curso de ação futuro.

DICA Ajustar as configurações de Reprodução Automática é bem útil para as pequenas unidades USB. Se seu pen drive tem músicas, o Windows pode querer reproduzi-las, deixando lento o acesso aos outros arquivos do pen drive. Para evitar isso, selecione a opção Reprodução Automática, Abrir pasta para exibir arquivos.

LEMBRE-SE

» Na dúvida sobre o que pode fazer com um ícone no Explorador de Arquivos, clique nele com o botão direito. O Windows apresenta um menu de todas as coisas que pode fazer com esse objeto (você pode escolher Abrir, por exemplo, para ver os arquivos em um pen drive, facilitando copiá-los para o computador).

» Se você clica duas vezes em um ícone para a unidade de CD, DVD ou Blu-ray quando nenhum disco está na unidade, o Windows impede isso, sugerindo com educação que você insira um disco antes de continuar.

» Localizou um ícone sob o cabeçalho Local de rede? É uma pequena passagem para ver outros computadores vinculados, se houver algum. Você descobre mais sobre rede no Capítulo 15.

Vendo dentro da pasta

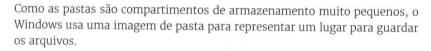
Como as pastas são compartimentos de armazenamento muito pequenos, o Windows usa uma imagem de pasta para representar um lugar para guardar os arquivos.

Para ver o que existe dentro de uma pasta, no Explorador de Arquivos ou na área de trabalho do Windows, basta clicar duas vezes na imagem da pasta. Uma nova janela é aberta, mostrando o conteúdo da pasta. Encontrou outra pasta dentro dessa? Clique duas vezes nela para ver dentro. Continue clicando até encontrar o que deseja ou chegar a um beco sem saída.

Chegou no beco sem saída? Se chegar na pasta errada por engano, saia como se estivesse navegando na web. Clique na seta Voltar (mostrada na margem) à esquerda superior da janela. Isso mostra o conteúdo da pasta que acabou de deixar. Se continuar clicando na seta Voltar, acabará onde começou.

A barra Endereço é outro modo rápido de ir para diferentes lugares no PC. Conforme você passa de pasta em pasta, a barra Endereço da pasta (a caixa grande preenchida no topo da pasta) controla constantemente sua trilha.

Observe as pequenas setas entre os nomes da pasta. Elas fornecem atalhos rápidos para outras pastas e janelas. Se você tentar clicar em qualquer seta, aparecerá um menu listando os lugares para onde pode ir a partir desse ponto. Por exemplo, clique na seta após Músicas, mostrada na Figura 5-5, e um menu é aberto, permitindo ir rápido para as outras pastas.

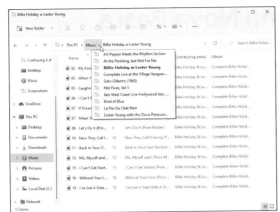

FIGURA 5-5:
Clique na pequena seta após Músicas para ir para qualquer lugar que aparece na pasta Músicas.

DICA

Mais dicas para achar o caminho dentro e fora das pastas:

» Por vezes uma pasta tem arquivos ou pastas demais para caberem na janela. Para ver mais arquivos, clique nas barras de rolagem da janela na borda inferior ou direta dela (explico as barras de rolagem em seu guia de campo, Capítulo 4).

» Ao se aprofundar nas pastas, observe as pequenas setas na parte esquerda superior do Explorador de Arquivos, à esquerda da barra Endereço. Clique na seta que aponta para baixo, e um menu é aberto, listando as pastas já percorridas em sua jornada. Clique em qualquer nome para ir rápido para essa pasta.

» Clique no botão Seta para cima, localizado à esquerda da barra Endereço, para subir a exibição em uma pasta. Continue clicando nele e acabará chegando em um lugar conhecido: sua área de trabalho.

» Não consegue encontrar uma pasta ou um arquivo em particular? Em vez de percorrer sem rumo as pastas, verifique a caixa Pesquisa do menu Iniciar, descrita no Capítulo 7. A caixa Pesquisa pode encontrar automaticamente os arquivos perdidos, pastas, email e qualquer coisa oculta no PC, além da internet.

» Quando vir uma longa lista de arquivos em ordem alfabética, clique em qualquer lugar nela. Então digite rápido uma ou duas letras do nome de arquivo buscado. O Windows imediatamente sobe ou desce na lista até o primeiro nome que começa com as tais letras.

PAPO DE ESPECIALISTA

» As bibliotecas, um tipo de superpasta introduzida no Windows 7, sumiram no Windows 8.1: a Microsoft as retirou do painel Navegação, e elas ainda não existem no Windows 11. Se você sente falta delas, adicione-as clicando com o botão direito em uma parte *vazia* do painel Navegação e escolhendo Mostrar bibliotecas no menu suspenso.

CAPÍTULO 5 **Armazenando e Organizando Arquivos** 99

Criando uma Nova Pasta

Para armazenar novas informações em um arquivo, você pega a pasta, escreve um nome no topo e começa a encher com informações. Para armazenar novas informações no Windows, por exemplo, notas para sua autobiografia, você cria uma nova pasta, digita um nome para ela e começa a enchê-la com arquivos.

Para criar uma nova pasta com rapidez, clique em Novo, na parte direita superior de qualquer pasta, e escolha Pasta no menu suspenso: uma nova pasta aparece, pronta para você digitar seu nome.

Também é possível criar uma nova pasta com este método rápido e infalível:

1. **Clique com o botão direito em um lugar vazio dentro da pasta (ou na área de trabalho) e escolha Novo.**

    O poderoso clique com o botão direito abre um menu ao lado.

2. **Escolha Pasta.**

    Quando escolher Pasta, como na Figura 5-6, uma nova pasta aparece rapidamente, esperando que você digite um novo nome.

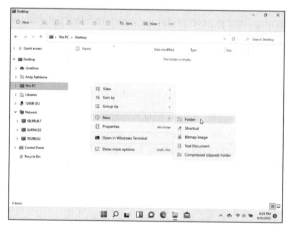

FIGURA 5-6: Clique com o botão direito onde deseja que a nova pasta apareça, escolha Novo e selecione Pasta no menu.

3. **Digite um novo nome para a pasta.**

    Uma pasta recém-criada tem um nome desinteressante, Nova pasta. Quando começar a digitar, o Windows apagará rápido o antigo nome e preencherá o novo. Acabou? Salve o novo nome pressionando Enter ou clicando em algum lugar longe do nome que acabou de digitar.

Se você confundir o nome e quiser tentar de novo, clique com o botão direito na pasta com o nome errado, escolha o ícone Renomear sem identificação (mostrado na margem) na borda superior do Explorador de Arquivos e comece de novo.

DICA

» Certos símbolos foram banidos dos nomes da pasta (e arquivo). A seção "Nomes de pasta e arquivo legais" explica os detalhes, mas você nunca tem problemas se usa letras e números comuns para os nomes.

» Os observadores perspicazes notaram que, na Figura 5-6, o Windows se oferece para criar muitas outras coisas além de apenas uma pasta quando você clica no botão Novo. Clique com o botão direito dentro de uma pasta sempre que quiser criar um novo atalho ou outro item comum.

» Os observadores cautelosos podem notar que seu menu clicado com o botão direito parece diferente do mostrado na Figura 5-6. Não há nada de errado; os programas e os apps costumam adicionar seus próprios itens aos menus clicados com o botão direito, fazendo-os parecer diferentes em PCs variados.

Renomeando um Arquivo ou uma Pasta

 Enjoou de um nome de arquivo ou pasta? Mude-o. Basta clicar com o botão direito no ícone chato e escolher Renomear (mostrado na margem) na borda superior do menu suspenso. O Windows destaca o antigo nome do arquivo, que desaparece quando você começa a digitar o novo. Pressione Enter ou clique na área de trabalho quando terminar, e pronto.

Ou você pode clicar no nome do arquivo ou da pasta para selecioná-lo, aguardar um segundo e clicar no nome de novo para mudá-lo. Algumas pessoas clicam no nome e pressionam F2; de qualquer modo, o Windows permite renomear automaticamente o arquivo ou a pasta.

» Quando você renomeia um arquivo, apenas o nome dele muda. O conteúdo continua igual, o arquivo ainda tem o mesmo tamanho e fica no mesmo lugar.

DICA

» Para renomear grandes grupos de arquivos simultaneamente, selecione todos, clique com o botão direito no primeiro e clique no ícone Renomear. Digite o novo nome e pressione Enter; o Windows renomeia. Mas ele também renomeia todos os outros arquivos selecionados com o mesmo nome, adicionando números conforme continua: gato, gato(2), gato(3), gato(4) etc. É um modo prático de renomear um grupo de fotografias após um evento especial.

CAPÍTULO 5 **Armazenando e Organizando Arquivos** 101

NOMES DE PASTA E ARQUIVO LEGAIS

O Windows é muito exigente em relação a como você pode ou não nomear um arquivo ou uma pasta. Se você usar letras e números comuns, tudo bem. Mas não tente nenhum dos seguintes caracteres:

```
: / \ * | < > ? "
```

Se tentar usar algum, o Windows mostrará uma mensagem de erro na tela, e você terá de tentar de novo. Veja alguns nomes de arquivo ilegais:

```
1/2 of my Homework
JOB:2
ONE<TWO
He's no "Gentleman"
```

Estes nomes são permitidos:

```
Half of my Term Paper
JOB=2
Two is Bigger than One
A #@$%) Scoundrel
```

» Renomear algumas pastas confunde o Windows, sobretudo se elas contêm programas. E não renomeie as pastas principais: Downloads, Documentos, Imagens, Músicas ou Vídeos (isso pode causar problemas internos com os quais você não deseja lidar).

PAPO DE ESPECIALISTA

» O Windows não permitirá que você renomeie um arquivo ou uma pasta se um de seus programas o estiver usando atualmente. Por vezes, fechar o programa resolve. Outras vezes, é preciso reiniciar o PC. Isso libera o programa para que você possa renomear o arquivo ou a pasta.

Selecionando Muitos Arquivos ou Pastas

Embora selecionar um arquivo, uma pasta ou outro objeto possa parecer bem chato, deixa as portas abertas para mais tarefas: excluir, renomear, mover, copiar e realizar outros truques com arquivos explicados no restante deste capítulo.

Para selecionar um item, clique nele. Para selecionar vários arquivos e pastas, pressione a tecla Ctrl quando clicar nos nomes ou nos ícones. Cada nome ou ícone fica destacado quando você clica no próximo.

Para reunir vários arquivos ou pastas próximos em uma lista, clique no primeiro, então segure a tecla Shift quando clicar no último. Esses dois itens serão destacados, junto com cada arquivo e pasta entre eles.

DICA

O Windows permite fazer um *laço* nos arquivos e nas pastas da área de trabalho também. Aponte um pouco acima do primeiro arquivo ou pasta que deseja e, segurando o botão do mouse, aponte para o último arquivo ou pasta. O mouse cria um laço colorido em torno dos arquivos. Solte o mouse e o laço desaparece, deixando todos os arquivos destacados.

Algumas coisas que você pode fazer com o monte de arquivos selecionado:

» Pode arrastar e soltar um montão de arquivos do mesmo modo que arrasta um único arquivo.

» Também pode recortar ou copiar/colar simultaneamente esse montão para novos locais usando qualquer um dos métodos descritos na seção "Copiando ou Movendo Arquivos e Pastas", mais adiante neste capítulo.

» Pode excluir esse montão de itens também pressionando a tecla Delete (todos vão para a Lixeira e ficam disponíveis para uma recuperação de emergência).

DICA

Para selecionar rápido todos os arquivos em uma pasta, escolha Selecionar todos no menu Ver mais da pasta: os três pontos na parte direita superior da pasta. (Nenhum menu? Então selecione pressionando Ctrl+A.) Outro truque bacana: para obter apenas alguns arquivos, pressione Ctrl+A e, ainda pressionando Ctrl, clique naqueles que não deseja.

Livrando-se de um Arquivo ou Pasta

Cedo ou tarde, você desejará excluir um arquivo que não é mais importante; por exemplo, o sorteio da loteria de ontem ou uma foto digital muito embaraçosa. Para excluir um arquivo ou uma pasta, clique com o botão direito em seu nome ou ícone. Então clique no ícone Delete (mostrado na margem) na borda superior do menu suspenso. Esse truque muito simples funciona para arquivos, pastas, atalhos e praticamente qualquer outra coisa no Windows.

Para excluir rápido, clique no objeto indesejado e pressione a tecla Delete. Arrastar e soltar um arquivo ou uma pasta na Lixeira tem o mesmo efeito.

CAPÍTULO 5 **Armazenando e Organizando Arquivos** 103

CUIDADO

Você pode excluir pastas inteiras, inclusive qualquer arquivo ou pasta dentro dessas pastas. Basta selecionar a pasta correta antes de excluí-la, assim como todo o seu conteúdo. Excluiu algo por engano? Recupere na Lixeira.

NOVO

» Diferentemente das versões anteriores, o Windows 11 não abre uma caixa na sua cara, perguntando se você tem *certeza* de que deseja excluir o arquivo. Se preferir que seja perguntado, clique com o botão direito na Lixeira, escolha Propriedades, coloque uma marca de verificação ao lado de Exibir caixa de diálogo de confirmação de exclusão e, então, clique em OK para salvar sua alteração.

» Tenha muita certeza de que sabe o que está fazendo ao excluir qualquer arquivo que apresenta uma pequena engrenagem no ícone. Esses arquivos costumam ser arquivos ocultos sensíveis que pertencem a apps ou programas, e o computador deseja que você os deixe em paz (além disso, eles não são muito divertidos, apesar das engrenagens de ação).

» Os ícones com pequenas setas nos cantos (como na margem) são atalhos, ou seja, botões para pressionar que simplesmente carregam outros arquivos (explico os atalhos no Capítulo 6). Excluir atalhos apaga apenas o botão que carrega um arquivo ou um programa. Eles permanecem intocados e ainda residem dentro de seu PC.

» Assim que você descobrir como excluir os arquivos, vá para o Capítulo 3, que explica vários modos de *cancelar* a exclusão deles. (***Sugestão para o desesperado:*** abra a Lixeira, clique com o botão direito no nome do arquivo e escolha Restaurar.)

Copiando ou Movendo Arquivos e Pastas

Para copiar ou mover arquivos para pastas diferentes no HD, por vezes é mais fácil usar o mouse para *arrastá-los*. Por exemplo, veja como mover um arquivo para uma pasta diferente na área de trabalho. Nesse caso, estou movendo o arquivo `Traveler` da pasta `House` para a pasta `Morocco`.

1. **Alinhe as duas janelas lado a lado.**

Explico isso no Capítulo 4. Se você pulou esse capítulo, experimente isto: clique na primeira janela, pressione a tecla 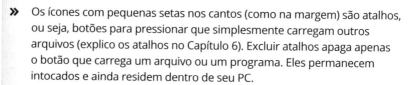+e a tecla de seta para a direita. Para preencher a metade esquerda da tela, pressione a tecla ▦+e a tecla de seta para a esquerda.

PARTE 1 **Coisas do Windows 11 que Todos Pensam que Você Já Sabe**

2. **Passe o mouse sobre o arquivo ou a pasta que deseja mover.**

   No meu exemplo, passo o mouse sobre o arquivo `Traveler`.

3. **Segurando o botão direito do mouse, mova-o até ele apontar para a pasta de destino.**

   Como visto na Figura 5-7, estou arrastando o arquivo `Traveler` da pasta `House` para a pasta `Morocco`.

   Mover o mouse arrasta o arquivo junto com ele, e o Windows explica que você está movendo o arquivo, como na Figura 5-7 (segure o botão direito do mouse o tempo todo).

FIGURA 5-7: Para mover um arquivo ou uma pasta de uma janela para outra, arraste enquanto pressiona o botão direito do mouse.

LEMBRE-SE

Sempre arraste os ícones pressionando o botão *direito* do mouse. O Windows é gentil o bastante para fornecer um menu de opções quando você posiciona o ícone, podendo escolher copiar, mover ou criar um atalho. Se você pressiona o botão *esquerdo*, às vezes o Windows não sabe se deseja copiar ou mover.

4. **Solte o mouse e escolha Copiar aqui, Mover aqui ou Criar atalhos aqui no menu suspenso.**

Quando arrastar e soltar requer muito trabalho, o Windows tem outros meios de copiar ou mover os arquivos. Dependendo do layout atual de sua tela, algumas das ferramentas a seguir podem ser mais fáceis:

» **Menus clicados com o botão direito:** Clique com o botão direito em um arquivo ou uma pasta e escolha os ícones Recortar ou Copiar, dependendo de querer mover ou copiar. Então, clique com o botão direito dentro da pasta de destino, clicando no ícone Colar. É simples, sempre funciona e você não precisa se preocupar em colocar as janelas lado a lado.

» **Comandos do Explorador de Arquivos:** No Explorador de Arquivos, clique no arquivo ou na pasta e, então, clique no ícone Copiar ou Mover no topo do Explorador. Depois clique dentro do destino do item e no ícone Colar para colocar o item em seu novo local.

» **Painel Navegação:** Descrito no Capítulo 4, esse painel na borda esquerda do Explorador de Arquivos lista os locais populares: unidades, redes, OneDrive e pastas muito usadas. Isso permite arrastar e soltar itens em uma pasta no painel Navegação, evitando o incômodo de abrir uma pasta de destino.

CUIDADO

Após instalar um programa no PC, não mova a pasta dele. Os programas se instalam profundamente no Windows. Mover o programa pode danificá-lo, e você terá de reinstalá-lo. Mas fique à vontade para mover o *atalho* do programa (os ícones de atalho têm uma pequena seta à esquerda inferior). Se você não precisa mais do programa, vá para o menu Iniciar, clique com o botão direito no app indesejado e escolha Desinstalar no menu suspenso.

NÃO PRECISA LER A PARTE TÉCNICA OCULTA

Você não é o único que cria arquivos no PC. Os programas costumam armazenar suas próprias informações em um *arquivo de dados*. Eles precisam armazenar informações sobre como o computador está configurado, por exemplo. Para evitar que as pessoas confundam esses arquivos com lixo e os excluam, o Windows os oculta.

Mas, se quiser brincar de voyeur, exiba os nomes desses arquivos e pastas ocultos:

1. **Abra qualquer pasta, clique no ícone Layout e Exibição na borda superior e escolha Mostrar no menu suspenso.**

    Aparece outro menu, mostrando diferentes modos de exibir os arquivos da pasta.

2. **Clique na opção Itens ocultos.**

Essas etapas mostram os arquivos ocultos ao lado dos outros nomes de arquivo. Mas não os exclua: os programas que os criaram terão problemas, possivelmente danificando tais arquivos ou o próprio Windows. Para evitar isso, repita essas etapas para desmarcar a opção Itens ocultos e colocar o véu do sigilo de volta sobre esses arquivos importantes.

Mais Informações sobre Arquivos e Pastas

Sempre que você cria um arquivo ou uma pasta, o Windows coloca muitas informações ocultas e secretas nele, como data da criação, tamanho e até coisas comuns. Por vezes o Windows permite, ainda, que você adicione suas próprias informações secretas, inclusive críticas para arquivos de música ou miniaturas para qualquer pasta sua.

Ignore com segurança a maioria das informações. Outras vezes, ajustar essas informações é o único meio de resolver um problema.

Para ver como o Windows chama seus arquivos e pastas internamente, clique com o botão direito no item e escolha Propriedades no menu suspenso. Por exemplo, escolher Propriedades em uma música ativa muitos detalhes, como na Figura 5-8. Veja o que significa cada guia:

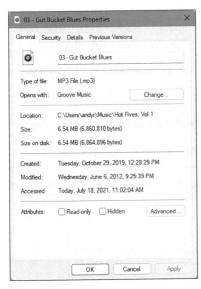

FIGURA 5-8: A janela Propriedades de um arquivo mostra qual programa o abre automaticamente, o tamanho do arquivo e outros detalhes.

» **Geral:** A primeira guia (bem à esquerda na Figura 5-8) mostra o *tipo* (um arquivo MP3 da música "Gut Bucket Blues"), o *tamanho* (6.54MB), o programa que o *abre* (no caso, o app Groove Música) e o *local* do arquivo.

Quer um programa diferente abrindo seu arquivo? Clique nele com o botão direito, escolha Propriedades e clique no botão Alterar na guia Geral, mostrada na Figura 5-8. Uma lista dos leitores de música disponíveis no seu PC aparece para você escolher seu programa preferido.

DICA

CAPÍTULO 5 **Armazenando e Organizando Arquivos** 107

PAPO DE ESPECIALISTA

» **Segurança:** Nessa guia, você controla as *permissões*, que são regras determinando quem pode acessar o arquivo e o que pode ser feito com ele. Os administradores do sistema recebem um bom salário, em grande parte por entenderem isso.

» **Detalhes:** Fiel ao seu nome, essa guia revela detalhes misteriosos sobre um arquivo. Nas fotos digitais, essa guia lista os dados EXIF (Exchangeable Image File Format): modelo da câmera, f/stop, abertura, distância focal e outros itens que os fotógrafos amam. Nas músicas, essa guia mostra a *tag ID3* (IDentify MP3) dela, que inclui artista, título do álbum, ano, número da faixa, gênero, duração e informações similares.

» **Versões Anteriores:** Após configurar o sistema de backup Histórico de Arquivos do Windows, essa guia lista todas as versões salvas anteriormente do arquivo, prontas para recuperar com um clique. Explico o Histórico de Arquivos no Capítulo 13.

Normalmente, essas pequenas informações ficam ocultas, a menos que você clique com o botão direito em um arquivo ou uma pasta e escolha Propriedades. Mas e se você quiser ver detalhes sobre todos os arquivos em uma pasta, talvez encontrar as imagens tiradas em certo dia? Para tanto, troque a exibição da pasta para Detalhes seguindo estas etapas:

1. **Clique na guia Opções de layout e exibição na borda superior da pasta.**

    Um menu abre, listando os vários modos de uma pasta exibir seus arquivos.

2. **Na guia Visualizar, selecione Detalhes, como na Figura 5-9.**

    A tela muda para os nomes dos arquivos, com detalhes sobre eles se estendendo à direita nas colunas ordenadas. Um pequeno ponto aparece ao lado da exibição atual da pasta, nesse caso, Detalhes, como na Figura 5-9.

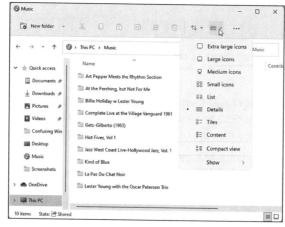

FIGURA 5-9: Para ver detalhes sobre os arquivos em uma pasta, clique no ícone Visualizar e selecione Detalhes.

108 PARTE 1 **Coisas do Windows 11 que Todos Pensam que Você Já Sabe**

Experimente todas as exibições para ver a preferida (o Windows se lembra de qual exibição você prefere para diferentes pastas).

LEMBRE-SE

» Se você não conseguir se lembrar do que os botões da barra de ferramentas de uma pasta fazem, deixe o mouse sobre o botão. Em geral, o Windows mostra uma caixa de ajuda resumindo a missão do botão.

» Fique à vontade para trocar entre as diferentes exibições até encontrar a que se encaixa no que você tenta fazer, por exemplo, ver a data de criação de certa foto ou miniaturas de cada foto em uma pasta. As diferentes exibições funcionam melhor para diferentes pastas; não existe uma exibição "certa". Experimente e escolha que preferir.

» Em geral, as pastas mostram arquivos na ordem alfabética. Para classificá-los de modo diferente, clique com o botão direito em um local vazio dentro da pasta e escolha Classificar por. Um menu suspenso permite escolher classificar os itens por tamanho, nome, tipo e outros detalhes. Ou clique no botão Opções para Classificar e Agrupar (mostrado na margem) que fica acima de cada pasta para ver as mesmas opções.

DICA

» Quando a empolgação com o menu Classificar por passar, tente clicar nas palavras no topo de cada coluna classificada. Por exemplo, clique em Tamanho para inverter a ordem, colocando os arquivos maiores no topo da lista.

DICA

» Fique à vontade para adicionar suas próprias colunas à exibição Detalhes: clique com o botão direito no cabeçalho de uma coluna da qual não precisa, e o menu suspenso aparece para você escolher um critério diferente (sempre adiciono uma coluna Data de criação às minhas fotos para conseguir classificá-las pela data em que foram tiradas).

Gravando em CDs e DVDs

Hoje, a maioria dos computadores escreve informações em CDs e DVDs usando uma abordagem conhecida como *gravação*. Para ver se você tem uma unidade mais antiga que não consegue gravar discos, primeiramente remova qualquer disco da unidade. Na área de trabalho, clique no ícone Explorador de Arquivos da barra de tarefas e veja o ícone para sua unidade de CD ou DVD.

Como os computadores sempre falam um código secreto, veja o que você pode fazer com as unidades de disco em seu PC:

» **DVD-RW:** Essas unidades leem e gravam em CDs e DVDs.

» **BD-ROM:** Pode ler e gravar em CDs e DVDs, além de ler discos Blu-ray.

» **BD-RE:** Embora tenha o mesmo ícone das unidades BD-ROM, pode ler e gravar em CDs, DVDs e discos Blu-ray.

PAPO DE ESPECIALISTA

Se seu PC tiver dois gravadores de CD ou DVD, informe ao Windows qual deseja que lide com as tarefas de gravação: clique com o botão direito na unidade, escolha Propriedades e clique na guia Gravação. Então, escolha a unidade favorita na caixa de cima.

Comprando os CDs e os DVDs virgens certos para a gravação

As lojas vendem dois tipos de CDs: CD-R (abreviação de CD gravável) e CD-RW (abreviação de CD regravável). Veja a diferença:

» **CD-R:** A maioria das pessoas compra CD-Rs porque eles são muito baratos e funcionam bem para armazenar música ou arquivos. Você pode gravar neles até completá-los, e então não consegue gravar mais nada. Mas isso não é um problema, porque as pessoas não querem apagar seus CDs e começar de novo. Elas querem ficar com o disco gravado no som do carro ou guardá-lo como backup.

» **CD-RW:** Às vezes os técnicos compram CD-RWs para fazer backups temporários dos dados. Você pode gravar informações neles, como faz nos CD-Rs. Mas quando um CD-RW fica cheio, é possível apagá-lo e começar do zero, algo impossível com um CD-R. Mas os CD-RWs são mais caros, portanto, a maioria das pessoas escolhe os CD-Rs, mais baratos e rápidos.

Os DVDs têm os formatos R e RW, como os CDs, portanto, as regras anteriores para R e RW se aplicam a eles também. A maioria dos gravadores de DVD vendidos há alguns anos pode gravar em qualquer CD ou DVD.

PAPO DE ESPECIALISTA

Comprar DVDs em branco para unidades mais antigas é um caos: os fabricantes brigaram sobre qual formato de armazenamento usar, confundindo as coisas para todos. Para comprar o DVD virgem certo, verifique o Manual de especificações de seu computador para ver de quais formatos o gravador de DVD precisa: DVD-R, DVD-RW, DVD+R ou DVD+RW.

» Os discos vêm classificados pela velocidade. Para uma gravação mais rápida, compre a velocidade "x" maior que puder encontrar, em geral 52x para CDs e 16x para DVDs.

» CDs e DVDs virgens são baratos; pegue um emprestado com o filho do vizinho para ver se funciona em sua unidade. Se funcionar bem, compre do mesmo tipo.

» Os discos Blu-ray virgens custam muito mais que CDs ou DVDs. Por sorte, as unidades Blu-ray não são muito exigentes, e praticamente qualquer disco Blu-ray vazio funcionará.

» Por algum motivo estranho, os Compact Discs e os Digital Video Discs são escritos assim.

» Embora o Windows possa lidar com as tarefas simples de gravação do disco, é incrivelmente difícil ao duplicar os discos. A maioria das pessoas desiste rápido e compra um software de gravação de terceiros. No Capítulo 6, explico como o Windows cria CDs de música.

» No momento, é ilegal em alguns países fazer duplicadas de DVDs de filmes; até mesmo fazer uma cópia de backup para o caso de as crianças arranharem o novo DVD da Disney. O Windows não consegue copiar DVDs sozinho, mas alguns programas em sites de outros países, sim. Eles podem até copiar o conteúdo do DVD para seu PC, para que você possa assistir ao filme sem precisar do DVD em si.

Copiando arquivos para/de CDs ou DVDs

PAPO DE ESPECIALISTA

Poucas pessoas copiam informações para/de CDs ou DVDs atualmente. É muito melhor usar pen drives, explicados na próxima seção. E mais: para quem ainda usa discos antigos, esta seção vem a calhar.

CDs e DVDs já foram simples: bastava colocá-los no CD ou no DVD player, e eles eram reproduzidos. Mas, assim que esses discos foram para os PCs, começaram os problemas. Quando você cria um CD ou um DVD, deve informar ao PC *o que* está copiando e *onde* pretende reproduzir: música para um CD player? Slides de fotos para o DVD player da TV? Ou arquivos para armazenar no PC?

Se escolher a resposta errada, o disco não funcionará, e você terá criado outro porta-copos.

CAPÍTULO 5 **Armazenando e Organizando Arquivos** 111

Veja as regras da Criação do Disco:

» **Música:** Para criar um CD que reproduz música em seu CD player ou som no carro, vá para o Capítulo 16. Você precisa inicializar o antigo programa Media Player do Windows e gravar um CD de *áudio*.

» **Slides de fotos:** O Windows não inclui um DVD Maker no pacote do Windows Vista e do Windows 7. Para criar um slide de fotos em um DVD, é preciso um programa de terceiros. Se seu computador não vier com um, você precisará comprar.

Se você só quer copiar *arquivos* para um CD ou um DVD, talvez para salvar como backup ou dar a um amigo, continue lendo.

Siga estas etapas para gravar arquivos em um novo CD ou DVD vazio (se estiver gravando arquivos em um CD ou um DVD no qual já gravou antes, vá para a Etapa 4).

1. **Insira o disco vazio no gravador e empurre a bandeja. Então, clique ou toque na caixa Notificação que aparece à direita inferior da tela.**

2. **Quando a caixa Notificação perguntar como gostaria de continuar, clique na opção Gravar arquivos em um disco.**

   O Windows mostra uma janela Gravar um Disco e pede para você criar um título para o disco.

   Se a caixa Notificação sumiu antes de você clicar nela, ejete o disco, empurre-o de novo e fique pronto com a mão no mouse (uma alternativa para ativar de novo a caixa Notificação é clicando com o botão direito no ícone da unidade do disco no Explorador de Arquivos e escolhendo a opção Abrir Reprodução Automática).

3. **Digite um nome para o disco, descreva como deseja usá-lo e clique em Avançar.**

   Infelizmente, o Windows limita o título do seu CD ou DVD a dezesseis caracteres. Em vez de digitar **Piquenique da família no topo de Orizaba em 2021**, atenha-se aos fatos: **Orizaba 2021**. Ou apenas clique em Avançar para usar o nome padrão do disco: a data atual.

   O Windows pode gravar os arquivos no disco de dois modos diferentes. Para ajudá-lo a decidir qual método funcionará melhor no seu caso, o menu do Windows tem duas opções:

- **Como uma unidade flash USB:** Esse método permite ler e gravar arquivos no disco muitas vezes, um modo prático de usar os discos como arquivos portáteis. Infelizmente, esse método não é compatível com alguns CD ou DVD players conectados a aparelhos de som domésticos ou TVs.

- **Com um reprodutor de CD/DVD:** Se você pretende reproduzir seu disco em um leitor estéreo doméstico bem novo, inteligente o bastante para ler os arquivos armazenados em vários formatos diferentes, escolha esse método.

Armado com o nome do disco, o Windows o prepara para os futuros arquivos.

4. **Informe ao Windows quais arquivos gravar no disco.**

   Agora que seu disco está pronto para aceitar os arquivos, informe ao Windows quais informações enviar. Você pode fazer isso de vários modos:

   - Arraste e solte seus arquivos e/ou pastas na janela Explorador de Arquivos da unidade.

   - Clique com o botão direito no item que deseja copiar, por exemplo, arquivo, pasta ou arquivos e pastas selecionados. Quando aparecer um menu suspenso, escolha Enviar para e selecione o gravador de disco no menu (o menu suspenso lista o título do disco escolhido na Etapa 3).

   - Arraste e solte os arquivos e/ou pastas sobre o ícone do gravador no Explorador de Arquivos.

   - Peça ao programa atual para salvar as informações no disco, não no disco rígido.

   Não importa o método escolhido, o Windows será obediente e examinará as informações, copiando-as para o disco inserido na primeira etapa. Uma janela de progresso é exibida, mostrando o andamento do gravador. Quando essa janela sumir, o Windows terminou de gravar o disco.

5. **Feche sua sessão de gravação de disco ejetando o disco.**

   Quando terminar de copiar os arquivos para o disco, pressione o botão Ejetar da unidade (ou clique com o botão direito no ícone da unidade no Explorador de Arquivos e escolha Ejetar). O Windows fecha a sessão, adicionando um toque final ao disco que permite a leitura por outros PCs.

DICA

Se você tentar copiar um grande lote de arquivos para um disco, mais do que caberá, o Windows reclamará de imediato. Copie menos arquivos por vez, talvez dividindo-os em dois discos.

CAPÍTULO 5 **Armazenando e Organizando Arquivos** 113

> **DUPLICANDO UM CD OU UM DVD**
>
> O Windows não inclui um modo de duplicar um CD, um DVD ou um disco Blu-ray. Ele nem consegue fazer uma cópia do CD de música (por isso tantas pessoas compram programas de gravação de CD).
>
> Mas ele consegue copiar todos os arquivos do CD ou do DVD para um disco vazio usando este processo com duas etapas:
>
> 1. Copie os arquivos e as pastas do CD ou do DVD para uma pasta no PC.
> 2. Copie os mesmos arquivos e pastas de volta para um CD ou DVD vazio.
>
> Isso lhe dá um CD ou um DVD duplicado, que é útil quando precisa de uma segunda cópia de um disco de backup essencial.
>
> Você pode experimentar esse processo em um CD de música ou filme em DVD, mas não funcionará (eu tentei). Dá certo apenas quando você duplica um disco com arquivos de dados.

DICA

A maioria dos programas permite salvar os arquivos diretamente no disco. Escolha Salvar no menu Arquivo e selecione seu gravador de CD. Coloque um disco (de preferência que não esteja cheio) na unidade de disco para iniciar o processo.

Trabalhando com Pen Drives e Cartões de Memória

Os proprietários de câmeras digitais acabam se familiarizando com os *cartões de memória* — os quadradinhos de plástico que substituíram os desajeitados rolos de filme. O Windows pode ler as fotos digitais diretamente na câmera após você pegar o cabo e conectá-lo ao PC. Mas ele também pode pegar as fotos direto do cartão de memória, um método elogiado por aqueles que perderam os cabos da câmera.

O mesmo acontece para smartphones, que também usam cartões, assim como gravadores de som e dispositivos de jogos digitais.

O segredo é um *leitor de cartão de memória* — um pequeno compartimento com abertura plugado no PC. Insira o cartão de memória no compartimento, e o PC pode ler os arquivos do cartão, como lê os arquivos em qualquer outra pasta. Alguns tablets, notebooks e PCs incluem leitores de cartão de memória embutidos.

114 PARTE 1 **Coisas do Windows 11 que Todos Pensam que Você Já Sabe**

A maioria das lojas de material de escritório e eletrônicos vende leitores de cartão de memória que aceitam os formatos mais populares: Compact Flash, SecureDigital High Capacity (SDHC), Micro-SecureDigital High Capacity (SDHC), Micro-SecureDigital Extended Capacity (SDXC) e muitos outros trava-línguas. Alguns PCs até vêm com leitores embutidos na frente.

O bom dos leitores é que não há novidades: o Windows trata o cartão inserido como qualquer pasta normal. Insira o cartão e uma pasta aparece na tela mostrando as fotos na câmera digital. As mesmas regras para arrastar e soltar, recortar e colar, explicadas antes neste capítulo ainda se aplicam, permitindo mover imagens ou outros arquivos do cartão para sua pasta Imagens.

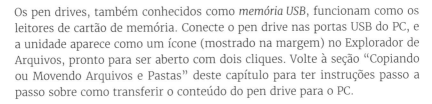

Os pen drives, também conhecidos como *memória USB*, funcionam como os leitores de cartão de memória. Conecte o pen drive nas portas USB do PC, e a unidade aparece como um ícone (mostrado na margem) no Explorador de Arquivos, pronto para ser aberto com dois cliques. Volte à seção "Copiando ou Movendo Arquivos e Pastas" deste capítulo para ter instruções passo a passo sobre como transferir o conteúdo do pen drive para o PC.

CUIDADO

» Primeiro, o aviso: formatar um cartão ou um pen drive apaga todas as informações dele. Nunca formate um cartão ou um pen drive, a menos que não se importe com as informações atuais nele.

» Agora, o procedimento: se o Windows reclamar que um cartão recém-inserido não está formatado, clique com o botão direito na unidade dele e escolha Formatar (esse problema acontece normalmente com os cartões novos ou danificados).

» A maioria dos smartphones e dos tablets contém compartimentos de cartão de memória também. Esses cartões funcionam como os encontrados nas câmeras digitais.

OneDrive: Seu Esconderijo na Nuvem

Ao se sentar na frente do computador, em geral você armazena seus arquivos dentro dele. É o lugar mais fácil onde colocá-los. Quando se afasta do PC, pode levar consigo arquivos importantes guardando-os em pen drives, CDs, DVDs e HD portáteis, caso se lembre de pegá-los quando sair.

Mas como acessar os arquivos a partir dos computadores se você esqueceu de levar os arquivos? Como você pode acessar os arquivos em casa quando está no trabalho, e vice-versa? Como pode exibir um documento importante ou ouvir suas músicas favoritas na viagem? Como acessar os arquivos do PC no smartphone?

CAPÍTULO 5 **Armazenando e Organizando Arquivos** 115

A resposta da Microsoft se chama *OneDrive*. É seu espaço de armazenamento de arquivos particular na internet e está predefinido no Windows. Com o OneDrive, seus arquivos ficam disponíveis a partir de qualquer computador conectado à internet. Você pode até acessá-los com celulares ou tablets da Apple ou que rodam o Android: a Microsoft oferece um app OneDrive gratuito para ambos os SOs.

Se você alterar um arquivo armazenado no OneDrive, esse arquivo atualizado ficará disponível em *todos* os seus computadores e dispositivos. O OneDrive mantém tudo automaticamente em sincronia. Você só precisa do seguinte para colocá-lo para trabalhar:

>> **Conta Microsoft:** É preciso uma conta Microsoft para fazer upload, exibir ou recuperar seus arquivos no OneDrive. Há boas chances de que você tenha criado uma quando criou pela primeira vez sua conta no PC com Windows (descrevo as contas Microsoft no Capítulo 2).

>> **Conexão de internet:** Sem sinal de internet, com ou sem fio, os arquivos mantidos na web continuam flutuando na nuvem, longe de você e de seu computador (evite isso escolhendo manter todos os arquivos do OneDrive armazenados em seu computador e na nuvem).

>> **Paciência:** Fazer upload dos arquivos leva mais tempo que o download. Embora você pode fazer upload de pequenos arquivos bem rápido, os arquivos maiores, como fotos digitais ou filmes, levam muito mais tempo.

Para algumas pessoas, o OneDrive oferece um refúgio seguro na internet, às vezes chamado de *nuvem*, em que elas sempre conseguem encontrar os arquivos mais importantes. Para outras, o OneDrive acrescenta uma camada de complicação, além de outro possível local oculto para o arquivo desaparecido.

As próximas seções explicam como acessar o OneDrive de dentro do Windows, do navegador, de qualquer outro PC ou dispositivo. Também explicam como ajustar as muitas configurações para que ele funcione perfeitamente nos PCs desktop, notebooks e pequenos tablets com espaço de armazenamento limitado.

Configurando o OneDrive

O Windows coloca um link para o OneDrive no painel Navegação de toda pasta, onde é fácil de acessar. Lá, o OneDrive funciona como qualquer outra pasta, mas com uma exceção: os arquivos e as pastas colocados dentro da pasta OneDrive também são copiados para seu espaço de armazenamento OneDrive na internet.

Isso pode criar um problema: os celulares menores de hoje, tablets e notebooks não incluem muito espaço de armazenamento. O OneDrive, por outro lado, pode manter *muitos* arquivos. Alguns computadores menores, como os pequenos tablets, não têm espaço suficiente para manter uma cópia de *tudo* que você colocou na pasta OneDrive de seu PC desktop.

Para atender a todos, o OneDrive pode trabalhar de três modos:

- » **Todos os arquivos:** A opção mais simples e a escolha da maioria dos proprietários de PC desktop, coloca todos os arquivos OneDrive na internet e no PC e, então, os mantém sincronizados: atualize um arquivo no PC e ele é atualizado na internet, e vice-versa. É um modo conveniente de manter os arquivos mais importantes acessíveis de imediato e sempre com backup.

- » **Alguns arquivos:** Planejado para dispositivos com limites de armazenamento, como alguns tablets e notebooks, isto permite selecionar e escolher quais pastas devem residir apenas no OneDrive e quais também devem ser armazenadas em seu computador.

- » **Arquivos Sob Demanda:** A melhor opção para pessoas com espaço de armazenamento limitado, isso permite que seu PC exiba os nomes de *todos* os seus arquivos e pastas OneDrive. Então, quando você abrir um arquivo ou uma pasta, o Windows irá baixá-lo rapidamente para o dispositivo e exibir seu conteúdo. Requer conexão de internet e é um pouco mais lento, mas permite acessar qualquer arquivo OneDrive sem que ele monopolize o espaço de armazenado de seu PC.

Ao clicar pela primeira vez na pasta OneDrive em um novo PC, o Windows começa o processo de configuração, descrito nas etapas a seguir. Se você já configurou o OneDrive, mas deseja mudar suas definições, siga para a seção "Mudando as configurações do OneDrive".

Para configurar o OneDrive em um novo PC, siga estas etapas:

1. **Na barra de tarefas, clique no ícone Explorador de Arquivos e clique no ícone OneDrive na borda esquerda da pasta.**

Como é a primeira vez que você configura o OneDrive no computador, ele mostra uma tela de abertura.

2. **Se for solicitado, entre com sua conta Microsoft e senha.**

Apenas os titulares da conta Local precisam fazer login; os titulares da conta Microsoft já estão conectados na conta do usuário (descrevo como converter uma conta Local em uma conta Microsoft no Capítulo 14).

DICA

Os tituladores da conta Local podem fazer login com qualquer conta Microsoft. Não é preciso converter a conta em uma Microsoft.

Após digitar o nome e a senha da conta Microsoft, surge uma janela, apontando o local de sua pasta OneDrive.

3. **Se quiser mudar o local onde armazenar os arquivos do OneDrive, clique no botão Mudar local. Do contrário, clique no botão Avançar.**

Se estiver usando um PC desktop com muito espaço de armazenamento, basta clicar no botão Avançar. O OneDrive armazenará todos os arquivos OneDrive na sua unidade C:, que normalmente tem muito espaço.

Já os tablets e os notebooks baratos contêm um espaço de armazenamento muito limitado. Para adicionar mais, muitos proprietários de tablets compram um cartão de memória e o inserem no compartimento de memória dele. Se você comprou e inseriu um cartão de memória em seu pequeno tablet, clique no botão Mudar local dessa janela e peça ao OneDrive para salvar seus arquivos no cartão de memória do tablet, em vez de na unidade C: padrão (o cartão de memória normalmente é chamado de unidade D:).

Se aparecer um anúncio pedindo para aumentar seu armazenamento por uma taxa mensal, clique em Não agora (sempre é possível mudar de ideia).

4. **Se perguntado, escolha quais pastas sincronizar com o PC.**

O OneDrive lista suas pastas OneDrive existentes, se houver, como na Figura 5-10.

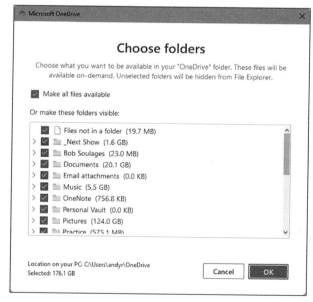

FIGURA 5-10: Coloque uma marca de verificação ao lado das pastas que deseja no seu computador e no OneDrive.

118 PARTE 1 **Coisas do Windows 11 que Todos Pensam que Você Já Sabe**

5. **Selecione os arquivos e as pastas que gostaria de manter sincronizados entre seu PC e o OneDrive; clique no botão Avançar.**

   O OneDrive tem duas opções, que você pode alterar depois:

   - **Sincronizar todos os arquivos e pastas no meu OneDrive:** A menos que você tenha motivos contrários, selecione essa opção para manter todos os arquivos OneDrive espelhados no cartão de memória do PC ou do tablet. A maioria dos PCs desktop não terá problemas com essa opção, e é o modo mais simples de acessar o OneDrive.

   - **Sincronizar apenas estas pastas:** Selecione essa opção nos tablets ou nos PCs com pouco armazenamento. Se você selecionar isso, coloque uma marca de verificação ao lado das pastas que considera essenciais o bastante para garantir um armazenamento em seu PC e no OneDrive.

6. **Clique em Avançar para salvar suas alterações.**

   O OneDrive mostra um botão Abrir minha pasta OneDrive, em que você pode clicar para ver os resultados de suas decisões de sincronização de arquivos.

Fique à vontade para sincronizar diferentes pastas em diferentes PCs. Por exemplo, você pode escolher sincronizar apenas o essencial em seu pequeno tablet, talvez só as fotos. Em um PC desktop com grande armazenamento, pode escolher sincronizar tudo.

Mudando as configurações do OneDrive

Em geral, o Windows adivinha as configurações corretas quando você configura o OneDrive pela primeira vez. Para rever as configurações do OneDrive e assegurar que estejam definidas corretamente para seu computador em particular ou outro dispositivo, siga estas etapas:

1. **Na área de notificação da barra de tarefas, clique com o botão direito no ícone OneDrive e escolha Ajuda & Configurações, então escolha Configurações no menu suspenso.**

   Talvez você precise clicar na pequena seta para cima na área de notificação para ver o ícone OneDrive (mostrado na margem). Explico a área de notificação da barra de tarefas (a área cheia de pequenos ícones bem à direita da barra) no Capítulo 3.

   A janela Configurações do OneDrive aparece, como na Figura 5-11, aberta com a guia Conta.

CAPÍTULO 5 **Armazenando e Organizando Arquivos** 119

2. **Para mudar quais arquivos devem residir no PC e no OneDrive, clique no botão Escolher pastas.**

   A janela Sincronizar seus arquivos OneDrive com este PC abre, listando todas as suas pastas OneDrive, como mostrado antes na Figura 5-10.

3. **Faça as alterações e clique no botão OK.**

   Essa área permite ajustar quais pastas de seu PC residem apenas no PC, apenas na internet ou ambos.

A janela Configurações do Microsoft OneDrive abre na guia Conta, mostrada na Figura 5-11, mas vale a pena explorar todas as outras:

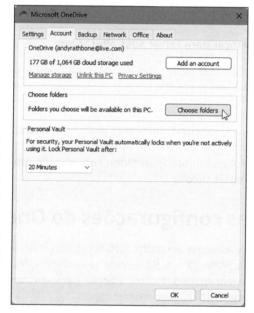

FIGURA 5-11: A janela Configurações do Microsoft OneDrive permite mudar como o OneDrive se comunica com seu computador.

» **Configurações:** Uma marca de verificação aqui permite pedir ao OneDrive para começar a sincronizar automaticamente quando você faz login no Windows. Essa área também permite ativar a opção Arquivos Sob Demanda do OneDrive, um recurso explicado na próxima seção deste capítulo (mantenho todas as caixas de seleção ativadas).

» **Conta:** Essa guia permite escolher quais pastas OneDrive devem ficar disponíveis para seu PC, além de quanto espaço o OneDrive consome (se você passar de 5GB, atingiu o limite, e a Microsoft pedirá para fazer uma assinatura de um dos planos pagos).

» **Backup:** Isso faz backup de suas pastas mais importantes: Área de trabalho, Documentos e Imagens. Também se oferece para armazenar as fotos da sua câmera ou do celular no OneDrive sempre que você conectar esses dispositivos ao PC. É muito útil, mas o OneDrive fica cheio rapidamente, portanto, você acabará ficando sem armazenamento e terá que pagar (eu tive).

» **Rede:** Planejada para pessoas sem conexões de internet rápidas, permite controlar a rapidez com a qual o OneDrive deve sincronizar. A menos que tenha bons motivos, mantenha isso definido para Não limitar.

» **Office:** Essa guia permite controlar como o OneDrive interage com os documentos criados no Office, o pacote de softwares da Microsoft que inclui Outlook, Word, Excel e outros programas populares.

» **Sobre:** Provavelmente colocado pelo departamento jurídico, tem links para as páginas de termos legais chatos da Microsoft: Termos de uso e Políticas de Privacidade e Cookies. Para ter informações para resolver problemas no OneDrive, clique no link Obter ajuda sobre o OneDrive.

Ao clicar no botão OK da janela, o OneDrive começa a sincronizar arquivos e pastas de acordo com suas alterações.

A Microsoft dá a todos 5GB de espaço de armazenamento gratuito no OneDrive, mas você pode aumentar pagando uma taxa mensal. A Microsoft começa a lembrá-lo do lamentável fato de que seu limite se aproxima.

DICA

A guia Conta, mostrada na Figura 5-11, também exibe a quantidade de espaço de armazenamento disponível no OneDrive e oferece um link Gerenciador de Armazenamento para o caso de você ficar sem espaço.

Abrindo e salvando arquivos do OneDrive

Ao fazer login no Windows 11 pela primeira vez com uma nova conta Microsoft, o Windows coloca no OneDrive duas pastas vazias: Documentos e Fotos.

Para ver as pastas, abra qualquer uma. Não tem uma pasta aberta? Então clique no ícone Explorador de Arquivos (mostrado na margem) na barra de tarefas. O OneDrive é listado no painel Navegação da pasta na parte esquerda. Clique na palavra OneDrive e o conteúdo dele se abre à direita da pasta. Você pode ver duas pastas vazias, Documentos e Fotos. Se já tiver uma conta OneDrive, verá as pastas OneDrive existentes. Você não tem nada novo para aprender com o OneDrive; suas pastas são como qualquer outra no computador:

COFRE PESSOAL DO ONEDRIVE

Cofre Pessoal é um termo bonito para algo que funciona como uma pasta OneDrive normal, mas com uma grande diferença: para abri-la, é preciso passar por uma segunda camada de segurança. Isso é perfeito para armazenar arquivos confidenciais que devem ser vistos por terceiros.

Essa segurança pode ser tão simples quanto colocar o dedo em um leitor biométrico ou olhar para uma câmera (explico os leitores biométricos Windows Hello e as câmeras faciais no Capítulo 14). Você também pode digitar um PIN ou um código secreto enviado por email ou SMS.

Após vinte minutos de inatividade, o Cofre Pessoal bloqueia automaticamente, mantendo os arquivos confidenciais seguros, mas acessíveis.

» Para exibir o conteúdo de uma pasta OneDrive, clique duas vezes nela. A pasta abre mostrando seu conteúdo.

» Para editar um arquivo armazenado em uma pasta OneDrive, clique duas vezes nele. O arquivo abre no programa que o criou.

» Para salvar algo novo dentro de uma pasta OneDrive, salve em uma pasta dentro do OneDrive, por exemplo, a pasta Documentos. Não salve apenas na pasta Documentos em seu PC.

» Para excluir algo do OneDrive, clique com o botão direito e escolha Excluir. O item vai para a Lixeira de sua área de trabalho, onde poderá ser recuperado mais tarde, se necessário.

Não importa quais alterações você faz nos arquivos e nas pastas dentro da pasta OneDrive de seu PC, o Windows altera automaticamente as cópias da internet para que correspondam assim que seu computador tenha uma conexão de internet.

Depois, quando visitar o OneDrive por meio de algo com um navegador da web (seu smartphone, tablet ou mesmo outro PC), os arquivos atualizados estarão esperando para serem examinados.

O OneDrive também é útil nestas situações:

DICA

» Armazenando uma lista de compras no OneDrive, é possível adicionar os itens necessários do mercado mesmo estando sentado diante do PC. Então, quando for ao mercado, você poderá exibir a lista atualizada no celular (a Microsoft cria apps OneDrive para iPhones e Android).

122 PARTE 1 **Coisas do Windows 11 que Todos Pensam que Você Já Sabe**

DICA

» Deseja copiar alguns favoritos para a pasta OneDrive? Descrevo como copiar e mover arquivos entre as pastas anteriormente neste capítulo.

» Para compartilhar com amigos um arquivo ou uma pasta OneDrive, clique com o botão direito, escolha Mostrar mais opções no menu suspenso e selecione Compartilhar no próximo menu. Uma janela é exibida, na qual você pode inserir os emails dos amigos. Quando eles receberem e clicarem no link do email, terão acesso ao arquivo/pasta armazenado no OneDrive.

» Muitas pessoas mantêm discos com músicas preferidas no OneDrive. Sempre que você tem uma conexão de internet, o app Groove Música, explicado no Capítulo 16, lista e reproduz automaticamente qualquer música armazenada no OneDrive (já o velho programa Media Player reproduz apenas a música armazenada fisicamente no seu PC).

Entendendo quais arquivos residem no OneDrive, no PC ou nos dois lugares

O Windows permite ver o nome de todo arquivo e pasta armazenado no OneDrive. É possível abrir rapidamente um arquivo/pasta do OneDrive mesmo não estando armazenado localmente no PC. O OneDrive simplesmente acessa o arquivo na internet e o coloca no seu PC (isso depende de você ter uma conexão de internet no momento, claro).

O recurso Arquivos Sob Demanda do OneDrive permite ver todos seus arquivos em todos os dispositivos. Todavia, ele permite economizar espaço nos dispositivos sem muito armazenamento. Por exemplo, você pode sincronizar sua coleção inteira de música apenas nos dispositivos com muito espaço. Mas seu dispositivo sem armazenamento ainda verá a música, e, se você tiver conexão de internet, ela será reproduzida sempre que quiser.

Você pode ver, ainda, miniaturas de mais de trezentos tipos de arquivos diferentes, mesmo se não estiverem armazenados em seu computador.

Para ativar o recurso Arquivos Sob Demanda do OneDrive, siga estas etapas:

1. **Na área de notificação da barra de tarefas, clique com o botão direito no ícone OneDrive e escolha Ajuda & Configurações no menu suspenso, selecionando Configurações no próximo menu.**

   Talvez precise clicar na pequena seta para cima na área de notificação para ver o ícone OneDrive (mostrado na margem). Explico a área de notificação da barra de tarefas, a pequena área cheia de ícones bem à direita da barra, no Capítulo 3.

   A janela Configurações do OneDrive aparece, como mostrado na Figura 5-11, aberta na guia Conta.

2. Clique na guia Configurações e, na seção Arquivos Sob Demanda, marque a caixa de seleção Economize espaço e baixe os arquivos à medida que os usa.

3. Clique no botão OK para fechar a janela.

Agora, mesmo que os arquivos OneDrive não estejam salvos no seu PC, você poderá ver seus nomes, como na Figura 5-12.

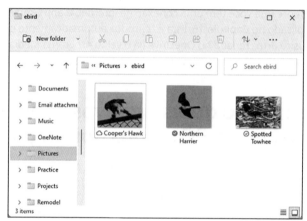

FIGURA 5-12: O recurso Arquivos Sob Demanda do OneDrive mostra o nome de todo arquivo e pasta armazenado, além do status.

O segredo para entender o recurso Arquivos Sob Demanda do OneDrive é examinar os três pequenos ícones ao lado do nome de cada arquivo, mostrados na Figura 5-12. Veja o que cada ícone significa:

» **Online apenas:** Esse arquivo está disponível apenas online; você precisa de uma conexão de internet para acessá-lo.

» **Localmente disponível:** Você abriu um arquivo online apenas, portanto, agora ele está disponível no seu PC. Qualquer edição feita também muda a cópia armazenada no OneDrive. Se precisar liberar espaço e removê-lo do PC, clique com o botão direito e escolha Liberar espaço (uma cópia permanece no OneDrive, e o ícone do arquivo no seu PC muda para Online apenas).

» **Sempre manter neste dispositivo:** Arquivos e pastas com esse ícone sempre estão disponíveis em seu PC, mesmo sem conexão de internet.

Para mudar o status de um arquivo ou uma pasta, clique nele com o botão direito. Assim, poderá escolher entre três configurações:

» **Exibir Online:** Isso baixa o arquivo ou a pasta para seu PC e o abre para exibição ou edição.

» **Sempre manter neste dispositivo:** Também baixa o arquivo ou a pasta para seu PC. Contudo, não abre. É mais útil para acessar pastas que você sempre deseja disponíveis, mesmo sem conexão de internet.

» **Liberar espaço:** Isso exclui o arquivo de seu dispositivo, liberando espaço de armazenamento. Mas mantém o arquivo armazenado no OneDrive, onde você pode acessá-lo de novo sempre que tiver uma conexão de internet.

DICA

Estas dicas ajudarão a descobrir se vale a pena ativar o recurso Arquivos Sob Demanda do OneDrive e como usá-lo em diferentes dispositivos:

» Se seu dispositivo tem muito espaço de armazenamento, como a maioria dos PCs desktop, não se preocupe com a opção Arquivos Sob Demanda. Basta escolher Tornar todos os arquivos disponíveis, descrito anteriormente na seção "Configurando o OneDrive" deste capítulo.

» Se não tem muito armazenamento, mas deseja ver os nomes de todos os arquivos e pastas OneDrive, ative a opção Arquivos Sob Demanda do OneDrive. Quando tiver conexão de internet e precisar de um arquivo ou uma pasta, basta abri-lo como se residisse no seu PC. O Windows baixa e abre rapidamente.

» Se você armazena algumas músicas preferidas no OneDrive, ative a opção Arquivos Sob Demanda do OneDrive, mas defina essas pastas em particular para Sempre manter neste dispositivo. Assim, poderá ver todo arquivo e acessá-lo quando tiver uma conexão de internet, mas ainda reproduzirá sua música favorita sem conexão.

Avaliando suas necessidades, os limites de armazenamento de seu dispositivo e a disponibilidade da conexão de internet, é possível personalizar o recurso Arquivos Sob Demanda do OneDrive para que atenda à capacidade de armazenamento de todos seus dispositivos.

Acessando o OneDrive na internet

Por vezes, você pode precisar acessar o OneDrive quando não está diante do seu computador. Ou pode precisar acessar um arquivo OneDrive não sincronizado em seu PC. Para ajudar em qualquer situação, a Microsoft oferece o acesso OneDrive a partir de qualquer navegador da web.

Quando precisar dos arquivos, entre em qualquer computador, visite o site OneDrive em `https://OneDrive.live.com` e, se for pedido, faça login com o nome de sua conta e senha Microsoft. O site OneDrive aparece como mostrado na Figura 5-13.

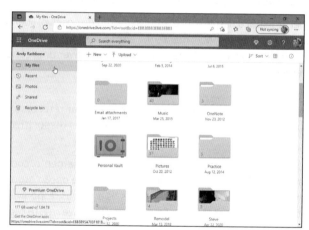

FIGURA 5-13: Você pode acessar seus arquivos OneDrive em qualquer computador ou dispositivo com um navegador da web.

Após fazer login, adicione, exclua, mova e renomeie os arquivos, além de criar pastas e mover arquivos entre elas. Você pode até editar alguns arquivos diretamente online (o OneDrive tem ainda uma Lixeira para recuperar os arquivos OneDrive excluídos por engano, caso tenham sido excluídos online ou no seu celular, PC ou outro dispositivo).

É muito mais fácil gerenciar seus arquivos diretamente na pasta em seu PC. Mas, se não estiver perto do computador, o site OneDrive oferece uma zona de emergência útil.

O site OneDrive também permite compartilhar arquivos enviando links por email para as pessoas, sendo um modo prático de compartilhar pastas.

DICA

Também é possível compartilhar arquivos OneDrive com os amigos diretamente de seu PC: clique com o botão direito no arquivo ou na pasta que deseja compartilhar e escolha OneDrive, e depois escolha Compartilhar no menu suspenso. É exibida uma janela, na qual você pode inserir o email de quem deve receber um link para o item compartilhado. Quando o destinatário clicar no link do email, ficará online para exibir o conteúdo do arquivo ou da pasta.

Se usar o OneDrive regularmente, saiba que a Microsoft oferece apps OneDrive gratuitos para celulares e tablets Apple e Android. O OneDrive simplifica compartilhar arquivos entre todos os seus gadgets.

2

Trabalhando com Programas, Apps e Arquivos

NESTA PARTE...

Lide com programas, apps e documentos.

Encontre apps, janelas, arquivos, configurações e computadores perdidos.

Imprima e digitalize seu trabalho.

NESTE CAPÍTULO

» **Abrindo um programa, um app ou um documento**

» **Alterando qual programa abre qual documento**

» **Instalando, desinstalando e atualizando apps**

» **Criando um atalho**

» **Cortando, copiando e colando**

Capítulo **6**

Lidando com Programas, Apps e Documentos

No Windows, *apps* e *programas* são as suas ferramentas: carregue um programa ou um app e poderá adicionar números, organizar palavras e atirar em naves espaciais.

Documentos, por outro lado, são as coisas que você cria com apps e programas, como formulários de imposto, desculpas sinceras e listas das maiores pontuações.

Este capítulo explica o básico sobre como abrir apps e programas no menu Iniciar no Windows. Explica como encontrar, baixar e instalar um novo app na Microsoft Store do menu Iniciar. Também mostra onde encontrar os menus de um app (a Microsoft misteriosamente escondeu a maioria deles).

Conforme folheia este capítulo, você descobre como fazer com que seu programa preferido abra seus arquivos. Também cria atalhos da área de trabalho, botões que permitem carregar rapidamente seus arquivos, pastas e programas favoritos.

CAPÍTULO 6 **Lidando com Programas, Apps e Documentos** 129

Este capítulo termina com a seção "Guia Absolutamente Essencial para Recortar, Copiar e Colar". Coloque esse truque na manga e saberá como manipular palavras em um processador de texto, mover arquivos entre as pastas, copiar arquivos de sua câmera para o PC e enviar arquivos para/de pen drives.

Iniciando um App ou um Programa

O Windows 11 moveu o botão Iniciar e o menu para o centro da barra de tarefas, a faixa cheia de ícones na parte inferior da tela. Um clique no botão Iniciar (mostrado na margem) ativa a última versão do menu Iniciar.

Explico o novo menu Iniciar, mostrado na Figura 6-1, no Capítulo 2; vá para ele e tenha dicas sobre como personalizar o menu adicionando, movendo ou removendo ícones para encontrar as coisas com mais facilidade.

FIGURA 6-1: No menu Iniciar, clique no ícone para o programa que você deseja abrir.

Se quiser apenas inicializar um programa ou um app, siga estas etapas:

1. Abra o menu Iniciar.

Chame o menu Iniciar clicando ou tocando no botão Iniciar quase no meio da barra de tarefas. Se suas mãos estão no teclado, basta pressionar a tecla (⊞).

O menu Iniciar aparece, como mostrado anteriormente na Figura 6-1, com uma lista de apps e programas. Na verdade, o menu Iniciar se atualiza automaticamente para exibir os nomes dos programas, dos apps ou dos arquivos mais usados (para retornar a um deles, basta clicar em seu nome).

QUANDO OS PROGRAMADORES BRIGAM POR CAUSA DOS TIPOS DE ARQUIVO

Quando não brigam por *fast food*, os programadores brigam por *formatos* — modos de colocar as informações em um arquivo. Para ter cautela nas guerras dos formatos, a maioria dos programas permite abrir os arquivos armazenados em vários tipos diferentes de formato.

Por exemplo, veja a caixa de lista suspensa à direita inferior da Figura 6-2. Atualmente ela lista todos os `Documentos de Texto (*.txt)`, o formato usado pelo Bloco de Notas predefinido no Windows. Para ver os arquivos armazenados em *outros* formatos, clique na caixa e escolha um formato diferente. A caixa Abrir atualiza rápido sua lista para mostrar os arquivos nesse novo formato.

E como é possível ver uma lista de *todos* os arquivos de sua pasta nesse menu, não importando o formato? Selecione Todos os documentos na caixa de lista suspensa. Isso troca a exibição para mostrar todos os arquivos dessa pasta em particular. É provável que seu programa não possa abrir todos e tenha problemas ao tentar.

Por exemplo, o Bloco de Notas pode incluir algumas fotos digitais em sua exibição Todos os documentos. Mas, se você tentar abrir uma foto, ele exibirá com obediência a foto como símbolos de codificação desconhecidos. (Se abrir por engano uma foto em um programa e *não* vir a foto, não tente salvar o que abriu. Se o programa for como o Bloco de Notas, salvar o arquivo destruirá a foto. Basta virar as costas e sair imediatamente clicando no botão Cancelar.)

NOVO

O Windows 11 não tem mais um modo Tablet, portanto, o menu Iniciar não preenche mais a tela inteira nos tablets e nos monitores com tela de toque. Pelo contrário, o Windows 11 expande automaticamente o espaço entre os ícones, facilitando para os dedos desajeitados. Exceto por isso, o Windows 11 é idêntico em tablets, notebooks e PCs desktop.

2. **Se você identificar o ícone para seu app ou programa, escolha-o clicando com o mouse ou, em uma tela de toque, tocando com o dedo.**

    Não vê um ícone para o app procurado na lista do menu Iniciar? Vá para a próxima etapa.

CAPÍTULO 6 Lidando com Programas, Apps e Documentos   131

3. **Desça no lado direito da tela Iniciar para ver mais ícones.**

Dois botões estão aninhados na borda direita do menu Iniciar, empilhados. Clique no botão inferior, mostrado na margem, e o menu Iniciar mostra outra página de ícones. Repita para ver mais páginas; quando não aparecerem mais ícones, você está vendo a última linha do menu Iniciar. Do mesmo modo, clicar no botão de cima sobe uma página.

DICA

Nas telas de toque, você pode exibir os ícones ocultos abaixo da borda da página deslizando o dedo para cima na tela, sobre os ícones.

Ainda não vê seu programa ou app listado? Vá para a Etapa 4.

4. **Exiba *todos* os seus apps clicando no botão Todos os aplicativos.**

Para manter sua lista de apps e programas gerenciável, a seção cheia de ícones do menu Iniciar não lista todo programa ou app em seu PC.

Todos os Aplicativos >

Para mostrar *todos* eles, clique no botão Todos os aplicativos, à direita superior do menu Iniciar. Todos os apps e programas instalados aparecem de repente, em ordem alfabética.

Se você *ainda* não consegue encontrar seu programa no menu Iniciar reconhecidamente cheio, siga estas dicas para outros modos de abrir um app ou um programa:

NOVO

» Clique dentro da caixa Pesquisa, na borda superior do menu Iniciar. Quando digitar a primeira letra, a caixa Pesquisa terá sua própria janela e começará apresentando uma lista dos nomes com a tal letra. Digite uma segunda ou terceira letra, e a lista de correspondências diminui de acordo para refletir essa sequência. Quando a janela listar seu app ou programa desejado, abra-o com um clique (ou toque em uma tela de toque). Explico a caixa Pesquisa no Capítulo 7.

» Clique duas vezes em um atalho para o programa. Os atalhos, que costumam ficar na área de trabalho, são botões úteis e disponíveis para inicializar arquivos e pastas (explico mais sobre os atalhos na seção "Pegando o Caminho Fácil com um Atalho na Área de Trabalho" deste capítulo).

» Estando na área de trabalho, talvez você localize o ícone do programa na barra de tarefas, uma faixa útil de ícones dispostos na margem inferior dessa área. Nesse caso, clique no ícone da barra e o programa entra em ação (explico a barra de tarefas da área de trabalho, inclusive como personalizar sua linha de ícones, no Capítulo 3).

» Clique com o botão direito em uma parte vazia da área de trabalho do Windows, escolha Novo e selecione o tipo de documento que deseja criar. O Windows carrega o programa certo para o trabalho.

132 PARTE 2 **Trabalhando com Programas, Apps e Arquivos**

O Windows tem outros modos de abrir um app ou um programa, mas os métodos anteriores dão conta do recado (explico melhor o menu Iniciar no Capítulo 2, e a área de trabalho é a estrela do Capítulo 3).

Abrindo um Documento

Como um Tupperware, a área de trabalho do Windows é muito fã da padronização. Quase todos os programas Windows carregam seus documentos, em geral chamados de *arquivos*, do mesmo modo:

1. **Clique na palavra Arquivo na *barra de menu* do programa, aquela fileira de palavras sisudas no topo do programa.**

    Se seu programa estiver oculto na barra de menu, pressionar a tecla Alt geralmente o exibe.

    Ainda sem barra de menu? Então seu programa pode ter uma *Faixa*, uma tira larga de ícones multicoloridos no topo da janela. Se você localizar a Faixa, clique na guia ou no botão no canto mais à esquerda para que o menu Arquivo abra.

2. **Quando o menu Arquivo surgir, escolha Abrir.**

    O Windows lhe dá uma sensação de *déjà vu* com a janela Abrir, mostrada na Figura 6-2. Parece (e funciona) como a pasta Documentos, vista no Capítulo 5.

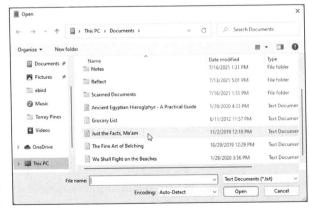

FIGURA 6-2: Clique duas vezes no nome de arquivo que deseja abrir.

Mas há uma grande diferença: desta vez, sua pasta exibe apenas os arquivos que esse programa em particular sabe abrir; ela filtra todos os outros.

CAPÍTULO 6 **Lidando com Programas, Apps e Documentos** 133

3. **Passe o mouse sobre o documento que deseja abrir (mostrado na Figura 6-2), clique o botão do mouse e no botão Abrir.**

DICA

Em uma tela de toque, você deve tocar no documento para abri-lo. O programa abre o arquivo e o exibe na tela.

Abrir um arquivo funciona assim na maioria dos programas Windows, escritos pela Microsoft, por seus parceiros corporativos ou pelo adolescente no final da rua.

DICA

» Para agilizar as coisas, clique duas vezes no nome do arquivo desejado; isso o abre de imediato, fechando automaticamente a janela Abrir.

» As pessoas guardam coisas na garagem, mas os computadores guardam seus arquivos em compartimentos bem identificados, chamados *pastas*. (Clique duas vezes em uma pasta para ver o que existe dentro. Se você localizar seu arquivo, abra-o com dois cliques.) Se percorrer as pastas for um problema, a seção sobre pastas no Capítulo 5 tem um lembrete.

» Se seu arquivo não estiver listado pelo nome, comece a navegação clicando nos botões ou nas palavras mostradas à esquerda da Figura 6-2. Clique nas palavras OneDrive ou Este Computador, por exemplo, para pesquisar as pastas e seus arquivos armazenados nesses lugares.

» Quando abrir um arquivo e alterá-lo, mesmo sem querer, em geral o Windows pressupõe que você mudou o arquivo para melhor. Se tentar fechá-lo, o Windows perguntará por precaução se deseja salvar suas alterações. Se você atualizou o arquivo com destreza, clique em Sim. Se bagunçou ou abriu o arquivo errado, clique em Não ou Cancelar.

DICA

» Confuso com os ícones ou os comandos no topo ou à esquerda da janela Abrir? Deixe o mouse sobre os ícones, e uma caixinha avisa suas funções.

Salvando um Documento

Salvar significa enviar o trabalho recém-criado para um lugar seguro. A menos que você salve especificamente seu trabalho, o computador pensa que você estava apenas brincando nas últimas quatro horas. É necessário pedir especificamente ao PC para salvar seu trabalho antes de armazená-lo em segurança.

Graças ao chicote da Microsoft, um comando Salvar aparece em quase todo programa do Windows, não importando qual programador o escreveu. Veja alguns modos de salvar um arquivo:

- » Clique em Arquivo no menu de cima e escolha Salvar (pressionar a tecla Alt, seguida das teclas F e S, faz a mesma coisa).
- » Clique no ícone Salvar (mostrado na margem).
- » Pressione Ctrl e a tecla S (*S* significa *Salvar*).

Se estiver salvando algo pela primeira vez, o Windows pedirá um nome para o documento. Digite algo descritivo usando apenas letras, números e espaços entre as palavras (se você tentar usar um dos caracteres "ilegais" descritos no Capítulo 5, a polícia do Windows entrará em ação, pedindo com educação que use um nome diferente).

LEMBRE-SE

- » Você pode salvar os arquivos em qualquer pasta, CD ou DVD de gravação, ou mesmo pen drive. Mas os arquivos são muitos fáceis de encontrar quando ficam em uma das quatro pastas principais: Documentos, Músicas, Imagens ou Vídeos (essas pastas são listadas na borda esquerda de toda pasta, no *painel Navegação*, facilitando colocar os arquivos dentro delas).
- » Escolha nomes de arquivo descritivos para seu trabalho. O Windows permite 255 caracteres para tanto. Um nome de arquivo *Janeiro 2022 Vendas de Spinners* é mais fácil de localizar do que um chamado *Coisa*.
- » Se quiser acessar seu arquivo atual em outros dispositivos, talvez seu celular, tablet ou outro PC o salve na pasta Documentos no OneDrive: escolha OneDrive na borda esquerda da janela Salvar e, então, escolha a pasta Documentos do OneDrive. Depois, clique no botão Salvar.
- » A maioria dos programas pode salvar os arquivos direto em um CD ou um DVD regravável. Escolha Salvar no menu Arquivo e selecione a unidade preferida na seção Este Computador do painel à direita. Coloque um disco (de preferência vazio) na unidade de gravação para iniciar o processo.
- » Alguns programas mais novos poupam você da tarefa de clicar no botão Salvar: eles salvam seu trabalho automaticamente conforme você digita. O programa de notas OneNote da Microsoft e muitos apps do menu Iniciar salvam seu trabalho automaticamente, portanto, não têm um botão Salvar.

LEMBRE-SE

- » Se você está trabalhando em algo importante (e a maioria das coisas é), clique no botão Salvar do programa de tempos em tempos. Ou use o atalho do teclado Ctrl+S (pressionando as teclas Ctrl e S juntas). Os programas pedem para você escolher um nome e um local para um arquivo quando o salva pela *primeira* vez; as gravações posteriores são muito mais rápidas.

CAPÍTULO 6 **Lidando com Programas, Apps e Documentos**   135

Escolhendo qual Programa Deve Abrir qual Arquivo

Na maioria das vezes, o Windows sabe automaticamente qual programa deve abrir qual arquivo. Abra um arquivo e o Windows informa ao programa correto para entrar em ação, deixando que você veja seu conteúdo.

Mas, às vezes, o Windows não escolhe seu programa preferido. Por exemplo, o novo app amado pelo Windows pede ao app Groove Música do menu Iniciar para reproduzir sua música. Talvez você prefira que o Windows Media Player da área de trabalho lide com as tarefas de reprodução de música.

Quando o programa errado abrir seu arquivo, veja como fazer o programa *certo* abri-lo:

1. **Clique com o botão direito no arquivo com problemas e escolha Abrir com no menu suspenso.**

   Como mostrado na Figura 6-3, o Windows lista alguns programas possíveis, inclusive os usados para abrir esse arquivo no passado.

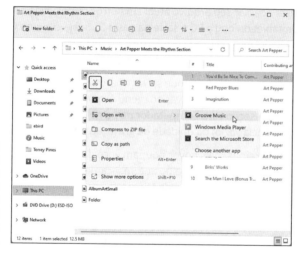

FIGURA 6-3: O Windows lista alguns programas que abriram esse tipo de arquivo no passado.

2. **Clique na opção Escolher outro aplicativo.**

   A janela exibida, como na Figura 6-4, lista mais apps, e o app atribuído atualmente aparece no topo da lista. Se você encontrar seu app favorito, clique duas vezes para pedir para ele abrir seu arquivo (veja se a caixa de seleção Sempre usar este aplicativo para abrir arquivos está marcada, para não precisar repetir essas etapas). Então clique em OK, e terminou!

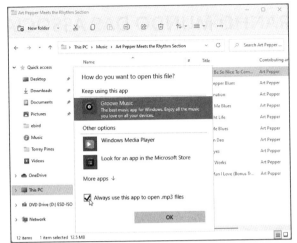

FIGURA 6-4:
Escolha o app que deseja e marque a caixa de seleção na parte inferior.

Não vê os apps que deseja ou precisa para abrir o arquivo? Vá para a Etapa 3.

3. **Clique nas palavras Procurar um app na Microsoft Store e clique no botão OK.**

   A Microsoft Store aparece mostrando uma estante virtual cheia de apps capazes de abrir o arquivo.

Se você instalar um novo app ou programa para abrir determinado arquivo, em geral ele se reserva o direito de abrir esse tipo de arquivo no futuro. Se não abrir, volte à Etapa 1. Mas, desta vez, o app ou o programa recém-instalado aparece na lista. Escolha-o e você *finalmente* terminou.

LEMBRE-SE

» Em uma espécie de histórico revisionista, agora o Windows usa o termo *app* para se referir a programas desktop tradicionais e aos aplicativos do menu Iniciar. Preste atenção à terminologia do Windows quando estiver na área de trabalho. Se o Windows informa que uma ação afetará todos os seus apps, ela também afetará seus programas da área de trabalho.

» O Windows permite escolher seu app padrão no menu Iniciar também. Nesse menu, clique no ícone Configurações, mostrado na margem. Quando o app Configurações aparecer, clique no ícone Aplicativos no painel à esquerda. Na janela Aplicativos, escolha Aplicativos padrão no painel à direita. Clique no nome do app e aparece uma lista para você entregar as rédeas a um programa diferente.

» Por vezes você desejará alternar entre diferentes apps ou programas ao trabalhar no mesmo arquivo. Para tanto, clique com o botão direito no arquivo, escolha Abrir com e selecione o programa do qual precisa no momento. Apenas deixe desmarcada a caixa Sempre abrir com este aplicativo.

CAPÍTULO 6 **Lidando com Programas, Apps e Documentos** 137

O ESTRANHO MUNDO DAS ASSOCIAÇÕES DE ARQUIVOS

Todo programa do Windows coloca um código secreto, conhecido como *extensão de arquivo*, no nome de cada arquivo criado. Essa extensão funciona como uma marca de gado: ao clicar duas vezes no arquivo, o Windows olha a extensão e chama automaticamente o programa certo para abrir o arquivo. Por exemplo, o Bloco de Notas inclui a extensão com três letras `.txt` em cada arquivo criado. Assim, o Windows associa a extensão `.txt` ao programa Bloco de Notas.

Normalmente o Windows não exibe essas extensões, separando os usuários dos mecanismos internos, por medida de segurança. Se alguém mudar ou remover sem querer uma extensão, o Windows não saberá como abrir o arquivo.

Se ficou curioso sobre como é uma extensão, dê uma olhadinha nestas etapas:

1. **Clique no ícone da guia Visualizar em qualquer pasta e escolha Exibir no menu suspenso.**

   Um menu suspenso aparece rapidamente, mostrando os diferentes modos de exibir o conteúdo da pasta. Escolha Exibir no menu e clique em Itens das extensões de nomes de arquivos.

   Os arquivos dentro da pasta imediatamente mudam para mostrar suas extensões, algo útil de saber em emergências técnicas.

2. **Repita essas etapas para não exibir as Extensões de nomes de arquivos.**

   A menos que você seja um técnico, não deve permitir que o Windows mostre as extensões de nomes de arquivos. E não mude a extensão de um arquivo, a menos que saiba exatamente o que está fazendo. O Windows não saberá qual programa usar para abrir o arquivo, possivelmente deixando o arquivo sem acesso.

» Às vezes, você não pode fazer seu programa favorito abrir certo arquivo porque ele simplesmente não sabe como. Por exemplo, o Windows 11 não consegue reproduzir filmes em DVD. A única solução é instalar um programa ou um app de reprodução de DVD da Microsoft Store.

» Se alguém disser algo sobre "associações de arquivo", fique à vontade para ler a seção "O estranho mundo das associações de arquivos", que explica esse tema terrível.

ATUALIZANDO SEUS APPS

Os programadores estão sempre ajustando seus apps, suavizando as partes difíceis, adicionando novos recursos e bloqueando as brechas de segurança. Sempre que você conecta a internet, o Windows examina os apps instalados. Se algum está desatualizado, o Windows baixa automaticamente qualquer atualização em espera e a aplica.

Se você faz uma conexão por celular, não se preocupe: os apps não atualizam quando usa uma conexão de internet limitada, como as encontradas nos celulares. O Windows retoma a atualização dos apps assim que você conecta uma rede Wi-fi ou via cabo.

Não deseja atualizações automáticas, talvez ao passar por áreas com conexões de internet lentas ou caras? É possível desativar temporariamente a atualização automática com estas etapas:

1. **Na Microsoft Store, clique no ícone de sua conta e escolha Configurações do aplicativo no menu suspenso.**

   O ícone da conta é sua foto redonda da conta de usuário, localizada à direita superior da Microsoft Store, ao lado da caixa Pesquisa.

2. **Quando a tela Configurações aparecer, clique para assegurar que a opção Atualizações de aplicativo esteja desativada.**

   Suas alterações ocorrem imediatamente. Quando estiver em uma conexão de internet mais confiável, defina-a para ativada; do contrário, os apps não serão atualizados.

Quando a opção Atualizações de aplicativo está ativada, *todos* os seus apps atualizam. Infelizmente, não é possível impedir que apps individuais atualizem, por isso, recomendo manter os apps definidos para atualizarem de modo automático. Se você tentar impedir a atualização de um, poderá perder correções de segurança, além de melhorias em todos os outros apps.

Navegando a Microsoft Store

Os *apps*, que são miniprogramas especializados em tarefas simples, vêm do mundo dos *smartphones* (celulares com capacidade computacional). E, como os apps dos smartphones, eles vêm apenas de uma loja de Apps. No Windows, eles vêm da Microsoft Store, disponível com um clique no ícone Microsoft Store da barra de tarefas (mostrado na margem). (As versões anteriores do Windows chamavam a loja de *Windows Store*.)

Embora os termos "app" e "programa" normalmente sejam usados alternadamente, os apps diferem dos programas desktop tradicionais de vários modos:

» O Windows permite que os apps rodem dentro das janelas da área de trabalho, em vez de consumirem a tela inteira, como era nas primeiras versões do Windows.

» Os apps estão vinculados à sua conta Microsoft. Isso significa que você precisa dessa conta para baixar um app gratuito ou pago da Store.

» Quando compra um app na Microsoft Store, normalmente pode executá-lo em até dez PCs ou dispositivos, contanto que tenha feito login nesses PCs ou dispositivos com sua conta Windows (alguns apps aumentam ou diminuem esse número).

» Os apps recém-instalados consomem apenas um ícone do menu Iniciar. Já os programas recém-instalados costumam colocar vários ícones no menu Iniciar.

Apps e programas podem ser criados e vendidos por grandes empresas e amadores que trabalham em seu tempo livre. É difícil dizer de antemão qual lhe dará mais suporte caso as coisas deem errado.

Embora os programas e os apps sejam bem diferentes, infelizmente a Microsoft se refere a ambos como *apps*. Talvez você encontre essa terminologia peculiar ao lidar com programas mais antigos, assim como programas mais recentes criados por empresas não habituadas ao novo linguajar da Microsoft.

Adicionando novos apps da Microsoft Store

Quando se cansar dos apps que vêm com o Windows ou precisar de um novo app para atender a uma necessidade especial, siga estas etapas para colocar um em seu computador.

DICA

Se tem saudades do app OneNote que vem com o Windows 10, mas não existe no Windows 11, esta é sua chance de recuperá-lo. E mais, você pratica o download de um app.

1. **Clique no botão Iniciar e em Microsoft Store no menu Iniciar.**

A Microsoft Store vai para a tela, como na Figura 6-5. Se preferir, você também pode clicar no app Microsoft Store (mostrado na margem) da barra de tarefas que sempre fica na parte inferior da tela.

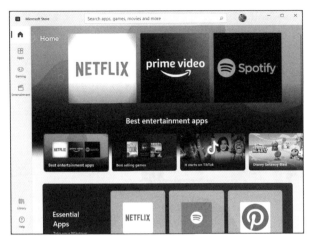

FIGURA 6-5: A Microsoft Store permite o download de apps gratuitos, de teste ou pagos para inicializar no menu Iniciar.

Embora a Microsoft Store mude seu layout com frequência, em geral ela abre mostrando sua categoria Destaques na borda superior, onde a Microsoft evidencia alguns apps escolhidos. Continue descendo a janela para ver links para apps populares, além dos apps que são tendência ou estão ganhando popularidade.

Para ver mais, aponte para a borda esquerda da Microsoft Store para ver os principais apps em cada categoria: Apps, Jogos e Entretenimento (também é possível comprar ou alugar filmes e gadgets de computador na Microsoft Store).

2. **Para limitar sua pesquisa, escolha uma categoria clicando em seu nome.**

    A Store lista suas ofertas com base na categoria escolhida.

DICA

Economize tempo descendo até a seção "Principais Apps Gratuitos", se encontrar uma. Se vir um app gratuito interessante, clique nele. Quando o botão Instalar aparecer, clique para instalar o app e pegar o jeito do processo (do mesmo modo, para comprar um app pago, clique no botão que lista o preço).

Não encontrou o app certo? Vá para a próxima etapa.

3. **Pesquise um app em particular digitando uma palavra-chave na caixa Pesquisa na borda superior e pressionando Enter.**

    A caixa Pesquisa fica na borda superior da loja. Mostrada na Figura 6-6, essa caixa limita os apps segundo uma palavra-chave.

CAPÍTULO 6 **Lidando com Programas, Apps e Documentos**   141

FIGURA 6-6: Digite uma palavra-chave na caixa Pesquisa e pressione Enter para ver os apps relevantes.

LEMBRE-SE

Como a Microsoft Store, quase todos os apps pesquisados incluem uma caixa Pesquisa predefinida.

Ao pressionar Enter, a Microsoft Store lista todos os apps, jogos, artistas, álbuns, filmes e programas de TV correspondentes.

4. **Classifique os apps listados.**

   Os botões nos resultados da pesquisa permitem ajustar a pesquisa do app clicando em um deles. Clique no botão Apps, por exemplo, para classificar mais sua pesquisa segundo apenas apps. Do mesmo modo, os botões Jogos, Filmes e Programas de TV limitam sua pesquisa a essas categorias.

5. **Clique em qualquer app para ler uma descrição mais detalhada.**

   Uma página é aberta mostrando informações mais detalhadas, inclusive preço, imagens, avaliações dos clientes anteriores e outras informações técnicas.

6. **Clique no botão Adquirir ou Preço.**

   Ao encontrar um app gratuito com o qual não consegue viver sem, obtenha-o clicando no botão Adquirir ao lado. Para comprar um app pago, clique no botão que lista o preço. O preço será cobrado no cartão de crédito vinculado à conta Microsoft. Se ainda não inseriu um, a Microsoft irá orientá-lo no processo.

PAPO DE ESPECIALISTA

A Microsoft Store pode pedir que você escolha qual unidade usar para instalar o app. A maioria das pessoas escolhe C:; os proprietários de tablets com armazenamento limitado podem preferir escolher o cartão de memória, que normalmente é a unidade D: (por tradição, os pequenos tablets vêm com pequenas unidades C:).

Não importa o que você baixa na Microsoft Store, o novo item aparece na lista Todos os aplicativos em ordem alfabética do menu Iniciar tão rápido quanto a velocidade de conexão de sua internet permite.

Para copiar um app da lista Todos os aplicativos para um ícone do menu Iniciar na página inicial, clique com o botão direito no nome dele e escolha Fixar em Iniciar. Explico melhor como personalizar o menu Iniciar no Capítulo 2.

NOVO

A Microsoft planeja oferecer os apps Android na Microsoft Store em 2022. Supostamente, os apps Android rodarão nas janelas da tela.

Desinstalando apps

Baixou um app inútil? Para desinstalar qualquer app do menu Iniciar, clique com o botão direito em seu ícone. Quando aparecer o menu suspenso, clique em Desinstalar.

Desinstalar um app remove-o apenas do menu Iniciar da *sua* conta. Essa ação não afetará os outros titulares da conta em seu PC que podem ter instalado o tal app.

Desinstalar um app também não lhe dará direito a reembolso dos apps comprados, mas que você decidiu que eram inúteis.

Pegando o Caminho Fácil com um Atalho na Área de Trabalho

Conforme você trabalha, estará sempre transitando entre a área de trabalho e o menu Iniciar. Quando cansar de se perder ao encontrar um programa, uma pasta, uma unidade de disco, um documento ou mesmo um site, crie um *atalho* na área de trabalho, um ícone que o leva direto ao objeto de desejo.

Como um atalho é um mero ícone que inicializa algo, eles são seguros, convenientes e descartáveis. E são fáceis de diferenciar do original porque têm uma pequena seta à esquerda inferior, como pode ser visto no atalho da pasta mostrado na margem.

Para evitar o menu Iniciar, siga estas instruções para criar atalhos na área de trabalho para os itens mais usados:

> » **Pastas ou Documentos:** No Explorador de Arquivos, clique com o botão direito em uma pasta ou um documento favorito e escolha Mostrar mais opções. Quando o menu suspenso aparecer, escolha Enviar para e selecione a opção Área de trabalho (Criar atalho). O atalho aparece na área de trabalho.

CAPÍTULO 6 **Lidando com Programas, Apps e Documentos** 143

» **Sites:** Ao exibir um site no Microsoft Edge, procure o pequeno ícone na frente do endereço do site, na barra Endereço do navegador. Arraste e solte esse ícone na área de trabalho para ter um acesso rápido no futuro.

» **Áreas de armazenamento:** Abra o Explorador de Arquivos clicando em seu ícone na barra de tarefas da área de trabalho. Então, pressionando o botão direito do mouse, arraste e solte qualquer coisa desejada para a área de trabalho. Solte o botão do mouse e escolha Criar atalho aqui no menu suspenso (isso funciona para unidades, pastas, arquivos e até locais da rede).

Mais dicas para os atalhos na área de trabalho:

» Para uma gravação rápida de CD ou DVD, coloque um atalho para sua unidade de disco na área de trabalho. Gravar arquivos em disco se torna tão simples quanto arrastá-los e soltá-los no novo atalho da unidade de disco (insira um disco virgem na bandeja da unidade, confirme as configurações e comece a gravar).

» Deseja enviar um atalho na área de trabalho para o menu Iniciar? Clique com o botão direito no atalho e escolha Fixar em Iniciar.

» Fique à vontade para mover os atalhos, mas *não* mova os itens que eles inicializam. Se fizer isso, o atalho não conseguirá encontrar o item, fazendo o Windows entrar em pânico e pesquisar (normalmente em vão) os itens realocados.

CUIDADO

» Deseja ver qual programa um atalho inicializará? Clique com o botão direito no atalho e, então, em Abrir local do arquivo. O atalho o levará rapidamente ao seu líder.

Guia Absolutamente Essencial para Recortar, Copiar e Colar

O Windows pegou uma dica no jardim de infância e tornou o *recortar* e *colar* uma parte integral da vida computacional. É possível *recortar* ou *copiar* eletronicamente quase qualquer coisa e, então, *colar* em outro lugar com pouca confusão e ainda menos problema.

Por exemplo, você pode copiar uma foto e colá-la nos convites da festa. Pode mover os arquivos recortando-os de uma pasta e colando-os em outra. Pode recortar e colar as fotos de sua câmera digital em uma pasta dentro da pasta `Imagens`. E pode recortar e colar com facilidade parágrafos para diferentes locais dentro de um processador de texto.

O bom da área de trabalho do Windows é que, com todas as janelas na tela ao mesmo tempo, você pode pegar partes de qualquer uma delas facilmente e colar essas partes em uma janela novinha.

DICA

Não subestime o recurso copiar e colar como algo pequeno. Copiar um nome e um endereço é muito mais rápido e preciso do que digitá-los à mão. Ou quando alguém envia email para um endereço na web, copie e cole diretamente na barra Endereço do navegador. É fácil copiar a maioria dos itens exibidos nos sites também (para a decepção de muitos fotógrafos profissionais).

O guia rápido e fácil para recortar e colar

LEMBRE-SE

Em conformidade com o Departamento Não me Aborreça com Detalhes, veja um guia rápido para três etapas básicas usadas para recortar, copiar e colar:

1. **Selecione o item para recortar e copiar: algumas palavras, parágrafo ou uma página inteira; um arquivo ou grupo de arquivos; endereço da web; ou qualquer outro item no computador.**

2. **Clique com o botão direito na seleção e escolha os ícones Recortar ou Copiar no topo do menu suspenso, dependendo de sua necessidade.**

   Use *Recortar* quando quiser *mover* algo. Use *Copiar* quando quiser *duplicar* algo, deixando o original intacto.

   Atalho do teclado: pressione Ctrl e X para cortar ou C para copiar.

3. **Clique com o botão direito no destino do item e escolha Colar.**

   Você pode clicar com o botão direito dentro de um documento, pasta, outro programa ou outro lugar no computador.

   Atalho do teclado: pressione Ctrl e V para colar.

As três seções a seguir explicam cada uma das etapas em detalhes.

Selecionando coisas para recortar ou copiar

Antes de mover partes da informação para novos lugares, é preciso informar ao Windows exatamente o que você deseja obter. O modo mais fácil é *selecionar* a informação com o mouse. Na maioria dos casos, selecionar envolve um truque rápido com o mouse, que destaca o que você selecionou.

CAPÍTULO 6 **Lidando com Programas, Apps e Documentos**   145

» **Para selecionar texto em um documento, um site ou uma planilha:** Coloque o mouse ou o cursor no começo da informação desejada e pressione o botão. Então, mova o mouse para o final da informação e solte o botão. É tudo! Essa ação de laço seleciona o que fica entre onde você clicou e soltou, como mostrado na Figura 6-7.

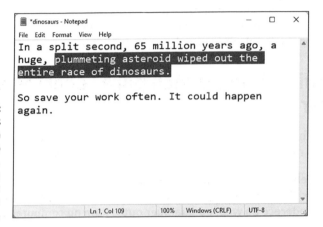

FIGURA 6-7: O Windows destaca o texto selecionado, mudando a cor para facilitar a exibição.

DICA

Em uma tela de toque, você deve tocar duas vezes em uma palavra para selecioná-la. Para selecionar mais de uma, toque duas vezes na primeira palavra e mantenha o dedo pressionado no vidro com o segundo toque. Então, deslize o dedo até chegar na área onde o destaque deve parar. Terminou? Retire o dedo para selecionar essa parte do texto.

CUIDADO

Cuidado depois de destacar muito texto. Se você pressionar sem querer a tecla K, por exemplo, o programa substituirá o texto destacado pela letra *k*. Para desfazer esse desastre, escolha Desfazer no menu Editar do programa (ou pressione Ctrl+Z, que é o atalho mágico do teclado para Desfazer).

» **Para selecionar qualquer arquivo ou pasta:** Basta clicar em um arquivo ou uma pasta para selecionar. Para selecionar *vários* itens, experimente estes truques:

- **Se todos os arquivos estão em sequência:** Clique no primeiro item no grupo, pressione a tecla Shift e selecione o último item. O Windows destaca o primeiro e o último itens, além de tudo entre eles.

- **Se os arquivos *não estão* em sequência:** Pressione a tecla Ctrl enquanto clica em cada arquivo ou pasta que deseja selecionar.

SELECIONANDO LETRAS, PALAVRAS, PARÁGRAFOS E OUTROS

Ao lidar com palavras no Windows, estes atalhos ajudam a selecionar rapidamente a informação:

- Para selecionar *uma letra ou um caractere* individual, clique na frente do caractere. Então, pressionando a tecla Shift, pressione a tecla de seta para a direita. Continue pressionando as duas teclas para selecionar o texto em uma linha.

- Para selecionar uma *palavra*, aponte para ela com o mouse e clique duas vezes. A palavra muda de cor, significando que está destacada (na maioria dos processadores de texto, é possível segurar o botão no segundo clique e mover o mouse para poder destacar rapidamente um texto adicional, palavra por palavra).

- Para selecionar uma *linha* de texto, basta clicar ao lado dela na margem esquerda. Para destacar um texto adicional, linha por linha, continue pressionando o mouse e mova-o para cima ou para baixo. Você também pode continuar selecionando linhas extras segurando a tecla Shift e pressionando a tecla de seta para a esquerda ou para a direita.

- Para selecionar um *parágrafo*, clique com o botão direito ao lado dele na margem esquerda (o mouse geralmente muda para apontar o parágrafo quando está no lugar certo). Para destacar um texto adicional parágrafo por parágrafo, continue pressionando o mouse no segundo clique e mova-o.

- Para selecionar um *documento* inteiro, pressione Ctrl e A (ou escolha Selecionar tudo no menu Editar do programa).

A próxima seção explica como recortar ou copiar um item selecionado.

LEMBRE-SE

» Após selecionar algo, corte ou copie *imediatamente*. Se clicar o mouse distraidamente em outro lugar, o texto ou o arquivo destacado voltará a ser como antes, e você será forçado a começar de novo.

» Para excluir qualquer item selecionado, pode ser um arquivo, um parágrafo ou uma imagem, pressione a tecla Delete. Uma alternativa é clicar com o botão direito no item e escolher Excluir no menu suspenso.

Recortando ou copiando os itens selecionados

Após selecionar alguma informação (que descrevo na seção anterior, para o caso de você ter acabado de chegar), você está pronto para começar a lidar com ela. Pode recortá-la ou copiá-la (ou apenas pressionar Delete para excluí-la).

LEMBRE-SE

Vale a pena repetir: depois de selecionar algo, clique com o botão direito (em uma tela de toque, você deve tocar e pressionar o dedo para acessar o menu suspenso). Quando o menu aparecer, escolha Recortar ou Copiar, dependendo de sua necessidade, como mostrado na Figura 6-8. Então clique com o botão direito no destino e escolha Colar.

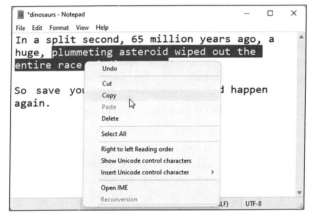

FIGURA 6-8: Para copiar informações para outra janela, clique com o botão direito em sua seleção e escolha Copiar.

As opções Recortar e Copiar são muito diferentes. Como saber qual escolher?

» **Escolha Recortar para *mover* informações.** Cortar limpa a informação selecionada da tela, mas você não perdeu nada: o Windows coloca as informações cortadas em um armazenamento oculto do Windows chamado *Área de transferência*, esperando que você cole (o Windows 11 adiciona um novo ícone, mostrado na margem, para o comando Recortar).

DICA

Fique à vontade para recortar e colar arquivos inteiros para diferentes pastas. Quando corta um arquivo de uma pasta, o ícone enfraquece até você colá-lo (fazer o ícone desaparecer seria assustador demais). Mudou de ideia no meio do corte? Pressione Esc para cancelar, e o ícone volta ao normal.

148 PARTE 2 **Trabalhando com Programas, Apps e Arquivos**

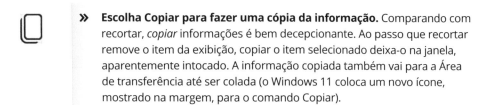 » **Escolha Copiar para fazer uma cópia da informação.** Comparando com recortar, *copiar* informações é bem decepcionante. Ao passo que recortar remove o item da exibição, copiar o item selecionado deixa-o na janela, aparentemente intocado. A informação copiada também vai para a Área de transferência até ser colada (o Windows 11 coloca um novo ícone, mostrado na margem, para o comando Copiar).

Para salvar uma imagem da tela inteira, pressione ▓+PrtScr (alguns teclados chamam essa tecla de *Print Screen* ou *PrintScr*). O Windows rapidamente salva a imagem em um arquivo chamado Screenshot dentro da pasta `Imagens`. Repita isso, e a captura de tela é nomeada como Screenshot (2). (Você entendeu.)

Colando informações em outro lugar

Após recortar ou copiar informações para a Área de transferência do Windows, ela faz check-in e fica pronta para seguir em frente. Você pode *colar* essa informação em qualquer lugar.

Colar é relativamente simples:

1. **Abra a janela de destino e mova o mouse ou o cursor para o local onde deseja que o item recortado apareça.**

2. **Clique com o botão direito do mouse e escolha Colar no menu suspenso.**

    Presto! O item que acabou de colar ou copiar vai imediatamente para o novo local.

 Ou, se quiser colar um arquivo na área de trabalho, clique com o botão direito na área e escolha Colar. O arquivo cortado ou copiado aparece onde você clicou com o botão direito (o Windows 11 adiciona um novo ícone para Colar, mostrado na margem, ao menu clicado com o botão direito).

» O comando Colar insere uma *cópia* da informação que está na Área de transferência. A informação fica lá para que você possa continuar colando a mesma coisa em outros lugares, se quiser.

 » Para colar em uma tela de toque, pressione o dedo onde gostaria de colar a informação. Quando aparecer um menu, toque em Colar.

DICA

 » Alguns programas, inclusive o Explorador de Arquivos, têm barras de ferramentas nos topos, oferecendo um acesso extra de um clique aos versáteis botões Recortar, Copiar e Colar, como mostrado na Figura 6-9 (para não ter que mover muito a mão, eles também aparecem na parte inferior de alguns menus suspensos).

NOVO

CAPÍTULO 6 **Lidando com Programas, Apps e Documentos** 149

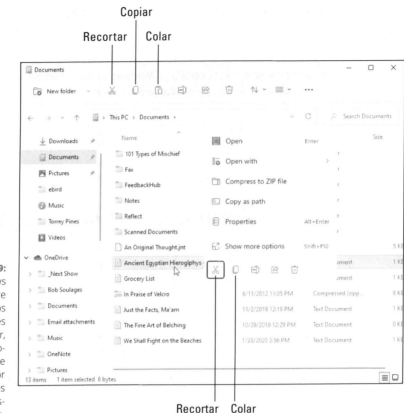

FIGURA 6-9: No Windows 11, procure os novos ícones Recortar, Copiar e Colar na parte inferior de muitos menus suspensos.

DESFAZENDO O QUE VOCÊ ACABOU DE FAZER

O Windows tem um modo de desfazer sua última ação, o que rapidamente devolve o leite derramado.

Pressione as teclas Ctrl e Z. O último erro cometido é desfeito, poupando-o de uma vergonha maior (pressionar o botão Desfazer de um programa, se você o encontrar, tem a mesma ação).

E se desfizer sem querer algo que realmente deveria ter ficado onde está, pressione Ctrl+Y. Isso desfará sua última ação, colocando-o de volta no lugar.

> **NESTE CAPÍTULO**
>
> » Encontrando os apps e os programas atualmente em execução
>
> » Encontrando as janelas e os arquivos perdidos na área de trabalho
>
> » Encontrando programas, emails, músicas, fotos e documentos perdidos
>
> » Encontrando outros PCs na rede

Capítulo **7**

Encontrando a Ovelha Desgarrada

Cedo ou tarde, o Windows o faz coçar a cabeça. "Meu Deus", você diz enquanto tamborila os dedos, "isso estava *bem lá* um segundo atrás. Para onde foi?"

Este capítulo mostra onde pesquisar e como fazer o Windows parar com joguinhos bobos quando ele começa a brincar de pique-esconde.

Encontrando os Apps e Programas Atualmente em Execução

A área de trabalho do Windows permite executar apps e programas nas janelas, mantendo tudo bem independente. Mesmo assim, essas janelas tendem a se sobrepor, ocultando as que estão por baixo.

CAPÍTULO 7 **Encontrando a Ovelha Desgarrada** 151

Como encontrar e retornar a um app ou um programa que você acabou de usar? Como saltar entre eles, talvez vendo um relatório enquanto cria uma planilha?

O Windows tem uma solução rápida para o problema: ele pode limpar a tela, diminuir os apps e os programas executados em janelas em miniatura e mostrar uma linha, como na Figura 7-1. Clique no app ou no programa desejado, e ele voltará para a tarefa ativa em seu tamanho normal.

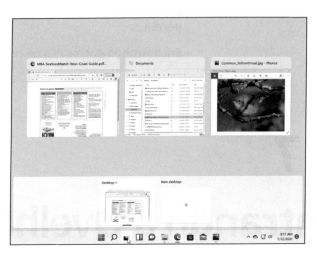

FIGURA 7-1: Clique no ícone Visão de Tarefas para ver todos os apps e programas atualmente em execução.

Para ver a lista dos apps e dos programas usados recentemente (e para fechar os indesejados, se quiser), utilize um destes truques:

» **Mouse:** Clique no ícone Visão de Tarefas da barra de ferramentas (mostrado na margem) para ver janelas em miniatura de todos os apps abertos. Para trocar para um app, clique na janela de miniatura dele. Para fechar, clique com o botão direito na miniatura e escolha Fechar (você também pode clicar no X no canto direito superior da miniatura).

» **Teclado:** Pressione ⊞+Tab para ver a lista dos apps mais usados recentemente, como na Figura 7-1. Pressione as teclas de seta para a esquerda ou direita para selecionar diferentes janelas em miniatura. Quando tiver selecionado a janela desejada, pressione Enter, e o app preencherá a tela.

NOVO

O Windows 11 não permite mais que os proprietários de telas de toque deslizem o dedo suavemente para dentro a partir da borda esquerda da tela para ver todos os apps abertos. Bem, você ainda pode deslizar o dedo para dentro, mas verá apenas um calendário mensal e qualquer notificação em espera.

152 PARTE 2 **Trabalhando com Programas, Apps e Arquivos**

O ícone Visão de Tarefas mostra os apps e os programas da área de trabalho atualmente em execução, facilitando voltar ao trabalho.

Clicar na Visão de Tarefas também permite criar uma *área de trabalho virtual*, um conceito estranho que fornece *mais de uma área de trabalho*, como explicado no Capítulo 3.

Janelas Perdidas na Área de Trabalho

A área de trabalho do Windows lembra muito um porta-notas. Sempre que você abre uma nova janela ou programa, coloca outra parte da informação no suporte. A janela no topo é fácil de identificar, mas como acessar as janelas abaixo?

Se conseguir ver uma parte da borda ou do canto da janela escondida, clique nesse ponto para acessá-la, trazendo-a para o topo.

Quando sua janela estiver totalmente oculta, veja a *barra de tarefas* da área de trabalho, a faixa ao longo da borda inferior da tela. Identificou na barra de tarefas o ícone da janela perdida? Clique nele para trazer a janela de volta para o topo (veja o Capítulo 3 para ter detalhes sobre a barra).

Ainda não consegue acessar a janela perdida? Pressione as teclas Alt e Tab. Como na Figura 7-2, o Windows mostra miniaturas de todas as janelas, programas e apps abertos em uma faixa no centro da tela. Segurando a tecla Alt, pressione repetidamente Tab, e o Windows destaca um app ou uma janela diferente a cada pressionar de Tab. Quando sua janela for destacada, solte a tecla Alt, e a janela aparecerá por cima na área de trabalho.

FIGURA 7-2: Segure a tecla Alt e pressione Tab repetidamente para percorrer as janelas abertas.

CAPÍTULO 7 **Encontrando a Ovelha Desgarrada** 153

DICA Pressionar no ícone Visão de Tarefas, descrito na seção anterior, também permite ver miniaturas de cada janela aberta. Quando identificar a janela que deseja colocar em primeiro plano, volte até ela com um clique.

Localizando um App, um Programa, uma Configuração ou um Arquivo Perdido

As duas seções anteriores explicam como encontrar os apps e os programas *atualmente em execução*. Mas e as coisas que você não viu há um tempo?

É um trabalho para a caixa Pesquisa, que agora reside no topo do menu Iniciar. Para acessar de imediato a caixa Pesquisa, clique no pequeno ícone de lente de aumento, mostrado na margem (ele fica ao lado do botão Iniciar na barra de tarefas).

Mas, se você acessa a caixa Pesquisa pelo menu Iniciar ou pela lente de aumento, a caixa pesquisa *tudo*, no PC e na internet. Isso permite ajudar a encontrar os arquivos errantes, as configurações ocultas e pequenas informações, tudo com uma pesquisa.

Para pesquisar coisas perdidas, siga estas etapas:

1. Clique no ícone Pesquisa da barra de tarefas para chamar a janela Pesquisar e, então, digite o que gostaria de encontrar.

A caixa Pesquisa aceita digitação assim que você clica ou toca em seu ícone. Conforme digita, o Windows começa a pesquisar imediatamente as correspondências.

Por exemplo, veja o que acontece ao pesquisar Lester Young: quando você começa a digitar as letras, o Windows começa a listar os arquivos com nomes correspondentes, como na Figura 7-3. Depois de digitar **Lester You** em meu computador, por exemplo, o Windows encontrou várias correspondências e as organizou na janela Pesquisar nestas categorias:

FIGURA 7-3:
A caixa Pesquisa procura os itens no computador e na internet.

- **Melhor correspondência:** A caixa Pesquisa lista todos os termos correspondentes, com a melhor combinação no topo, nesse caso, uma pasta em meu PC com músicas do saxofonista Lester Young.

- **Pesquisar na Web:** Sob a melhor correspondência, a janela Pesquisar mostra links da internet para outras possíveis combinações, inclusive um médico com o mesmo nome.

- **Pastas:** Seis pastas contêm o termo Lester Young.

- **Música:** Meu computador tem treze arquivos de música com Lester Young.

ONDE ESTÁ O ASSISTENTE CORTANA?

O Windows 10 incluiu um assistente digital pessoal chamado *Cortana*. O Cortana tentou simplificar sua vida encontrando não apenas os arquivos perdidos, mas também partes úteis de informações sobre você e seu ambiente. Mas, na vida real, a maioria das pessoas achou o Cortana um incômodo que ficava interrompendo em uma tentativa robótica de ser útil.

O Windows 11 ainda mantém o Cortana, mas ele não interfere mais no processo de configuração, e o ícone Cortana não reside mais na barra de tarefas. Recentemente a Microsoft colocou o Cortana em sua lista *descontinuada*, ou seja, não é mais desenvolvido e está programado para uma eventual remoção.

Se você sente falta do Cortana, inicialize-o clicando no botão Iniciar e digitando **Cortana.** Após fazer login em sua conta Microsoft, o Cortana desperta e cumprimenta você, como fazia no Windows 10.

CAPÍTULO 7 **Encontrando a Ovelha Desgarrada**   155

Quando você começa a digitar, a caixa Pesquisa se concentra na velocidade, portanto, pesquisa apenas os nomes de arquivo correspondentes armazenados em seu PC e no OneDrive, além de fazer uma busca rápida na internet.

Se você encontrar o item perdido, vá para a Etapa 3.

Se terminar de digitar o termo completo da pesquisa, mas *não* vir o item buscado na lista, vá para a Etapa 2. É preciso definir mais sua pesquisa.

2. **Limite sua pesquisa a uma categoria específica.**

   Para encaminhar sua pesquisa para uma área específica, clique em uma das palavras abaixo da caixa Pesquisa. Escolha Apps, por exemplo, e a janela lista um link para pesquisar os apps correspondentes na Microsoft Store, como na Figura 7-4.

FIGURA 7-4: Restrinja mais sua pesquisa limitando-a a certas áreas.

Não importa a categoria escolhida, o Windows mostra de imediato qualquer correspondência disponível. Mudou de ideia sobre uma categoria da pesquisa? Clique em uma palavra diferente para encaminhar a pesquisa para essa categoria.

3. **Escolha um item correspondente para abri-lo, colocando-o na tela.**

   Por exemplo, clique em uma música e ela começa a tocar. Clique em uma configuração, e o Painel de Controle ou o app Configurações aparece; abra essa configuração em particular. Clique em uma pasta, e ela abre em uma nova janela.

DICA

Estas dicas podem ajudá-lo a tirar o máximo do recurso Pesquisa:

» Enfatizando a velocidade, a janela Pesquisa lista apenas os arquivos com nomes que correspondem ao termo pesquisado. Embora essa estratégia por vezes o ajude a encontrar correspondências rapidamente, pode não localizar sua lista de compras se você pesquisar **laranjas**. Quando não identificar uma correspondência certa, termine de digitar o termo da pesquisa e clique em um dos ícones no topo do painel para encaminhar a pesquisa para o devido local.

» Não pressione a tecla Enter após digitar a Pesquisa. Se fizer isso, o Windows chamará a primeira correspondência, que pode não ser o que você deseja. Espere para ver quais correspondências aparecem, então clique na desejada.

» A caixa Pesquisa também examina cada arquivo nas pastas `Documentos`, `Músicas`, `Imagens` e `Vídeos`. Esse recurso torna mais importante do que nunca armazenar seus arquivos nessas pastas.

» A caixa Pesquisa também examina cada arquivo armazenado no seu espaço OneDrive, mesmo que esses arquivos também não estejam armazenados em seu PC.

» O Windows não pesquisa os arquivos armazenados em dispositivos removíveis, como pen drives, CDs, DVDs ou HD portáteis.

» Se estiver pesquisando uma palavra comum e a caixa Pesquisa encontrar muitos arquivos, limite a pesquisa digitando uma frase curta para o arquivo buscado: **Pouco depois de o gato ter mordido o bambu**, por exemplo. Quanto mais palavras digitar, melhores as chances de identificar determinado arquivo.

» A caixa Pesquisa ignora as letras maiúsculas. Ela considera **Abelha** e **abelha** como o mesmo inseto.

Encontrando um Arquivo Perdido Dentro de uma Pasta

A caixa Pesquisa do menu Iniciar pode ser um exagero quando você dá uma olhada dentro de uma pasta da área de trabalho procurando um arquivo perdido. Para resolver o problema do "mar de arquivos em uma pasta", o Windows inclui uma caixa Pesquisa na parte direita superior de cada pasta. Essa caixa limita sua pesquisa aos arquivos dentro dessa pasta em *particular*.

Para encontrar um arquivo perdido em certa pasta, clique dentro da caixa Pesquisa da pasta e comece digitando uma palavra ou uma frase curta do arquivo perdido. Conforme digita letras e palavras, o Windows começa filtrando os arquivos procurados na palavra ou na frase buscada. Ele continua restringindo os candidatos até a pasta exibir apenas alguns arquivos, inclusive, espero, o fugitivo.

Quando a caixa Pesquisa de uma pasta localiza possíveis correspondências em excesso, ativa mais ajuda: os cabeçalhos acima de cada coluna. Para ter resultados melhores, clique na palavra Exibir na borda superior da pasta e selecione Detalhes no menu suspenso. Isso alinha seus nomes de arquivo em uma coluna, como na Figura 7-5. A primeira coluna, Nome, lista o nome de cada arquivo, e as colunas vizinhas listam detalhes específicos sobre cada arquivo.

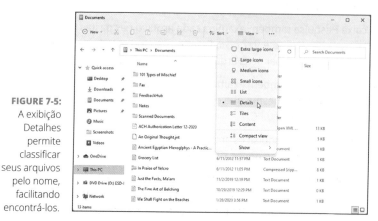

FIGURE 7-5: A exibição Detalhes permite classificar seus arquivos pelo nome, facilitando encontrá-los.

DICA

Vê os cabeçalhos da coluna, como Nome, Data de modificação e Tipo, sobre cada coluna? Clique em qualquer um para classificar seus arquivos pelo termo. Veja como classificar por algum cabeçalho da coluna visto na pasta Documentos:

» **Nome:** Sabe a primeira letra do nome do arquivo? Então clique aqui para classificar os arquivos por ordem alfabética. Então poderá tirar o arquivo da lista (clique em Nome de novo para inverter a ordem de classificação).

» **Data de modificação:** Quando você lembrar da data aproximada da última modificação de um documento, clique no cabeçalho Data de modificação. Isso coloca os arquivos mais recentes no topo da lista, facilitando localizar (clicar em Data de modificação novamente inverte a ordem, um modo útil de eliminar os antigos arquivos dos quais não precisa mais).

» **Tipo:** Esse cabeçalho classifica os arquivos por seu conteúdo. Todas as fotos juntas, por exemplo, como todos os documentos do Word. É um modo prático de encontrar fotos fujonas no mar de arquivos de texto.

» **Tamanho:** Classificar aqui coloca sua tese de 45 páginas em uma ponta e a lista do mercado em outra.

» **Autores:** O Microsoft Word e outros programas colocam seu nome no trabalho. Um clique nesse rótulo classifica os arquivos em ordem alfabética segundo os nomes de seus criadores.

» **Marcas:** O Windows costuma permitir que você atribua marcas (tags) a seus documentos e fotos, uma tarefa descrita mais adiante neste capítulo. Adicionar uma marca "Queijo Mofado" a essa seção de fotos picantes permite recuperar as imagens digitando a marca ou classificando os arquivos da pasta por suas marcas.

CLASSIFICAÇÃO PROFUNDA

A exibição Detalhes de uma pasta (mostrada na Figura 7-5) organiza seus nomes de arquivo em uma coluna, com muitas colunas de detalhe saindo pela direita. Você pode classificar o conteúdo de uma pasta clicando na palavra acima de qualquer coluna: Nome, Data de modificação, Autor etc. Mas os recursos de classificação no Windows vão mais fundo, como você notará ao clicar na pequena seta para baixo que aparece quando passa o mouse sobre o nome de cada coluna.

Clique na pequena seta à direita das palavras *Data de modificação*, por exemplo, e um calendário aparece. Clique em uma data, e a pasta rapidamente exibe os arquivos modificados nessa data em particular, filtrando o resto. Abaixo do calendário, caixas de seleção também permitem exibir os arquivos criados Hoje, Ontem, na Última semana, Anteriormente neste mês, Anteriormente neste ano ou apenas Muito tempo atrás (as caixas de seleção disponíveis mudam dependendo da idade dos arquivos dentro da pasta exibida atualmente).

Do mesmo modo, clique na seta ao lado do cabeçalho da coluna Autores, e um menu suspenso lista os autores de cada documento na pasta. Marque as caixas de seleção ao lado dos nomes do autor que gostaria de ver, e o Windows imediatamente filtra os arquivos criados por outras pessoas, deixando apenas as correspondências (esse recurso funciona melhor com os documentos do Microsoft Office).

Mas esses filtros ocultos podem ser perigosos, pois é fácil esquecer que você os ativou. Se encontrar uma marca de seleção em qualquer cabeçalho da coluna, você deixou um filtro ativado e a pasta oculta alguns arquivos. Para desativar o filtro e ver *todos* os arquivos dessa pasta, desmarque a caixa ao lado do cabeçalho da coluna e examine o menu suspenso. Clique em qualquer caixa selecionada no menu suspenso para remover suas marcas e o filtro.

CAPÍTULO 7 **Encontrando a Ovelha Desgarrada** 159

As pastas costumam exibir cerca de cinco colunas de detalhes, mas você pode adicionar mais. Na verdade, pode classificar os arquivos pela contagem de palavras, duração da música, tamanho da foto, data de criação e dezenas de outros detalhes. Para ver uma lista das colunas de detalhes disponíveis, clique com o botão direito em um rótulo existente no topo da coluna. Quando o menu suspenso aparecer, selecione Mais para ver a janela Escolher detalhes. Clique para colocar marcas de verificação ao lado das novas colunas de detalhe que gostaria de ver, então clique em OK.

Encontrando Fotos Perdidas

O Windows indexa seu email pela última palavra, mas não consegue dizer a diferença entre as fotos de seu gato e da festa no escritório. Quanto às fotos, o trabalho de identificação está em *suas* mãos, e estas dicas facilitam bastante a tarefa:

» **Armazene as sessões de fotos em pastas separadas.** O recurso de importação do Windows Photo cria automaticamente uma nova pasta para armazenar cada sessão, nomeada segundo a data atual. Mas, se você estiver usando outro programa para descarregar as fotos, crie uma nova pasta para cada sessão. Então nomeie a pasta com uma pequena descrição da sessão: *Passeio do cão*, *Kite-surf* ou *Caça às trufas* (o Windows indexa os nomes da pasta, facilitando encontrar o caminho).

» **Classifique pela data.** Encontrou uma pasta grande com uma confusão de fotos digitais? Experimente este truque rápido de classificação: clique em Exibir na borda superior da pasta e escolha Ícones grandes para tornar as fotos miniaturas identificáveis. Depois, no menu Classificar ao lado, escolha Mais no menu suspenso. Nesse ponto, é possível escolher Data da criação. O Windows classifica as fotos pela data em que você as tirou, organizando o caos.

» **Renomeie suas fotos.** Em vez de deixar as fotos das férias na Tunísia com os nomes chatos dados pela câmera, como `DSC_2421`, `DSC_2422` etc., dê nomes significativos: selecione todos os arquivos na pasta Tunísia clicando na guia Início na faixa e clicando no botão Selecionar tudo. Depois, clique com o botão direito na primeira imagem, escolha Renomear e digite **Tunisia**. O Windows as nomeia como `Tunisia`, `Tunisia (2)`, `Tunisia (3)`, e assim por diante (se você errar, pressione imediatamente Ctrl+Z para desfazer).

Seguir essas regras simples ajuda a impedir que sua coleção de fotos se torne uma salada de arquivos.

LEMBRE-SE

Faça **backup** das suas fotos digitais em um HD portátil, CDs, DVDs ou outro método de backup descrito no Capítulo 13. Se não tiverem backup, você perderá a história da família quando o HD de seu PC travar.

Encontrando Outros Computadores na Rede

Uma *rede* é apenas um grupo de PCs conectados que podem compartilhar coisas, como sua conexão de internet, arquivos ou impressora. A maioria das pessoas usa uma rede pública todo dia sem saber: sempre que você verifica seu email, o PC conecta outro computador na internet para obter as mensagens em espera.

Na maioria das vezes, você não precisa se preocupar com os outros PCs na rede privada. Mas, quando deseja encontrar um PC conectado, talvez para obter arquivos no PC na sala da família, o Windows fica feliz em ajudar.

Para encontrar um PC na rede, abra qualquer pasta e clique em Rede no painel navegação na borda esquerda da pasta, como na Figura 7-6.

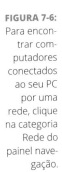
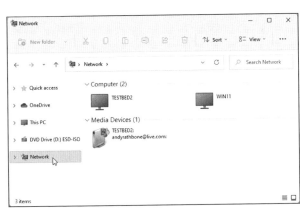

FIGURA 7-6: Para encontrar computadores conectados ao seu PC por uma rede, clique na categoria Rede do painel navegação.

Clicar em Rede lista todo PC conectado ao seu próprio PC em uma rede tradicional. Para navegar os arquivos em qualquer PC, basta clicar duas vezes em seus nomes.

Explico as etapas para criar sua própria rede doméstica no Capítulo 15.

CAPÍTULO 7 **Encontrando a Ovelha Desgarrada** 161

162   PARTE 2 **Trabalhando com Programas, Apps e Arquivos**

NESTE CAPÍTULO

» Imprimindo e digitalizando com apps do menu Iniciar

» Imprimindo arquivos, envelopes e páginas da web na área de trabalho

» Ajustando o trabalho na página

» Solucionando problemas da impressora

Capítulo **8**

Imprimindo e Digitalizando Seu Trabalho

Por vezes você desejará tirar o texto ou uma imagem da órbita dos elétrons no PC e colocá-lo em algo mais permanente: uma folha de papel. Este capítulo lida com essa tarefa explicando tudo que você precisa saber sobre impressão.

Explico como imprimir apenas as partes relevantes de um site, sem as outras páginas, anúncios, menus e imagens que gastam tinta da impressora.

Você descobre como imprimir a partir da coleção de apps do menu Iniciar, além dos programas na área de trabalho.

E, caso esteja perto de uma impressora cuspindo dezessete páginas de coisas erradas, vá para a cobertura do capítulo sobre a misteriosa *fila de impressão*. É uma área pouco conhecida que permite cancelar os documentos *antes* que desperdicem papel (explico no Capítulo 12 como configurar a impressora).

Quando precisar transformar um pedaço de papel ou uma foto impressa em um arquivo no PC, verifique a última seção deste capítulo. Ela tem um resumo do app Windows Scan. Quando combinado com um scanner, esse app transforma mapas, receitas, fotos e qualquer outro item no papel em arquivos digitais que você pode armazenar no PC.

Imprimindo com o App do Menu Iniciar

Embora agora a Microsoft finja que os apps do menu Iniciar e os programas da área de trabalho são iguais, em geral os apps se comportam de modo bem diferente dos programas tradicionais da área de trabalho.

Muitos apps não podem imprimir, e os que podem não oferecem muitos meios de lidar com as configurações de sua impressora. Contudo, quando você *precisar* imprimir algo de um app Windows, seguir estas etapas assegura um maior sucesso:

1. **No menu Iniciar, carregue o app que contém a informação que você deseja imprimir.**

   Cruze os dedos esperando que seu app seja um dos poucos que podem imprimir.

2. **Clique no ícone do app para Configurações, Imprimir ou Mais para ver menus suspensos, e clique na opção Imprimir.**

   Um clique nestas três linhas horizontais, conhecidas informalmente como *menu hambúrguer*, abre um menu suspenso.

   Do mesmo modo, clicar em um ícone com três pontos (mostrado na margem) encontrado em alguns apps abre um menu suspenso (às vezes o menu com três pontos se chama menu *Mais* ou *Expandir*, porque clicar nele expande um menu mostrando mais opões).

   Só para confundir, alguns apps têm um ícone Imprimir dedicado, mostrado na margem.

Se você clica nas três linhas horizontais, nos três pontos ou no ícone Imprimir, o menu Imprimir do app aparece, mostrado na Figura 8-1 (se a palavra Imprimir não estiver listada no menu suspenso ou estiver acinzentada, é possível que o app não seja capaz de imprimir).

3. **Quando identificar sua impressora na lista que aparece, clique no respectivo nome para encaminhar o trabalho para ela.**

   Clique na caixa Impressora e aparecerá um menu suspenso, listando qualquer impressora disponível no computador. Clique no nome da impressora que deseja que lide com o trabalho.

DICA

   O Windows 11 permite "imprimir" seu trabalho em um novo *arquivo PDF*, um formato de arquivo acessível em muitos celulares, computadores, tablets e outros dispositivos. Para imprimir seu trabalho em um arquivo PDF, clique no nome da impressora disponível atualmente e escolha Microsoft Print to PDF no menu suspenso.

4. **Faça qualquer ajuste final.**

   A janela Imprimir costuma ter uma visualização do que você imprime, com o número total de páginas listado acima. Para navegar as páginas que imprimirá, clique na seta Avançar ou Voltar acima da visualização.

   Pouca opção? Então clique no link Mais configurações na parte inferior do painel esquerdo para ver as opções oferecidas por seu modelo de impressora em particular.

5. **Clique no botão Imprimir.**

   O Windows manda seu trabalho para a impressora escolhida, usando as configurações escolhidas na Etapa 4.

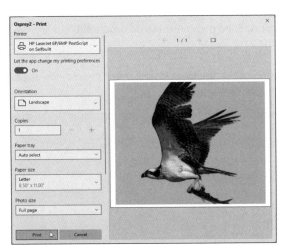

FIGURA 8-1: Escolha as opções de impressão ou clique no link Mais configurações para ter opções.

CAPÍTULO 8 **Imprimindo e Digitalizando Seu Trabalho** 165

Embora você possa imprimir a partir de alguns apps, acabará ficando limitado:

LEMBRE-SE

» A maioria dos apps não oferece muitas opções de impressão. Você não pode imprimir um calendário mensal em branco a partir do app Calendário, por exemplo, mas pode imprimir um itinerário diário, semanal ou mensal.

» O link Mais configurações, descrito na Etapa 4, permite escolher entre o modo Retrato e Paisagem, além de escolher uma bandeja da impressora. Contudo, em geral você não encontrará mais ajustes detalhados, como escolher as margens ou adicionar cabeçalhos e rodapés.

Resumindo, embora *possa* imprimir a partir de alguns apps, seus resultados serão precários. Os programas da área de trabalho, descritos no restante deste capítulo, normalmente oferecem muito mais controle sobre os trabalhos de impressão.

Imprimindo Sua Obra-prima na Área de Trabalho

Criada para ter poder e controle, a área de trabalho oferece muito mais opções quando é para imprimir seu trabalho. Mas esse poder e controle normalmente significam atravessar um mar de menus.

Ao trabalhar na área de trabalho, o Windows envia seu trabalho para a impressora de inúmeras formas. Há boas chances de que você usará estes métodos com mais frequência:

» Escolha Imprimir no menu Arquivo do programa.

» Clique no ícone Imprimir do programa, em geral uma pequena impressora.

» Clique com o botão direito no ícone do documento não aberto e escolha Imprimir.

» Clique no botão Imprimir na barra de ferramentas de um programa.

» Arraste e solte o ícone de um documento no ícone de sua impressora.

VENDO A PÁGINA IMPRESSA *ANTES* DE ELA CHEGAR NO PAPEL

Imprimir normalmente é um ato de fé: você escolhe Imprimir no menu e espera que o papel saia da impressora. Se tiver sorte, a página fica boa. Mas, se estiver amaldiçoado, perdeu outra folha de papel.

A opção Visualizar impressão, encontrada em muitos menus de impressão, prevê o destino da impressão *antes* de as palavras chegarem no papel. Visualizar impressão compara seu trabalho atual com as configurações da página do programa, então exibe uma imagem detalhada da página impressa. Essa visualização facilita localizar as margens erradas, as frases pendentes e outras falhas da impressão.

Diferentes programas usam telas Visualizar impressão um pouco variadas, com algumas oferecendo mais informações que outras. Mas quase toda tela Visualizar impressão de qualquer programa permite saber se tudo caberá na página corretamente.

Se a visualização parecer boa, escolha Imprimir para enviar o trabalho para a impressora. Mas, se algo parece errado, clique em Fechar para voltar ao seu trabalho e fazer os ajustes necessários.

Se uma janela aparecer, clique no botão OK ou Imprimir, e o Windows imediatamente começa a enviar suas páginas para a impressora. Reserve um tempo para pegar seu café. Se a impressora estiver ligada (com papel e tinta), o Windows lidará com tudo automaticamente, imprimindo em segundo plano enquanto você faz outras coisas.

Se as páginas impressas não estão boas, talvez as informações não cabem no papel corretamente ou estão fracas, então você precisará lidar com as configurações da impressão ou talvez mudar a qualidade do papel, como descrito nas próximas seções.

> **»** Para imprimir muitos documentos com rapidez, selecione todos os ícones. Então clique com o botão direito nos ícones selecionados e escolha Imprimir. O Windows rapidamente envia todos eles para a impressora, onde surgem no papel, um após o outro.

> **»** Ao imprimir com uma impressora a jato de tinta, cores fracas costumam significar que você precisa substituir o cartucho de tinta dela. Você pode comprar cartuchos substitutos online e na maioria das lojas de materiais de escritório.

> **»** Ainda não instalou uma impressora? Vá para o Capítulo 12, onde explico como conectar uma ao computador e fazer o Windows notá-la.

CAPÍTULO 8 **Imprimindo e Digitalizando Seu Trabalho** 167

Ajustando seu trabalho na página

Na teoria, o Windows *sempre* exibe seu trabalho como se estivesse impresso em papel. O departamento de marketing da Microsoft chama isso de *o que você vê é o que você obtém*, para sempre desonrado com o terrível acrônimo *WYSIWYG* e sua pronúncia complicada: "wizzy-wig". Se o que você vê *não é* o que deseja no papel, uma ida à janela Configurar Página do programa, mostrada na Figura 8-2, costuma endireitar as coisas.

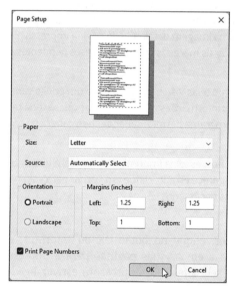

FIGURA 8-2: A janela Configurar Página permite ajustar como seu trabalho cabe em um pedaço de papel.

Nos programas da área de trabalho, a janela Configurar Página oferece muitas opções de formatação; já nos apps, a janela Imprimir, parecida, oferece uma versão mais limitada (consulte a Figura 8-1). Mas ambas têm vários modos de enviar seu trabalho para uma página impressa (consequentemente, sua tela). As janelas Configurar Página diferem entre os programas e os modelos de impressora, mas a lista a seguir descreve as opções mais encontradas e as configurações que normalmente funcionam melhor:

» **Tamanho do papel:** Essa opção permite que seu programa saiba qual tamanho de papel está atualmente na impressora. Deixe essa opção definida para Carta para imprimir em folhas de papel de 8,5x11pol. padrão. Mude a configuração apenas se estiver usando papel ofício (8,5x14), envelopes ou outros tamanhos de papel (a seção "Imprimindo envelopes sem confusão" contém mais informações sobre a impressão de envelopes).

168   PARTE 2 **Trabalhando com Programas, Apps e Arquivos**

» **Origem:** Escolha Seleção Automática ou Bandeja principal, a menos que esteja usando uma impressora sofisticada que aceita papel de mais de uma bandeja. As pessoas que têm impressoras com duas ou mais bandejas podem selecionar a bandeja que contém o tamanho certo de papel. Algumas impressoras oferecem a opção Alimentação de papel manual, fazendo a impressora aguardar que você coloque uma única folha de papel.

» **Cabeçalho/Rodapé:** Digite códigos secretos nessas caixas para personalizar o que a impressora coloca no topo e na base de suas páginas: números de página, títulos e datas, por exemplo, além do espaçamento. Infelizmente, diferentes programas usam códigos variados para cabeçalhos e rodapés. Se você vir um pequeno ponto de interrogação à direita superior da janela Configurar Página, clique nele e clique dentro da caixa Cabeçalho ou Rodapé para ter dicas para os códigos secretos.

» **Orientação:** Deixe essa opção definida para Retrato para imprimir páginas normais lidas verticalmente como uma carta. Escolha Paisagem apenas quando quiser imprimir de lado, que é um modo prático de imprimir fotos grandes e planilhas largas (se você escolhe Paisagem, a impressora imprime automaticamente a página de lado; não é preciso colocar o papel de lado nela).

» **Margens:** Fique à vontade para reduzir as margens para colocar tudo em uma única folha de papel. Ou *aumentar* para que seu trabalho de conclusão com seis páginas fique com as sete páginas exigidas.

» **Impressora:** Se você tem mais de uma impressora instalada no PC ou em rede, clique nesse botão para escolher qual deve lidar com o trabalho. Clique aqui para mudar as configurações da impressora também, um trabalho examinado na próxima seção.

Quando terminar de ajustar as configurações, clique em OK para salvar as alterações (clique no botão Visualizar impressão, se aparecer, para assegurar que tudo está certo).

DICA

Para encontrar a caixa Configurar Página em alguns apps e programas, clique na pequena seta ao lado do ícone Impressora do programa e escolha Configurar Página no menu que aparece.

CAPÍTULO 8 **Imprimindo e Digitalizando Seu Trabalho** 169

Ajustando as configurações da impressora

Quando você escolhe Imprimir em muitos programas, o Windows dá uma última chance para arrumar sua página impressa. A janela Imprimir, mostrada na Figura 8-3, permite encaminhar seu trabalho para qualquer impressora instalada no PC ou em rede. Nesse ponto, é possível ajustar as configurações da impressora, escolher a qualidade do papel e selecionar as páginas (e as quantidades) que gostaria de imprimir.

FIGURA 8-3: A janela Imprimir permite escolher sua impressora e ajustar as configurações.

É possível encontrar estas configurações aguardando na janela Imprimir:

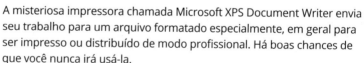

» **Selecionar impressora:** Ignore essa opção se você tem apenas uma impressora, pois o Windows irá escolhê-la automaticamente. Se seu computador tem acesso a várias impressoras, clique naquela que deve receber seu trabalho. Se você tem fax embutido na impressora, no computador ou na rede, clique em Fax para enviar o trabalho como fax.

DICA

A misteriosa impressora chamada Microsoft XPS Document Writer envia seu trabalho para um arquivo formatado especialmente, em geral para ser impresso ou distribuído de modo profissional. Há boas chances de que você nunca irá usá-la.

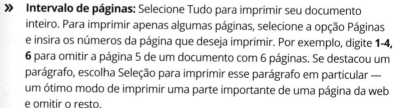

» **Intervalo de páginas:** Selecione Tudo para imprimir seu documento inteiro. Para imprimir apenas algumas páginas, selecione a opção Páginas e insira os números da página que deseja imprimir. Por exemplo, digite **1-4, 6** para omitir a página 5 de um documento com 6 páginas. Se destacou um parágrafo, escolha Seleção para imprimir esse parágrafo em particular — um ótimo modo de imprimir uma parte importante de uma página da web e omitir o resto.

170   PARTE 2 **Trabalhando com Programas, Apps e Arquivos**

» **Número de cópias:** A maioria das pessoas deixa isso definido para uma cópia, a menos que todos na reunião queiram sua própria cópia. Você pode escolher Agrupar apenas se a impressora tem essa opção (a maioria não, deixando você classificar as páginas sozinho).

» **Preferências:** Clique nesse botão para ver uma janela como na Figura 8-4, na qual é possível escolher opções específicas do modelo de sua impressora. As guias Layout e Papel/Qualidade da janela Preferências da impressão permitem selecionar diferentes tipos de papel, escolher entre cor e preto/branco, definir a qualidade da impressão e fazer correções de última hora no layout da página (essa opção varia muito segundo o modelo da impressora, portanto, a sua pode ser diferente).

FIGURA 8-4: A janela Preferências da impressão permite mudar as configurações específicas do modelo da sua impressora.

Cancelando um trabalho de impressão

Acabou de perceber que enviou o documento de 26 páginas errado para a impressora? Você entra em pânico e pressiona o botão Desligar da impressora. Infelizmente, muitas impressoras pegam de onde pararam quando você as desligou, deixando você e seus colegas de trabalho lidando com a bagunça.

CAPÍTULO 8 Imprimindo e Digitalizando Seu Trabalho   171

> ## IMPRIMINDO ENVELOPES SEM CONFUSÃO
>
> Embora clicar em Envelopes na área Configurar Página de um programa seja bem fácil, imprimir endereços no lugar certo no envelope é muitíssimo difícil. Alguns modelos de impressora desejam que você insira os envelopes de cabeça para baixo, mas outros preferem virados para cima. Sua melhor escolha é fazer vários testes, colocando o envelope na bandeja de diferentes modos até finalmente encontrar o método mágico (ou pode pegar o manual da impressora, se ainda o tem, e se debruçar sobre as imagens para a "inserção correta do envelope").
>
> Após descobrir o método correto para a impressora em particular, fixe um envelope impresso com sucesso acima da impressora e adicione uma seta apontando para o modo certo de inseri-lo.
>
> Caso você acabe desistindo de imprimir envelopes, tente usar os modelos gratuitos para download no site Avery (www.avery.com — conteúdo em inglês). Compatível com o Microsoft Word, os modelos colocam caixinhas na sua tela que correspondem precisamente ao tamanho das etiquetas Avery em particular. Digite os endereços nas caixinhas, insira a folha de etiqueta na impressora, e o Word imprime tudo nos pequenos adesivos. Você nem precisa lamber nada.
>
> Ou faça como eu: compre um pequeno carimbo com seu endereço. É muito mais rápido do que adesivos ou impressoras.

Para eliminar o erro da memória da impressora, siga estas etapas:

1. **Na barra de tarefas da área de trabalho, clique com o botão direito no ícone da impressora e escolha o nome dela no menu suspenso.**

   Para ver o ícone da impressora, você pode precisar clicar na pequena seta para cima à esquerda dos ícones da barra ao lado do relógio.

   Quando escolher o nome da impressora, aparecerá a janela da fila de impressão útil, como na Figura 8-5.

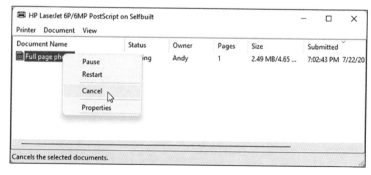

FIGURA 8-5: Use a fila de impressão para cancelar um trabalho de impressão.

172   PARTE 2 **Trabalhando com Programas, Apps e Arquivos**

2. Clique com o botão direito no documento errado e escolha Cancelar para encerrar o trabalho. Se for pedido para confirmar, clique em Sim. Repita com qualquer outro documento listado indesejado.

O PAPEL CERTO PARA SUA IMPRESSORA

Se você passeou pelos corredores de uma loja de material de escritório nos últimos tempos, notou uma desconcertante variedade de opções de papel. Por vezes, a embalagem do papel lista sua aplicação: Premium Inkjet Paper, por exemplo, para memorandos de alta qualidade. Veja uma lista dos diferentes trabalhos de impressão e tipos de papel requeridos. Antes de imprimir, clique na seção Preferências da Impressora para selecionar o tipo de papel usado para o trabalho.

- **Baixa qualidade:** Tenha algum papel barato ou de rascunho por perto para testar a impressora, imprimir versões rápidas, deixar notas na área de trabalho e imprimir outros trabalhos imediatos. Trabalhos de impressão ruins são ótimos aqui; basta usar o outro lado do papel.

- **Qualidade de carta:** Com as palavras Premium ou Bright White, esse papel é ótimo para cartas, relatórios, memorandos e outras coisas planejadas para mostrar a outras pessoas.

- **Fotos:** Você pode imprimir fotos em qualquer papel, mas elas se parecem com fotos apenas no verdadeiro *papel fotográfico*, o caro. Coloque o papel com cuidado na bandeja da impressora para que a imagem seja impressa no lado acetinado e brilhante. Alguns papéis fotográficos requerem colocar uma pequena folha de cartolina embaixo, o que ajuda a deslizar o papel suavemente na impressora.

- **Etiquetas:** Avery, a empresa de papel, tem modelos que permitem ao Microsoft Word ser compatível com etiquetas de endereço pré-formatadas, cartões de visita e postais, etiquetas de CD e outros itens da Avery. Você também pode experimentar o programa Avery Design & Print da empresa, disponível no site (`www.avery.com` — conteúdo em inglês).

- **Transparências:** Para as apresentações PowerPoint avançadas, compre folhas plásticas transparentes e especiais projetadas para o uso com sua impressora. Veja se a transparência é compatível com sua impressora, a laser ou a jato de tinta.

Antes de desembolsar seu dinheiro, verifique se o papel é designado especificamente para o tipo de sua impressora, a laser ou a jato de tinta. As impressoras a laser aquecem as páginas, e alguns papéis e transparências não suportam o calor.

A fila de impressão pode levar um ou dois minutos para se limpar (para agilizar, clique no menu Exibir e escolha Atualizar). Quando a fila de impressão limpar, ligue a impressora de novo; ela não continuará mantendo o bendito documento.

» A fila de impressão, também conhecida como *spooler de impressão*, lista todo documento que aguarda com paciência para chegar na impressora. Fique à vontade para mudar a ordem de impressão arrastando e soltando os documentos para cima ou para baixo na lista (mas você não pode mover nada na frente do documento atualmente em impressão).

» Compartilhando sua impressora na rede? Os trabalhos de impressão enviados de outros PCs costumam terminar na fila de impressão de seu computador, então você precisará cancelar os ruins (e as pessoas em rede que compartilham a impressora podem precisar excluir os trabalhos de impressão ruins também).

» Se a impressora ficar sem papel durante um trabalho e parar com teimosia, adicione mais papel. Quando as coisas começarem a fluir de novo, abra a fila de impressão, clique com o botão direito no seu documento e escolha Reiniciar (algumas impressoras têm um botão Online que você pressiona para começar a imprimir de novo).

DICA

» Você pode enviar itens para a impressora mesmo quando está trabalhando na cafeteria com seu notebook. Mais tarde, quando conectar o notebook à impressora, a fila de impressão será ativada e começará a enviar os arquivos. (Atenção: quando estão na fila de impressão, os documentos são formatados com o modelo específico de sua impressora. Se você conectar posteriormente o notebook a um modelo *diferente*, os documentos em espera na fila de impressão não serão impressos corretamente).

Imprimindo uma página da web

Embora as páginas da web cheias de informação pareçam muito tentadoras, *imprimir* essas páginas raramente é satisfatório, porque ficam terríveis no papel. Quando enviadas para a impressora, as páginas da web costumam sair pelo lado direito da página, consumir zilhões de páginas adicionais ou ficar muito pequenas para ler.

Para piorar, todos os anúncios coloridos podem secar bem rápido os cartuchos da impressora. Apenas quatro coisas garantem páginas da web impressas com êxito, e eu as classifico em ordem da provável taxa de sucesso:

- » **Use a opção de impressão predefinida da página web.** Alguns sites, mas não todos, oferecem uma pequena opção de menu chamada Imprimir esta página, Versão de texto, Versão para impressora ou algo parecido. Essa opção informa ao site para retirar o lixo e reformatar a página para que ela fique bem em uma página impressa. Essa opção é o modo mais confiável de imprimir uma página da web.

- » **Escolha Visualizar impressão no menu Arquivo ou Imprimir do seu navegador.** Após vinte anos, alguns designers de páginas da web notaram que as pessoas querem imprimir suas páginas, portanto, ajustaram as configurações, fazendo as páginas se reformatarem *automaticamente* quando impressas. Se tiver sorte, uma bela olhada na janela Visualizar impressão confirma se você encontrou um desses sites para impressora.

- » **Copie a parte desejada e cole-a em um processador de texto.** Tente selecionar o texto desejado na página da web, copiando-o e colando-o em um processador de texto. Exclua qualquer fragmento indesejado, ajuste as margens e imprima a parte desejada. Explico como selecionar, copiar e colar no Capítulo 6.

- » **Copie a página inteira e cole-a em um processador de texto.** Embora seja muito trabalhoso, é uma opção. Clique com o botão direito em uma parte vazia da página da web e escolha Selecionar tudo. Clique com o botão direito e escolha Copiar. Em seguida, abra o Microsoft Word ou outro processador de texto cheio de recursos e cole a página da web dentro de um novo documento. Cortando as partes indesejadas, você pode acabar com algo imprimível.

DICA

Talvez estas dicas também possam ser úteis para mover uma página da web da tela para o papel:

- » O navegador Microsoft Edge pode imprimir. Para imprimir o que você exibe no Edge, clique no ícone Configurações e mais do navegador (os três pontos à direita superior) e escolha Imprimir no menu suspenso.

- » Para ter melhores resultados no navegador Edge, ative o modo Exibição de Leitura (mostrado na margem). A Exibição de Leitura retira os anúncios e outro lixo, deixando-o com uma página limpa para enviar para a impressora. Infelizmente a Exibição de Leitura não está disponível para todos os sites. Mas, se estiver, você também pode ativá-la com estas teclas de atalho: Ctrl+Shift+R.

- » Se encontrar a opção Email, mas nenhuma opção Imprimir, envie para si mesmo a página por email. Dependendo do seu programa de email, poderá ter mais sucesso ao imprimir como uma mensagem.

» Para imprimir só alguns parágrafos de uma página da web, use o mouse para selecionar a parte procurada (explico o ato de *selecionar* coisas no Capítulo 6). Então escolha Imprimir no menu Ferramentas do Edge (mostrado na margem) para abrir a janela Imprimir, mostrada antes na Figura 8-3. Por fim, na caixa Intervalo de páginas, escolha a opção Seleção.

» Se uma tabela ou uma foto da página da web insiste em sair pela borda direita do papel, tente imprimir a página no modo Paisagem, em vez de Retrato. Veja a seção "Ajustando seu trabalho na página", anteriormente neste capítulo, para obter detalhes sobre o modo Paisagem.

Solucionando problemas na impressora

Quando não conseguir imprimir algo, comece com o básico: tem *certeza* de que a impressora está ligada, conectada na tomada, com papel e conectada com segurança ao seu computador com um cabo?

Em caso afirmativo, tente conectar a impressora em tomadas diferentes, ligando-a e vendo se a luz de energia acende. Se a luz fica apagada, a fonte de alimentação de sua impressora provavelmente queimou.

DICA

Quase sempre é mais barato substituir as impressoras do que consertar. As empresas ganham dinheiro com cartuchos de tinta, portanto, muitas vezes elas vendem impressoras com prejuízo.

Se a luz de energia da impressora acende forte, verifique isto antes de desistir:

» Verifique se uma folha de papel não ficou presa dentro da impressora. (Puxar devagar e firme costuma soltar o papel preso. Por vezes abrir e fechar a tampa da impressora faz as coisas se moverem de novo.)

DICA

» A impressora a jato de tinta ainda tem tinta no cartucho? Sua impressora a laser tem toner? Tente imprimir uma página de teste: clique no ícone Pesquisar na barra de tarefas (a pequena lente de aumento), digite **Painel de Controle** e pressione Enter. Na categoria Hardware e Sons, escolha Dispositivos e Impressoras. Clique com o botão direito no ícone de sua impressora, escolha Propriedades da impressora e clique no botão Imprimir Página de Teste para ver se o computador e a impressora conseguem se comunicar.

» Se estiver usando uma impressora sem fio, tente conectá-la ao PC com um cabo. Isso ajuda a ver se o problema é a conexão sem fio ou a impressora em si.

» Tente atualizar do *driver* da impressora, o pequeno programa que a ajuda a se comunicar com o Windows. Visite o site do fabricante da impressora, baixe o driver do Windows mais recente para o modelo de impressora em particular e rode o programa de instalação (explico os drivers no Capítulo 13).

Por fim, algumas dicas para ajudá-lo a proteger sua impressora e cartuchos:

» Desligue a impressora quando não estiver usando-a. Sobretudo as impressoras a jato de tinta mais antigas devem ser desligadas quando não estiverem em uso. O calor tende a secar os cartuchos, encurtando seu tempo de vida.

CUIDADO

» Não desconecte a impressora a jato de tinta para desligá-la. Sempre use o botão Liga/Desliga. O botão assegura que os cartuchos voltem para suas posições iniciais, evitando que sequem ou fiquem entupidos.

Digitalizando com o Menu Iniciar

O Windows 10 retirou o app Scan que vinha com os Windows 8 e 8.1. Contudo, você ainda pode baixá-lo gratuitamente na Microsoft Store. Procure o app por seu novo nome, Windows Scan (explico como obter apps na Microsoft Store no Capítulo 6).

Não posso dar o passo a passo para seu scanner em particular porque todos funcionam um pouco diferente. O app Windows Scan não funciona com alguns scanners mais antigos. Mas, se seu scanner for relativamente novo, talvez ache o Windows Scan uma mudança bem-vinda em relação ao software complicado incorporado na maioria dos scanners.

LEMBRE-SE

Configurando um novo scanner pela primeira vez? *Destrave-o* deslizando uma alavanca ou girando um disco nele para a posição destravada. Essa trava protege o scanner no transporte, mas você deve desativá-la antes de usar.

Após instalar o app Windows Scan a partir da Microsoft Store e conectar o scanner, siga estas etapas para digitalizar algo em seu computador:

1. **No menu Iniciar, abra o app Windows Scan.**

    Se você não localizou o app Windows Scan no menu Iniciar, clique em Todos os aplicativos na parte direita superior do menu Iniciar. O menu lista todos os apps em ordem alfabética. **Nota:** Se você não encontrar o app Windows Scan no computador, pode baixá-lo gratuitamente na Microsoft Store.

    Embora a Microsoft Store chame o app de "Windows Scan", o app se renomeia simplesmente como *Scan* quando instalado em seu PC. Obrigado, Microsoft.

CAPÍTULO 8 **Imprimindo e Digitalizando Seu Trabalho** 177

Clique no app Scan, mostrado na margem, e ele aparece na tela. Se reclamar que seu scanner não está conectado, veja se conectou o cabo USB entre a porta USB do computador e o scanner e se o scanner está ligado.

Se seu scanner estiver conectado e ligado, o app Scan listará o nome dele, mostrado na Figura 8-6, e o *tipo de arquivo* usado para salvar seus arquivos (o tipo PNG é amplamente aceito pela maioria dos programas).

Se o app não reconhecer seu scanner, ele é antigo demais. Você está condenado ao pacote de software do seu scanner, caso funcione, ou infelizmente precisa comprar um novo scanner.

2. **(Opcional) Para mudar as configurações do app Scan, clique no link Mostrar mais.**

    As configurações padrão do app funcionam bem para a maioria dos trabalhos. O link Mostrar mais tem estas opções para tipos específicos de digitalização:

    - **Tipo de arquivo:** PNG funciona bem na maioria das digitalizações. Mas, para criar digitalizações menores com baixa resolução para email, escolha JPG no menu suspenso.

    - **Modo Cor:** Escolha Cor para os itens coloridos, inclusive fotos e páginas de revista acetinadas. Escolha Tons de cinza para todo o resto, Preto e branco *apenas* para desenhos de linha e clipart em preto e branco.

    - **Resolução (DPI):** Para grande parte do trabalho, o padrão 300 é bom. Digitalizações com maior resolução (números maiores) têm mais detalhe, porém consomem mais espaço, dificultando enviar por email. As digitalizações de baixa resolução mostram menos detalhes, mas criam arquivos menores. Você pode precisar experimentar para encontrar as configurações que atendem suas necessidades.

    - **Salvar arquivo em:** O app Scan cria uma pasta Scan na pasta Imagens do PC, onde armazena as imagens recém-digitalizadas. Se quiser, é possível mudar o nome da pasta Scan ou até criar uma pasta diferente para cada sessão de digitalização.

3. **Clique no botão Visualizar para saber se sua digitalização está correta.**

     Clique no ícone Visualizar, mostrado na margem, e o app Scan faz uma primeira passagem, permitindo a você visualizar uma digitalização feita com as configurações escolhidas.

    Se a visualização não parecer certa, veja se fez a escolha correta para seu trabalho no Modo Cor, descrito na etapa anterior. Se a visualização mostrar uma página em branco, verifique se você *desbloqueou* o scanner como descrito nas folhas de instrução dele.

Se estiver digitalizando um item menor que não preenche a base inteira do scanner, procure as marcas circulares em cada canto da digitalização de visualização. Arraste cada círculo para dentro para contornar a área que deseja copiar.

4. **Clique no botão Digitalizar. Quando a digitalização terminar, clique no botão Exibir para ver o resultado.**

O app Scan digitaliza sua imagem com as configurações escolhidas nas etapas anteriores e, então, salva a imagem na pasta `Scan` da pasta `Imagens`.

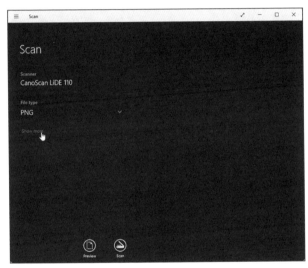

FIGURA 8-6: Clique no link Mostrar mais para ter opções extras ou clique em Visualizar para testar uma digitalização.

O app Scan funciona bem para digitalizações rápidas e fáceis. Mas, como conta com um software simples e predefinido do Windows, os botões de controle embutidos no scanner não funcionarão.

Se quiser que os botões do scanner funcionem ou precisar de mais controle sobre as digitalizações, ignore o app Scan e instale o pacote de software de seu scanner (para alguns modelos de scanner, o Windows Update instala o pacote automaticamente assim que você conecta o scanner).

DICA

Para digitalizar rápido, basta fazer uma imagem do documento com a câmera embutida em seu celular ou tablet. Isso não funcionará bem para fotos, mas é um modo fácil de controlar receitas e faturas.

Se precisar de mais recursos que o app Scan oferece, veja o respeitado programa Fax e Scanner do Windows. É mais complicado e requer um equipamento especial para enviar fax, mas oferece mais recursos que o app Scan.

CAPÍTULO 8 **Imprimindo e Digitalizando Seu Trabalho** 179

3
Fazendo Coisas na Internet

NESTA PARTE...

Encontre um provedor de serviço de internet e conecte-se.

Fique conectado com os apps de Email, Calendário e Teams Chat.

Fique seguro na internet.

NESTE CAPÍTULO

» Aprendendo sobre ISPs

» Conectando a internet sem fio

» Navegando a web com o Microsoft Edge

» Encontrando informações na internet

» Entendendo os plug-ins

» Salvando informações da internet

» Solucionando problemas

Capítulo **9**

Navegando na Web

Mesmo quando está sendo instalado, o Windows inicia buscando a internet, ansioso por qualquer sugestão de conexão. Após conectar, o Windows baixa rapidamente atualizações para seu PC rodar com mais tranquilidade. Outros motivos são menos puros: ele também verifica para garantir que você não instalou uma cópia pirata.

Para ajudá-lo a visitar a internet, o Windows 11 inclui um navegador chamado *Microsoft Edge*, uma visão familiar para quem atualizou a partir do Windows 10. Rápido, elegante e recentemente atualizado com uma nova aparência, o Microsoft Edge o ajuda a entrar e sair do mundo dependente da internet atual.

Este capítulo explica como localizar e inicializar o Microsoft Edge, conectar a internet, visitar sites e encontrar o que está buscando online.

Para ter maneiras de evitar coisas ruins, vá para o Capítulo 11. É um manual sobre computação segura que explica como evitar os maus vizinhos da web, que hospedam vírus, spyware, sequestradores e outros parasitas da rede.

O que É ISP e Por que Preciso de Um?

Todos precisam de três coisas para conectar a internet e visitar sites: computador, software de navegação da web e Provedor de Serviço da Internet (ISP).

Você já tem o computador, podendo ser um tablet, um notebook ou um PC desktop. E o navegador recém-aprimorado, Microsoft Edge, lida com o lado do software.

Isso significa que a maioria das pessoas precisa encontrar apenas um ISP. A maioria das cafeterias, dos aeroportos e dos hotéis permite conectar sem fio, em geral de graça. Mas em casa é preciso pagar um ISP para ter o privilégio de surfar na web. Quando seu computador conecta os computadores do ISP, o Windows localiza automaticamente a internet, e você está pronto para navegar na rede.

Escolher um ISP é muito fácil, porque você normalmente está limitado aos ISPs que atendem sua área geográfica em particular. Pergunte a amigos e vizinhos como eles conectam e se recomendam o ISP deles. Contate vários ISPs que atendem sua área para fazer uma cotação da tarifa, então compare. A maioria cobra por mês, portanto, se não estiver contente, troque.

> » Embora os ISPs cobrem pelo acesso à internet, nem sempre você tem que pagar. Cada vez mais empresas públicas compartilham seu acesso à internet gratuitamente, em geral por uma conexão sem fio. Se seu celular, notebook ou tablet inclui suporte sem fio, e a maioria inclui, é possível navegar na internet sempre que você está dentro da faixa de um sinal sem fio gratuito (explico a conexão sem fio na próxima seção).

> » Embora muitos ISPs cobrem por cada minuto de conexão, a maioria cobra de R$30 a R$100 por mês pelo serviço (alguns também oferecem velocidades de conexão mais rápidas pagando mais). Veja se você sabe sua taxa antes de começar, ou poderá ter uma surpresa desagradável no fim do mês. Alguns ISPs oferecem pacotes que incluem não apenas acesso à internet, mas canais de TV e serviço de telefonia.

> » Os ISPs permitem conectar a internet de vários modos. Os mais lentos requerem um modem discado e uma linha telefônica comum; eles ainda são uma tábua de salvação em algumas áreas rurais (o acesso por satélite também funciona bem nessas áreas). Mais rápidas e populares são as conexões de banda larga: linhas DSL ou ISDN especiais fornecidas por algumas empresas telefônicas e modens a cabo ainda mais rápidos fornecidos por sua empresa de TV a cabo. Alguns provedores oferecem cabo de fibra ótica rápidos. Você está limitado apenas pelo que é oferecido em sua área geográfica.

184   PARTE 3 **Fazendo Coisas na Internet**

ONDE ESTÁ O INTERNET EXPLORER?

Após 25 anos de atuação, o Internet Explorer finalmente deixou o Windows 11. Criado em 1995, o Internet Explorer tinha muita bagagem. Por exemplo, ele precisava de um código especializado para exibir os sites criados com a tecnologia mais antiga. Todo o código antigo deixava lento o desempenho do Internet Explorer ao exibir os sites modernos. Esse antigo código também o tornava mais vulnerável a vírus e outros ataques.

Então a Microsoft começou de novo com o Microsoft Edge, seu navegador mais rápido e moderno. Se não gosta do Microsoft Edge, pode experimentar o Google Chrome (www.google.com/chrome) ou o Mozilla Firefox (www.GetFirefox.com). Todos eles têm fãs.

DICA

>> Você precisa pagar um ISP apenas por *uma* conexão de internet. É possível compartilhar essa conexão com outros computadores, celulares, smart TVs, geladeiras, termostatos, lâmpadas, assistentes pessoais (como o Alexa da Amazon) e outros gadgets com internet em sua casa, escritório ou cozinha (explico no Capítulo 15 como compartilhar uma conexão de internet criando sua própria rede com ou sem fio).

Conexão sem Fio com a Internet

O Windows pesquisa *constantemente* uma conexão de internet ativa, com seu PC conectando por cabo ou verificando as ondas aéreas para obter uma conexão Wi-fi (sem fio). Se seu PC encontra uma conexão Wi-fi que você conectou anteriormente, está pronto: o Windows se conecta rapidamente, passa informações para o Microsoft Edge, e você está preparado para visitar a web.

Mas, quando está em trânsito, as redes sem fio costumam ser novas, forçando-o a encontrar e autorizar essas novas conexões.

Para conectar uma rede sem fio próxima pela primeira vez (em sua casa ou em um lugar público), siga estas etapas:

1. **Clique no ícone Wi-fi na barra de tarefas (mostrado na margem) ao lado do relógio.**

   Não vê o ícone? Se não estiver conectado à internet, verá o triste ícone Sem acesso à internet (mostrado na margem). Clique nele.

CAPÍTULO 9 **Navegando na Web**   185

Não importa o ícone clicado, um menu confuso aparece listando o status da rede sem fio no canto esquerdo superior, como na Figura 9-1.

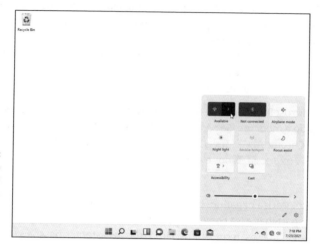

FIGURA 9-1:
Clique no ícone Wi-fi (ou Sem rede) para ver o menu suspenso.

2. **Clique na seta para a direita ao lado do ícone Wi-fi do menu suspenso.**

    O Windows lista todas as redes sem fio próximas, como na Figura 9-2.

    As redes são classificadas pela intensidade do sinal, com a rede mais forte listada no topo.

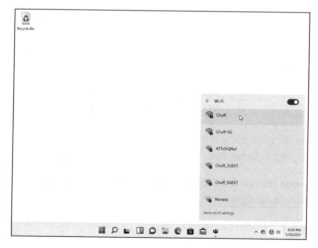

FIGURA 9-2:
O Windows mostra as redes sem fio em sua faixa.

186   PARTE 3 **Fazendo Coisas na Internet**

3. **Escolha conectar uma rede clicando em seu nome e no botão Conectar que aparece.**

   Se estiver conectando uma *rede sem segurança* — uma que não requer senha —, terminou. O Windows o avisa sobre conectar uma rede sem segurança, mas clicar ou tocar no botão Conectar permite conectar de qualquer modo (não faça nada que envolva dinheiro nem digite senhas em uma conexão sem segurança).

   Para ter uma conexão mais segura, evite as redes sem segurança. Peça ao funcionário do hotel, barista ou equipe no aeroporto a senha para a rede segura do local. Então vá para a próxima etapa.

   DICA

   A menos que não queira conectar especificamente essa rede de forma automática, desmarque a caixa de seleção Conectar automaticamente. Ela informa ao Windows para conectar automaticamente essa rede sempre que você está dentro da faixa, evitando que siga essas etapas sempre.

4. **Insira uma senha, se necessário.**

   Se você tenta fazer uma conexão sem fio *com segurança*, o Windows pede para inserir uma *chave de segurança da rede*, no jargão técnico, a *senha*. Se está em casa, é onde você digita a mesma senha inserida no roteador quando configurou a rede sem fio.

   Se estiver conectando à rede sem fio com a senha de *outra* pessoa, pergunte a senha ao proprietário da rede. Talvez você precise usar seu cartão de crédito na recepção em alguns hotéis e cafeterias; outras vezes, eles cobram por acesso.

5. **Se conecta pela primeira vez, escolha se deseja compartilhar seus arquivos com outras pessoas na rede.**

   Se estiver conectando sua rede doméstica ou do escritório, escolha "Sim, ativar compartilhamento e conectar dispositivos". O Windows torna sua rede *privada*, ou seja, você pode compartilhar com segurança com outras pessoas em sua rede privada, além de conectar os dispositivos compartilhados, como impressoras.

   Por outro lado, se for conectar em uma área *pública*, sempre escolha "Não ativar compartilhamento nem conectar dispositivos". O Windows torna sua rede Pública, que significa poder conectar a internet, mas outros computadores em rede não podem conectar seu PC para exibir ou acessar seus arquivos. Isso ajuda a evitar os bisbilhoteiros.

DICA

Se ainda tem problemas para conectar, tente as dicas a seguir:

» Quando o Windows informa que não pode conectar sua rede sem fio, ele se oferece para ativar a Solução de problemas da rede. Essa solução reflete sobre o problema e normalmente diz algo sobre o sinal sendo fraco. Na verdade está dizendo isto: "Aproxime seu computador do transmissor sem fio."

» Em algumas empresas, seu navegador abrirá um Termo de Serviços. Nele, você deve concordar com os termos da empresa antes de ter permissão para navegar mais.

» Se estiver em um quarto de hotel, aproximar o PC da janela pode ajudar a encontrar um sinal sem fio mais forte (pode até selecionar uma variedade maior de redes sem fio disponíveis). Se não for um problema sair do quarto, então circule pelo saguão ou pela cafeteria do hotel para encontrar uma conexão melhor.

» Se não conseguir conectar a rede segura que deseja, tente conectar uma das redes sem segurança. Tais redes funcionam bem para uma navegação ocasional na internet.

Navegando na Web com o Microsoft Edge

Planejado para uma navegação rápida nos sites modernos, o Microsoft Edge carrega rápido e exibe as páginas da web com a rapidez que sua conexão permite. Parte de sua velocidade e aparência simples vem de seus limites. O navegador oculta seus menus para mostrar o conteúdo de todo o site. Isso torna a navegação um desafio.

Para abrir o Microsoft Edge, clique em seu ícone (mostrado na margem) na barra de tarefas, na parte inferior da tela. O navegador abre, como na Figura 9-3, preenchendo a tela com o site visitado por último ou uma tela inicial, que mostra as principais notícias, clima e links para sites populares.

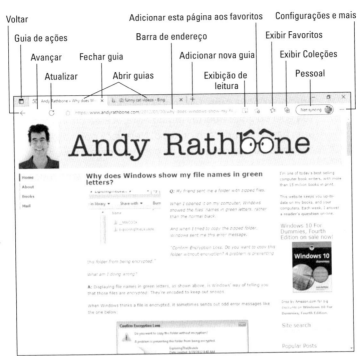

FIGURA 9-3:
O Microsoft Edge permite exibir vários sites, cada um em sua própria guia.

O navegador oculta grande parte dos menus sob ícones misteriosos, por isso todos são mostrados e bem identificados na Figura 9-3:

» **Guia de ações:** Esse novo ícone tem três truques no menu suspenso. Você pode escolher entre três coisas:

- Coloque suas guias na *vertical* na borda esquerda, em vez de no topo.
- Recupere as guias recém-fechadas.
- Adicione seu grupo atual de guias abertas a uma *coleção*, um nome para um grupo de guias que podem ser abertas com um clique.

» **Voltar:** Esse ícone de seta para trás na parte esquerda superior permite rever a página que acabou de visitar.

» **Avançar:** Um clique nesse ícone permite voltar à página da qual acabou de sair.

» **Atualizar:** Útil ao exibir sites com notícias, esse ícone recarrega a página exibida atualmente, reunindo o material mais recente disponível.

» **Guias:** Os sites abertos atualmente aparecem como guias na borda superior da janela, permitindo revisitá-los com um clique (ou você pode fechá-los clicando no X à direita de sua guia).

CAPÍTULO 9 **Navegando na Web** 189

» **Barra de endereço:** Clique no nome do site exibido atualmente, que em geral aparece na borda superior dele. A barra de endereço é exibida para você digitar o endereço do site que gostaria de visitar. Não sabe aonde ir? Digite alguma descrição, e o navegador pesquisa e exibe as possíveis correspondências. Clique em qualquer correspondência para visitar o site.

» **Adicionar nova guia:** Clicar no ícone do sinal de mais, que fica à direita da sua guia ou guias abertas atualmente, acessa uma janela em branco com uma barra de endereço no topo. Nela você pode digitar o endereço do site desejado ou alguns termos de pesquisa para o navegador acessar.

» **Exibição de leitura:** Quando disponível, esse ícone muda o layout do site atual para lembrar a página de um livro. Como? Ao clicar no ícone, o Microsoft Edge retira muitos anúncios e formatação, deixando apenas texto e fotos pertinentes (um modo prático de imprimir um site também).

» **Adicionar aos favoritos:** Clique no ícone de estrela para colocar a página exibida atualmente em sua lista de *Favoritos*, uma coleção dos sites visitados com frequência.

» **Favoritos:** Esse ícone permite revisitar os sites marcados como Favoritos.

» **Coleções:** Quando você salva um grupo de guias como uma coleção com o ícone Guia de ações, descrito na lista anterior, os grupos podem voltar ao clicar nesse ícone.

» **Pessoal:** Quando essa caixinha informa "Não Sincronizado (Não Conectado)", seus sites favoritos são salvos no Microsoft Edge, mas não são vinculados à sua *conta Microsoft*. Para que seus favoritos apareçam sempre que você entra em qualquer PC com sua conta Microsoft, clique nesse botão e escolha Ativar sincronização no menu suspenso (essa opção funciona melhor para pessoas com mais de um PC desktop, notebook ou tablet).

» **Configurações e mais:** Clicar nesse ícone com três pontos acessa uma lista suspensa com opções para abrir uma nova janela, mudar o tamanho de texto do site atual, compartilhar um site com amigos, pesquisar uma palavra na página atual, imprimir uma página, fixar a página no menu Iniciar e muitas outras coisas.

Quando estiver em trânsito, procurando informações rápidas, o navegador rápido do Microsoft Edge e seus menus simples podem ser tudo de que você precisa (se quiser forçar o Microsoft Edge, clique no ícone Configurações e mais; ficará surpreso com todas as opções).

DICA

Se clicou ou tocou no botão errado, mas ainda não levantou o dedo, pare! Os comandos não têm efeito até você completar o clique em um botão *levantando* o dedo. Continue pressionando o dedo ou o botão do mouse, mas deslize o ponteiro ou o dedo para longe do botão errado. Afaste-se com segurança do botão e, *então*, retire o dedo.

HISTÓRICO SECRETO DE SUAS VISITAS NA WEB COM O MICROSOFT EDGE

O Microsoft Edge mantém um registro de todo site visitado. A lista Histórico dele fornece um registro útil de suas atividades no computador e é o sonho de um espião.

Para ver o que o Microsoft Edge registra, clique no ícone Configurações e mais, e depois clique no link Histórico no menu suspenso. O Microsoft Edge lista os últimos sites visitados, classificados por data (suas últimas visitas aparecem no topo da lista). Apresentando os sites na ordem de exibição, o Microsoft Edge facilita voltar ao site que você achou interessante de manhã, na semana passada ou mesmo vários meses atrás.

Para excluir a lista inteira, clique no ícone Mais opções no topo da lista e clique em Limpar dados de navegação na lista suspensa.

Para remover os sites de seu histórico ou ver os sites mais antigos visitados, clique em Abrir página de histórico no topo da lista; o Microsoft Edge lista todo site visitado. Para excluir os indesejados, clique no X ao lado do nome e, então, clique no botão Excluir no topo da página.

Digite o nome de um site na caixa Pesquisa no topo da lista; o Microsoft Edge mostra cada página visitada do tal site, facilitando a exclusão em grupos.

Movendo-se entre as páginas da web

As páginas da web vêm com endereços específicos, como as casas físicas. *Qualquer* navegador permite se mover entre os endereços. Não importa o navegador usado, todos permitem transitar entre as páginas de três modos:

- » Apontando e clicando em um botão ou link que o leva automaticamente a outra página.

- » Digitando uma string complicada de código (endereço da web) na barra de endereço do navegador e pressionando Enter.

- » Clicando nos botões de navegação na barra de ferramentas do navegador, geralmente no topo da tela.

Clicando nos links

O primeiro modo de navegar a web é, de longe, o mais fácil. Procure os *links* — palavras ou imagens destacadas em uma página — e clique neles.

CAPÍTULO 9 **Navegando na Web** 191

Por exemplo, viu como o mouse muda para uma mão (mostrada na margem) quando apontado para a palavra *Books* na Figura 9-4? Essa mão significa que a coisa apontada (palavra, botão ou imagem) é clicável. Nesse caso, posso clicar na palavra *Books* para ver uma página da web com mais informações sobre o assunto. O mouse muda para uma mão sempre que está sobre um link. Clique em qualquer palavra com link e verá páginas lidando com o assunto em particular desse link.

FIGURA 9-4: Quando o mouse se torna uma mão, clique na palavra ou na imagem para ir para uma página da web com mais informações sobre o item.

Digitando endereços da web na barra de endereço

O segundo método de navegar na web é mais difícil. Se um amigo lhe dá um guardanapo com o endereço de um site legal, você precisa digitar o endereço do site na *barra de endereço* de seu navegador, ou seja, a barra com texto no topo da janela do navegador. Tudo dará certo, contanto que não digite nada errado.

Viu o endereço do meu site no topo da Figura 9-3? Digitei **andyrathbone.com** na barra de endereço. Quando pressionei Enter, o Microsoft Edge me levou ao site (você não precisa digitar *http://www*, graças a Deus).

Usando os ícones de menu do Microsoft Edge

Por fim, é possível manipular a internet clicando em vários ícones nos menus simplificados do Microsoft Edge, como descrito na seção anterior e na Figura 9-3. Clique no ícone de seta Voltar do navegador, por exemplo, para voltar a uma página que acabou de visitar.

 Passe o mouse sobre um item confuso em qualquer programa, e aparece um menu suspenso, explicando a finalidade desse ícone.

DICA

Fazendo o Microsoft Edge abrir seu site favorito

Quando você abre o navegador na área de trabalho, ele precisa mostrar *algo* de imediato. Bem, pode ser qualquer site desejado. Em termos técnicos, isso se chama *home page*, e você pode pedir ao Microsoft Edge para usar qualquer site desejado.

Naturalmente, a Microsoft deseja que o Microsoft Edge abra em um site da *Microsoft*. Para o Microsoft Edge abrir em seu *próprio* site favorito, é preciso fazer malabarismos:

1. **Visite seu site ou sites favoritos.**

    Escolha o site desejado. Por exemplo, se escolhe Google Notícias (`http://news.google.com`), o Microsoft Edge sempre abre com as últimas manchetes no site Google Notícias. Fique à vontade para abrir mais de um site favorito em outras guias.

2. **Clique no ícone Configurações e mais no Microsoft Edge e escolha Configurações no menu suspenso.**

    O painel Configurações aparece, listando suas opções.

3. **Na seção Quando o Edge Inicia, clique no botão Usar todas as guias abertas, como na Figura 9-5.**

    Escolher essa opção pede ao Microsoft Edge para lembrar as guias abertas atualmente e reabri-las na próxima vez em que inicializar o navegador. Para sair da página, feche a guia clicando no X no topo da guia chamada Configurações. Suas alterações entram em vigor imediatamente.

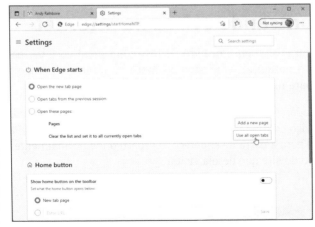

FIGURA 9-5: Clique no botão Usar todas as guias abertas.

CAPÍTULO 9 **Navegando na Web** 193

Após o Microsoft Edge abrir com a home page escolhida, é possível ainda navegar a internet, pesquisando tópicos digitando-os na barra de endereço ou apenas apontando e clicando em diferentes links.

DICA

Assim como a home page de seu navegador é o site que você vê quando o navegador abre, a home page de um site é sua "capa", como a capa de uma revista. Sempre que navega no site, em geral você inicia na home page dele.

Revisitando os locais favoritos

Cedo ou tarde você encontrará uma página da web que é indescritível. Para assegurar que irá encontrá-la mais tarde, adicione-a à sua lista de páginas favoritas. Para adicionar a página exibida atualmente à sua lista Favoritos, siga estas etapas:

1. **Clique no ícone Adicionar aos favoritos (mostrado na margem) no final do endereço do site, no topo do navegador Microsoft Edge.**

   A caixa Favorito adicionado aparece, listando o nome do site (fique à vontade para editar o nome para que seja mais descritivo).

2. **Clique no botão Concluído.**

   Clique no botão Concluído e o nome é adicionado à sua lista Favoritos.

Para voltar a uma página favorita, clique no ícone Favoritos do Microsoft Edge (mostrado na margem). Sua lista de sites adicionados aparece, permitindo voltar a um deles clicando em seu nome.

DICA

Para remover um site decepcionante de sua lista de favoritos, clique no ícone Favoritos do Microsoft Edge. Quando a lista abrir, clique com o botão direito no nome da decepção e escolha Excluir no menu suspenso.

Encontrando coisas na internet

Ao procurar algo em um livro de texto, em geral você vai para o índice e começa a pesquisar. O mesmo acontece na internet, porque é preciso um índice para mostrar cada parte de informação buscada.

Para ajudar, o Microsoft Edge permite consultar um *mecanismo de busca*, um serviço contendo um grande índice de sites da internet. Para pesquisar algo, vá para a barra de endereço, o espaço onde normalmente você digita o endereço do site que deseja visitar.

Mas, em vez disso, digite o termo da pesquisa, por exemplo, **orquídeas exóticas**, diretamente na barra de endereço e pressione Enter.

O Microsoft Edge inicia sua pesquisa no Bing, o mecanismo de busca próprio da Microsoft, e gera os nomes de sites que lidam com orquídeas exóticas. Clique no nome de um site para visitar.

Não gostou do Bing lidando com suas necessidades de pesquisa? É possível mudar o mecanismo de busca para o Google (`www.google.com`), o DuckDuckGo (`www.duckduckgo.com`) ou qualquer outro que quiser.

Por vezes, só visitar outro mecanismo de busca inicializa uma mensagem instantânea na tela perguntando se você gostaria de torná-lo seu mecanismo *padrão*. Clique no botão Sim ou OK se for seu mecanismo de busca favorito. Do contrário, siga estas etapas complicadas para mudar o Bing do Microsoft Edge para seu próprio mecanismo favorito:

1. **Clique no ícone Configurações e mais (mostrado na margem), localizado na parte direita superior do Microsoft Edge, e escolha Configurações no menu suspenso que aparece.**

   A janela Configurações é exibida como uma nova guia no Microsoft Edge.

2. **Na borda esquerda da guia Configurações, clique na entrada Privacidade, pesquisa e serviços.**

   É exibido outro menu cheio de configurações.

3. **Na seção Serviços do novo menu de configurações, clique na categoria Barra de pesquisa e endereços.**

   Aparece um menu.

4. **Clique no menu suspenso ao lado das palavras** `Mecanismo de pesquisa usado na barra de endereços` **e escolha seu mecanismo preferido no menu suspenso.**

   Sua alteração acontece na hora. Para fechar a guia Configurações, clique no pequeno X da guia (é o mesmo que fechar uma guia mostrando um site).

O Microsoft Edge substitui o Bing por seu provedor de pesquisa recém-selecionado.

Encontrando Mais Informações sobre um site

Clicar nos links de um site permite ir facilmente para outros lugares online. Mas e se você quiser saber mais sobre algo que *não* tem um link clicável? Por exemplo, e se encontrar o endereço de uma loja de donuts para uma dieta paleolítica e deseja vê-lo no mapa? E se vir um termo que não entende e quer mais informações sobre ele?

O Microsoft Edge ajuda a encontrar informações extras sobre coisas que você encontra online.

Veja como funciona:

1. **Ao visitar uma página da web no Microsoft Edge, selecione os termos que deseja explorar.**

    Clique duas vezes em uma palavra ou um termo para selecioná-lo; o Microsoft Edge destaca a seleção feita. Ou aponte para o começo de uma frase, pressione o botão do mouse e (segurando o botão) aponte para o final dela. Solte o botão do mouse e terá destacado a frase inteira.

    Detalho mais como selecionar itens no Capítulo 6.

2. **Clique com o botão direito nas informações destacadas e escolha Pesquisar na web por no menu suspenso.**

    O Microsoft Edge envia o termo destacado para o mecanismo de busca escolhido, procura na internet as informações pertinentes e, então, as exibe, como na Figura 9-6.

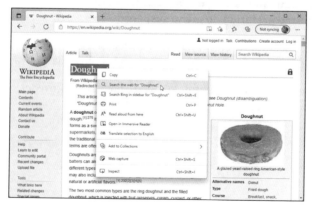

FIGURA 9-6: O Microsoft Edge permite buscar informações sobre os termos encontrados online.

196 PARTE 3 **Fazendo Coisas na Internet**

Salvando as Informações da Internet

A internet coloca uma biblioteca repleta de serviços dentro da sua casa, sem as longas filas do caixa. E, como toda biblioteca tem uma copiadora, o Microsoft Edge fornece vários modos de salvar as informações interessantes para seu uso pessoal.

Esta seção explica como copiar algo da internet para seu computador, podendo ser uma página da web inteira, uma única imagem, som ou filme, inclusive programa.

DICA

Explico como imprimir uma página da web (ou um trecho de informação que ela contém) no Capítulo 8. Mas, para aqueles que odeiam paginar, experimente ativar o Modo de Leitura do Edge, clique com o botão direito em uma parte vazia da página da web e, então, escolha Imprimir no menu suspenso.

Salvando uma página da web

Ansioso por um gráfico de conversão útil de Fahrenheit/Centígrado? Precisa do Gráfico de Identificação de Sushis para o jantar? Deseja salvar o itinerário da viagem para a Noruega no próximo mês? Quando encontra uma página da web com informações indispensáveis, por vezes você não consegue deixar de salvar uma cópia em seu PC para ver melhor, ler ou até imprimir em uma data posterior.

Para salvar uma página da web, clique com o botão direito em uma parte vazia da página, escolha Salvar como no menu suspenso e clique no botão Salvar.

O Microsoft Edge salva uma cópia da página desejada na pasta Downloads. Para visitar a pasta Downloads, abra o Explorador de Arquivos clicando em seu ícone na barra de tarefas e clique em Downloads no painel esquerdo do Explorador (explico como navegar o Explorador de Arquivos no Capítulo 5).

Mas saiba que sua página salva não mudará, mesmo que a página real na internet seja atualizada. Por isso, salvar páginas é melhor para coisas que não mudarão, como gráficos ou itinerários finalizados. Se quiser informações atualizadas com consistência, basta adicionar o site à sua lista Favoritos, explicada anteriormente neste capítulo.

CAPÍTULO 9 **Navegando na Web** 197

Salvando texto

Para salvar apenas um pouco do texto de uma página da web, selecione o texto que deseja obter, clique nele com o botão direito e escolha Copiar (explico como selecionar, copiar e colar texto no Capítulo 6). Abra seu processador de texto, cole o texto em um novo documento e salve-o na pasta `Documentos` com um nome descritivo.

Salvando uma imagem

Quando navegar nas páginas da web e encontrar uma imagem muito boa para deixar escapar, salve-a em seu computador: clique nela com o botão direito e escolha Salvar imagem como, mostrado na Figura 9-7.

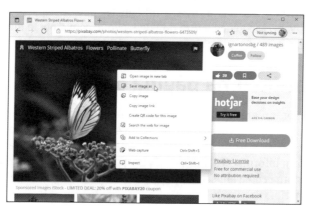

FIGURA 9-7: Clique com o botão direito na imagem desejada e escolha Salvar imagem como no menu suspenso.

A janela Salvar como aparece, permitindo digitar um novo nome de arquivo para a imagem, caso queira. Clique em Salvar para colocar sua imagem surrupiada na pasta escolhida, em geral `Downloads` ou `Imagens`.

O menu suspenso cheio, mostrado na Figura 9-7, tem mais opções úteis, permitindo escolher abrir apenas a tal imagem em uma nova guia, copiar a imagem para a Área de transferência do Windows para colar em outro programa ou pesquisar a web para obter outras versões da imagem.

DICA

Lembra da pequena imagem com seu nome no menu Iniciar do Windows? Fique à vontade para usar qualquer imagem da internet. Clique com o botão direito na nova imagem e salve-a na pasta `Imagens`. Então use o app Configurações (veja o Capítulo 2) para transformar essa imagem na nova imagem de sua conta de usuário.

Baixando um programa, uma música ou outro tipo de arquivo

O Microsoft Edge facilita um pouco baixar os arquivos da internet. Melhor ainda, é mais fácil do que nunca *encontrar* os arquivos depois de baixá-los.

Para baixar algo de um site, clique no link do item ou no botão Download ao lado (se disponível). O Microsoft Edge baixa o item e o coloca automaticamente na pasta Downloads para uma fácil recuperação. Em geral, o arquivo chega em poucos segundos.

CUIDADO

Ao escolher o botão Download, reserve um tempo extra para verificar se está clicando no botão certo. Muitos sites tentam confundi-lo deliberadamente para baixar outra coisa, um spyware, um vírus ou algo mais que dá ao site uma recompensa.

É possível encontrar o item baixado de dois modos:

» **Pasta Downloads:** Os itens baixados vão para sua pasta Downloads. Para encontrá-los, abra o Explorador de Arquivos (mostrado na margem) na barra de tarefas. Quando ele abrir, clique na pasta Downloads, listada no painel esquerdo do programa. A pasta Downloads aparece, mostrando todos os itens baixados.

» **Fila de downloads do Microsoft Edge:** Clique no ícone Configurações e mais (mostrado na margem) no Microsoft Edge. Quando o menu Configurações abrir, clique no botão Downloads. A guia Downloads aparece, listando todos os arquivos baixados para o acesso com um clique. Você também pode clicar no link Abrir pasta de downloads no menu para ir direto para a pasta Downloads mencionada no item anterior.

Muitos arquivos baixados vêm em uma pasta organizada com um zíper, conhecido como *arquivo ZIP*. O Windows trata isso como pastas normais, portanto, você pode clicar duas vezes para ver dentro (os arquivos ficam realmente compactados dentro dessa pasta para economizar tempo de download, caso você se importe com a engenharia envolvida). Para extrair as cópias dos arquivos zipados, clique com o botão direito nesse arquivo e escolha Extrair tudo.

200   PARTE 3 **Fazendo Coisas na Internet**

NESTE CAPÍTULO

» Adicionando suas contas

» Configurando o email

» Enviando/recebendo arquivos e fotos

» Gerenciando seus contatos

» Gerenciando seu calendário

» Encontros online com o Teams

Capítulo **10**

Socializando: Email, Calendário e Teams Chat

Graças à memória de elefante da internet, seus amigos e conhecidos nunca desaparecem. Antigos colegas de faculdade, parceiros comerciais e até os valentões do ensino fundamental estão todos esperando por você online. Adicione alguns estranhos com quem você trocou mensagens nos sites, e a internet criou uma enorme rede social.

O Windows ajuda a manter contato com os amigos que você curte e evitar os outros. Para gerenciar sua vida social online, o Windows inclui dois apps sociais interligados: Email e Calendário. É possível imaginar qual app lida com qual trabalho.

A Microsoft melhorou os apps Email e Calendário desde sua criação no Windows 10, e eles trabalham bem juntos, simplificando muito a tarefa de rastrear seus contatos e compromissos.

NOVO

O estreante na festa do Windows 11 é o Teams Chat, uma versão leve do app Teams da Microsoft. Como o Zoom, uma ferramenta de videoconferência conhecida durante a pandemia, o Teams Chat permite trocar mensagens de texto e conversar por vídeo com amigos, família e colegas de trabalho.

Este capítulo descreve o pacote de apps sociais do Windows, além de como configurá-los e fazê-los gerenciar seu fluxo diário.

Adicionando Suas Contas ao Windows

Por anos, você ouviu as pessoas dizerem: "Nunca conte a *ninguém* o nome da sua conta de usuário e senha." Agora, parece que o Windows quer quebrar essa regra.

Ao abrir pela primeira vez seus apps Email e Calendário, o Windows pode pedir para inserir os nomes da conta e senhas de seus serviços de email, além de serviços como Google ou iCloud da Apple.

Mas não é tão assustador quanto se pensa. A Microsoft e outras redes concordaram em compartilhar suas informações *apenas com sua aprovação*. E, caso aprove, o Windows conecta todas suas contas adicionadas e importa as informações sobre seus contatos, email e calendário.

E, francamente, aprovar a troca de informação é uma grande economia de tempo. Quando você vincula essas contas ao Windows, seu computador automaticamente faz login em cada serviço, importa as informações de contato de seus amigos e estoca seus apps.

Para preencher o Windows com sua vida online, siga estas etapas:

1. Clique no botão Iniciar. Quando o menu Iniciar aparecer, abra o app Email.

Clique no ícone Email, normalmente na linha superior do menu Iniciar, e o app abre.

O app Email pode ser listado em sua barra de tarefas, a faixa na parte inferior da tela. Clicar no ícone Email da barra de tarefas poupa você de ir até o menu Iniciar. Se não estiver lá, explico como colocar qualquer ícone na barra de tarefas no Capítulo 3.

2. **Insira suas contas no app Email.**

Quando você abre pela primeira vez o app Email, ele pede para adicionar sua conta (ou contas) de email, como mostrado na Figura 10-1. Se você se registrou com uma conta Microsoft que também serve como endereço de email da Microsoft, que termina com Live, Hotmail ou Outlook, por exemplo, esse email já deve estar listado no topo e configurado. Se for seu único endereço de email, clique, e terminou!

FIGURA 10-1: O app Email permite inserir contas de email como Gmail, Hotmail, Outlook, Yahoo! e outras.

Para adicionar outras contas, clique em seu endereço na lista, que inclui as contas Google, Yahoo!, iCloud (da Apple), ou em Outra conta (que em geral significa as contas de seu ISP que usa POP ou IMAP para acessar).

Para adicionar uma conta Google, por exemplo, clique na palavra `Google`. O Windows o leva para uma área segura no site do Google, onde é possível autorizar a transação inserindo seu endereço Gmail e sua senha, então clicando em Aceitar ou Conectar.

Para adicionar novas contas de email posteriormente ainda estando no app Email, clique no ícone Configurações (lembra uma engrenagem) e escolha Contas no painel Configurações.

Repita essas etapas para qualquer outra conta listada, autorizando cada uma, se requerido, para compartilhar informações com sua conta Windows.

Após inserir suas contas, o Windows acessa automaticamente seu email via app Email, preenche o app Pessoas com as informações de contato de seus amigos e adiciona qualquer compromisso ao app Calendário.

Embora pareça assustador dar ao Windows seus nomes de usuário e senhas desejados, isso o enriquece de muitos modos:

» Ao invés de digitar seus contatos manualmente, eles ficam esperando de modo automático, estando na conta Google, Hotmail, Outlook, Apple ou Windows Live.

» Os apps do Windows funcionam bem com apps e programas de outras empresas. Por exemplo, os aniversários dos seus amigos no calendário Google aparecem no app Calendário sem que você os digite.

LEMBRE-SE

» Não gosta dos apps moderninhos do Windows? Ignore-os. Você sempre pode passar seu tempo na área de trabalho do Windows. Lá, é possível visitar o Facebook e suas outras contas no navegador, como sempre fez.

» Se já está acostumado a inicializar seu navegador e ler o email no Google, no Yahoo! ou em qualquer outra fonte online, não precisa usar o app Email. Ainda consegue enviar e receber seu email do antigo modo. Ou pode usar uma combinação, dependendo do seu humor, ou qualquer PC que esteja usando.

Entendendo o App Email

A Microsoft ajusta constantemente o Windows 11 e seus apps. O Windows 11 é atualizado uma vez ao ano e o app Email, com mais frequência. Não se surpreenda ao ver o app Email (ou qualquer app) mudar sutilmente conforme a Microsoft adiciona novos recursos e descarta os antigos.

NOVO

O app Pessoas, encontrado no Windows 10, não existe mais como um programa separado no Windows 11. Ele está predefinido diretamente no app Email e Calendário. Para inicializá-lo, basta clicar no ícone do app Pessoas dentro de um desses apps (o ícone fica inalterado).

As próximas seções explicam como entender os menus do app Email, como criar, enviar e ler email (se você ainda não importou suas contas, volte à primeira seção deste capítulo).

Trocando entre exibições, menus e contas do app Email

Para carregar o app Email do Windows, abra o menu Iniciar (clicando no botão Iniciar na borda esquerda da barra de tarefas), então clique no ícone do app (mostrado na margem).

O app Email aparece, como na Figura 10-2, exibindo o email recebido de sua conta primária, a primeira conta inserida ao configurar o app (há chances de que seja sua conta Microsoft, como descrito no Capítulo 2). Por exemplo, a Figura 10-2 mostra a conta Microsoft Live exibida atualmente no topo do painel. Para ver seu email a partir de uma conta diferente, clique no nome da conta no painel à esquerda.

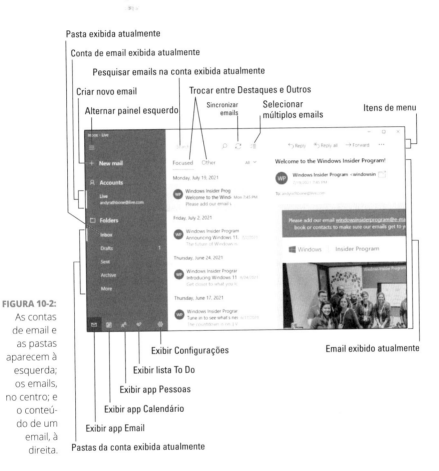

FIGURA 10-2: As contas de email e as pastas aparecem à esquerda; os emails, no centro; e o conteúdo de um email, à direita.

O app Email separa seu email em duas categorias: *Destaques* e *Outros*.

A categoria Destaques mostra apenas o email das pessoas em sua lista de contatos. Já a categoria Outros costuma conter newsletters de spam e outro email de pessoas nunca contatadas. Não se esqueça de examinar a categoria Outros; talvez encontre mensagens importantes de médicos, prestadores de serviço, pet sitters, velhos amigos de escola ou outras pessoas que entraram em sua vida.

DICA

Se você acha mais fácil ver cada parte do email em um lugar, sua caixa de entrada, visite a área Configurações do app Email, escolha Caixa de Entrada Destaques e desative a opção Classificar mensagens em Destaques e Outros.

Sob o nome de sua conta exibida atualmente, o app Email lista suas pastas:

» **Caixa de entrada:** Mostrada quando você carrega pela primeira vez o app Email, a pasta Caixa de entrada lista a mensagem em espera, com o mais recente no topo. O app Email verifica automaticamente novos emails a cada minuto, mas, se você cansar de esperar, clique no botão Sincronizar (mostrado na margem) no topo da lista de emails recebidos da conta. Essa ação obtém imediatamente qualquer mensagem em espera.

» **Rascunhos:** Se você escreve uma mensagem, mas por algum motivo não a envia, ela fica esperando, pronta para receber mais atenção.

» **Itens enviados:** Clique aqui para ver as mensagens *enviadas*, em vez das recebidas de outras pessoas.

» **Arquivar:** Para remover um email da caixa de entrada, mas salvá-lo para uma consulta no futuro, clique com o botão direito no email indesejado e escolha Arquivar (um clique na pasta Arquivo Morto permite recuperar as mensagens guardadas anteriormente).

» **Mais:** Se você não vir todas as pastas de sua conta, clique em Mais. Um menu suspenso aparece, listando tudo (em particular, veja aqui para encontrar sua pasta Excluídos, na qual é possível recuperar os emails excluídos sem querer).

Os ícones na parte inferior do painel esquerdo permitem trocar entre os apps Calendário, Email, Pessoas (seus contatos), a lista To Do opcional e as configurações do app Email.

Por exemplo, clique no ícone Configurações, e um painel aparece à direita, oferecendo todas as coisas que você pode ajustar dentro do app Email. O app Comentários, encontrado em vários apps da Microsoft, permite brincar de crítico, aconselhando a Microsoft sobre como melhorar os apps.

DICA

O app Email, como a maioria dos apps, muda a largura dependendo do tamanho de sua tela e do tamanho da janela Email em si. Em monitores menores ou quando rodam em uma janela menor, o painel esquerdo do app Email diminui para uma pequena faixa mostrando ícones, não palavras, como na Figura 10-3. Clique no ícone Expandir à esquerda superior do app, e a pequena faixa à esquerda se expande, mostrando o mesmo painel esquerdo visto na Figura 10-2, anteriormente.

206   PARTE 3 **Fazendo Coisas na Internet**

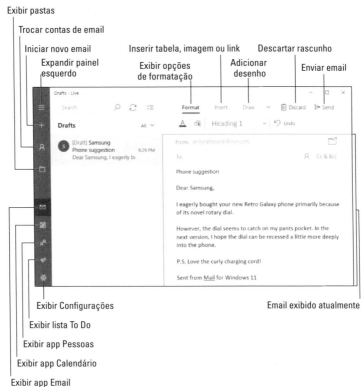

FIGURA 10-3: O app Email se redimensiona para se ajustar a telas e janelas com diferentes tamanhos.

Criando e enviando email

Quando estiver pronto para enviar um email, siga estas etapas para criar sua carta e colocá-la na caixa de correio eletrônica, enviando-a no espaço virtual até o computador do destinatário:

1. **No menu Iniciar, abra o ícone do app Email (mostrado na margem) e clique no ícone Novo email (é um sinal de mais) à esquerda superior do app.**

   Um email novo e em branco aparece, esperando por suas palavras.

   PAPO DE ESPECIALISTA

   Se você adicionou mais de uma conta ao app Email, primeiro escolha seu endereço de retorno clicando no nome da conta desejada na seção Todas as contas no painel direito do app Email. *Então*, clique no ícone Novo email à esquerda superior do programa.

CAPÍTULO 10 **Socializando: Email, Calendário e Teams Chat** 207

2. **Digite o email de seu amigo na caixa Para.**

Conforme começa a digitar, o app Email percorre seus contatos para obter os nomes e os endereços, listando as possíveis correspondências abaixo da caixa Para. Identificou uma correspondência na lista? Clique nela, e o app Email preenche automaticamente o restante do endereço de email.

Para adicionar outra pessoa à lista, comece digitando o nome dela também na caixa Para. Infelizmente, o app Email não permitirá criar e salvar grupos para enviar para as mesmas pessoas nos futuros emails. Pelo contrário, você precisa redigitar o nome de todos (é como a Microsoft o força a pagar pelo Office 365, que *oferece* esse recurso).

3. **Clique na linha Assunto e digite.**

Clique na linha Assunto e digite o tema. Na Figura 10-3, por exemplo, adicionei o assunto "Phone suggestion". Embora seja tecnicamente opcional, a linha Assunto ajuda seus amigos a classificarem seu email.

4. **Digite sua mensagem na grande caixa abaixo da linha Assunto.**

Digite quantas palavras quiser. Conforme digita, o app Email corrige automaticamente qualquer erro ortográfico observado.

5. **Se quiser, adicione qualquer formatação, tabelas, arquivos ou fotos ao email.**

O menu logo acima do email criado mostra quatro menus, cada um com diferentes opções:

- **Formatar:** Essa opção permite mudar a formatação do email selecionando partes dele e, então, clicando nos ícones para negrito, itálico, sublinhado ou cor da fonte na borda superior da janela. Para mudar o tamanho da fonte, clique na pequena seta para baixo ao lado do ícone *U* sublinhado. Um menu é aberto, permitindo mudar a fonte e o tamanho dela, além de adicionar ou limpar a formatação de qualquer item selecionado.

- **Inserir:** Clique aqui para anexar arquivos, como descrevo na seção "Enviando e recebendo arquivos por email". Essa guia também permite inserir tabelas, imagens, hiperlinks e *emojis* — pequenos símbolos que variam desde carinhas felizes a vegetais.

- **Desenhar:** Usada sobretudo por quem tem um tablet e uma caneta stylus, essa opção permite adicionar desenhos ao seu email.

- **Opções:** Clique aqui depois de criar seu email para verificar a ortografia no final.

208   PARTE 3 **Fazendo Coisas na Internet**

A maioria dos ISPs não envia arquivos anexados com mais de 10MB a 25MB. Isso permite enviar uma música ou duas, algumas fotos digitais e a maioria dos documentos. É espaço suficiente para enviar vídeos minúsculos.

6. **Verifique a ortografia, se quiser.**

   O app Email faz um bom trabalho de correção da ortografia enquanto você digita. Mas, para revisar melhor antes de enviar seu email, clique no botão Opções na borda superior do app. Então, escolha Verificar Ortografia no menu suspenso.

   O app Email acessa cada erro encontrado. Quando encontra um problema, destaca a palavra e coloca um menu suspenso onde você pode escolher os possíveis substitutos.

DICA

Se o verificador ortográfico marca sempre uma palavra escrita corretamente como errada, escolha Ignorar Tudo no menu suspenso. Isso impede o programa de incomodá-lo com uma palavra que ele não entende.

7. **Clique no botão Enviar à direita superior do app Email.**

Enviar

Zás! O app Email envia sua mensagem pela internet até a caixa de entrada de seu amigo. Dependendo da velocidade de sua conexão de internet, o email pode chegar em segundos ou horas depois, com alguns minutos na média.

Descartar

Não quer enviar a mensagem? Exclua-a clicando no botão Descartar à direita superior do app.

Lendo um email recebido

Quando seu computador está conectado à internet, o app Email anuncia a chegada do email recém-recebido com um comunicado na Central de ações, o painel que aparece periodicamente na borda direita da tela.

Você pode clicar no pequeno comunicado para inicializar o app Email e ver a mensagem. Mas, se o comunicado desaparecer antes de conseguir tocar nele, siga estas etapas para ler ou responder à mensagem:

1. **Clique no ícone Email do menu Iniciar.**

   O email abre mostrando as mensagens na caixa de entrada, como na Figura 10-3. Cada assunto é listado, um por um, com o assunto mais recente no topo.

DICA

Para encontrar certa mensagem rapidamente, clique no ícone Lente de aumento no topo da coluna email. Uma caixa de pesquisa aparece ao lado do ícone, onde você pode digitar o nome do remetente ou uma palavra-chave na caixa de pesquisa. Pressione Enter para ver todas as correspondências.

CAPÍTULO 10 **Socializando: Email, Calendário e Teams Chat** 209

2. **Clique no assunto de qualquer mensagem que deseja ler.**

   O app Email mostra o conteúdo dela no painel à direita da janela.

3. **Nesse ponto, o app Email oferece várias opções, cada uma acessada com os botões na borda superior do email:**

   - *Nada:* Indeciso? Não faça nada, e a mensagem simplesmente fica na pasta Caixa de entrada.

   - *Responder:* Clique no botão Responder e uma nova janela aparece, pronta para você digitar a resposta. A janela é como a que aparece quando você cria uma imagem pela primeira vez, mas com uma diferença útil: já está endereçada com o nome e o assunto do destinatário. E mais: geralmente a mensagem original aparece na parte inferior de sua resposta, para ter uma referência.

   - *Responder a todos:* Algumas pessoas endereçam emails para várias pessoas simultaneamente. Se você vir diversas pessoas listadas na linha Para de um email, pode responder a *todas* elas clicando em Responder a todos.

   - *Encaminhar:* Recebeu algo que um amigo deve ver? Clique em Encaminhar para mandar uma cópia para a caixa de entrada dele.

   - *Arquivo Morto:* Copie a mensagem para a pasta Arquivo Morto para uma recuperação no futuro, útil quando deseja salvar um email lido para uma futura consulta.

   - *Excluir:* Clique no botão Excluir para enviar a mensagem para a Lixeira ou para a pasta Itens excluídos (contas de email diferentes usam palavras diferentes para essa pasta).

   - *Ações:* Clicar aqui acessa o menu suspenso que lista qualquer item de menu acima que não coube em sua tela em particular. A opção Mover do menu, por exemplo, permite mover um item de sua caixa de entrada e colocá-lo em uma pasta diferente (as opções Salvar e Imprimir aparecem no menu suspenso Ações).

Algumas contas de email não têm o botão Arquivo Morto, que remove uma parte do email de sua Caixa de entrada e o esconde em uma pasta Arquivo Morto. Isso tira o email da visão, mas ele fica pronto para uma futura recuperação, se desejado.

O app Email funciona bem para as necessidades básicas, mas tem limites. Se você está tentando encontrar um recurso ausente, é provável que não esteja incluído. Se precisar de mais, a Microsoft o encoraja a comprar seu pacote de programas Microsoft Office ou assinar para ingressar no serviço de email do Office 365.

Se não quiser pagar mais, pode abrir seu navegador e gerenciar seu email online, como no Outlook (www.outlook.com), no Google (www.google.com/gmail) ou no próprio site do ISP.

CUIDADO

Se alguma vez receber um email inesperado do banco, da previdência social, da operadora de cartões de crédito ou qualquer site relacionado a dinheiro, não clique nos links presentes nele. Uma indústria criminosa chamada *phishing* envia emails que tentam fazê-lo digitar seu nome e sua senha em um site falso. Isso passa suas informações desejadas a pessoas más, que imediatamente roubam seu dinheiro. No Capítulo 11, escrevo mais sobre os esquemas de phishing e como evitá-los.

CONFIGURANDO O APP EMAIL

Clique no pequeno símbolo de engrenagem à esquerda inferior do app Mail, e o painel Configurações abre na borda direita. Nele, é possível ajustar uma dezena de configurações do app Email. Vejas as mais úteis:

- **Gerenciar contas:** Acesse aqui para ajustar as configurações das contas de email inseridas atualmente, além de adicionar novas. Após as configurações de uma conta finalmente funcionarem, é raro precisar mudá-las.

- **Personalização:** Decoradores de interiores podem visitar aqui para mudar as cores e a tela de fundo do app Mail.

- **Respostas automáticas:** Aqui você cria uma resposta "Estarei tomando sol em Mazatlán na próxima semana". O app Email envia automaticamente essa resposta para qualquer email recebido nas férias.

- **Assinatura:** A Microsoft mostra automaticamente as palavras "Enviado do Email para Windows" a toda mensagem enviada. Acesse aqui para desativar a mensagem ou mudar as palavras.

- **Central de Confiabilidade:** Essa entrada com nome estranho e misterioso permite controlar se a Microsoft pode enviar informações com base em seu "uso e preferências". Tudo indica que isso autoriza os robôs da Microsoft a enviarem anúncios pertinentes.

- **Sobre:** Útil sobretudo para técnicos solucionando problemas, essa área mostra o número de versão do app.

Talvez você nunca precise entrar na área Configurações, mas, quando as coisas dão errado, geralmente esse é o primeiro destino da solução de problemas.

CAPÍTULO 10 **Socializando: Email, Calendário e Teams Chat** 211

Enviando e recebendo arquivos por email

Como um cartãozinho colocado no envelope de uma nota de agradecimento, *anexo* é um arquivo que pega carona em uma mensagem de email. Você pode enviar ou receber qualquer arquivo como um anexo.

As próximas seções descrevem como enviar e receber arquivo pelo app Email.

Salvando um anexo recebido

Quando um anexo chegar por email, você o reconhecerá: um ícone de clipe de papel fica ao lado do assunto. E, ao abrir o email, uma foto em miniatura é exibida, ou uma mensagem informando "Baixar mensagem e imagens".

Salvar o arquivo anexado requer poucas etapas:

1. **Clique com o botão direito no arquivo anexado e escolha Abrir ou Salvar.**

Em geral, o app Email não baixa o arquivo até você dar o comando especificamente. Pelo contrário, o app Email mostra miniatura — ou seja, espaços reservados para os arquivos anexados — na borda superior do email.

Escolha Abrir no menu suspenso, e o app Email abre o arquivo para a exibição. Se você escolher abrir uma foto anexada, por exemplo, o app Fotos aparecerá, com a foto exibida junto.

Para salvar o arquivo, escolha Salvar no menu suspenso e vá para a Etapa 2.

2. **Escolha uma área de armazenamento para receber o arquivo salvo.**

A janela Salvar como do Explorador de Arquivos aparece, como na Figura 10-4, pronta para você salvar o arquivo em sua pasta Documentos. Para salvá-lo em outro lugar, escolha qualquer pasta listada na borda esquerda da janela Salvar como. Ou clique nas palavras Este Computador, também na borda esquerda da janela, e comece a navegar até a pasta que deve receber o arquivo.

212   PARTE 3 **Fazendo Coisas na Internet**

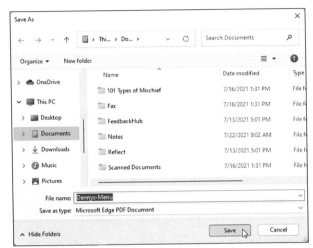

FIGURA 10-4:
Escolha uma pasta e clique em Salvar.

DICA

Salvar o arquivo dentro de uma das quatro pastas principais (Documentos, Imagens, Vídeos ou Music) é o modo mais fácil de assegurar que conseguirá encontrá-lo depois (descrevo os arquivos e as pastas no Capítulo 5). Quando escolher uma pasta, verá uma lista das pastas existentes em que poderá guardar o novo arquivo.

Para criar uma nova pasta dentro da pasta exibida atualmente, clique no botão Nova pasta no menu no topo da pasta e, quando a nova aparecer, digite um nome para ela.

3. **Clique no botão Salvar à direita inferior da janela Salvar como.**

    O app Email salva o arquivo na pasta escolhida.

Depois de salvar o arquivo, o anexo continua dentro do email. Por isso, salvar os anexos sempre salva uma *cópia* do arquivo enviado. Se você excluir sem querer ou danificar uma edição no arquivo salvo, poderá voltar ao email original e salvar o arquivo anexado de novo.

A Segurança do Windows, que é o verificador de vírus predefinido, varre automaticamente o email de entrada para verificar os anexos maus. Explico mais sobre Segurança do Windows no Capítulo 11. E mais: se você suspeita de um anexo ou ele chega de forma inesperada, não baixe (basta excluir o email inteiro).

Enviando um arquivo como anexo

Enviar um arquivo pelo app Email se parece muito com salvar um arquivo anexado, mas ao contrário: em vez de obter um arquivo de um email e salvá-lo em uma pasta, você pega um arquivo em uma pasta e o salva em um email, um processo conhecido como "anexar um arquivo".

Para enviar um arquivo como anexo no app Email, siga estas etapas:

1. **Abra o app Email e crie um novo email.**

   Descrevo como criar um novo email na seção "Criando e enviando email", anteriormente neste capítulo.

2. **Clique na guia Inserir no menu superior do app Email e, então, escolha Arquivos no menu suspenso.**

   Quando escolher Arquivos no menu suspenso, a janela Abrir do Explorador de Arquivos aparecerá, mostrando o conteúdo da pasta Documentos.

   Se a pasta Documentos tiver o arquivo que você gostaria de enviar, vá para a Etapa 4. Para enviar algo de uma pasta diferente, vá para a Etapa 3.

3. **Navegue para a pasta e o arquivo que deseja enviar.**

   Clique nas palavras Este Computador na borda esquerda de qualquer pasta, e um menu aparece listando suas áreas de armazenamento. A maioria dos arquivos é armazenada nas pastas Documentos, Imagens, Músicas e Vídeos.

   Clique no nome de uma pasta para abri-la e veja os arquivos escondidos dentro dela. Não é a pasta certa? Clique no ícone de Seta para cima (mostrado na margem) para sair da pasta e tentar de novo.

4. **Clique no arquivo que deseja enviar e no botão Abrir.**

   Clique em um arquivo para selecioná-lo. Para selecionar vários arquivos, pressione a tecla Ctrl enquanto seleciona. Selecionou arquivos demais? Cancele a seleção dos indesejados clicando em seus nomes de novo. Ao clicar no botão Anexar, o app Email adiciona o arquivo ao email.

5. **Clique no botão Enviar.**

   O app Email move seu email e o anexo para o destinatário.

LEMBRE-SE

Quando você envia um arquivo anexado, envia apenas uma cópia. O original fica em segurança no seu PC. E mais: a maioria dos ISPs limita o tamanho do anexo de 10MB a 25MB. É suficiente para enviar fotos, mas raramente é suficiente para vídeos (compartilhe isso no YouTube ou no Facebook).

Gerenciando Contatos no App Pessoas

Ao inserir seus próprios endereços de email no app Email ao configurá-lo pela primeira vez, o Windows também obtém os emails de todos seus amigos encontrados. Isso significa que o app Pessoas predefinido já pode estar estocado com os emails dessas pessoas. Pense no app Pessoas como uma agenda de endereços simples que lista seus contatos e suas informações de contato.

Diferentemente das versões anteriores do Windows, o app Pessoas não fica no menu Iniciar e nem na barra de tarefas. Inicialize-o abrindo o Email ou o Calendário e clique no ícone Pessoas, mostrado na margem. Ele aparece apresentando todos os arquivos online em uma lista alfabética, como na Figura 10-5.

FIGURA 10-5: O app Pessoas estoca automaticamente os contatos de suas contas de email.

O app Pessoas tem duas páginas principais: sua lista de contatos e detalhes sobre o contato no qual clicou atualmente. Você verá isto:

» **Contatos:** O app apresenta uma lista alfabética de seus amigos. Ao clicar no nome de um contato, os detalhes aparecem no painel próximo à direita, oferecendo três opções principais.

» **Perfil:** A visão padrão do segundo painel, Perfil lista a foto e as informações de contato do amigo selecionado.

» **Eventos:** Clique em Eventos para enviar o app Pessoas correndo para o app Calendário, em que ele prepara um dossiê das reuniões agendadas. Os compromissos da pessoa aparecem como links clicáveis para fornecer um acesso rápido.

- » **Conversas:** Clique para ver uma lista dos emails clicáveis envolvendo a pessoa.

- » **Tachinha:** Quando localizar um contato popular, clique no ícone de tachinha no topo do painel e escolha Fixar em Iniciar para colocar o rosto sorridente em um ícone do menu Iniciar para ter um fácil acesso. Ou escolha Fixar na Barra de tarefas para colocar o rosto na barra, na borda inferior da tela, onde fica *sempre* visível.

- » **Editar:** Para editar os detalhes de um contato, talvez mudar um número de telefone, clique no link Editar ao lado do ícone de lápis (clicar nesse link também permite adicionar uma foto a um contato sem rosto).

- » **Compartilhar:** Clique nessa opção para encaminhar as informações do contato para outras pessoas, mas com a aprovação do contato, espera-se.

A guia Pessoas lida automaticamente com grande parte de sua manutenção, atualizando-se com qualquer alteração feita em seus contatos online, em geral coletadas na conta iCloud, Google ou Microsoft. Isso significa que as atualizações feitas nos contatos no celular iPhone ou Android aparecem automaticamente no app Pessoas, e vice-versa.

Por vezes você precisa adicionar ou editar manualmente algumas entradas em Pessoas. As seções a seguir explicam a remoção ocasional necessária para acompanhar sua lista de contatos sempre em evolução.

Adicionando contatos

DICA

Embora o app Pessoas ame adicionar contatos automaticamente, é possível adicionar pessoas com facilidade do velho modo, digitando. Mas o app o obriga a escolher quais contas online devem aceitar a nova entrada.

O app Pessoas também pedirá permissão para acessar seu calendário e email, portanto, ele pode mostrar esses itens a você.

Para adicionar alguém ao app Pessoas, tornando a pessoa disponível em seus apps Email e Calendário, siga estas etapas:

1. **Clique no ícone Pessoas a partir do app Email ou Calendário.**

   O app Pessoas aparece na tela.

2. **Clique no ícone Ver mais (mostrado na margem) e escolha Novo contato no menu suspenso.**

3. **Se perguntado, escolha qual conta usar para salvar os novos contatos.**

   Se tiver mais de duas contas de email, o app Pessoas pedirá para decidir sobre qual conta deve receber o novo contato. A resposta depende sobretudo do smartphone que você tem:

   - Escolha a conta Google se você usa um celular Android, para que o contato recém-adicionado apareça nos contatos do Gmail. Nesse ponto, também aparece na lista de contatos do celular Android. Do mesmo modo, os proprietários do iPhone devem escolher iCloud.
   - Escolha a conta Outlook se você roda o app Outlook no celular iPhone ou Android.
   - Escolha a conta iCloud se usa o programa de email predefinido de seu iPhone.

4. **Preencha o formulário Novo contato.**

   Mostrado na Figura 10-6, a maioria das opções é de campos óbvios, como Nome, Telefone, Email, Endereço e Outros (o campo Outros permite adicionar detalhes como função, site, pessoa importante ou notas).

   Para adicionar uma foto, clique no botão Adicionar foto; o app Foto aparece, e você pode escolher uma foto tirada anteriormente.

FIGURA 10-6: Preencha as informações de contato e clique no botão Salvar.

5. **Clique no botão Salvar na borda inferior da janela.**

   O app Pessoas obedece e salva seu novo contato. Se você encontrar um erro, não se preocupe; é possível voltar e editar a informação, como descrito na próxima seção.

CAPÍTULO 10 **Socializando: Email, Calendário e Teams Chat** 217

Excluindo ou editando contatos

Alguém caiu em seu conceito social? Ou talvez apenas mudou um número de telefone? De qualquer modo, você pode excluir ou editar um contato manualmente seguindo estas etapas:

1. **Abra o app Email ou Calendário e clique no ícone Pessoas no menu Iniciar.**

   O app Pessoas aparece, como mostrado na Figura 10-5, anterior.

2. **Para excluir um contato, clique com o botão direito nele e escolha Excluir no menu suspenso.**

   O contato da pessoa desaparece do app Pessoas e da conta de email que o mantinha.

3. **Para editar um contato, clique com o botão direito no nome e escolha Editar no menu suspenso.**

   As informações de contato da pessoa aparecem para você editar (consulte a Figura 10-6).

4. **Clique no botão Salvar na borda inferior da janela.**

   O app Pessoas atualiza sua lista de contatos, no próprio app e na conta online em que o contato está armazenado. Por exemplo, edite um contato Gmail no app Pessoas, e o Gmail também reflete as alterações.

Gerenciando Compromissos no Calendário

Após entrar em suas contas online, como Gmail, Outlook, Live.com etc., como descrito na primeira seção deste capítulo, você já estocou os compromissos online existentes no app Calendário.

Para ver seus compromissos, clique no ícone Calendário do menu Iniciar, mostrado na margem. Ou, se estiver trabalhando no app Email, clique no ícone Calendário na parte esquerda inferior.

Quando abre pela primeira vez, o app Calendário pede para adicionar suas contas de email. Se você inseriu suas contas antes no app Email, elas já aparecem aqui.

218 PARTE 3 **Fazendo Coisas na Internet**

O app Calendário abre mostrando os compromissos associados às suas contas de email vinculadas, como Google, iCloud ou Outlook.com. Para ver mais ou menos dias, clique no botão Dia, Semana, Mês ou Ano, no topo. Por exemplo, se clicar em Semana, o app aparecerá como na Figura 10-7.

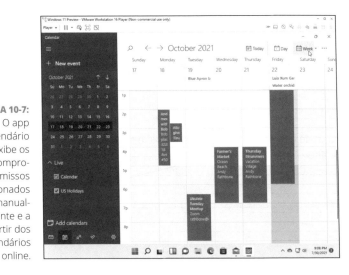

FIGURA 10-7: O app Calendário exibe os compromissos adicionados manualmente e a partir dos calendários online.

A menos que você mantenha todos os compromissos online, precisará editar algumas entradas, adicionar novas ou excluir aquelas que não quer mais. Esta seção explica como manter os compromissos atualizados.

DICA

Não importa a exibição do app Calendário, você pode percorrer os compromissos clicando nas pequenas setas ao lado do mês listado na parte esquerda superior da tela. Clique na seta para a direita para avançar no tempo; clique na esquerda para voltar.

Para adicionar um compromisso ao app Calendário, siga estas etapas:

1. **Clique no ícone Calendário no menu Iniciar.**

   O app aparece, como mostrado na Figura 10-7.

   Se você estiver no app Email, também pode clicar no ícone do Calendário na parte esquerda inferior.

2. **Clique no link Novo evento na parte esquerda superior do app Calendário.**

   Aparece um modelo de evento em branco, pronto para você preencher com hora, local e convidar pessoas.

CAPÍTULO 10 **Socializando: Email, Calendário e Teams Chat**   219

3. **Preencha o formulário Detalhes.**

   Na Figura 10-8, a maioria das opções é de campos que dispensam explicação.

   O maior desafio é o menu suspenso do campo Detalhes, que aparece apenas se você inseriu mais de uma conta de email em seu app Email. Em qual *conta* deve receber o novo compromisso do calendário? De novo, a resposta depende de seu celular:

   - Escolha Gmail para enviar compromissos para o calendário do Gmail, com eles aparecendo no celular Android.
   - Escolha iCloud para seu iPhone.

   Ou pode escolher Outlook. Então baixe e instale o app Outlook, disponível no Android e no iPhone. O app Outlook pode sincronizar os compromissos do app Calendário com seu celular.

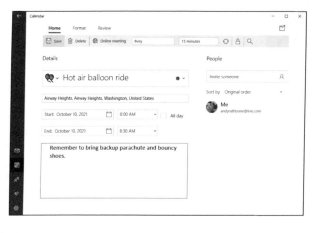

FIGURA 10-8: Adicione a data, a hora de início, a duração e outros detalhes de seu compromisso.

4. **Clique no botão Salvar e Fechar.**

   O app Calendário adiciona o novo compromisso ao seu próprio calendário, além da conta escolhida na Etapa 3.

Para editar ou excluir um compromisso, abra-o no app Calendário. Clique no botão Excluir (mostrado na margem) no menu superior. Para editar, abra no app, faça as alterações e salve-as clicando no botão Salvar.

Encontros Online com o Teams Chat

NOVO

Planejado para empresas, o Microsoft Teams permite que funcionários troquem mensagens, conversem por vídeo e troquem arquivos. É para funcionar bem com outros produtos populares da Microsoft, como Word e Excel. Muitos gerentes adoram como ele permite controlar com precisão os detalhes relacionados ao escritório. Mas outros funcionários veem o Teams como outra forma de microgerenciamento robótico.

Não importa como você se sente em relação ao programa Teams cheio de recursos, o Windows 11 inclui o que seria chamado de "Teams Lite". Também chamado de "Teams Chat" ou simplesmente "Chat", o app inclui os recursos de mensagem de texto e bate-papo por vídeo, mas omite os outros encontrados no app Teams completo.

Tudo de que você precisa para inicializar o app Teams Chat no Windows 11 é uma câmera de vídeo, um microfone e alto-falantes; são os equipamentos padrão na maioria dos PCs, notebooks e tablets de hoje.

Esta seção explica como iniciar o Teams Chat no PC; conectar amigos, família ou mesmo colegas de trabalho; e começar a conversar, por mensagens de texto ou vídeo.

Iniciando o Teams Chat

O ícone Teams Chat (mostrado na margem) fica na barra de ferramentas, a faixa na parte inferior da sua tela. Para carregá-lo, siga estas etapas:

1. **Clique no ícone Teams Chat encontrado na barra de tarefas e, depois, em Começar.**

   Se seu computador já tem o programa Teams completo, talvez você veja o ícone do app (mostrado na margem). Se você tem essa versão do Teams, pode querer o livro completo *Microsoft Teams Para Leigos*, segunda edição, de Rosemarie Withee (Alta Books). É provável que estas etapas funcionem para você.

   O app Teams Chat do Windows 11 vai para a tela mostrada na Figura 10-9.

FIGURA 10-9: Clique em Começar para carregar o Teams Chat e começar a conversar com os amigos.

2. **Se perguntado, escolha a conta que gostaria de usar para o Teams Chat, insira a senha e clique no botão Entrar.**

   Aparece uma tela de Boas-vindas. Se já fez login com uma conta Microsoft, essa conta aparece no topo da janela; clique no nome dela para iniciar.

   Nenhuma conta Microsoft? Escolha Usar outra conta para ser guiado no processo de criação.

3. **Se perguntado, adicione seu número de telefone e, quando receber o código de confirmação como uma mensagem de texto, insira-o na janela Inserir código. Então, clique em Avançar.**

   Insira o número do celular e veja se está correto: o Teams Chat enviará uma mensagem de texto para verificar sua identidade e conta. Insira o código recebido e clique em Avançar.

4. **Se perguntado, peça ao Teams Chat para sincronizar seus contatos.**

   Isso permite ao Teams Chat estocar automaticamente as informações de seus contatos a partir de seu programa de email ou Skype, facilitando encontrar as reuniões online.

5. **Clique no botão Vamos.**

Quando a janela Teams Chat aparecer, mostrada na Figura 10-10, você terminou e está pronto para começar a conversar e bater papo por vídeo, como descrito nas duas seções a seguir.

222 PARTE 3 Fazendo Coisas na Internet

FIGURA 10-10: Assim que você configurar e validar sua conta, poderá começar a usar o Teams Chat.

Enviando mensagens de texto

Enviar mensagens de texto no Teams Chat é como enviar mensagens pelo celular, pelo Facebook ou pela maioria dos outros locais na internet. Veja como carregar o Teams Chat, encontrar seu contato e começar a conversar por mensagens de texto.

Se nunca carregou o Teams Chat antes, volte para a seção "Iniciando o Teams Chat". É preciso configurar uma conta de email e/ou número de telefone para iniciar o processo.

1. **Clique no ícone Teams Chat na barra de tarefas.**

   Aparece uma janela suspensa, como na Figura 10-10, com dois botões no topo:

   - *Reuniões:* Clique no botão Reuniões para iniciar um *chat por vídeo*: um modo de ver e ouvir a outra pessoa pela câmera de seu computador.
   - *Chat:* Clique para trocar mensagens de texto com alguém no Teams Chat.

2. **Clique no botão Chat e, quando a janela Novo Chat aparecer, insira o nome da pessoa, email ou telefone na caixa Para: na parte esquerda superior da janela.**

3. **Quando a caixa aparecer na borda inferior da janela Novo Chat, digite sua mensagem e pressione a tecla Enter.**

   O destinatário verá sua mensagem no app Teams Chat. Quando ele digitar uma mensagem em resposta, ela aparecerá em sua janela Teams Chat, e vocês poderão começar a trocar mensagens.

CAPÍTULO 10 **Socializando: Email, Calendário e Teams Chat** 223

DICA

O app Teams Chat lembra muito as mensagens de texto que você já enviou em seu smartphone, no Messenger do Facebook e em programas SMS parecidos.

Lembre-se destas particularidades:

» Se você tentar enviar uma mensagem para alguém novo, a pessoa verá uma mensagem na tela permitindo que ela aceite ou bloqueie sua solicitação de bate-papo. Isso ajuda a eliminar perseguidores, esquisitos e adolescentes chatos.

» Antes de iniciar um bate-papo por vídeo, como descrito na próxima seção, talvez você queira usar primeiro a parte Chat do app, só para se assegurar de que a pessoa estará acordada e pronta para conversar cara a cara.

» Para encerrar uma conversa, feche a janela do app Teams Chat clicando no X à direita superior.

Conversando por vídeo

Os bate-papos por vídeo, ao contrário das conversas por texto, enviam um vídeo ao vivo de seu rosto para o app da outra pessoa. Isso permite ver o outro conforme vocês conversam, útil para reuniões práticas cara a cara nas quais as mensagens de texto podem perder sua nuança ou ser longas demais para digitar.

Se nunca carregou o Teams Chat antes, volte para a seção "Iniciando o Teams Chat". Você precisa configurar uma conta de email e/ou número de telefone para começar o processo.

Veja como carregar o Teams Chat, encontrar seu contato e iniciar o bate-papo por vídeo pelas câmeras dos computadores.

1. **Clique no ícone Teams Chat na barra de tarefas.**

Aparece uma janela suspensa, mostrada antes na Figura 10-11, com dois botões no topo:

- *Reuniões:* Clique no botão Reuniões para iniciar um *chat por vídeo*: um modo de ver e ouvir o outro pela câmera de seu computador.

- *Chat:* Explicado na seção anterior, clique neste botão para simplesmente trocar mensagens de texto com alguém.

224   PARTE 3 **Fazendo Coisas na Internet**

2. **Clique no botão Reuniões e, quando a janela aparecer, clique no botão Reunir agora.**

   Nesse ponto, a janela Reuniões mostra apenas seu rosto sorridente. Ao clicar no botão Reunir agora, é exibida a janela Convide pessoas a se juntarem a você, mostrada na Figura 10-11. A janela permite convidar pessoas para seu bate-papo por vídeo em quatro modos:

   - *Copiar link da reunião:* Em geral a opção mais fácil, isso copia um link para a Área de trabalho, de onde você pode enviá-lo para a pessoa que gostaria de ver. É possível enviar por email, como mensagem instantânea com o celular ou escrever no papel e entregar à pessoa. Quando o destinatário visitar o link no navegador, poderá entrar na reunião e começar a falar.

   - *Compartilhar via Calendário do Outlook:* Os proprietários do Calendário do Outlook podem usar essa opção para compartilhar o link da reunião por meio do Calendário do Outlook.

   - *Compartilhar via Calendário do Google:* Do mesmo modo, os proprietários do Calendário do Google podem usar essa opção para compartilhar o link da reunião pelo Calendário do Google.

   - *Compartilhar via email padrão:* Isso acessa qualquer programa usado atualmente para email. Então, abre um novo email, coloca o link dentro e permite a você preencher o endereço de email do destinatário, pronto para enviar por email o convite para o chat por vídeo.

   Nesse ponto, você espera até alguém clicar no link enviado. Quando o Teams Chat aparece na tela, a pessoa clica no botão Reunir agora para iniciar a participação na reunião.

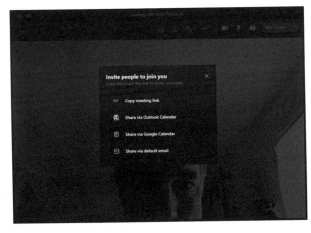

FIGURA 10-11: Escolha como convidar pessoas para sua reunião.

CAPÍTULO 10 **Socializando: Email, Calendário e Teams Chat**   225

3. **Quando as mensagens pop-up aparecerem em sua tela, informando que seu convidado está "aguardando no lobby", clique no botão Admitir para permitir que ele entre na reunião.**

   A outra pessoa (ou pessoas, se você convidou mais de uma) aparece na tela, como na Figura 10-12, e vocês podem começar a conversar.

FIGURA 10-12: Ao conversar por vídeo, seu rosto é reduzido a um pequeno quadrado à direita interior da tela.

O chat por vídeo tem mais peculiaridades do que simplesmente trocar mensagens de texto, como descrito na seção anterior. Lembre-se disto para ter uma melhor experiência por vídeo:

» Na borda direita superior da janela de vídeo Teams Chat, ícones para um microfone e uma câmera de vídeo podem ser ativados ou desativados com um clique. Se ninguém pode ouvi-lo, clique no ícone do microfone para ativá-lo. Do mesmo modo, se ninguém pode vê-lo, clique no ícone da câmera de vídeo para começar a reproduzir o vídeo.

» O rosto de seu convidado preenche a tela do PC, e o seu rosto fica reduzido no pequeno quadrado à direita inferior da tela. Isso é o inverso na tela do convidado para a reunião.

» Se você não deseja que alguém o veja modelando o cabelo ou clareando os dentes, fique à vontade para clicar no ícone da câmera de vídeo para desativá-la. Então as pessoas verão apenas a foto anexada ao seu endereço de email, como na Figura 10-12, anterior.

» Ao iniciar uma reunião, é preciso esperar que todos recebam o link e entrem. Por isso, agendar bate-papos por vídeo para certo horário e dia funciona melhor do que esperar até alguém receber seu email ou sua mensagem de texto.

» Ao participar de uma reunião em grupo feita por alguém que faz uma apresentação, é comum deixar mudo seu microfone clicando em seu ícone na borda superior da tela. Se quiser falar para todos ou perguntar, clique de novo no ícone do microfone para ativá-lo.

» Quando terminar de conversar, saia da reunião clicando no botão Sair na parte direita superior da janela Teams Chat.

DICA

» Alimente seu gato antes de iniciar um bate-papo de trabalho. Do contrário, ele poderá se tornar um participante indesejado na reunião da diretoria.

228   PARTE 3 **Fazendo Coisas na Internet**

NESTE CAPÍTULO

» Lidando com avisos de permissão

» Ficando seguro na internet

» Evitando esquemas de phishing

» Configurando controles para crianças

Capítulo **11**

Computação Segura

Assim como dirigir um carro, trabalhar com o Windows é bem seguro, contanto que você evite lugares perigosos, obedeça à sinalização e não tente dirigir com os pés.

Mas, no mundo do Windows e da internet, não há um modo fácil de reconhecer um lugar ruim, localizar uma sinalização ou mesmo saber o que é perigoso. Algo que parece divertido, inocente ou importante (o email de um amigo, um app/programa baixado ou uma mensagem do banco) pode ser um vírus que infecta seu PC.

Este capítulo ajuda a reconhecer as vias perigosas nos lugares virtuais e explica os passos para se proteger do perigo e minimizar os danos. Ao longo do caminho, apresento a nova seção Segurança do Windows e seu pacote de ferramentas que ajudam a identificar e evitar ameaças.

Entendendo as Mensagens de Permissão Irritantes

Após mais de vinte anos de desenvolvimento, o Windows ainda é muito inocente. Às vezes, ao executar um app ou um programa, ou tentar mudar uma configuração no PC, o Windows não consegue saber se *você está* fazendo o trabalho ou um *vírus* está tentando entrar sem você perceber.

A solução dele? Quando percebe que alguém (ou alguma coisa) tenta mudar algo que possivelmente pode prejudicar o Windows ou seu PC, ele escurece a tela e pisca uma mensagem de segurança pedindo permissão, como a mostrada na Figura 11-1.

FIGURA 11-1:
Clique em Não instalar, Cancelar ou Não se uma mensagem parecida com esta aparece de repente.

Se uma dessas mensagens de segurança Controle da conta do usuário aparecer do nada, talvez o Windows esteja avisando-o sobre alguma maldade tentando entrar. Então clique em Cancelar, Não ou Não instalar para negar a permissão. Mas, se *você* estiver tentando instalar um app ou um programa confiável no PC e o Windows colocar suas luvas de boxe, clique em OK, Sim e Instalar. O Windows baixa a guarda e permite que você prossiga.

No entanto, se você não tem uma conta Administrador, simplesmente não pode aprovar a ação. É preciso encontrar o proprietário da conta Administrador (em geral, o dono do PC) e pedir que a pessoa digite a senha.

Sim, um robô de segurança bem estúpido protege a porta da frente do Windows, mas também é um desafio extra para as pessoas que escrevem programas com vírus.

Proteção com a Segurança do Windows

A Segurança do Windows não é apenas um app antivírus, embora inclua um. É também um repositório útil para sete dos maiores recursos de segurança no Windows. Mas, por sorte, você não precisará visitar nenhum deles: os recursos de segurança funcionam de forma automática e vêm predefinidos para mantê-lo seguro. Na verdade, se uma alteração acidental das configurações o deixar desprotegido, o app rapidamente o notifica e mostra qual opção precisa ser alterada para a posição mais segura.

Para inicializar a Segurança do Windows, clique no botão Iniciar. Quando ele aparecer, clique em Todos os aplicativos na parte direita superior do menu Iniciar. Por fim, escolha Segurança do Windows na lista de apps em ordem alfabética mostrada. O app aparece, como na Figura 11-2.

FIGURA 11-2: O pacote de apps da Segurança do Windows ajuda a manter seu computador seguro.

Quando localizar uma marca de verificação verde ao lado de cada ícone, as defesas de seu PC estarão todas ativadas. Já se encontrar um X vermelho ou um ponto de exclamação amarelo, abra esse ícone clicando nele. O Windows o leva direto para mudar o que for preciso.

A Segurança do Windows tem estas categorias:

» **Proteção contra vírus e ameaças:** Explicada na próxima seção deste capítulo, essa área permite acessar as configurações do Microsoft Defender Antivírus. O app roda automaticamente, sempre verificando o PC quanto a ameaças. Mas você pode querer visitá-la para fazer uma varredura rápida e não agendada se suspeita de algo ruim.

CAPÍTULO 11 **Computação Segura** 231

» **Proteção de contas:** Visite aqui para verificar a segurança de sua conta de usuário. Também é possível configurar um leitor biométrico: deslizar a ponta do dedo permite entrar no PC sem ter que digitar uma senha.

» **Firewall e proteção de rede:** Aqui estão ocultas as configurações do firewall predefinido do Windows que ajuda a impedir que hackers invadam seu PC pela internet. É ativado automaticamente, portanto, é possível que você nunca precise acessar essa área.

» **Controle de aplicativos e do navegador:** Essas configurações pedem ao Microsoft Defender para avisá-lo se você tentar baixar um app ou um arquivo perigoso, ou se o navegador Microsoft Edge visita um site perigoso. Explico o assunto na seção "Evitando esquemas de phishing", posteriormente neste capítulo.

» **Segurança do dispositivo:** Permite verificar as medidas de segurança criadas diretamente no hardware do PC, inclusive chips de memória e CPU (unidade de processamento central).

» **Desempenho e integridade do dispositivo:** Se o Windows parece não estar rodando corretamente, visite essa seção. Ela permite saber se seu PC está ficando sem espaço de armazenamento e o notifica sobre problemas com os *drivers*: partes do software que permitem ao PC se comunicar com dispositivos como mouses, teclados e outras partes do computador. Essa seção também alerta sobre problemas com qualquer app ou programa (dedico o Capítulo 18 à solução de problemas no Windows 11).

» **Opções da família:** Isso o coloca online para configurar modos de controlar e monitorar como seus filhos usam os PCs e outros dispositivos do Windows (explico o assunto na seção "Configurando controles para os filhos", mais adiante neste capítulo).

NOVO

» **Histórico de proteção:** Nova no Windows 11, essa seção lista todas as vezes em que a Segurança do Windows encontrou e impediu algo perigoso em seu PC. Também recomenda ações que você deve tomar para tornar seu computador mais seguro.

Se você instalou um antivírus ou um firewall de terceiros, a Segurança do Windows fornece atualizações para isso também.

LEMBRE-SE

Quando tudo roda sem problemas, os ícones na Segurança do Windows têm uma marca de verificação verde. Essa marca se torna um X vermelho ou um ponto de exclamação amarelo quando algo está errado, alertando que você deve ver essa categoria e tomar a ação recomendada.

Evitando e removendo vírus

Em relação a vírus, *tudo* é suspeito. Os vírus viajam não apenas por mensagens de email, sites, apps e programas, arquivos, redes e pendrives, mas também pelas proteções de tela, pelos temas, pelas barras de ferramentas e outros complementos do Windows.

Para combater o problema, a Segurança do Windows inclui o app Microsoft Defender Antivírus.

O Microsoft Defender Antivírus percorre tudo que entra no computador por downloads, email, redes, apps e programas de mensagem, pendrives ou discos. A menos que você informe o contrário, o app vigia os arquivos OneDrive também.

Quando o Microsoft Defender Antivírus nota algo ruim tentando entrar no PC, ele avisa com uma mensagem na parte direita inferior da sua tela, como na Figura 11-3. Então o app antivírus rapidamente coloca o vírus em quarentena antes de ele ter uma chance de infectar seu computador. Ufa!

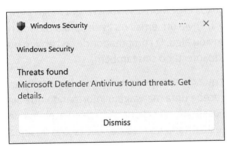

FIGURA 11-3: O Microsoft Defender Antivírus detecta e remove o intruso.

O Microsoft Defender Antivírus se atualiza automaticamente para reconhecer novos vírus e está sempre percorrendo seu PC em busca de ameaças em segundo plano. Mas, se seu PC age de modo estranho, peça ao Defender para varrê-lo imediatamente seguindo estas etapas:

1. **Clique no ícone Segurança do Windows na barra de ferramentas (mostrado na margem), perto do relógio.**

   O pacote de apps aparece, como na Figura 11-2 anterior. Não encontrou o ícone do app na barra de tarefas? Clique na pequena seta para cima perto da borda direita da barra; um menu suspenso aparece, mostrando o ícone da Segurança do Windows.

   Você pode inicializar a Segurança do Windows na seção Privacidade e Segurança do app Configurações (explico o app Configurações recém-atualizado no Capítulo 12).

2. **Clique no ícone Proteção contra vírus e ameaças da Segurança do Windows na coluna à esquerda.**

   A janela Proteção contra vírus e ameaças aparece.

3. **Clique no botão Verificação rápida do app.**

   O Microsoft Defender Antivírus imediatamente faz uma varredura rápida do PC.

   Porém, para fazer uma varredura completa, que leva mais tempo, ele percorre mais arquivos. Clique no link Opções de varredura abaixo do botão Verificar agora. Quando a janela Opções de verificação aparecer, clique na opção Verificação completa e também no botão Verificar agora.

DICA

Para fazer uma varredura rápida na área de trabalho, clique com o botão direito no ícone Segurança do Windows na barra de tarefas e escolha Executar verificação rápida no menu suspenso.

Mesmo com a coleção de apps da Segurança do Windows protegendo você, siga estas regras para reduzir o risco de infecção:

LEMBRE-SE

» Abra apenas os anexos esperados. Se você receber algo inesperado de um amigo, não abra. Envie um email ou ligue para a pessoa perguntando se ela realmente enviou algo. O computador de seu amigo pode estar infectado e tentando infectar o seu também.

» Desconfie de itens que chegam por email pedindo para clicar. Por exemplo, se você recebe uma mensagem informando que alguém deseja ser seu amigo no Facebook, não clique. Acesse o Facebook no navegador e veja se a pessoa está listada na área de Solicitações de amizade. Quanto mais links por email você puder evitar, mais seguro estará.

» Se receber um email que parece importante de uma instituição financeira pedindo para clicar no link e digitar seu nome e senha, não faça isso. Acesse o site da instituição no navegador e faça login nela. Há boas chances de que não haja nada errado com sua conta e esse email esteja apenas tentando roubar seu nome de usuário e sua senha (esse tipo de golpe normalmente é conhecido como *phishing*, descrito com mais detalhes na próxima seção).

» As atualizações para o Microsoft Defender Antivírus chegam automaticamente pelo Windows Update. O Windows mantém o Update em constante execução, portanto, não é preciso se preocupar e manter o Microsoft Defender Antivírus atualizado.

CUIDADO

» Se preferir executar um antivírus de terceiros, tudo bem. Ele desativará o Microsoft Defender Antivírus automaticamente como parte de seu processo de instalação. Mas não tente manter *dois* antivírus de terceiros juntos, porque geralmente eles brigam.

O MICROSOFT DEFENDER ANTIVÍRUS É SUFICIENTE?

Como várias versões anteriores do Windows, o 11 inclui o app Microsoft Defender Antivírus. Ele roda rápido, atualiza-se automaticamente e captura um malware comum antes que ele invada seu computador.

Mas ele é *melhor* que os antivírus de terceiros, inclusive os que cobram taxas de assinatura recorrentes? A resposta depende de muitas coisas.

Por exemplo, alguns antivírus de terceiros e programas capturam mais vírus que o Microsoft Defender Antivírus. Porém, esse trabalho extra pode deixar seu PC lento. Alguns pacotes de segurança avançados geram alarmes falsos também, deixando com você o trabalho de resolver o problema. Muitos parecem complicados e complexos.

O Defender funciona melhor para pessoas que conseguem identificar um vírus em potencial quando ele chega por email e evitam clicar em anexos suspeitos. As pessoas mais à vontade com uma rede de segurança maior preferirão um app ou um programa pago. Não há uma resposta certa ou errada.

Pelo contrário, a resposta depende de seu nível de conforto pessoal. Se você encontra um antivírus ou um programa de terceiros com preço razoável e que não deixa seu PC muito lento, fique com ele. Mas, se tem confiança em sua capacidade de eliminar os possíveis invasores antes de clicar neles, talvez o Microsoft Defender Antivírus seja tudo de que você precisa.

Evitando esquemas de phishing

Um dia você receberá um email do banco, do eBay, do PayPal ou de um site parecido informando sobre um problema na sua conta. Invariavelmente, o email mostra um link útil para clicar, informando que você deve inserir seu nome de usuário e senha para pôr as coisas em ordem.

CUIDADO

Não faça isso, não importa o quanto o email e o site pareçam realistas. Você está vendo uma indústria terrível chamada *phishing*: golpistas enviam milhares dessas mensagens ao mundo inteiro, esperando convencer algumas almas assustadas a digitar os preciosos nome e senha da conta.

Como diferenciar os emails reais dos fakes? Na verdade, é fácil, pois *todos* os emails são fakes. Sites financeiros podem enviar demonstrativos, receitas ou notas de confirmação, mas eles nunca, jamais enviam mensagens com um link inesperado para você clicar e inserir sua senha.

DICA

Em caso de suspeita, acesse o site *real* da empresa digitando o endereço da web na barra de endereço de seu navegador. Há boas chances de que o site real não listará nada de errado na sua conta.

O Microsoft Edge usa a tecnologia Filtro SmartScreen da Microsoft, que compara o endereço de um site com uma lista de sites de phishing conhecidos. Se encontra uma correspondência, o filtro SmartScreen o impede de entrar, como na Figura 11-4. Caso veja essa tela, feche a página da web clicando nas palavras Voltar que aparecem na mensagem de aviso.

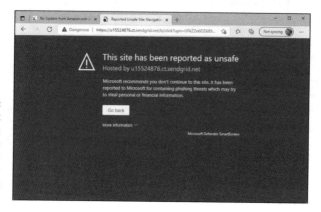

FIGURA 11-4: O Microsoft Edge avisa quando você visita um site de phishing suspeito.

Por que as autoridades simplesmente não prendem os responsáveis? Os ladrões da internet são reconhecidamente difíceis de rastrear e punir. O alcance da internet os permite trabalhar em qualquer lugar no mundo, escondidos em um labirinto global de redes.

Se você digitar por engano informações e perceber que não deveria ter feito isso, tome estas ações:

» Se já inseriu seu nome e sua senha em um site de phishing, aja imediatamente: acesse o site real e mude sua senha. Contate a empresa envolvida e peça ajuda. Talvez ela consiga impedir os ladrões antes que eles coloquem seus dedos eletrônicos na sua conta.

» Se inseriu as informações do cartão de crédito, ligue para a operadora do cartão imediatamente. Quase sempre existe um número de telefone 0800 na parte de trás do cartão, e disponível 24 horas.

Configurando controles para os filhos

Um recurso muito bem-vindo para os pais e muito vaiado pelos filhos, a área Opções da família da Microsoft na Segurança do Windows tem muitas maneiras de monitorar como os filhos acessam o PC e a internet.

Em vez de rodar como um app em seu PC, agora as opções da família da Microsoft funcionam online por um site da Microsoft chamado Segurança da família. Rastreando a atividade dos filhos pelo uso deles da conta Microsoft, é possível monitorar a atividade online sempre que eles fazem login em um PC Windows. Os registros online protegidos por senha ficam online, onde você pode acessá-los em qualquer PC, tablet ou smartphone.

As opções da família funcionam apenas se você e seus filhos têm contas Microsoft.

Para configurar as opções da família da Microsoft, siga estas etapas:

1. **Adicione seus filhos e os adultos que desejam monitorar as crianças como membros da família ao criar suas contas de usuário.**

    No Capítulo 14, descrevo como adicionar os membros da família ao criar as contas de usuário. Ao adicionar os membros à lista de contas de usuário do PC, cada membro recebe um email convidando-o a participar da rede da família; quando a pessoa aceita, a conta aparece automaticamente no PC.

2. **Visite o site Segurança da família da Microsoft.**

    Abra qualquer navegador e acesse o site em https://account.microsoft.com/family. Faça login com sua conta Microsoft, se necessário, e o site abre mostrando a lista de membros da família que aceitaram os convites. Clicar no nome do membro e no site, como mostrado na Figura 11-5, permite definir limites no comportamento da criança no PC, além de monitorar a atividade dela.

    Visite também as configurações online acessando a Segurança do Windows, vista antes neste capítulo, escolhendo Opções da família e clicando no link Exibir configurações da família.

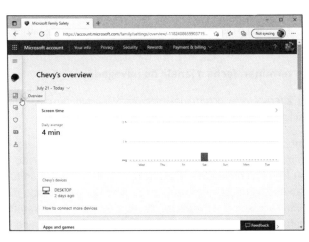

FIGURA 11-5: O site Segurança da família da Microsoft permite definir limites para as atividades das crianças no PC.

CAPÍTULO 11 **Computação Segura** 237

3. Ative as categorias que gostaria de aplicar e defina os limites.

A área da família da Microsoft tem várias categorias que permitem monitorar ou controlar diferentes áreas de comportamento. Visite qualquer categoria descrita a seguir, e cada uma abre uma nova página com um controle no topo. Ative ou desative o controle e ajuste as configurações oferecidas (também é possível desativar as categorias para suspender temporariamente o monitoramento nessas áreas).

O site Segurança da família mostra essas categorias, que se aplicam sempre que seu filho usa a conta Microsoft dele para entrar em qualquer computador ou tablet Windows:

- *Visão geral:* O paraíso para pais sem tempo, a área Atividade mostra um resumo rápido da atividade de seu filho no PC, junto com uma opção para ter informações por email toda semana.

- *Tempo de tela:* Visite aqui para definir os limites de horas e dias da semana para seu filho acessar o PC ou o Xbox. Clique no botão Ativar limites, e aparece uma grade para escolher as horas exatas que seu filho tem permissão para acessar o dispositivo.

- *Filtros de conteúdo:* Visite aqui para controlar se seu filho precisa da aprovação de um adulto para gastar dinheiro, além de bloquear o acesso a apps, jogos, mídia e sites não apropriados.

- *Limites de apps e jogos:* Defina os limites de horas e dias da semana para quando seu filho pode abrir apps e jogos.

- *Gastos:* Deseja que seu filho compre itens na Microsoft Store? Acesse aqui e clique no botão correspondente à quantia. O valor é retirado do cartão de crédito anexado à sua conta Microsoft e adicionado à conta de seu filho.

- *Localizar criança no mapa:* Se seu filho tem um smartphone Android com o app Segurança da família instalado, essa opção permite localizar no mapa o dispositivo e seu filho, espera-se (baixe também o app Segurança da família da Microsoft na App Store do Google).

4. Ao terminar, feche a janela no navegador.

As alterações ocorrem de imediato. Quando terminar, basta fechar o navegador.

Embora as opções da família da Microsoft funcionem bem, poucas coisas no mundo dos PCs são infalíveis. Se você está preocupado com o uso do seu filho no computador, dê uma olhada de vez em quando. E mais: algumas dessas opções monitoram seu filho apenas quando ele fez login na conta Microsoft e usa o Microsoft Edge. Se você encontrar uma conta desconhecida (ou um navegador diferente) no PC, é hora de perguntar.

238   PARTE 3 **Fazendo Coisas na Internet**

4

Personalizando e Atualizando o Windows 11

NESTA PARTE...

Personalize o Windows com o app Configurações.

Mantenha o Windows rodando sem problemas.

Compartilhe um computador com várias pessoas.

Conecte computadores a uma rede.

NESTE CAPÍTULO

» Encontrando a configuração certa

» Alterando a aparência do Windows

» Mudando os modos de vídeo

» Instalando ou removendo apps e programas

» Instalando impressora ou scanner

» Adicionando um Bluetooth

» Configurando automaticamente a hora e a data do computador

Capítulo **12**

Personalizando as Configurações no Windows

A maioria das pessoas odeia mudar as configurações no Windows, e por um bom motivo: são muito complicadas. Como saber qual funciona melhor? Como *encontrar* a configuração certa? E se você ativa a chave errada, como desfaz qualquer dano periférico?

O Windows não facilita, infelizmente, pois várias coisas estão contra você. Primeiro, cada app inclui seu próprio grupo individual de configurações. O Windows também tem outro conjunto de configurações principais, conhecido como *app Configurações*. Por fim, às vezes o programa manda você para a velha caixa de circuitos cheia de configurações conhecida como Painel de Controle, um resquício das primeiras versões.

Não importam as configurações diante de você, é possível usá-las para personalizar a aparência, o comportamento e a vibração do Windows, de apps e de programas. Este capítulo explica como encontrar as configurações necessárias, o que fazer com elas quando descobertas e como desfazer seu trabalho se as coisas pioram.

Um aviso: algumas configurações podem ser feitas apenas pela pessoa que tem a toda-poderosa conta Administrador, em geral o proprietário do PC. Se o Windows se recusa a mudar uma opção, peça ajuda ao proprietário.

Encontrando a Configuração Certa

NOVO

O Windows 11 continua a migração da Microsoft para o app Configurações, que agora tem centenas, se não milhares, de configurações. O Painel de Controle predefinido nas versões anteriores do Windows ainda se esconde no Windows 11, mas você o encontrará bem menos que antes.

Para encontrar a configuração certa para mudar, deixe o Windows ajudá-lo. Siga estas etapas para encontrar a configuração necessária:

1. **Clique no ícone Pesquisar da barra de tarefas (mostrado na margem), clique na caixa Pesquisa que aparece no topo da janela Pesquisa e digite uma palavra descrevendo a configuração que deseja encontrar.**

   Quando digitar a primeira letra, toda configuração com essa letra aparecerá em uma lista acima da caixa Pesquisa. Se você não souber o nome exato de sua configuração, comece digitando uma palavra-chave: **exibir, solução de problemas**, **mouse**, **usuário**, **privacidade** ou algo descrevendo sua necessidade.

DICA

   Não vê a configuração certa? Pressione a tecla Backspace para excluir as letras digitadas e tente novamente com outra palavra.

   A caixa Pesquisa, descrita no Capítulo 7, lista outras correspondências da sua palavra-chave: arquivos no computador, apps da Microsoft Store e até itens encontrados em sites. Se ficar muito confuso, filtre os resultados: digite a palavra **configurações:** na caixa Pesquisa, seguida de um espaço e do termo da pesquisa. Por exemplo, para pesquisar as configurações da câmera, digite isto na caixa Pesquisa e pressione Enter:

   ```
   configurações: câmera
   ```

2. **Clique na configuração desejada na lista.**

   O Windows o leva direto para essa configuração.

Ao pesquisar uma configuração, sempre tente clicar primeiro no ícone Pesquisar da barra de tarefas. Isso ativa uma caixa Pesquisa que costuma economizar muito tempo ao pesquisar as configurações, entre outras coisas. Passar alguns minutos na caixa Pesquisa geralmente produz melhores resultados do que vasculhar centenas de configurações colocadas aleatoriamente em outro lugar no Windows.

Procurando configurações dentro de certo *app*, em vez de ver no próprio Windows? Examine a direita superior do app para encontrar um ícone com três pontos ou três linhas empilhadas. Clique nesse ícone, e aparece um menu suspenso, quase sempre listando uma entrada para Configurações.

Mudando as Configurações com o App Configurações do Windows

O Windows 11 coloca mais configurações do que nunca no app Configurações, sempre em expansão. A maioria das configurações do Windows agora reside nele, evitando ter que acessar o antigo Painel de Controle nas versões anteriores.

Para abrir o app Configurações, clique no botão Iniciar e no ícone Configurações (uma pequena engrenagem) na parte inferior do painel esquerdo do menu Iniciar.

O app Configurações aparece, como na Figura 12-1. Para acompanhar a nova aparência padronizada no Windows 11, esse app é idêntico se visto em um PC desktop, um tablet ou um notebook.

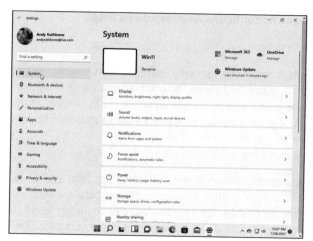

FIGURA 12-1:
O app Configurações permite mudar o comportamento do seu computador.

O app Configurações divide suas definições em onze categorias, explicadas no restante deste capítulo.

Ajustando as configurações do Sistema

Essa categoria abrangente reúne configurações que não se enquadram bem em outro lugar. Por exemplo, você pode encontrar meios de ajustar a *resolução* de seu monitor, ou seja, a quantidade de informação que ele pode colocar em uma tela sem deixar tudo minúsculo para ler. Vá para a categoria Sistema para controlar todas as notificações que aparecem à direita inferior de sua tela também.

O restante desta seção explica as coisas mais importantes que você precisará ajustar na categoria Sistema.

Mudando a resolução da tela

Uma das muitas opções no Windows que você muda uma vez e esquece, a *resolução da tela* determina quanta informação o Windows pode colocar na tela do PC. Mudar a resolução diminui tudo para colocar mais coisa na tela ou aumenta às custas do estado real da área de trabalho.

Para encontrar a resolução mais confortável, ou se um programa ou jogo reclama pedindo para você alterar a *resolução da tela* ou o *modo de vídeo*, siga estas etapas:

1. **Clique no botão Iniciar, no ícone Configurações e em Sistema.**

   Em geral, o app Configurações abre na página Sistema, portanto, talvez não seja necessário clicar no ícone Sistema.

244   PARTE 4 **Personalizando e Atualizando o Windows 11**

2. **Quando a página Sistema aparecer, clique na palavra Tela no painel direito.**

   São exibidas as configurações Tela, como na Figura 12-2.

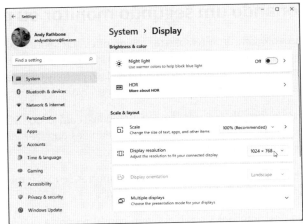

FIGURA 12-2: A página Sistema do app Configurações abre mostrando as configurações Tela.

3. **Para mudar a resolução da tela, clique na lista suspensa Resolução de tela e selecione a desejada.**

   O menu suspenso lista várias resoluções, todas classificadas por número. Quanto maior o número, maior a resolução e mais informação o Windows consegue colocar na tela do computador. Infelizmente, colocar mais informações na tela diminui o texto e as imagens.

   DICA

   A menos que tenha bons motivos contrários, escolha a resolução com a palavra *(Recomendado)*. É a maior resolução que seu PC suporta.

   Escolher a configuração recomendada pelo Windows garante texto e imagens mais claros.

4. **Quando o Windows mudar imediatamente para a nova resolução, clique no botão Manter alterações para autorizar a mudança. Se não gostar da nova resolução ou ela deixar sua tela ilegível, basta esperar que a tela volte à sua configuração anterior.**

   DICA

   Quando o Windows faz alterações na resolução da tela, ele lhe dá quinze segundos para aprovar clicando no botão Manter alterações. Se um problema técnico deixar sua tela ilegível, você não conseguirá ver nem clicar no botão da tela.

   O Windows nota que você não aprovou as alterações e, então, volta rápido para as configurações originais da tela visíveis. Ufa!

CAPÍTULO 12 **Personalizando as Configurações no Windows**   245

Após mudar a resolução do vídeo uma vez, é provável que você nunca mais volte aqui, a menos que compre um novo monitor ou atualize o vídeo de seu PC. Você também pode precisar rever essa janela se conectar uma segunda tela no PC, o que descrevo na próxima seção.

Adicionando um segundo monitor ou projetor

Foi abençoado com uma tela extra, talvez uma que sobrou do PC falecido? Conecte-a ao seu PC ou tablet e terá dobrado sua área de trabalho: o Windows estende o espaço de trabalho nas duas telas. Isso permite exibir a enciclopédia online na tela de um computador enquanto escreve seu TCC na outra.

Ou é possível espelhar a tela de seu notebook com o que vê no segundo monitor, útil ao conectar um projetor em reuniões ou fazer videoconferências com parceiros comerciais.

Essas mesmas etapas também permitem conectar seu PC à maioria das TVs widescreen para exibir fotos e assistir a filmes.

A maioria dos notebooks e tablets vem com uma porta de vídeo embutida para plugar um monitor próximo.

Mas para fazer esses malabarismos com vídeo em um PC desktop, o computador precisa de *duas* portas de vídeo, e uma porta deve combinar com o *conector* em seu segundo monitor ou projetor. Isso não é um problema se não são antigos. A maioria dos PCs, notebooks e tablets Windows modernos inclui uma porta HDMI para conectar um segundo monitor ou projetor.

Você precisa comprar um adaptador ou um cabo barato que combine com as portas de seu PC desktop e a segunda tela.

Após conectar o segundo monitor ou projetor ao computador e ligá-lo, siga estas etapas no PC:

1. **Clique no botão Iniciar e no ícone Configurações. Quando o app Configurações aparecer, clique no ícone Sistema.**

2. **Quando o app Configurações abrir na página Sistema, clique em Tela no painel direito.**

    Então o app Configurações mostra suas configurações da Tela, que apresentam um monitor com dois números, como na Figura 12-3.

3. **Escolha como o Windows deve mostrar os dois monitores.**

No início, o Windows pressupõe que você deseja duplicar sua tela nos dois monitores. Mas é possível escolher como o Windows deve se comportar no segundo monitor com as opções fornecidas no menu suspenso mostrado na Figura 12-3. O menu suspenso oferece estas opções, úteis para diferentes cenários:

- *Duplicar estas telas:* Essa opção, mostrada na Figura 12-3, duplica sua área de trabalho nas duas telas, o que é útil quando você deseja projetar uma imagem de sua área de trabalho na parede ou na tela para apresentações.

- *Estender estas telas:* Estende o Windows para caber nas duas telas, fornecendo uma área de trabalho extragrande. Isso funciona melhor quando você gosta de exibir *muitas* janelas abertas simultaneamente.

- *Mostrar apenas em 1:* Escolha isso antes de estar pronto para mostrar sua apresentação; sua tela fica em branco no segundo monitor. Quando estiver pronto para a ação, troque para Duplicar estas telas para que a segunda duplique a primeira.

- *Mostrar apenas em 2:* Escolha essa opção para mostrar apenas a segunda tela, que é útil ao conectar um PC a uma TV para assistir a filmes em um cômodo escuro.

Sempre que você escolhe uma das opções anteriores, aparece uma pequena janela na tela. Clique no botão Manter alterações para mudar para as novas configurações da tela. Clique no botão Reverter se não gostar. Se mudar a exibição deixa sua tela ilegível, espere alguns segundos: Se não clicar em Manter alterações, o Windows irá pressupor que algo deu errado e voltará para sua configuração anterior.

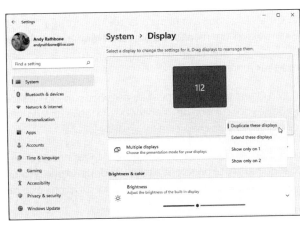

FIGURA 12-3: A página de configurações Tela abre mostrando que sua tela está duplicada em cada monitor.

CAPÍTULO 12 **Personalizando as Configurações no Windows** 247

4. **Clique na seção Várias telas para escolher o modo de apresentação dos monitores.**

Essa seção, útil para solução de problemas e pessoas que conectam com frequência um segundo monitor, tem configurações extras, cada uma descrita na lista a seguir:

- *Lembrar locais da janela com base na conexão do monitor:* Marcar essa caixa de seleção pede ao Windows para lembrar todo o trabalho feito ao configurar os monitores extras. Mantenha-a marcada, a menos que conecte sempre monitores diferentes em situações variadas.

- *Minimizar janelas quando um monitor for desconectado:* Essa caixa normalmente fica marcada, o que minimiza automaticamente qualquer janela aberta quando você desconecta o segundo monitor.

- *Detectar outra tela:* Útil ao solucionar problemas, essa opção permite saber se o Windows reconhece o segundo monitor, projetor ou TV conectada.

- *Identificar:* O Windows identifica seus monitores por números, mas às vezes você não consegue dizer qual monitor é atribuído a qual número. Clique nesse botão, abaixo da imagem que representa os dois monitores, e cada um exibe fisicamente seu número atribuído no centro da tela.

- *Conectar a tela sem fio:* Útil para conectar sem cabo, essa opção acessa uma pequena janela que pesquisa qualquer TV sem fio dentro da faixa.

5. **Se necessário, mude a orientação do monitor na área Orientação da tela e escolha qual monitor deve ter o botão Iniciar em sua barra de tarefas.**

O Windows pressupõe que seu monitor está no modo *paisagem*, no qual a tela é mais larga que alta (a maioria dos monitores e TVs está configurada assim). Se tiver um monitor ou um tablet giratório configurado na vertical, visite a seção Orientação da tela para informar ao Windows como você girou seus monitores.

A seção Orientação da tela permite escolher o modo Paisagem ou Retrato padrão se você colocou um monitor ou um tablet de lado, talvez para exibir melhor uma página cheia com material de leitura.

Por fim, decida qual dos dois monitores listados na tela deve exibir o menu Iniciar quando você pressiona a tecla Windows. Clique no monitor desejado na tela e marque a caixa de seleção Fazer esta minha exibição principal.

248   PARTE 4 **Personalizando e Atualizando o Windows 11**

6. **Se necessário, arraste e solte as telas do computador na tela para a direita ou a esquerda até elas corresponderem à colocação física das telas *reais* do PC em sua área de trabalho. Então, escolha sua exibição principal.**

A janela da seção Tela do app Configurações mostra seus dois monitores como pequenos quadrados na tela. Arraste e solte os monitores na tela até eles corresponderem à colocação dos monitores *reais*.

Qualquer alteração feita nas Configurações ocorre imediatamente; assim que você clica no botão Manter alterações, terminou.

Rodar o Windows com dois (ou mais) monitores pode precisar de outros ajustes nas configurações também:

» Para ajustar a resolução da tela nos dois monitores, siga as instruções dadas na seção anterior, "Mudando a resolução da tela". Desta vez, a janela Configurações avançadas de tela mostra *ambos* os monitores. Clique no monitor que deseja mudar, e a lista suspensa Resolução se aplica a esse monitor apenas.

» Se mover a posição física de um dos dois monitores, volte para a primeira etapa e comece de novo. É preciso informar ao Windows as novas posições para ele colocar a tela correta no monitor certo.

» Em geral, o Windows estende a barra de tarefas na parte inferior do segundo monitor, que fica estranho ao conectar TVs ou durante apresentações. Para desativar, abra a categoria Personalização no app Configurações e escolha Comportamentos da barra de tarefas na coluna direita. Nesse ponto, clique na opção Mostrar barra de tarefas em todos os monitores. Isso permite limitar sua barra de tarefas à sua tela principal ou estendê-la nas outras telas conectadas também.

Cortando notificações e anúncios

O que o Windows chama de *Notificações*, outras pessoas chamam de "Chatices". Notificações são pequenas sinopses que aparecem por alguns segundos no canto inferior da sua tela, então se escondem no painel Notificações para uma futura leitura.

CAPÍTULO 12 **Personalizando as Configurações no Windows**   249

Algumas pessoas gostam de ficar atualizadas no instante, vendo as notificações para saberem das últimas notícias, por exemplo, ou do assunto de um email que entra. Outras acham as mensagens inesperadas uma invasão. Para controlá-las, acesse as configurações Notificações na categoria Sistema seguindo estas etapas:

1. **Clique no botão Iniciar, no ícone Configurações e no ícone Sistema.**

2. **Quando a página Sistema aparecer, clique em Notificações no painel direito.**

   O app Configurações mostra as configurações Notificações, como na Figura 12-4. Todas as configurações se aplicam ao painel Notificações, a faixa cheia de informações que aparece quando você clica na área Data/hora, localizada na borda direita da barra de tarefas.

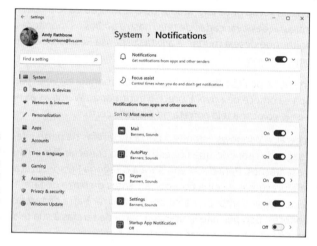

FIGURA 12-4: As configurações Notificações permitem desativar os avisos pop-up.

NOVO

3. **Ajuste as configurações a seguir quando necessário:**

   - *Notificações:* Clique nessa opção para impedir que *todos* os apps o perturbem com notificações (clique de novo para ativar se você sente falta das notificações do app).

   - *Assistente de foco:* Planejada para pessoas meticulosas, essa configuração permite designar as horas em que as notificações podem aparecer. Assim, é possível não ser interrompido no trabalho ou durante jogos de videogames. Você também pode escolher impedir que as notificações apareçam em um segundo monitor, evitando que a sala de reuniões veja o lembrete para pegar mais areia para gatos. Também pode designar quais apps específicos podem enviar notificações e silenciar o resto.

- *Notificações de aplicativos e outros remetentes:* A configuração mais usada, as Notificações de aplicativos e outros remetentes permitem separar e escolher quais apps podem enviar notificações. Essa configuração é um ótimo modo de impedir as chatas, mas preservar as importantes. Os apps são classificados automaticamente, com o último chato aparecendo no topo da lista.

- *Oferecer sugestões sobre como posso configurar meu dispositivo:* Planejada para pessoas que correm para configurar as contas de usuário de seu computador, essa caixa de seleção permite que o Windows o lembre de terminar de personalizar o Windows 11. Desative após um mês ou mais, ou quando estiver razoavelmente feliz com o funcionamento de seu computador.

- *Obter dicas e sugestões quando uso o Windows:* Embora úteis a princípio, essas notificações podem ser um incômodo após alguns meses de uso. Nesse ponto, desative clicando na caixa de seleção.

Mudando com cuidado as opções listadas antes, você pode remover grande parte das chatices do painel Notificações. Sente falta delas? Desfaça sua decisão clicando na opção da configuração que falta.

DICA

Para desativar outros anúncios pop-up, vá para a categoria Personalização no app Configurações e escolha Uso do dispositivo no painel direito. Nele, desative toda opção identificada.

Conectando e ajustando o Bluetooth e outros dispositivos

Na terra do Windows, *dispositivos* são coisas físicas, como mouse, teclado, impressora, cartões de memória e scanner. Assim, a categoria Dispositivos do app Configurações contém definições para ajustar o botão giratório do seu mouse, além do modo como seu computador reage quando você insere um cartão de memória. Resumindo, as configurações do dispositivo são uma miscelânea que você consegue localizar com mais facilidade procurando na caixa Pesquisa do menu Iniciar, como descrito na primeira seção deste capítulo, "Encontrando a Configuração Certa".

Após encontrar o esconderijo no app Configurações, você pode usá-lo para fazer todos os ajustes explicados nas próximas seções.

Adicionando um Bluetooth

A tecnologia Bluetooth permite conectar gadgets próximos e sem fio ao seu computador, acabando com a confusão em sua área de trabalho. Em um tablet, o Bluetooth permite adicionar um mouse e um teclado sem fio, um alto-falante externo e outro gadget sem monopolizar nenhuma porta USB desejada de seu PC, ou seja, as entradas retangulares ou ovais nas quais você conecta pendrives e outros gadgets.

A maioria dos tablets, notebooks e novos PCs desktop vem com Bluetooth predefinido; você pode adicioná-lo a um PC mais antigo plugando um pequeno módulo Bluetooth em uma porta USB vazia.

O Bluetooth também pode conectar seu computador, notebook ou tablet com alguns smartphones para um acesso de internet sem fio, caso seu provedor sem fio permita, em um truque conhecido como "tethering".

Para adicionar um item Bluetooth a um computador, um notebook ou um tablet, siga estas etapas:

1. Verifique se o dispositivo Bluetooth está ligado e pronto para parear.

A maioria dos dispositivos Bluetooth inclui uma chave On/Off. Informar ao dispositivo para iniciar o pareamento é um pouco mais difícil. Por vezes, você pode simplesmente mudar uma chave. Outros dispositivos requerem pressionar um botão até sua luzinha começar a piscar.

Quando você vê a luz piscando, o dispositivo está pronto para parear com outro dispositivo Bluetooth, incluindo, espera-se, seu computador.

2. Clique no botão Iniciar e no ícone Configurações; no app Configurações, clique no ícone Bluetooth e dispositivos.

O app Configurações abre mostrando a categoria Dispositivos, que já abre em Bluetooth e dispositivos, como na Figura 12-5.

Se a opção Bluetooth de seu computador estiver definida para Off, clique para ativar e, então, clique no botão Adicionar dispositivo, logo abaixo.

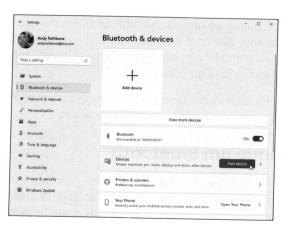

FIGURA 12-5: Para adicionar um Bluetooth sem fio, clique em Adicionar dispositivo.

3. **Clique no botão Adicionar à direita da página Bluetooth e dispositivos e, então, clique na opção Bluetooth na janela Adicionar um dispositivo.**

   Seu computador começa a pesquisar rapidamente qualquer dispositivo Bluetooth próximo que queira conectar, conhecido no jargão Bluetooth como *parear*.

   Se seu dispositivo não aparecer, volte para a Etapa 1 e verifique se seu Bluetooth ainda está ligado e pronto para parear (muitos gadgets impacientes desistem e desligam após trinta segundos esperando uma conexão).

4. **Quando o nome do dispositivo aparecer abaixo de Adicionar um dispositivo, clique no nome.**

5. **Insira o código do dispositivo se necessário e, se pedido, clique no botão Parear.**

   É onde as coisas complicam. Por motivos de segurança, alguns dispositivos pedem para você provar que está sentado na frente do seu *próprio* computador e que não é um estranho tentando invadir. Infelizmente, os dispositivos empregam táticas um pouco diferentes ao fazê-lo provar sua inocência.

   Algumas vezes é preciso digitar uma string secreta de números, chamada *código de acesso*, no dispositivo e no computador (o código secreto costuma ficar oculto em algum lugar no manual do dispositivo). Mas você precisa digitar rápido antes que o outro gadget se canse de esperar.

   Em alguns gadgets, sobretudo os mouses Bluetooth, você segura um pequeno botão na estrutura do mouse nessa etapa.

   Às vezes os celulares requerem clicar em um botão Parear se você vê códigos de acesso correspondentes no computador e no telefone.

DICA

   Em caso de dúvida, digite 0000 no teclado ou pressione Enter. Isso normalmente é reconhecido como um código de acesso universal para os proprietários frustrados do dispositivo Bluetooth que tentam conectar seus gadgets.

   Verifique se o Bluetooth de seu computador não está desligado: a chave sob a palavra Bluetooth, mostrada na Figura 12-5, deve estar na posição On (desligar estende a vida útil da bateria nos tablets e nos notebooks; nos PCs desktop, sempre deixe ligado). Não vê a chave? Então seu computador não tem Bluetooth predefinido. É preciso comprar um adaptador, uma caixinha barata que se conecta à porta USB do PC.

   Após um gadget parear com sucesso seu computador, seu nome e ícone aparecem quando você clica em Mostrar mais dispositivos, como mostrado à direita da Figura 12-5.

CAPÍTULO 12 **Personalizando as Configurações no Windows**   253

Para adicionar um dispositivo Bluetooth a partir da área de trabalho do Windows, clique no ícone Bluetooth da barra de tarefas (mostrado na margem), escolha Adicionar um dispositivo Bluetooth e, então, vá para a Etapa 3 na lista anterior. Não vê o ícone Bluetooth da barra de tarefas? Clique na seta para cima que mantém alguns ícones à esquerda do relógio na barra. O ícone aparece no menu suspenso, pronto para clicar.

Para desconectar um Bluetooth, siga as duas primeiras etapas nesta seção. Então, quando encontrar seu gadget listado no topo da Figura 12-5, clique nos três pontos verticais (mostrados na margem) e escolha Desconectar no menu suspenso. Não clique na outra opção, Remover dispositivo, ou você precisará parear de novo com seu computador.

Adicionando uma impressora ou um scanner

Os fabricantes de impressora que brigam não conseguem concordar sobre como as impressoras e os scanners devem ser instalados. Como resultado, você instala sua impressora de dois modos:

>> Alguns fabricantes dizem apenas para conectar sua impressora ou scanner inserindo o conector retangular na portinha USB retangular no PC. O Windows nota automaticamente, reconhece e adota o novo dispositivo. Coloque os cartuchos de tinta necessários na impressora, toner ou papel, e pronto.

>> Outros fabricantes adotam uma abordagem mais complicada, dizendo que você deve instalar o pacote de software antes de plugar o dispositivo. E se você não instala primeiro o software, a impressora ou o scanner pode não funcionar corretamente.

Infelizmente o único modo de saber como sua impressora ou scanner deve ser instalado é verificar o manual (em geral, essas informações aparecem em uma página colorida de Instalação rápida dentro da caixa da impressora).

Sem manual? Agora a maioria dos fabricantes tem informações online em seu site.

Se sua impressora não tem um software de instalação, instale os cartuchos, coloque papel na bandeja e siga estas instruções para fazê-la funcionar:

1. Com o Windows em execução, conecte sua impressora no PC e ligue-a.

O Windows pode enviar uma mensagem informando que sua impressora foi instalada com sucesso, mas siga a próxima etapa para testar.

254 PARTE 4 **Personalizando e Atualizando o Windows 11**

2. **Clique no botão Iniciar e no ícone Configurações; no app Configurações, clique no ícone Bluetooth e dispositivos.**

   O app Configurações abre mostrando a categoria Bluetooth e dispositivos, como na Figura 12-5, anterior.

3. **À direita do app Configurações, escolha Impressoras e scanners.**

   O app Configurações exibe qualquer impressora e scanner anexado ao PC. Se você encontrar sua impressora listada por modelo ou marca, clique no nome, no botão Gerenciar e nas palavras "Imprimir uma página de teste" quando a janela Gerenciar seu dispositivo aparecer. Se a página de teste for impressa corretamente, terminou. Parabéns.

   Não funcionou? Verifique se toda a embalagem foi removida de dentro da impressora e se ela tem cartuchos de tinta. Se ainda não imprime, sua impressora pode estar com problemas. Contate a loja onde a comprou e peça o contato da assistência técnica.

   A janela Gerenciar seu dispositivo da impressora costuma ter também um botão Propriedades da impressora. Clicar nele permite acessar as configurações da impressora ou do scanner para que você possa mudar seu comportamento.

É isso. Se você for como a maioria das pessoas, sua impressora funcionará que é uma beleza. Do contrário, veja as dicas e os truques de correção na seção de impressão do Capítulo 8.

» Para remover uma impressora que você não usa mais, clique em seu nome na Etapa 3 e escolha Remover dispositivo no menu suspenso. O nome dessa impressora não aparecerá mais como uma opção quando tentar imprimir a partir de um programa. Se o Windows pedir para desinstalar os drivers e o software da impressora, clique em Sim, a menos que ache que talvez possa instalar de novo a impressora no futuro.

» É possível mudar as opções da impressora de dentro de muitos programas. Escolha Arquivo na barra de menus de um programa (talvez você precise pressionar Alt para ver a barra de menus), então escolha Configuração da impressão ou escolha Imprimir. A janela que aparece permite mudar coisas como tamanhos do papel, fontes e tipos de gráfico.

DICA

» Ao criar uma rede, como descrito no Capítulo 15, você pode compartilhar sua impressora com outros PCs em sua rede. Sua impressora será listada como disponível para todos os computadores nessa rede.

» Se o software de sua impressora o confunde, tente clicar nos botões Ajuda nos menus. Muitos botões são personalizados segundo o modelo de impressora em particular e dão conselhos não encontrados no Windows.

> Para imprimir a partir de tablets e celulares, compre e instale uma impressora Wi-fi. Após conectá-la à sua rede e compartilhar, ela deve aparecer como uma opção de impressão nos dispositivos Wi-fi mais populares.

> Explico as impressoras e os scanners no Capítulo 8.

Conectando seu celular

NOVO

O app Configurações no Windows 10 tinha uma entrada separada chamada Telefone para vincular seu celular ao PC. Agora o Windows 11 coloca essa informação na categoria Bluetooth e dispositivos, em uma seção chamada Seu Telefone.

Contudo, o Windows 11 deve chamá-lo de "Seu Telefone para Android". Os proprietários de iPhones perderam a grande maioria dos recursos do app encontrados no app Seu Telefone recém-melhorado (explico melhor o app no Capítulo 17). O app funciona apenas com telefones Android com a versão Android 7.0 ou posterior, e para aproveitar *todos* os recursos do app, é preciso uma das versões mais recentes dos smartphones Galaxy da Samsung.

Por que se preocupar em conectar seu Android ao PC? Bem, uma vez conectado, o app Seu Telefone no Windows 11 permite fazer o seguinte:

> Ler as notificações de seu celular no PC.

> Enviar e ler mensagens de texto de seu celular a partir do PC.

> Exibir com facilidade as fotos do celular no monitor do PC.

> Executar apps do celular no PC.

> Fazer ligações com seu celular.

Mas, antes de fazer qualquer coisa, você deve conectar o celular Android ao Windows 11 seguindo estas etapas:

1. **Clique no botão Iniciar e no ícone Configurações; no painel à esquerda do app Configurações, clique no ícone Bluetooth e dispositivos.**

    O app Configurações abre a página Bluetooth e dispositivos.

2. **Clique no botão Abrir seu telefone no painel direito do app Configurações e, quando a janela Usar seu telefone Android a partir do PC aparecer, clique em Introdução.**

    A janela Introdução aparece, convidando-o a usar seu telefone Android no PC.

256 PARTE 4 **Personalizando e Atualizando o Windows 11**

3. **Se solicitado, clique no botão Entrar para conectar o telefone Android à sua conta Microsoft.**

   Quando solicitado, faça login em sua conta Microsoft.

   Se já estiver conectado ao PC com uma conta Microsoft, vá para a próxima etapa.

4. **Em seu telefone Android, acesse o link listado na janela Parear dispositivos e siga as instruções.**

   As instruções aqui diferem segundo o tipo de celular. Talvez você precise usar seu telefone para escanear um QR code na tela do PC, por exemplo, ou inserir um número exibido no telefone em seu computador.

   Se tiver problemas, acesse o Google Play e baixe o app Complemento para Seu Telefone — Vincular ao Windows. Às vezes o próprio app facilita o processo de vinculação.

   O Windows conecta seu telefone, permitindo-o acessá-lo a partir do PC, como na Figura 12-6.

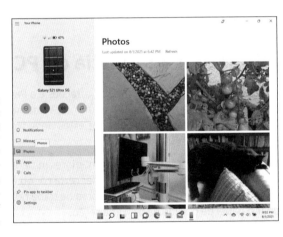

FIGURA 12-6: Conecte o Windows ao seu celular para exibir fotos, enviar mensagens e fazer ligações a partir do PC.

Mesmo no Windows 11, o vínculo entre o Windows e seu telefone ainda é um trabalho em andamento. Alguns recursos funcionam apenas em certos modelos de celular, por exemplo, e o app Seu Telefone requerido pode esvaziar a bateria de seu telefone com mais rapidez do que o habitual (para ter um modo mais fácil de acessar as fotos de seu telefone, instale o app OneDrive: ele coloca automaticamente *todas* as fotos de seu telefone sem fio no OneDrive, onde podem ser exibidas em seu PC também).

E mais: se você odeia digitar mensagens de texto no teclado minúsculo do celular, o app pode valer a pena. Descrevo como exibir, baixar ou excluir as fotos do celular Android no Capítulo 17.

Conectando redes Wi-fi próximas e a internet

Para a maioria das pessoas, as configurações do Wi-fi listadas na categoria Rede e Internet contêm apenas um item útil: um modo de encontrar e conectar as redes Wi-fi próximas.

Para evitar o app Configurações e ir direto para essas configurações, clique no ícone Wi-fi na barra de tarefas, que fica na parte inferior de sua tela. Quando o menu do painel Ações rápidas aparecer, clique na pequena seta para a direita ao lado do ícone Wi-fi à esquerda superior do menu. Por fim, quando a lista de redes Wi-fi próximas aparecer, clique no nome da rede desejada (a rede mais forte sempre aparece no topo da lista). Volte para o Capítulo 9 para obter detalhes.

Os outros itens na categoria Rede e Internet do app Configurações em grande parte são para os técnicos e podem ser ignoradas com segurança. Aqui, os nerds podem ajustar sua VPN (Rede Privada Virtual) e a velha-guarda pode criar conexões de discagem.

Dedico o Capítulo 15 inteiramente à rede, e a internet recebe atenção no Capítulo 9.

Personalizando a aparência do PC

Uma das categorias mais populares no app Configurações é a Personalização, que permite mudar a aparência e o comportamento do Windows de inúmeros modos. Na página Personalização, espere por estes nove ícones:

» **Tela de fundo:** Valiosa para os designers de interiores iniciantes, as configurações Tela de fundo permitem escolher certa cor ou foto (por vezes chamada de *papel de parede*) para sua área de trabalho. Explico como mudar o papel de parede na próxima seção.

» **Cores:** Quando estiver satisfeito com a tela de fundo, escolha Cores no painel à esquerda para selecionar a cor dos quadros no menu Iniciar, janelas, apps e barra de tarefas. Clique em uma cor na grade apresentada, e pronto (para misturar sua cor favorita, clique no botão Exibir cores abaixo da grade de cores).

» **Temas:** Após ter escolhido a tela de fundo, as cores e a tela de bloqueio favoritas, acesse aqui para salvá-las como um *tema* — uma coleção de enfeites que podem ser facilmente colocados ou removidos. O link Obter mais temas na Microsoft Store o leva à loja da Microsoft, onde você pode baixar dezenas de temas gratuitos que mudam a aparência do Windows.

» **Tela de bloqueio:** Normalmente, o Windows escolhe em suas próprias fotos no pacote o que colocar na *tela de bloqueio*, a imagem que aparece quando você liga pela primeira vez seu PC. Aqui, você pode escolher sua própria foto.

» **Teclado de toque:** Útil apenas para os proprietários de telas de toque, isso permite salpicar diferentes cores no teclado da tela. O mais importante, permite mudar o tamanho do teclado na tela, útil para quem digita com o polegar e para os proprietários de tablets e notebooks widescreen.

» **Iniciar:** Acesse aqui para controlar a aparência do próprio menu Iniciar (descrevo essas configurações no Capítulo 2, que detalha o menu Iniciar).

» **Barra de Tarefas:** Venha aqui para personalizar o comportamento da *barra de tarefas*, a faixa fina e cheia de ícones na borda inferior de sua área de trabalho. Explico esse tópico no Capítulo 3. (Para ir rápido para a janela Configurações da barra de tarefas, clique com o botão direito na barra e escolha Propriedades. A janela que aparece também permite mudar as configurações do menu Iniciar.)

» **Fontes:** Uma entrada relativamente nova para designers gráficos e fãs de cartões de felicitação, permite instalar novas fontes. Para instalar uma nova fonte, basta arrastar e soltar do Explorador de Arquivos ou da sua área de trabalho na caixa Adicionar fontes da página Fontes (para criar mais fontes para seu PC, clique no link `Obter mais fontes na Microsoft Store`).

» **Uso do dispositivo:** Confuso com o Windows 11? Clique aqui e ative todos os modos como planeja usar seu computador: Jogos, Família, Criatividade, Escola, Entretenimento ou Negócios. Então o Windows dá sugestões sobre como gerenciar essas tarefas com mais facilidade.

Nas próximas seções, explico as tarefas Personalização, que você acessará com mais frequência, e como lidar com as configurações que aparecem.

Mudando a tela de fundo da área de trabalho

Tela de fundo, também conhecida como papel de parede, é simplesmente a imagem que cobre sua área de trabalho. Para mudá-la, siga estas etapas:

1. **Clique no botão Iniciar, escolha o ícone Configurações e abra a categoria Personalização.**

   O Windows rapidamente o leva para a categoria Personalização do app Configurações; abra a configuração Temas.

DICA

   Você pode visitar a categoria Personalização mais rápido clicando com o botão direito na área de trabalho e escolhendo Personalizar no menu suspenso. A categoria Personalização abre diretamente na configuração Temas.

2. **Clique na categoria Tela de fundo no painel direito e escolha Imagem no menu suspenso Personalizar sua tela de fundo, mostrado na Figura 12-7.**

   O menu Tela de fundo permite criar um segundo plano com uma imagem, uma cor sólida ou uma *apresentação de slides* — uma combinação de fotos que mudam automaticamente em intervalos predefinidos.

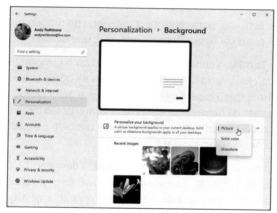

FIGURA 12-7: A categoria Personalização permite controlar como o Windows fica no PC.

3. **Clique em uma nova imagem para a tela de fundo.**

   A Microsoft lista algumas imagens para escolher. Se você não gostar do que ela oferece, clique no botão Procurar fotos, listado na seção Escolher uma foto, para pesquisar a pasta Imagens de seu computador para ter possíveis telas de fundo.

   Ao clicar em uma nova imagem, o Windows imediatamente a coloca na área de trabalho e mostra uma visualização no topo da página Personalização. Se você gostou, vá para a Etapa 4; do contrário, continue percorrendo as fotos disponíveis.

4. **Decida se é para preencher, ajustar, ampliar, lado a lado, centralizar ou estender a imagem.**

   Embora o Windows tente escolher a melhor configuração, poucas imagens cabem perfeitamente na área de trabalho. Por exemplo, as pequenas imagens precisam ser ampliadas para caberem no espaço ou distribuídas na tela em linhas, como ladrilhos no piso. Quando colocar lado a lado e ampliar tornar o segundo plano estranho ou distorcido, acesse o menu suspenso Escolher um ajuste. Nele, é possível experimentar a opção preencher ou ajustar para manter a perspectiva. Ou tente centralizar a imagem e deixar um espaço vazio em torno das bordas. Escolha a opção estender apenas se conectou seu PC a dois monitores e deseja que a imagem preencha ambas as telas.

Conforme você escolhe opções diferentes, o Windows imediatamente muda a tela de fundo para mostrar a nova escolha. Gostou do que viu? Feche a janela Configurações e pronto. O Windows salva automaticamente o novo segundo plano na tela.

Mudando o tema do computador

Temas são apenas coleções de configurações para enfeitar seu PC: você pode salvar sua proteção de tela favorita e tela de fundo da área de trabalho como um *tema*, por exemplo. Então, trocando entre os temas, pode mudar as "roupas" do computador com mais rapidez.

Para experimentar um dos temas predefinidos no Windows, siga estas etapas:

1. **Clique no botão Iniciar, escolha o ícone Configurações e abra a categoria Personalização.**

2. **Escolha Temas à direita do app Configurações.**

O app Configurações abre exibindo os temas enviados com o Windows, como na Figura 12-8. Clique em qualquer tema, e o Windows experimenta de imediato.

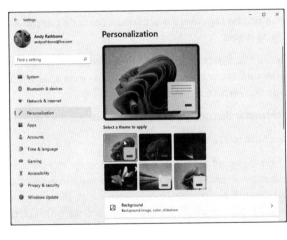

FIGURA 12-8: Escolha um tema pré-configurado para mudar a aparência do Windows.

Em vez de escolher entre os temas predefinidos, fique à vontade para criar um próprio clicando nas palavras Salvar tema para gravar a tela de fundo da área de trabalho atribuída atualmente, a cor da janela, sons, a proteção de tela e o cursor do mouse. Digite um nome para o tema, e ele aparece como uma opção nesta seção.

Você também pode baixar novos temas na Microsoft Store.

ESCOLHENDO UMA PROTEÇÃO DE TELA

Na era pré-histórica da computação, os monitores sofriam com *burn-in* (retenção de imagem): um dano permanente quando um programa muito usado marcava sua imagem na tela. Para evitar isso, as pessoas instalavam uma proteção de tela que substituía a imagem estática por uma tela em branco ou linhas móveis. As telas de hoje não sofrem mais com os problemas de burn-in, mas algumas pessoas ainda usam as proteções porque elas são legais e adicionam uma camada de privacidade.

Mudar a proteção de tela requer voltar ao Painel de Controle de antigamente seguindo estas etapas:

1. **Clique na caixa Pesquisa ao lado do botão Iniciar da barra de tarefas, digite *proteção de tela* e pressione Enter.**

   A janela Configurações de Proteção de Tela do Painel de Controle aparece.

2. **Clique na seta para baixo na caixa Proteção de Tela e selecione uma proteção. Depois, clique no botão Visualizar para ter uma ideia. Exiba quantos candidatos quiser antes de se decidir.**

   Clique também no botão Configurações ao lado, pois algumas proteções de tela têm opções, permitindo especificar a velocidade de uma apresentação de fotos, por exemplo.

3. **Se quiser, adicione segurança marcando a caixa de seleção Ao reiniciar, exibir tela de logon.**

   Essa proteção mantém pessoas e gatos longe do teclado enquanto você está pegando um café. Isso faz o Windows pedir uma senha após sair do modo Proteção de Tela (explico as senhas no Capítulo 14).

4. **Quando terminar de configurar a proteção, clique em OK.**

   O Windows salva suas alterações.

Se você *realmente* quiser estender a vida útil de sua tela (e economizar energia), não se preocupe com as proteções de tela. Coloque seu computador para dormir antes de se afastar: clique com o botão direito em Iniciar, clique em Desligar ou Sair e escolha Suspender no menu suspenso. Para acordar seu PC, toque no teclado.

Corrigindo e removendo apps

A categoria Aplicativos das Configurações permite desinstalar os apps indesejados e redefinir os que funcionam mal. Também é possível escolher apps *padrão*, por exemplo, o app que deseja começar a reproduzir música quando você abre um arquivo de música. Você pode escolher quais apps podem abrir automaticamente assim que você inicia o Windows. Isso permite abri-los mais rápido, mas faz o Windows carregar um pouco mais lento (explico melhor os apps no Capítulo 6).

Remover um app do menu Iniciar não requer muito esforço. Clique com o botão direito no ícone dele no menu Iniciar e escolha Desafixar de Iniciar no menu suspenso.

Isso não remove fisicamente o app. Ele reside na lista alfabética do menu Iniciar e em seu PC. Para remover de modo permanente um app ou um programa do PC, siga estas etapas:

1. **Clique no botão Iniciar, no ícone Configurações do menu Iniciar e escolha o ícone Aplicativos no painel à esquerda.**

2. **Quando a categoria Aplicativos aparecer, clique em Aplicativos e recursos no painel à esquerda da janela.**

   A janela Aplicativos e recursos aparece, listando os apps e os programas instalados atualmente, em ordem alfabética.

DICA

   Para classificar os programas pela data de instalação, clique na opção Classificar por e escolha Classificar por data de instalação no menu suspenso. Isso facilita encontrar o app que se comporta mal e foi instalado ontem.

   O mesmo menu permite exibir os programas instalados em unidades diferentes. Isso é útil em tablets pequenos, nos quais você deseja armazenar programas em cartões de memória, em vez de na memória principal.

   A opção de menu final, Classificar por tamanho, ajuda a encontrar e remover os apps muito grandes quando você fica sem espaço de armazenamento.

3. **Clique no menu Mais à esquerda do programa desprezado e clique no botão Mover ou Desinstalar.**

   Clique no menu Mais (mostrado na margem) ao lado de um programa listado, e várias opções aparecem:

   - *Opções avançadas:* As coisas mais técnicas aparecem nessa área do menu, mas, se o app não funciona corretamente, tente a opção Reparar. (Se o app ainda falhar, escolha Redefinir. O app exclui seus dados e se reinstala.)

CAPÍTULO 12 **Personalizando as Configurações no Windows** 263

- *Mover:* Quando estiver ficando sem espaço de armazenamento, escolha essa opção, se disponível. Ela permite mover um app ou um programa para outra unidade no PC ou para o cartão de memória de seu tablet, liberando espaço para seus arquivos.

- *Desinstalar:* Clique nesse botão, assim como no botão de confirmação a seguir, para remover por completo o app ou o programa do PC.

Dependendo da opção clicada, mostrada na Figura 12-9, o Windows reinicializa o programa no PC ou o move para outra unidade de disco ou cartão de memória.

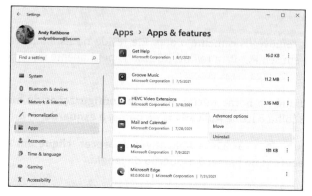

FIGURA 12-9: Clique em um app ou programa indesejado e no botão Desinstalar.

Após excluir um programa, ele se foi para sempre, a menos que você tenha seu CD de instalação. Diferentemente dos outros itens excluídos, os programas apagados não permanecem na Lixeira. Mas os apps excluídos por engano quase sempre podem ser realocados e reinstalados na Microsoft Store (ela lembra quais apps você baixou ou comprou, facilitando reinstalar de graça).

CUIDADO

Sempre use o app Configurações para desinstalar os programas indesejados. Apenas excluir seus arquivos ou pastas não resolve. Na verdade, muitas vezes, fazer isso confunde o computador, fazendo-o enviar mensagens de erro irritantes.

Infelizmente, a Microsoft não permite excluir muitos apps que vêm com o Windows 11. Você tem que ficar com eles (mas ainda pode removê-los do menu Iniciar clicando com o botão direito em seus ícones e escolhendo Desafixar de Iniciar no menu suspenso).

264   PARTE 4 **Personalizando e Atualizando o Windows 11**

Criando e mudando contas de terceiros

Vá para a categoria Contas para criar ou mudar as contas das pessoas que podem usar seu computador, uma tarefa vista no Capítulo 14, assim como excluir contas para aqueles que não são mais bem-vindos. Essa categoria também permite mudar sua senha e imagem da conta. Se você trabalha em mais de um PC, acesse a seção Sincronizar configurações da categoria para controlar quais configurações devem vincular sua conta Microsoft. Então essas configurações aparecem em qualquer dispositivo Windows no qual você faz login com sua conta.

Mudando rapidamente configurações de data, hora e idioma

Visitada em grande parte por viajantes frequentes, essa categoria definida uma vez e esquecida permite mudar o fuso horário, ajustar os formatos de data/hora para corresponder à sua região e ajustar outras configurações relacionadas ao seu idioma e localização geográfica.

Os proprietários de notebook e tablet desejarão acessar aqui ao visitarem diferentes fusos horários. Os bilíngues também gostarão das configurações que permitem caracteres de diferentes idiomas.

Para acessar, clique no botão Iniciar, no ícone Configurações do menu e na categoria Hora e idioma do app Configurações. Aparecem quatro entradas no painel à esquerda:

» **Data e hora:** Essas configurações são bem óbvias (clicar com o botão direito na área de data e hora da barra de tarefas e escolher Ajustar data/hora permite visitar aqui também).

» **Idioma e região:** Foi para um país novo? Atualize sua mudança aqui; seu computador repassa para o novo país qualquer app que requeira essa informação. Se você for bilíngue ou poliglota, acesse aqui quando trabalhar em documentos que requerem inserir caracteres de diferentes idiomas.

» **Digitação:** Muitas opções esperam para controlar como o Windows interpreta sua digitação. As opções aqui permitem decidir se o Windows deve corrigir automaticamente ou destacar as palavras com erros de ortografia. Você também pode visitar seu histórico de correções para mudar qualquer erro cometido pelo Windows.

» **Fala:** Se o Windows não reconhecer bem sua voz, acesse aqui para ajustar as configurações de reconhecimento da fala (talvez também precise comprar e instalar um microfone melhor para aproveitar os programas de reconhecimento de fala).

Configurando para videogames

A categoria Jogos permite controlar como você grava videogames no Windows. Também permite verificar a conexão do PC com os consoles de jogos Xbox da Microsoft e ativar a Xbox Game Bar.

INSTALANDO NOVOS APPS E PROGRAMAS

Hoje, a maioria dos programas se instala automaticamente assim que você os baixa na Microsoft Store, clica duas vezes no arquivo de instalação baixado ou insere seus discos na unidade do PC.

Se você tem dúvidas se um programa foi instalado, vá para o menu Iniciar e procure seu nome. Se ele aparece na lista em ordem alfabética Todos os aplicativos, o programa foi instalado.

Mas, se um programa não for automaticamente para seu computador, veja algumas dicas que podem ajudar:

- Você precisa de uma conta Administrador para instalar os programas (a maioria dos proprietários de computador tem uma conta Administrador). Isso evita que crianças, com suas contas Padrão ou Criança, instalem programas e baguncem seu PC. Explico as contas de usuário no Capítulo 14.

- Baixou um programa? O Windows salva os arquivos baixados em sua pasta Downloads. Para encontrar a pasta Downloads, abra qualquer pasta e clique na palavra *Downloads* na área Acesso rápido da pasta, localizada no topo do painel à esquerda. Quando a pasta Downloads aparecer, clique duas vezes no nome do programa baixado para instalá-lo.

- Muitos programas recém-instalados e ansiosos desejam adicionar um atalho na área de trabalho, um ícone do menu Iniciar e um atalho da barra de ferramentas Inicialização rápida. Clique em "sim" para tudo. Assim, é possível iniciar o programa na área de trabalho sem precisar ir ao menu Iniciar. (Mudou de ideia? Clique com o botão direito em qualquer atalho indesejado e escolha Excluir ou Desafixar para remover.)

- Não faz mal criar um ponto de restauração antes de instalar um novo programa (descrevo como criá-los no Capítulo 13). Se seu programa recém-instalado der errado, use a Restauração do sistema para voltar seu computador à tranquilidade que ele tinha antes de você ter instalado o problema.

Adaptando o Windows às suas necessidades especiais

Quase todo mundo acha o Windows desafiador, mas algumas pessoas enfrentam desafios físicos especiais também. Para ajudá-las, a categoria Facilidade de Acesso do app Configurações tem várias mudanças bem-vindas.

DICA

Se sua visão já não é mais a mesma, por exemplo, talvez goste de meios de aumentar o tamanho do texto na tela do computador.

Siga estas etapas para modificar as configurações no Windows:

1. **Carregue o app Configurações do Windows.**

DICA

   Você pode acessar o app Configurações de duas maneiras:

   - **Mouse:** Clique no botão Iniciar e, então, no ícone Configurações do menu Iniciar.

   - **Teclado:** Na área de trabalho, pressione ⊞+I.

2. **Quando o app Configurações aparecer, selecione Facilidade de Acesso.**

   A área aparece como na Figura 12-10.

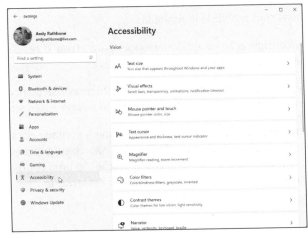

FIGURA 12-10: A Central de facilidade de acesso ajuda os usuários com limitações físicas.

3. **Mude as configurações segundo suas necessidades.**

   Para tornar seu PC mais fácil de controlar, a janela Facilidade de Acesso tem três grupos de configurações: Visão, Audição e Interação. Cada uma tem meios de ajudá-lo a ver, ouvir ou controlar seu PC. Para ativar ou desativar um recurso, clique em seu botão nessas categorias:

CAPÍTULO 12 **Personalizando as Configurações no Windows** 267

- **Tamanho do texto:** Talvez a seção mais acessada, permite aumentar o texto no Windows e nos apps.

- **Efeitos visuais:** A primeira opção aqui torna as barras de rolagem mais visíveis. É minha primeira parada após instalar o Windows 11.

- **Ponteiro do mouse e toque:** Acesse aqui para mudar o tamanho, a cor e o formato do ponteiro do mouse, facilitando identificar em um monte de texto.

- **Cursor de texto:** Essa área permite mudar o cursor, uma pequena barra que aparece quando você digita as palavras.

- **Lupa:** Quando ativada, aumenta a área em torno do ponteiro do mouse quando movido, facilitando apontar e clicar nos locais certos.

- **Filtros de cor:** Essa configuração ajuda aos proprietários daltônicos do PC a ajustarem as cores para facilitar a diferenciação.

- **Temas de contraste:** Permite ajustar ou eliminar a maioria das cores na tela, uma alteração que ajuda as pessoas com problemas de visão a verem a tela com mais clareza.

- **Narrador:** Planejada para pessoas com problema de visão, essa configuração ativa uma voz computadorizada que descreve as palavras, os botões e as barras exibidas na tela, facilitando encontrar e clicar.

A seção Audição tem configurações adicionais para pessoas com problemas auditivos. A seção Interação recém-adicionada acrescenta configurações para pessoas com mobilidade limitada.

Escolha a configuração de qualquer opção para ativar o recurso imediatamente. Se piorar, escolha de novo para desativar.

Alguns centros que ajudam pessoas com problemas físicos podem oferecer um software ou uma assistência para ajudá-lo a fazer essas alterações.

Se não tem certeza sobre como começar, fique à vontade para experimentar as configurações. A maioria das opções são configurações que ativam ou desativam imediatamente uma configuração. Se uma configuração não é importante no seu caso, clique na opção para desativá-la.

> ## PAINEL DE CONTROLE DESAPARECIDO DA ÁREA DE TRABALHO
>
> Cada atualização do Windows aprimora muito o app Configurações, mas às vezes o Windows aparece com uma relíquia do passado: o Painel de Controle da área de trabalho. Provavelmente você nunca precisará acessar aqui; se estiver vagando sem rumo, é provável que o app Configurações o levou a acessar uma opção incomum.
>
> Mas, se precisar passar por lá devido à nostalgia, saiba que o Windows 11 removeu o Painel de Controle do menu suspenso clicado com o botão direito no botão Iniciar.
>
> Para encontrar o Painel de Controle, digite **painel de controle** na caixa Pesquisa do menu Iniciar e pressione Enter. O Painel de Controle aparece, pronto para você espalhar nostalgia na aparência do passado.

Gerenciando sua privacidade e segurança

Resta muito pouca privacidade hoje em relação à internet. Todavia, essa categoria permite ver os controles que o Windows oferece para limitar quanta informação apps e sites podem coletar sobre você. Por exemplo, é possível controlar quais apps podem acessar sua localização e controlar sua câmera, assim como quais apps podem ver sua lista de contatos no app Pessoas.

Mas lembre-se de que, se você negar acesso às informações por seus apps, eles não serão muito úteis. Por exemplo, o app Mapas precisa saber sua localização física antes de lhe dar instruções.

Quando terminar aqui, pense em ligar para seu banco, além das operadoras de cartão de crédito e seguros. Eles também costumam ser culpados por vender ou compartilhar suas informações com outras empresas.

Ficando atualizado e seguro com o Windows Update

O Windows 10 tinha algumas ferramentas de segurança e backup. O Windows 11 reduz todas a uma: o Windows Update. Como este roda automaticamente, recebendo correções de segurança em segundo plano toda semana, é provável que você nunca mais tenha que voltar aqui.

DICA

Mas uma dica: se ouvir que a Microsoft lançou uma correção de segurança emergencial para combater alguma maldade passando pela internet, visite esta seção e clique no botão Verificar se há atualizações.

Isso pede ao seu PC para verificar a Microsoft imediatamente e obter qualquer atualização de segurança em espera.

Quanto às antigas ferramentas que costumavam ficar aqui, elas são explicadas no Capítulo 13. Nele você descobre como agilizar o Windows, liberar espaço no disco rígido, fazer backup dos dados e criar uma rede de segurança chamada ponto de restauração.

Para obter informações sobre as configurações de segurança que ficavam aqui, vá para o Capítulo 11.

NESTE CAPÍTULO

» **Fazendo backup do computador com seu Histórico de Arquivos**

» **Obtendo informações técnicas sobre seu PC**

» **Liberando espaço no disco rígido**

» **Controlando e instalando um novo driver**

Capítulo **13**

Evitando Problemas no Windows

Se o Windows parece ter falhado irremediavelmente, vá para o Capítulo 18 para ver a correção; o Windows 11 oferece mais truques rápidos de correção do que nunca. Mas, se seu PC parece rodar razoavelmente bem, fique aqui. Este capítulo explica como mantê-lo em execução pelo período de tempo mais longo possível.

Este capítulo é um tipo de checklist, com cada seção explicando uma tarefa bem simples e necessária para manter o Windows rodando em sua melhor forma. Você descobrirá, por exemplo, como configurar e ativar o programa de backup automático no Windows chamado *Histórico de Arquivos*.

Se alguém diz que seu computador tem um driver ruim, não é nada pessoal. *Driver* é um pequeno programa que ajuda o Windows e se comunicar com as várias partes do PC. Este capítulo explica como remover os drivers ruins e colocar um atualizado no comando.

CAPÍTULO 13 **Evitando Problemas no Windows** 271

CRIANDO UM PONTO DE RESTAURAÇÃO

O Windows abandona os pontos de restauração e utiliza a opção Redefinir sistema mais recente, explicada no Capítulo 18. Mas os fãs da velha escola Restauração do sistema ainda podem criar e usar os pontos de restauração confiáveis do Windows para retornar um PC aos tempos em que ele se sentia melhor. Esses pontos se comportam como uma cápsula do tempo, salvando as configurações de seu PC em um ponto específico. Se as configurações ficarem danificadas no futuro, voltar a um ponto de restauração anterior costuma resolver o problema.

Para criar um ponto de restauração, siga estas etapas:

1. **Clique no ícone Pesquisar da barra de tarefas, digite** Criar ponto de restauração **na caixa suspensa e clique no link Criar ponto de restauração
   nos resultados da pesquisa.**

   A janela Propriedades do Sistema aparece, aberta na guia Proteção do Sistema, que lista opções para a Restauração do Sistema. Procure os botões Configurar e Criar, acinzentados próximos da borda inferior da janela.

2. **Na janela Unidades disponíveis, clique na unidade Disco Local C:
   (Sistema). Então, clique no botão Configurar e, quando a janela Proteção
   do Sistema para Disco Local (C:) aparecer, clique no botão Ativar
   Proteção do Sistema e em OK.**

   Isso ativa a Proteção do Sistema para sua unidade C:, requerida antes de você conseguir usar a Restauração do Sistema. Quando clicar em OK, a janela fechará, voltando para a janela Propriedades do Sistema. Note como agora seu trabalho manual permite selecionar o botão Criar.

3. **Clique no botão Criar para acessar a janela Proteção do Sistema, digite
   um nome para seu novo ponto de restauração e, então, clique no botão
   Criar da janela para salvar o ponto.**

   Escolha um nome que descreva a condição de seu computador, como "Criado antes de instalar o novo app de boliche", para que se lembre com mais facilidade. O Windows cria um ponto de restauração com o nome escolhido, deixando-o com algumas janelas abertas para fechar.

Criando e rotulando seus próprios pontos de restauração nos dias bons, você saberá quais usar nos dias ruins. Descrevo como ressuscitar seu computador a partir de um ponto de restauração no Capítulo 18.

272   PARTE 4 **Personalizando e Atualizando o Windows 11**

Fazendo Backup do Computador com o Histórico de Arquivos

O disco rígido de seu computador um dia terá fim, infelizmente, e levará tudo junto com ele: anos de fotos digitais, música, cartas, registros financeiros, recordações digitalizadas e tudo mais que você criou ou armazenou no PC.

Por isso você deve fazer backup de seus arquivos com regularidade. Quando seu disco rígido finalmente deixa o palco, sua cópia de backup permite que o show continue.

NOVO

O Windows 11 continua a fazer as pessoas usarem o OneDrive, o espaço alugado na internet da Microsoft, para armazenar os backups de seu PC. Para tanto, agora o Windows 11 oculta o Histórico de Arquivos de seu antigo local no app Configurações.

Mas, se você sabe onde encontrá-lo, e eu conto esse segredo aqui, o Windows 11 ainda inclui o programa de backup automático e gratuito chamado *Histórico de Arquivos*. Após ativá-lo, o histórico faz backup de todo arquivo nas pastas principais a cada hora. O programa é fácil de ativar, simples de entender, roda automaticamente e faz backup dos arquivos mais importantes.

Antes de o Histórico de Arquivos começar a funcionar, você precisa de duas coisas:

» **Um HD externo:** Para ter backups automáticos e confiáveis, você precisa de um HD portátil, que é um disco rígido relativamente barato em uma caixinha. Um fio conecta a caixa a uma das portas USB de seu computador, e, quando a unidade está conectada, o Windows a reconhece de imediato. Mantenha a unidade conectada ao PC, e o Histórico de Arquivos fornece backups automáticos completos.

DICA

É difícil manter um HD portátil sempre conectado a um notebook ou um tablet porque eles são movidos com frequência. Uma opção mais segura e um pouco mais cara é comprar um HD Wi-fi, que fica em casa. Quando você sair pela porta da frente, o Windows encontrará a unidade sem fio e fará automaticamente o backup de seus arquivos.

» **Ativar a opção:** O programa Histórico de Arquivos é gratuito no Windows 11. Mas o programa não pode fazer nada até você encontrá-lo e informá-lo para que comece a rodar.

CAPÍTULO 13 **Evitando Problemas no Windows** 273

CRIANDO UM BACKUP DE IMAGEM DO SISTEMA

O Windows 7 introduziu um modo popular de fazer backup de um PC. Em vez de fazer backup dos *arquivos*, ele copia *todo* o conteúdo de seu disco rígido para um arquivo compactado e, então, armazena esse arquivo em um segundo disco rígido. Tais imagens do sistema são úteis por dois motivos principais:

- **Eficiência:** Quando o disco rígido de seu computador chega ao fim de sua vida útil, você pode substituí-lo, restaurar o backup de imagem do sistema e todos seus arquivos e programas de volta. É uma forma rápida de voltar à atividade.

- **Totalidade:** O Histórico de Arquivos faz backup apenas dos arquivos nas pastas principais, e a Microsoft Store faz backup apenas de seus apps e configurações. Uma imagem do sistema faz backup dessas coisas também, além de copiar os *programas da área de trabalho* do Windows e suas informações. Por exemplo, o Histórico não fará backup de seu email a partir da versão da área de trabalho do Microsoft Office. Mas uma imagem do sistema sim, pois faz backup de *tudo*.

O Windows 11 oferece o mesmo método de backup de imagem do sistema introduzido no Windows 7. Você pode até armazenar uma imagem do sistema na mesma unidade portátil usada para o Histórico de Arquivos (verifique se a unidade portátil é grande o bastante para manter *todas* as informações na unidade C: do seu computador).

Para criar uma imagem do sistema no Windows 11, clique no botão Iniciar, digite **Painel de Controle** na caixa Pesquisa e pressione Enter. Então, na seção Sistema e Segurança do Painel, escolha Backup e Restauração (Windows 7). Quando a janela Fazer backup ou restaurar arquivos aparecer, clique nas palavras `Criar uma imagem do sistema` no painel à esquerda. Siga as etapas para pedir ao Windows para criar um backup de imagem do sistema de seu PC.

Se possível, você deve fazer isso diariamente; do contrário, faça uma vez na semana ou no mês. Então, se precisar levar seu PC para o conserto, leve seu disco rígido portátil e informe ao técnico que você tem um "backup de imagem do sistema". Ele poderá usar esse backup para recuperar os arquivos e os programas de seu PC a partir da data do último backup.

Siga estas etapas para informar ao PC para começar a fazer backup de seu trabalho automaticamente a cada hora:

1. **Conecte o cabo da unidade portátil na porta USB.**

   O plugue retangular na extremidade da unidade ou seu cabo se conecta à porta USB retangular em seu computador (se o plugue não encaixar na primeira vez, vire-o). Alguns computadores mais novos também incluem portas *USB-C* menores, que são ovais. Elas se encaixam no slot oval correspondente do computador em qualquer direção. Finalmente alguém simplificou os computadores!

   Usando uma unidade sem fio? Instale-a de acordo com as instruções para que o Windows a reconheça (infelizmente não posso dar instruções exatas porque marcas e modelos variados funcionam de forma um pouco diferente). Alguns modelos se conectam a uma porta USB no roteador, aquela caixa que transforma seu sinal de internet em um ponto de acesso Wi-fi em casa.

2. **Clique no botão Pesquisar da barra de tarefas, digite Histórico de Arquivos e pressione Enter.**

   A área de configurações Histórico de Arquivos abre na tela, mostrada na Figura 3-1, e começa a pesquisar um disco rígido plugado ou cartão de memória.

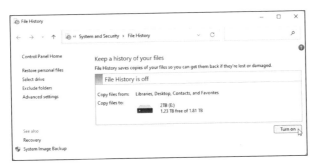

FIGURA 13-1: Clique no botão Ativar para iniciar o Histórico de Arquivos.

3. **Se necessário, selecione a unidade para o Histórico de Arquivos clicando em Adicionar uma unidade e escolhendo sua unidade na janela suspensa.**

   Em geral, o Histórico de Arquivos encontra sua unidade portátil plugada e a seleciona automaticamente. Se a sua for encontrada, vá para a Etapa 4.

   Se seu computador tem mais de uma unidade portátil, aparece a janela Selecionar uma unidade, listando os espaços de armazenamento disponíveis. Clique no desejado e em OK.

   Se sua unidade não estiver listada, então o Windows não a reconheceu. Tente desconectá-la, reiniciando seu PC, então plugando-a de novo em uma porta USB diferente.

Assim que adicionar uma unidade com sucesso, o botão Ativar na parte inferior da janela fica clicável.

PAPO DE ESPECIALISTA

Para escolher um local em rede, clique no link Selecionar unidade de rede na janela de abertura do Histórico de Arquivos. As unidades em rede funcionam bem como locais de backup para os PCs portáteis, como tablets e notebooks (explico como criar uma rede doméstica no Capítulo 15). Se você tentar salvar em uma unidade em rede em outro PC, o Windows pedirá para inserir um nome de usuário e senha com uma conta Administrador no tal PC.

4. Clique no botão Ativar.

Clique no botão Ativar para iniciar o processo de backup.

Quando você ativa o Histórico de Arquivos, o Windows inicia imediatamente o backup, mesmo sem um agendado ainda. Isso porque o Windows, sempre vigilante, deseja organizar tudo agora, antes que algo dê errado. O primeiro backup pode levar *muito* tempo.

Mas depois de fazer backup em tudo, o Windows copia apenas os arquivos *alterados* a cada hora, o que leva menos tempo. Por sorte, ele mantém o primeiro lote de arquivos em backup, para o caso de você querer recuperá-los no futuro.

Embora o Histórico de Arquivos faça um trabalho incrível ao manter tudo fácil de usar e automático, há alguns detalhes descritos aqui:

» O Histórico de Arquivos faz backup de tudo nas pastas principais: `Documentos`, `Músicas`, `Imagens`, `Vídeos`, `Área de Trabalho`, `Favoritos`, `Downloads` e algumas outras. Para excluir algumas (talvez excluir sua pasta `Vídeos` se você já armazena cópias de backup de seus vídeos em outro lugar), clique no link Excluir pastas no painel à esquerda do Histórico. Nele, é possível remover algumas pastas e até adicionar outras.

» Normalmente o Windows faz backup dos arquivos alterados de forma automática a cada hora. Para mudar esse cronograma, clique no link Configurações avançadas no painel à esquerda. Então, escolha a frequência do backup (você pode escolher entre a cada dez minutos e uma vez ao dia). Também pode informar ao Histórico de Arquivos por quanto tempo manter os backups (escolho Até haver necessidade de espaço).

» Quando você ativa o Histórico de Arquivos, ele faz backup apenas de *seus* arquivos e de suas configurações. Outras pessoas com contas no seu PC devem ativar o Histórico quando conectadas a suas próprias contas também.

DICA

» O Histórico de Arquivos também tem um modo prático de mover seus arquivos de um antigo PC com Windows 10 para um novo com Windows 11, uma tarefa cansativa descrita no Capítulo 20.

» Descrevo como restaurar os arquivos a partir do backup no Histórico de Arquivos no Capítulo 18. Vale a pena ver essa seção agora: não só o Histórico de Arquivos funciona em caso de emergência, como também permite comparar os arquivos atuais com as versões criadas horas ou dias antes. Permite rever as melhores versões dos arquivos que você mudou para pior.

CUIDADO

» O Windows salva seu backup em uma pasta chamada `FileHistory` na unidade escolhida. Não mova nem exclua essa pasta, ou o Windows poderá não conseguir encontrá-la de novo quando você escolher restaurá-la.

Informações Técnicas sobre Seu PC

Se precisar ver o Windows internamente, Deus me livre, vá para o app Configurações clicando no botão Iniciar e escolhendo o ícone Configurações mostrado na margem.

Quando o app Configurações aparecer, selecione a categoria Sistema e escolha Sobre na parte inferior da coluna à direita. Mostrada na Figura 13-2, a janela Sistema tem um resumo técnico sobre as partes internas de seu PC:

» **Especificações do dispositivo:** Essa área lista o tipo de *processador* do seu PC (seu cérebro, por assim dizer), além da quantidade de memória, conhecida como RAM. Você pode fazer upgrade da memória com bastante facilidade em um PC ou notebook, mas não em um tablet.

» **Especificações do Windows:** O Windows vem com várias edições e versões. Nessa seção, o Windows lista a edição em execução em seu computador em particular, assim como a versão dessa edição. Há chances de que você verá Windows 11 Home ou Pro listado em Edição. Em geral, o número da versão muda uma vez ao ano, pois é a frequência com a qual a Microsoft atualiza o Windows 11 com mudanças de menu e novos recursos (a Microsoft atualizava o Windows 10 duas vezes ao ano, para o desânimo dos técnicos encarregados dos PCs de empresas).

PAPO DE ESPECIALISTA

» **Configurações relacionadas:** Para os técnicos, essa seção tem alguns links para configurações pouco usadas encontradas no Painel de Controle do Windows.

» **Ajuda na web:** Clicar no link Obtenha ajuda dessa seção o leva ao Agente virtual da Microsoft, um robô que dá soluções mecânicas quando você procura ajuda. Para obter respostas melhores, e fornecidas por uma pessoa, visito o Fórum de Respostas da Microsoft em `https://answers.microsoft.com`.

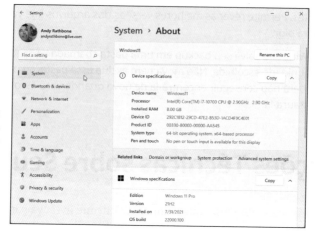

FIGURA 13-2: Clicar na categoria Sistema fornece informações técnicas sobre seu PC.

CUIDADO

A maioria das coisas listadas na janela Sistema do app Configurações é bem complicada, portanto, não mexa nisso a menos que tenha certeza do que está fazendo, ou caso o responsável pelo suporte técnico peça para você mudar uma configuração específica.

Liberando Espaço no Disco Rígido

Se o Windows começar a reclamar que está ficando sem espaço de armazenamento, peça a ele mesmo para corrigir o problema. Você só precisa ativar o *Sensor de Armazenamento*, um recurso do Windows que informa ao programa para retirar seu próprio lixo.

Para ativar o Sensor de Armazenamento, que faz o Windows esvaziar automaticamente a Lixeira e excluir os arquivos temporários deixados por seus apps e programas, siga estas etapas:

1. **Clique no botão Iniciar e no ícone Configurações mostrado na margem.**

   O app Configurações aparece.

2. **Clique na categoria Sistema e na palavra `Armazenamento` na coluna à esquerda da página Sistema.**

A seção Armazenamento aparece, como na Figura 13-3.

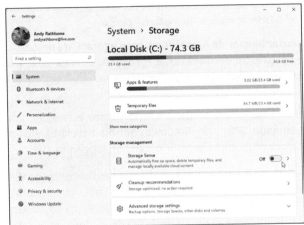

FIGURA 13-3: A seção Armazenamento tem muitos modos de aumentar o espaço de armazenamento em seu PC.

3. **Clique na opção Sensor de Armazenamento para ativá-la.**

Após concluir as etapas anteriores, o Windows começa a cuidar de sua própria organização automaticamente. Para ajustar como ele gerencia seu espaço de armazenamento, clique no link Sensor de Armazenamento. Nele, a seção Armazenamento do app Configurações tem mais opções:

» **Limpeza dos Arquivos Temporários:** Essa opção permite escolher com que frequência o Windows exclui os arquivos temporários que ele criou em segundo plano para suas próprias tarefas de organização. Você nunca vê esses arquivos, pois eles são criados sem seu conhecimento. Há boas chances de que não sentirá falta deles.

» **Limpeza automática do conteúdo do usuário:** Aqui você pode fazer o Windows liberar espaço todo dia, toda semana, todo mês ou apenas quando seu disco fica sem espaço. Também pode informar com que frequência esvaziar a Lixeira. Não informe quando excluir o conteúdo da pasta `Downloads`, a menos que seja cuidadoso e mova os arquivos baixados para outra pasta.

» **Conteúdo de nuvem disponível localmente:** Quando você acessa os arquivos armazenados no OneDrive, o Windows salva cópias no seu PC. Aqui, é possível informar ao Windows para excluir as cópias baixadas se você não as abriu por certo período de tempo.

CAPÍTULO 13 **Evitando Problemas no Windows** 279

- » **OneDrive:** Ao acessar um arquivo armazenado no OneDrive, o Windows baixa uma cópia para o PC para você abrir. Se não tocou nessa cópia por um tempo, o Sensor de Armazenamento a excluirá, deixando uma cópia idêntica armazenada em segurança no OneDrive. Para liberar espaço excluindo esses arquivos extras externos, abra qualquer pasta, clique com o botão direito no OneDrive a partir do painel à esquerda da pasta e escolha Liberar espaço no menu suspenso.

- » **Executar Sensor de Armazenamento agora:** Para pessoas que precisam de espaço extra imediatamente, essa opção lembra muito a Limpeza do disco nas versões mais antigas do Windows.

As opções citadas devem ajudar a liberar espaço suficiente para você continuar trabalhando. Mas se o Windows continuar reclamando sobre não ter o bastante, você pode experimentar opções de longo prazo.

CUIDADO

Se você fez upgrade para o Windows 11, sua versão antiga do Windows geralmente permanece no disco rígido, em uma pasta chamada Windows.Old. Essa pasta consome *muito* espaço, e várias opções na seção Armazenamento do app Configurações são para a exclusão dela. Claro, excluí-la significa que seu computador não conseguirá voltar a essa versão mais antiga, uma tarefa de solução de problemas desesperada que explico no Capítulo 18.

Configurando Dispositivos que Não Funcionam (Lidando com Drivers)

O Windows vem com um arsenal de *drivers* — um software que permite ao programa se comunicar com os gadgets conectados ao PC. Em geral, o Windows reconhece de modo automático a nova peça e ela simplesmente funciona. Outras vezes, o Windows acessa a internet e obtém instruções automáticas antes de terminar o trabalho.

Na verdade, a versão mais nova do Windows agora permite baixar os drivers automaticamente a partir do Windows Update, uma tática animadora que economiza muito tempo localizando as unidades.

Mas às vezes você conecta algo que é novo demais para o Windows conhecer ou velho demais para ele se lembrar. Ou talvez algo anexado ao PC fica estranho e você vê mensagens esquisitas sobre "precisar de um novo driver".

Nesses casos, cabe a você encontrar e instalar um driver do Windows para a peça. Os melhores drivers vêm com um programa de instalação que coloca automaticamente o software no lugar certo, corrigindo o problema. Os piores drivers deixam todo o trabalho sujo para você.

Se o Windows não reconhecer automaticamente e instalar a parte do hardware recém-anexada, mesmo depois de você iniciar o PC, siga estas etapas para localizar e instalar um novo driver:

1. **Visite o site do fabricante da peça e baixe o último driver do Windows.**

    Em geral você encontra o site do fabricante impresso em algum lugar na caixa da peça. Se não encontrar, pesquise o nome dele no Google (www.google.com) e localize o site.

    Examine a área Suporte, Donwloads ou Atendimento ao cliente do site. Lá você normalmente precisa inserir o nome da peça, o número do modelo e o SO (Windows 11) de seu computador antes de o site mostrar o driver.

    Nenhum driver do Windows 11 listado? Tente baixar um driver do Windows 10, 8.1, 8 ou 7 — às vezes eles funcionam bem.

2. **Execute o programa de instalação do driver.**

    Por vezes, clicar no arquivo baixado faz o programa de instalação entrar em ação, instalando o driver. Se for assim, terminou. Do contrário, vá para a Etapa 3.

    Se o arquivo baixado tem um pequeno zíper no ícone, clique com o botão direito nele e escolha Extrair tudo para *descompactar* seu conteúdo em uma nova pasta que contém os arquivos (o Windows nomeia essa nova pasta segundo o arquivo descompactado, facilitando localizar).

3. **Clique com o botão direito no menu Iniciar e escolha Gerenciador de Dispositivos no menu suspenso.**

    O Gerenciador aparece, listando um inventário de toda peça dentro ou anexada ao computador. Um triângulo amarelo com um ponto de exclamação aparece ao lado da peça com problemas.

4. **Clique no dispositivo com problemas listado na janela Gerenciador de Dispositivos. Então clique em Ação na barra de menus do Gerenciador e escolha Adicionar hardware herdado no menu suspenso.**

> O Assistente para Adicionar Hardware o guia nas etapas de instalar seu novo hardware e, se necessário, instalar o novo driver. Mas cuidado: esse método desesperado de reativar as peças com problemas pode frustrar até os técnicos mais experientes.

Por sorte, você precisa instalar os drivers apenas em um dos dois casos:

» Você acabou de comprar e instalar um novo hardware e ele não funciona corretamente. Os drivers que vêm com os gadgets recém-comprados em geral são antigos. Visite o site do fabricante, baixe o driver mais recente e instale-o. Há boas chances de que o novo driver corrigirá os problemas no primeiro conjunto de drivers.

» Você conectou um novo gadget que o Windows não reconhece. Localizar e instalar o driver mais recente costuma corrigir os problemas.

Se você não tem problemas com um hardware, não atualize seu driver, mesmo que encontre um mais novo online. É bem provável que o driver mais novo adicione suporte apenas para os modelos mais recentes do seu gadget. E esse novo driver pode causar uma falha em algo que funcionava bem.

Por fim, não se inscreva em serviços que dizem manter seu computador atualizado com os drivers mais recentes. Eles podem atrapalhar mais que ajudar.

DICA

Se seu driver recém-instalado piorar ainda mais as coisas, existe uma solução: volte ao Gerenciador de Dispositivos, clique duas vezes no nome da peça com problemas e clique na guia Driver na janela Propriedades. Aguente firme. Então, clique no botão Reverter driver. O Windows se livra do driver recém-instalado e volta ao driver anterior.

NESTE CAPÍTULO

» Entendendo as contas de usuário

» Adicionando, excluindo ou alterando as contas de usuário

» Iniciando na tela Login

» Trocando entre usuários

» Entendendo as senhas

Capítulo **14**

Compartilhando um PC com Várias Pessoas

O Windows permite que várias pessoas compartilhem um computador, um notebook ou um tablet sem que ninguém veja os arquivos pessoais do outro.

O segredo? Ele concede a cada pessoa sua própria *conta de usuário*, que separa bem os arquivos de cada um. Quando uma pessoa digita o nome da conta de usuário e senha, o computador parece sob medida apenas para ela: exibe a tela de fundo personalizada na área de trabalho, opções de menu, programas e arquivos e proíbe ver os itens que pertencem aos outros usuários.

Este capítulo explica como configurar uma conta de usuário separada para todos em casa, inclusive o proprietário do computador, os membros da família e os colegas de quarto.

Também explica como criar contas para as crianças, permitindo monitorar a atividade do computador e definir limites quando achar necessário.

CAPÍTULO 14 **Compartilhando um PC com Várias Pessoas** 283

Entendendo as Contas de Usuário

O Windows deseja que você configure uma *conta de usuário* para cada pessoa que usa seu PC. Uma conta de usuário é como um crachá de festa, que ajuda o Windows a reconhecer quem está diante do teclado. O programa oferece dois tipos de contas: Administrador e Padrão (também tem uma conta Padrão especial para as crianças).

Para começar a lidar com o PC, as pessoas clicam no nome da conta quando a tela Login do Windows aparece pela primeira vez, como na Figura 14-1.

FIGURA 14-1: O Windows permite que os usuários façam login em suas próprias contas.

E daí? Bem, o Windows dá permissão a cada tipo de conta para fazer coisas diferentes no PC. Se o computador fosse um hotel, a conta Administrador pertenceria ao funcionário na recepção, e cada locatário teria uma conta Padrão. Veja como as diferentes contas ficam no jargão do computador:

» **Administrador:** O administrador controla o computador inteiro, decidindo quem lida com ele e o que cada usuário pode fazer. Em um PC executando o Windows, em geral o proprietário tem a toda-poderosa conta Administrador. Essa pessoa configura as contas de cada membro da família e decide o que eles podem ou não fazer com o PC.

» **Padrão:** Os proprietários da conta Padrão podem acessar grande parte do computador, mas não conseguem fazer nenhuma grande alteração. Eles não podem executar nem instalar novos programas, por exemplo, mas podem rodar os programas existentes.

» **Criança:** A configuração da conta Criança na verdade é só uma conta Padrão com as configurações Segurança da Família da Microsoft ativadas automaticamente. Explico os controles da família da Microsoft no Capítulo 11.

» **Convidado:** Como o Windows 10, o Windows 11 não oferece mais as contas de convidado. A Microsoft as removeu porque a maioria dos visitantes agora chega com seus próprios smartphones, tablets, notebooks ou todos os três.

Veja como as contas normalmente são atribuídas quando você compartilha o PC debaixo do mesmo teto:

» Em família, os pais costumam ter as contas Administrador, e os filhos têm as contas Padrão.

» Em um alojamento ou um apartamento compartilhado, o proprietário do computador tem a conta Administrador, e os colegas de quarto ficam com as contas Padrão, dependendo do nível de confiança (e talvez da limpeza da cozinha durante a semana).

Para impedir que outras pessoas façam login em sua conta de usuário, você deve protegê-la com senha (descrevo como escolher uma senha para a conta na seção "Configurando Senhas e Segurança", posteriormente neste capítulo).

DICA

Por vezes alguém faz login na conta, mas o computador fica suspenso se a pessoa não tocou no teclado por um tempo. Quando o computador reativar, apenas a conta de usuário dessa pessoa e a foto aparecerão na tela. O Windows lista os nomes dos outros proprietários da conta na parte esquerda inferior da tela, permitindo-os fazer login ao clicar em seus nomes.

PAPO DE ESPECIALISTA

Você pode encontrar uma referência para uma conta Local. *Conta Local* é apenas uma conta Administrador ou Padrão que não é uma conta Microsoft. Essas contas estão vinculadas a um computador específico. Elas não requerem endereço de email e não têm as vantagens de uma conta Microsoft.

Alterando ou Adicionado as Contas de Usuário

O Windows tem dois modos um pouco diferentes de adicionar contas de usuário. Ele as separa em dois tipos de pessoas que muito provavelmente você adicionará ao PC:

» **Membros da família:** Escolhendo esse tipo de conta, você pode configurar automaticamente os controles nas contas dos filhos. Qualquer adulto adicionado aqui pode monitorar automaticamente o uso do computador do filho. Todos os membros da família devem ter contas Microsoft; se ainda não têm, o processo ajuda na criação.

» **Outros membros:** Essa conta funciona melhor para colegas de quarto ou outros convidados de longo prazo que usarão seu computador, mas não precisam de monitoramento nem da capacidade de monitorar as crianças.

As duas seções a seguir descrevem como criar os dois tipos de conta, além de como alterar as contas existentes.

LEMBRE-SE

Apenas as contas Administrador podem adicionar novas contas de usuário a um computador. Se você não tem tal conta, peça ao proprietário do PC para fazer o upgrade da sua conta de Padrão para Administrador.

Adicionando uma conta para um membro da família ou um amigo

Adicionar um membro da família acrescenta uma importante distinção à conta. Se você adiciona um filho, a atividade dele é restringida segundo os limites estabelecidos. E, se adiciona um adulto, a pessoa também pode monitorar a atividade de qualquer criança adicionada.

Se quer adicionar uma conta não envolvida nessas questões familiares, escolha a outra opção, chamada Adicionar conta para outra pessoa. Nela, é possível criar uma conta para um colega de quarto ou um convidado de longo prazo.

Os proprietários da conta Administrador podem criar qualquer tipo de conta seguindo estas etapas:

1. Clique no botão Iniciar e no ícone Configurações.

2. **Quando o app Configurações aparecer, clique no ícone Contas.**

    A tela Contas aparece, como na Figura 14-2, oferecendo meios de alterar sua própria conta, além de adicionar contas para outras pessoas.

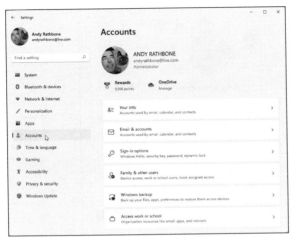

FIGURA 14-2: Clique nas palavras Família e outros usuários para começar a criar uma nova conta de usuário.

DICA

3. **Clique nas palavras `Família e outros usuários` no painel à direita.**

    O painel à direita da tela Família e outros usuários permite criar uma das duas contas: uma para o membro da família ou para outra pessoa. Se você estiver criando uma conta para um membro da família, vá para a Etapa 4. Se *não* estiver adicionando um parente, vá para a Etapa 5.

4. **Na seção Adicionar um membro da família, clique no botão Adicionar conta e siga as etapas para enviar um convite à pessoa.**

    Aparece uma janela, mostrada na Figura 14-3, pedindo para inserir o email da pessoa. Você tem várias opções:

    - Se já sabe o email, digite-o na caixa Insira os endereços de email deles e clique em Próximo (se o email ainda não for uma conta Microsoft, será transformado em uma).

    - Se a pessoa não tem um email, a Microsoft pressupõe que você está adicionando uma criança como membro da família. Nesse caso, clique no link Criar uma para uma criança. Isso o leva à página onde é possível registrá-la para ter um email que também serve como conta Microsoft.

    Não importa a opção escolhida, o membro convidado, criança ou adulto, receberá um email informando que foi convidado para ter uma conta da família em seu PC. Após aceitar a oferta, a pessoa aparece automaticamente como uma conta em seu computador.

Nesse ponto, você terminou de adicionar um membro da família. Para adicionar alguém que não é parente, vá para a Etapa 5.

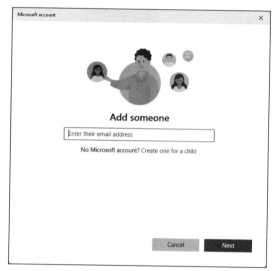

FIGURA 14-3: Escolha se você está adicionando um membro da família que é criança ou adulto.

5. **Escolha Adicionar outra pessoa a este PC.**

   A Microsoft logo complica as coisas exibindo a janela Como essa pessoa fará o logon, mostrada na Figura 14-4, que pede o email do novo proprietário da conta.

FIGURA 14-4: Insira o email da pessoa que deseja adicionar.

CONVERTENDO UMA CONTA LOCAL EM UMA CONTA MICROSOFT

Se você estiver finalmente pronto para converter sua conta local inferior em uma conta Microsoft melhor, não será difícil. Siga estas etapas:

1. **Faça login usando sua conta local.**
2. **No menu Iniciar, abra o app Configurações e clique na seção Contas no painel, à esquerda do app.**
3. **Na seção Suas informações, selecione Entrar com uma conta da Microsoft.**
4. **Insira a senha de sua conta Microsoft existente ou escolha o link Criar uma! para criar uma nova conta Microsoft.**

Sua conta local se transformará na conta Microsoft existente ou em uma nova.

A Microsoft está informando que você pode escolher entre dois tipos para o novo proprietário da conta:

- *Conta Microsoft:* Uma conta Microsoft é requerida para muitas tarefas e recursos do Windows. Descrita no Capítulo 2, a conta Microsoft é apenas um email que vincula a Microsoft, seus computadores e o departamento de cobrança. Apenas os proprietários dessa conta podem baixar apps na Microsoft Store, armazenar e recuperar arquivos em um espaço de armazenamento na internet chamado OneDrive e acessar outros benefícios oferecidos por uma conta Microsoft. Para criar tal conta, vá para a Etapa 6.

- *Conta Local:* Selecione essa opção para as pessoas não interessadas nas contas Microsoft e seus benefícios. Permite que a pessoa use seu computador com uma conta vinculada apenas ao seu PC. Para criar uma conta Local, vá para a Etapa 7.

DICA

Não é possível decidir o tipo de conta criado? Criar uma conta Local é sempre melhor (os proprietários da conta Local que desejam ou precisam das vantagens de uma conta Microsoft podem fazer upgrade para uma a qualquer momento).

6. **Digite o email da conta Microsoft do novo proprietário da conta na caixa de texto Endereço de email, clique em Próximo e em Terminar.**

A conta estará aguardando na tela Login mostrada na Figura 14-1.

Quando a pessoa quiser usar o computador, ela escolherá a conta com seu email e, então, digitará a senha da conta Microsoft. O Windows acessará a internet, e, se o email e a senha corresponderem, a conta estará pronta para a ação. Você terminou.

7. **Clique nas palavras Não tenho as informações de entrada dessa pessoa, mostrada na parte inferior da Figura 14-4.**

   Assustada com o fato de você considerar escolher uma conta Local inferior em relação à magnífica conta Microsoft, a empresa tenta fazer você criar uma conta Microsoft para a nova conta.

8. **Clique no link Adicionar um usuário sem uma conta da Microsoft.**

   Isso informa à Microsoft que, sim, você realmente quer uma conta Local (afinal, os proprietários dessa conta sempre podem transformá-la em uma conta Microsoft a qualquer momento).

   Aparece uma nova tela, pedindo um nome para a conta (nome de usuário), a senha da conta e uma sugestão de senha, caso você a esqueça.

9. **Insira um nome de usuário, senha, sugestão de senha e clique em Avançar.**

   Use o nome ou o apelido da pessoa para o nome de usuário. Escolha uma senha simples e sugestão; o usuário pode mudar isso após fazer login.

   Antes que esqueça, informe à pessoa o novo nome de usuário e senha (ou anote-os e deixe em um lugar seguro). O nome de usuário estará aguardando no canto esquerdo inferior da tela Login para a pessoa começar a usar o PC.

DICA

O Windows costuma criar contas Padrão para todos os novos usuários, estando eles conectados com uma conta Microsoft ou Local. Se no futuro você quiser mudar isso, pode fazer upgrade da conta Padrão para uma conta Administrador, como descrito na próxima seção.

Alterando as contas existentes

O app Configurações do Windows permite criar uma nova conta para um amigo ou um membro da família, como descrito na seção anterior. E permite ajustar sua própria conta, mudando a senha ou trocando entre uma conta Microsoft ou Local.

Os administradores podem até modificar outras contas, alterando-as para contas Padrão ou Administrador, ou mesmo excluindo-as por completo.

Mas, se quiser ter mais controle (a capacidade de alterar o nome ou a senha da conta Local existente), precisará do poder do Painel de Controle na área de trabalho.

LEMBRE-SE

Não é possível mudar ou redefinir as contas Microsoft com estas etapas — os proprietários da conta devem ficar online para tanto —, mas você *pode* mudar uma conta Local.

Para mudar a conta Local de um usuário existente, siga estas etapas:

DICA

1. **Clique no botão Iniciar à esquerda da barra de tarefas, digite Painel de Controle na caixa Pesquisa e pressione Enter.**

2. **Clique para abrir a categoria Contas de usuário do Painel de Controle.**

3. **Clique no link Contas de usuário e no link Gerenciar outra conta.**

A janela Gerenciar contas aparece, como na Figura 14-5, listando todas as contas em seu computador.

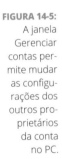

FIGURA 14-5: A janela Gerenciar contas permite mudar as configurações dos outros proprietários da conta no PC.

4. **Clique na conta que gostaria de alterar.**

   O Windows mostra uma página com a foto da conta e permite ajustar as configurações da conta assim:

   - *Alterar nome da conta:* É sua chance de corrigir um nome escrito errado em uma conta Local. Ou fique à vontade para melhorar seu próprio nome da conta Local, mudando Joana da Silva para Cristal Poderosa.

   - *Criar senha:* Toda conta Local deve ter uma senha para afastar os outros usuários. Esta é sua chance de adicionar uma. Se a conta já tem senha, esse link muda para Alterar senha, dando uma oportunidade de alterá-la.

CUIDADO

- *Alterar tipo de conta:* Acesse aqui para promover uma conta Padrão de alguém com caráter moral elevado para uma conta Administrador ou rebaixar um administrador impertinente para uma Padrão.

- *Excluir conta:* Não escolha essa opção de forma precipitada, porque excluir a conta de alguém também exclui todos os arquivos da pessoa. Se você *realmente* a escolher, também escolha a próxima opção que aparece: Manter os arquivos. Ela coloca todos os arquivos da pessoa em uma pasta em sua área de trabalho, para serem salvos em segurança.

- *Gerenciar outra conta:* Salve suas alterações e comece a ajustar a conta de outra pessoa.

5. **Quando terminar, feche a janela clicando no X no canto direito superior.**

Qualquer alteração feita na conta de um usuário ocorre imediatamente.

Trocando Rápido entre os Usuários

O Windows permite que uma família inteira, colegas de quarto ou funcionários em um pequeno escritório compartilhem um único computador ou tablet. O computador controla os programas de todos, com diferentes pessoas usando o PC. A mãe pode jogar xadrez e deixar João fazer login para verificar o email dele. Quando ela volta um pouco depois, o jogo de xadrez está exatamente onde o deixou, cogitando o sacrifício da torre.

Conhecida como *Troca Rápida de Usuário*, a mudança de usuários funciona bem e com facilidade. Quando outra pessoa quiser fazer login em sua conta por um momento, talvez para verificar o email, siga estas etapas:

1. **Abra o menu Iniciar.**

Para abrir o menu Iniciar, clique (ou toque) no botão Iniciar ou pressione a tecla Windows (⊞) no teclado.

2. **Clique na foto da conta de usuário na margem esquerda da tela.**

Aparece um menu, mostrado na Figura 14-6.

3. **Escolha o nome do proprietário da conta de usuário que deseja fazer login.**

O Windows o deixa conectado, mas imediatamente busca a conta da outra pessoa, permitindo que ela digite a senha.

292 PARTE 4 **Personalizando e Atualizando o Windows 11**

FIGURA 14-6: O menu lista os nomes de todas as contas de usuário autorizadas a usar o computador.

Quando essa pessoa terminar no PC, poderá fazer logout como você fez na Etapa 2, ou seja, clicando na foto da conta de usuário no painel esquerdo do menu Iniciar. Mas, dessa vez, escolherá Sair. O Windows fecha a sessão dela, permitindo que você volte a entrar com sua própria senha. E quando o Windows reaparecer, assim como seu trabalho, estará como você o deixou.

DICA

Lembre-se destas dicas ao lidar com as contas de várias pessoas em um PC:

» Com toda essa troca de usuários, talvez você esqueça a conta de quem está realmente usando. Para verificar, abra o menu Iniciar. A imagem do proprietário da conta atual aparece no painel esquerdo inferior do menu (passe o mouse sobre a imagem para ver o nome).

» Para ver outras contas conectadas atualmente, abra o menu Iniciar e clique no nome do proprietário atual. Um menu suspenso lista as outras contas, mas coloca a palavra `Conectado` sob o nome de cada proprietário conectado atualmente.

CUIDADO

» Não reinicie o PC com outra pessoa ainda conectada ou ela perderá qualquer trabalho que não salvou (o Windows avisa antes de reiniciar o PC, dando uma chance de pedir ao outro para fazer login de novo e salvar o trabalho).

» Se um proprietário de conta Padrão tenta mudar uma configuração importante ou instala um software, aparece uma janela pedindo permissão do Administrador. Se você quiser aprovar a ação, basta avançar e digitar sua senha na janela de aprovação. O Windows permite aprovar a mudança, como se você a tivesse feito quando conectado à sua própria conta.

CAPÍTULO 14 Compartilhando um PC com Várias Pessoas 293

Mudando a Imagem da Conta de Usuário

Certo, agora a parte importante: mudar a imagem chata que o Windows atribui automaticamente à sua conta de usuário. Para toda conta de usuário recém-criada, o Windows escolhe uma silhueta genérica. Fique à vontade para mudar a imagem para algo que reflita melhor seu Verdadeiro Eu: é possível tirar uma foto com a webcam do PC ou escolher qualquer foto na pasta Imagens.

Para mudar a imagem de sua conta de usuário, vá para o menu Iniciar e clique na imagem na borda esquerda do menu. Quando o menu abrir, escolha Alterar configurações da conta. O Windows mostra a tela da Figura 14-7.

FIGURA 14-7: O Windows permite que cada usuário escolha uma imagem da conta.

A página Contas permite mudar sua imagem de dois modos:

» **Tirar uma foto:** Clique no botão Abrir câmera ao lado, mostrado apenas para pessoas com uma câmera conectada ao notebook, ao tablet ou ao PC, e faça uma *selfie* rápida (uma gíria para autorretrato) para a foto da sua conta.

» **Escolher um arquivo:** Para atribuir uma imagem já no PC, clique no botão Procurar arquivos. Aparece uma nova janela, mostrando as fotos em sua pasta Imagens. Clique na imagem desejada e no botão Escolher imagem. O Windows rapidamente coloca essa imagem no topo do menu Iniciar.

O QUE A CONTA MICROSOFT SABE SOBRE MIM?

Uma conta Microsoft é apenas um endereço de email e uma senha que permitem à Microsoft identificá-lo. Fazendo login com tal conta, você pode acessar muitos serviços da Microsoft: por exemplo, o OneDrive lhe dá um esconderijo online para armazenar e compartilhar no seu PC, tablet e celular, mesmo sendo Apple ou Android. Você também precisa de uma conta Microsoft para baixar e executar muitos apps Windows.

Resumindo, o Windows funciona muito melhor quando você faz login com uma conta Microsoft. Uso uma; mantenho minha lista de compras no PC, mas, graças ao OneDrive, posso ler e atualizar a mesma lista em meu celular Android quando estou no mercado.

Como qualquer empresa atualmente, a Microsoft coleta informações sobre você, facilitando seu uso da conta Microsoft. Isso realmente não é nenhuma surpresa. Google, Facebook, Apple e todo site visitado coleta informações sobre você. A maioria dos bancos, ISPs, operadoras de cartão de crédito e seguradoras também armazena e vende informações sobre seus clientes.

Para ajudar a combater a invasão de privacidade, a Microsoft permite que você veja quais informações ela armazenou sobre você e permite excluir as partes que você não gosta de ver listadas.

Para tanto, visite a Central de Privacidade da Microsoft em `https://account.microsoft.com/privacy` e faça login com sua conta Microsoft. Nela você pode exibir informações sobre cobrança e pagamentos, renovar, cancelar ou assinar serviços da Microsoft, como OneDrive, Office 365 e Xbox Live, encontrar os dispositivos Windows perdidos em um mapa; limpar o histórico de pesquisa Bing e mudar suas preferências de marketing. E mais: é possível verificar a atividade de seus filhos no PC, contanto que tenha configurado para eles uma conta Microsoft.

Também deve visitar a página Privacidade e Segurança do app Configurações, que permite acessar informações parecidas.

Vale a pena examinar os dois lugares para ver o tipo de informação que a Microsoft armazena e assegurar que não haja nenhuma surpresa. Tomara que apenas seu banco, seguradora e operadora de cartão de crédito facilitem ver quanta informação é vendida.

DICA

Outras dicas para escolher a importante foto da conta:

» Após ter escolhido a foto, anexe-a à sua conta Microsoft e a qualquer coisa com a qual você faz login nessa conta: sites da Microsoft, programas e apps, além de qualquer computador Windows com o qual você faz login na conta Microsoft.

» Você pode pegar qualquer imagem na internet e salvá-la na pasta `Imagens`. Então clique no botão Procurar arquivos na seção Escolher um arquivo, mencionada antes aqui, para localizar a imagem e atribuí-la como a foto da conta (clique com o botão direito na imagem da internet e, dependendo de seu navegador, escolha Salvar imagem como ou uma opção de menu parecida).

» Não se preocupe em escolher uma imagem muito grande ou pequena. O Windows a diminui ou aumenta automaticamente para ela caber no espaço circular.

Configurando Senhas e Segurança

Não faz muito sentido ter uma conta de usuário sem uma senha. Sem uma, o bisbilhoteiro ao lado no trabalho ou mesmo outro membro da família pode clicar na conta na tela Login e ver seus arquivos.

Sobretudo as pessoas com contas de administrador devem ter senhas. Do contrário, elas automaticamente estarão permitindo que qualquer pessoa faça estragos com o PC: quando a tela de permissão aparece pedindo uma senha de proteção, qualquer pessoa pode pressionar Enter para entrar.

Os proprietários da conta Microsoft devem mudar suas senhas online acessando `https://account.microsoft.com`. Os proprietários da conta Local podem criar ou alterar uma senha com estas etapas:

1. **Clique no botão Iniciar e no ícone Configurações do menu Iniciar.**

2. **Quando o app Configurações aparecer, clique no ícone Contas.**

   A conhecida janela Contas aparece, mostrada na Figura 14-2 anterior, onde você pode adicionar outras contas, mudar a sua e realizar outras tarefas relacionadas à conta.

3. **Escolha o link Opções de entrada na borda direita da janela Contas.**

   Aparece a tela, listando todos os modos como você pode fazer login no PC.

4. **Clique na opção Senha, à direita da janela; quando o menu abrir, clique no botão Alterar.**

   As pessoas que não criaram uma senha devem clicar no botão Criar senha.

5. **Crie uma senha fácil de lembrar e digite-a na caixa de texto Nova senha. Então, digite de novo os mesmos caracteres na caixa de texto Redigitar senha abaixo; clique em Próximo.**

   Redigitar a senha elimina a possibilidade de erros de digitação.

Mudar uma senha existente é um pouco diferente. A tela mostra uma caixa Senha atual, em que você primeiro deve digitar a senha existente (isso evita que os brincalhões entrem e mudem sua senha na hora do almoço).

Descubra mais sobre senhas no Capítulo 2.

Fazendo Login com o Windows Hello

As contas protegidas por senha ajudam a manter sua conta segura em relação a estranhos suspeitos na internet e a pessoas próximas. Mas poucas pessoas gostam de parar seu fluxo de trabalho e digitar uma senha, se conseguirem lembrar.

O Windows tenta resolver esse problema com a tecnologia Windows Hello. Ela permite pular as senhas chatas e fazer login com segurança em menos de um segundo. Anexando uma câmera compatível ou um leitor biométrico ao PC, é possível fazer login pressionando um dedo ou olhando para a câmera.

Muitos notebooks e PCs novos agora incluem os leitores compatíveis com o Windows Hello predefinidos e câmeras. Se o seu não tem, pode comprar um para plugar à porta USB de seu computador.

Para configurar o Windows Hello, siga estas etapas:

1. **Clique no botão iniciar, no ícone Configurações (mostrado na margem) e escolha Contas.**

   A página Contas do app Configurações aparece.

2. **Clique em Opções de entrada no painel esquerdo.**

   A tela mostra suas opções de login na conta, mostradas na Figura 14-8. Se você não vir uma opção para configurar o Windows Hello, verifique se seu leitor biométrico compatível ou sua câmera está plugado no PC e totalmente instalado.

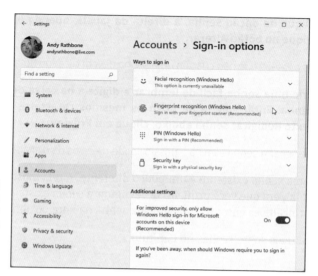

FIGURA 14-8:
Escolha uma opção no Windows Hello para fazer login sem senha.

3. **Clique no botão Configurar para o leitor biométrico ou a câmera e siga as instruções.**

   O Windows o orienta ao escanear sua impressão digital (qualquer dedo serve, contanto que use esse dedo com consistência quando quiser fazer login na conta), íris ou face. Talvez precise criar um *PIN*, um número de quatro dígitos para adicionar uma camada extra de segurança para circunstâncias especiais.

DICA

O Windows Hello pode parecer muito mais com ficção científica do que com a realidade, mas não se apresse. Você gostará dele por vários motivos:

» Os leitores biométricos são bem baratos e fáceis de instalar. Você pode encontrar muitos modelos à venda na Amazon por cerca de R$400,00, e eles funcionam incrivelmente bem. Amo o meu.

» Muitos notebooks novos vêm com leitores biométricos já instalados perto da área do teclado. Alguns tablets também, inclusive leitores predefinidos.

» O Windows reconhece a maioria dos leitores biométricos compatíveis assim que são plugados na porta USB do computador. Raramente é preciso instalar qualquer pacote de software.

» Sempre que o Windows pedir para fazer login, basta colocar o dedo no leitor. A tela abre rápido, e você fica pronto para trabalhar. Não é preciso lembrar nem digitar uma senha complicada. Nada para esquecer.

» O Windows Hello não permite apenas fazer login no dispositivo, como também comprar coisas na Microsoft Store, tudo sem digitar uma senha.

» Conforme a tecnologia Windows Hello avança, ele pode permitir que você entre em seus sites favoritos protegidos por senha também.

CRIANDO UM DISCO DE REDEFINIÇÃO DE SENHA

Um Disco de Redefinição de Senha é como uma chave, permitindo voltar ao seu próprio computador no caso de ter esquecido a senha para sua conta Local (não é possível criar um Disco de Redefinição de Senha para uma conta Microsoft). Para criar tal disco, siga estas etapas simples:

1. **Faça login no PC com sua conta Local, insira um pen drive em uma porta USB e aguarde o reconhecimento do Windows.**

2. **Clique no botão Iniciar, na caixa Pesquisa do menu Iniciar, digite** disco de redefinição de senha **e pressione Enter.**

3. **Clique na opção Criar um disco de redefinição de senha que aparece abaixo da caixa Pesquisa.**

   O Assistente de Senha esquecida aparece e o guia no processo de criar um Disco de Redefinição de Senha a partir de um cartão de memória ou pendrive USB.

Quando você se esquecer de sua senha nesse computador em particular, poderá inserir seu Disco como uma chave. O Windows permite escolher uma nova senha, e tudo será só alegria. Coloque seu Disco de Redefinição de Senha em um lugar seguro, porque ele permite que *qualquer pessoa* entre em sua conta no PC.

Não importa quantas vezes você mude a senha, seu Disco original ainda funcionará, sempre como uma chave de backup para entrar em sua conta.

300   PARTE 4 **Personalizando e Atualizando o Windows 11**

NESTE CAPÍTULO

» Entendendo as partes de uma rede

» Escolhendo entre redes com/sem fio

» Configurando uma rede pequena

» Conectando redes públicas sem fio

» Compartilhando arquivos entre computadores, celulares e outros dispositivos

» Compartilhando uma conexão de internet, arquivos e impressoras em uma rede

Capítulo **15**

Conectando PCs a uma Rede

Comprar mais um PC pode criar outro problema de computação: como dois ou mais PCs compartilham a conexão de internet e a impressora? E como compartilhar seus arquivos entre os dois PCs?

A solução envolve uma *rede*. Quando você conecta dois ou mais computadores, o Windows os apresenta, permitindo que automaticamente troquem informações, compartilhem uma conexão de internet e imprimam na mesma impressora.

Hoje, a maioria dos computadores pode conectar sem ninguém tropeçando em cabos. Conhecida como *Wi-fi* ou *sem fio*, essa opção permite que os PCs conversem por ondas, como estações de rádio, que transmitem e fazem solicitações.

Este capítulo explica como vincular uma casa cheia de computadores para que eles possam compartilhar coisas. Após criar uma rede sem fio, é possível compartilhar sua conexão de internet não apenas com os PCs Windows, mas também com smartphones, tablets e outros gadgets computadorizados. E se você escolher dar a senha aos visitantes, eles poderão conectar a internet também.

Mas fique avisado: este capítulo contém coisas bem avançadas. Não entre aqui a menos que tenha uma conta de Administrador e não se importe em coçar um pouco a cabeça enquanto vai da conceituação para a realização e para o sentimento de "Ei, funciona!"

Entendendo as Partes da Rede

Rede é simplesmente dois ou mais computadores que foram conectados para poderem compartilhar coisas. Embora as redes de computadores variem de muito simples e uma agonia complexa, todas têm três coisas em comum:

» **Roteador:** Essa caixinha funciona como um guarda de trânsito eletrônico, controlando o fluxo das informações entre os PCs, assim como entre sua rede e a internet. Os roteadores atuais suportam redes com e sem fios.

» **Adaptador de rede:** Todo computador precisa de seu próprio *adaptador de rede* — um tipo de porta-voz eletrônico. Um adaptador de rede *com fio* permite plugar um cabo; a outra extremidade do cabo é plugada em seu roteador. Um adaptador de rede *sem fio* traduz as informações de seu PC em sinais de rádio e os transmite ao roteador. A maioria dos computadores e notebooks atuais inclui ambos os adaptadores.

» **Cabos de rede:** Os computadores que se conectam sem fio não precisam de cabos, claro. Mas os PCs sem adaptadores sem fio precisam de cabos para se conectarem ao roteador.

Quando você pluga um modem no roteador, este rapidamente distribui o sinal de internet a todo computador em sua rede (alguns modens vêm com roteadores embutidos, evitando que você tenha que conectar os dois).

A maioria das redes domésticas lembra uma aranha, como na Figura 15-1, com alguns cabos de computadores conectando o roteador no centro. Outros computadores, notebooks, tablets e gadgets conectam sem fio o mesmo roteador.

302   PARTE 4 **Personalizando e Atualizando o Windows 11**

ESCOLHENDO REDES COM E SEM FIO

Você pode passar cabos com facilidade entre computadores, roteadores e gadgets que ficam na mesma mesa ou em um cômodo. Mas os cabos rapidamente se tornam uma bagunça. Para acabar com a confusão, hoje a maioria dos computadores inclui adaptadores *sem fio (Wi-fi)*, que permitem aos computadores conversar pelo ar.

Mas, assim como as transmissões de rádio enfraquecem quando você sai da cidade, os sinais sem fio também. Quanto mais enfraquecem, mais lenta é a conexão. Se seus sinais sem fio passam por mais de duas ou três paredes, os computadores podem não conseguir se comunicar. As redes sem fio também são mais difíceis de configurar que as redes com fio.

Embora as conexões sem fio sejam populares, as com fio funcionam mais rápido, com mais eficiência, segurança e são mais baratas. Mas, se seu cônjuge deseja tirar os cabos do caminho, o sem fio pode ser sua melhor opção. Para ter melhores resultados, combine os dois: conecte computadores e dispositivos próximos com cabos e use a conexão sem fio para o restante.

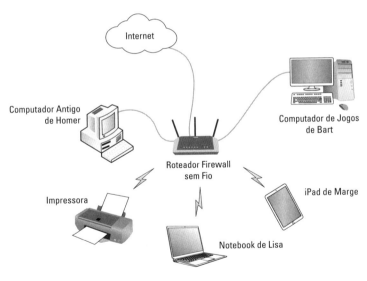

FIGURA 15-1: Uma rede lembra uma aranha, com cada computador se comunicando com um roteador no centro.

O roteador divide sua atenção com eficiência entre os PCs em rede, permitindo que cada um compartilhe simultaneamente uma conexão de internet.

O Windows permite que cada computador compartilhe uma impressora também. Se duas pessoas tentam imprimir algo ao mesmo tempo, o Windows guarda os arquivos de uma pessoa até que a impressora fique livre e os envia automaticamente quando ela está pronta para mais trabalho.

CAPÍTULO 15 **Conectando PCs a uma Rede** 303

LEMBRE-SE

Os roteadores sem fio fornecem um sinal de internet para *todos* os gadgets conectados sem fio, não apenas para os computadores Windows. Após configurar seu roteador, ele também fornece sinal de internet para iPads e outros tablets, computadores Apple, smartphones e até alguns dispositivos home theater (como aparelhos Blu-ray, consoles de jogos, "smart" Tvs, gadgets Echo da Amazon e streaming de vídeo, como Chromecast, Amazon Fire TV e caixas Roku).

Configurando uma Pequena Rede

Se você tenta conectar muitos computadores (mais de dez), provavelmente precisa de um livro mais avançado, como o *Networking For Dummies All-in--One*, 8ª edição, de Doug Lowe (sem publicação no Brasil). As redes são bem fáceis de configurar, mas compartilhar seus recursos pode ser assustador, sobretudo se os PCs têm material confidencial. Mas, se você quer apenas configurar alguns computadores e gadgets sem fio em casa ou para home office, essas informações podem ser tudo de que precisa.

Sem mais delongas, veja uma lista low-carb e passo a passo de como configurar uma rede pequena e barata. As próximas seções mostram como comprar as três partes de uma rede, instalar e fazer o Windows criar uma rede com seu trabalho manual.

Comprando partes de uma rede

Visite a loja de informática de sua cidade ou online, compre as coisas e estará no caminho certo para configurar sua rede:

» **Adaptadores de rede (opcional):** Como a maioria dos novos computadores e notebooks inclui adaptadores com e sem fio, provavelmente você pode riscar isso de sua lista de compras. Mas, se precisar adicionar um adaptador, escolha um com ou sem fio barato para plugar na porta USB do computador (*todos* os dispositivos móveis como notebooks, tablets e smartphones incluem adaptadores sem fio embutidos).

» **Cabo de rede (opcional):** Não usa o sem fio? Então compre cabos *Ethernet*, que lembram cabos de telefone, mas com tomadas um pouco maiores. Compre um cabo para cada PC que deseja conectar. Os cabos devem ser longos o bastante para irem do computador ao roteador, descrito em seguida.

- » **Roteador:** Essa caixinha faz toda a mágica. Hoje, a maioria dos roteadores inclui a tecnologia sem fio embutida; muitos também incluem um modem de banda larga para o acesso interno. Os roteadores sem fio costumam incluir quatro tomadas para aceitar até quatro computadores próximos que precisam de cabos.

DICA

Alguns Provedores de Serviço de Internet (ISPs) fornecem um roteador sem fio ou modem, e eles até enviam um técnico para sua casa para configurar a rede. Perguntar não ofende.

Configurando um roteador sem fio

As conexões sem fio têm uma conveniência sentida por todo proprietário de smartphone. Mas, nos computadores, uma conexão sem fio também tem uma complicação. Basicamente, você configura um pequeno transmissor de rádio que transmite para minúsculos rádios dentro dos PCs. É preciso se preocupar com a intensidade do sinal, encontrar o sinal certo e até inserir senhas para impedir que intrusos fiquem bisbilhotando.

Infelizmente, marcas diferentes de roteadores sem fio vêm com um software de configuração diferente, por isso, não tenho como dar instruções passo a passo para configurar seu roteador em particular.

Mas todo roteador requer que três coisas sejam configuradas:

- » **Nome da rede (SSID):** Insira aqui um nome curto e fácil de lembrar para identificar sua rede sem fio em particular. Mais tarde, ao conectar a rede sem fio ao PC, ao smartphone, ao tablet ou a outro gadget sem fio, você selecionará esse mesmo nome para não conectar sem querer a rede sem fio de seu vizinho.

- » **Infraestrutura:** Das duas opções, escolha Infraestrutura, em vez da alternativa raramente usada, Ad Hoc.

- » **Segurança:** Para manter os bisbilhoteiros longe, essa opção usa uma senha para criptografar seus dados conforme eles transitam no ar. A maioria dos roteadores oferece pelo menos três opções de senha: WEP é um pouco melhor que nenhuma senha, WPA é melhor, e WPA2 é ainda mais. Escolha a opção de segurança mais forte disponível e crie uma senha fácil de memorizar, com caracteres misturados, como **Cinco&Três=8!**.

Alguns roteadores incluem um programa de instalação para ajudá-lo a mudar as configurações; outros contêm um software predefinido que você acessa com seu navegador no Windows.

LEMBRE-SE

Quando fizer cada uma das três configurações anteriores, anote-as no papel: você deve inserir essas mesmas configurações ao definir a conexão sem fio em cada PC e outros gadgets sem fio, um trabalho abordado na próxima seção. Você também precisa passar essas informações para qualquer convidado que deseja pegar carona na sua conexão de internet durante a visita.

Configurando computadores Windows para conectar uma rede

Primeiro, uma palavra para o povo conectado: se você escolheu conectar um computador ao roteador com cabo, plugue uma extremidade do cabo na porta de rede do PC. Plugue a outra extremidade do cabo em uma das portas de rede do roteador (as portas costumam ser numeradas; qualquer número serve). Para conectar outros computadores ao mesmo roteador, conecte os cabos entre as portas de redes dos PCs e as outras portas de rede vazias do roteador.

Se a empresa de internet não fizer isso para você, conecte um cabo da porta LAN ou Ethernet do modem de banda larga na porta WAN do roteador (essas portas quase sempre têm identificação, e, se seu roteador e modem ficam juntos em uma caixa, pule essa etapa). Ligue o roteador, e acabou: você descobriu como é fácil criar uma rede com fio.

A rede sem fio é outra história. Após configurar seu roteador para transmitir a rede sem fio, você deve informar ao Windows como recebê-la. O Capítulo 9 tem um curso completo sobre conectar redes sem fio (sua própria rede e as encontradas em um ambiente público), mas veja uma rápida versão para conectar sua própria rede:

1. **Clique no botão Iniciar e escolha o ícone Configurações no menu Iniciar.**

2. **Quando a janela Configurações aparecer, clique no ícone Rede e Internet.**

   No topo da página Rede e Internet, o Windows lista se você está conectado à internet e, se estiver, lista o nome da rede Wi-fi que seu computador usa para obter seus dados.

3. **Clique na seção Wi-fi da página e verifique se a chave Wi-fi no topo da página está ativada. Então, clique no botão Mostrar redes disponíveis.**

   Ao clicar no botão Mostrar redes disponíveis, o Windows rapidamente rastreia as ondas de ar para obter as redes sem fio próximas, e uma lista é aberta, como na Figura 15-2, mostrando todas as redes sem fio dentro do

306   PARTE 4 **Personalizando e Atualizando o Windows 11**

alcance de seu PC. Com sorte, sua própria rede estará no topo da lista. Essa rede terá o nome (o *SSID*), escolhido quando você configurou seu roteador, descrito na seção anterior.

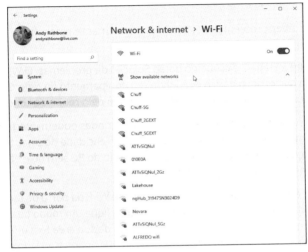

FIGURA 15-2: O Windows coloca a rede mais forte disponível no topo da lista.

4. **Escolha a rede sem fio desejada clicando em seu nome, no botão Conectar automaticamente, se desejado, e, então, no botão Conectar.**

   A rede sem fio mais próxima costuma ser a mais forte, portanto, é provável que você identifique sua própria rede sem fio no topo da lista.

DICA

   Se você marcar a caixa de seleção adjacente Conectar automaticamente antes de clicar no botão Conectar, o Windows conectará de forma automática essa rede na próxima vez em que você estiver dentro do alcance, evitando ter que repetir todas as etapas.

5. **Insira uma senha e clique em Avançar.**

   É onde você digita a mesma senha inserida no roteador quando configurou sua rede sem fio (para confundir, o Windows 11 se refere à sua senha como "Chave de Segurança da Rede").

Nesse ponto, o Windows trata sua rede sem fio recém-integrada como uma rede *pública*, a mesma encontrada em uma cafeteria ou no aeroporto. Você não conseguirá encontrar nem acessar outros computadores em rede até fazer algumas alterações, explicadas na próxima seção.

DICA

Se o Windows tornar seu computador "detectável", escolha Sim: você está em casa e deseja que seus outros computadores consigam trocar arquivos. Mas, se estiver conectado à rede de *outra* pessoa, por exemplo, uma rede pública, clique em Não. Você deseja que o PC seja detectável apenas quando estiver em sua *própria* rede.

Se ainda tiver problemas de conexão, experimente estas dicas:

» Volte à Etapa 2 e clique no botão Solução de problemas. O Windows faz um diagnóstico básico e redefine seu equipamento de rede. Se a solução não corrigir, ela dará dicas para o culpado pelo roubo da conexão.

» Curiosamente, telefones sem fio e micro-ondas podem interferir nas redes sem fio. Se você tiver problemas com a intensidade do sinal, tente manter o telefone sem fio fora do mesmo cômodo do PC sem fio e não aqueça seu sanduíche ao navegar na web.

» Na área de trabalho do Windows, o ícone Wi-fi da barra de tarefas (mostrado na margem) fornece com um clique um modo de ver as redes sem fio disponíveis. Se a barra de tarefas de sua área tem um ícone Wi-fi, clique nele, clique na seta para a direita que aparece ao lado do ícone sem fio no menu suspenso e vá para a Etapa 3 anterior.

Compartilhando Arquivos com Seus Computadores em Rede

Criar uma rede entre seus PCs facilita que eles compartilhem recursos, como conexão de internet, impressoras e até arquivos. Mas como você compartilha alguns arquivos e mantém os outros privados?

A solução da Microsoft costumava se chamar *Grupo doméstico*. Era um modo automático de mudar as configurações de rede para que os PCs Windows se vissem, além de compartilhar arquivos, pastas e impressoras.

O Windows 10 acabou por remover a capacidade de criar Grupos domésticos, e eles ainda não existem no Windows 11. Isso significa que você precisa mudar as configurações de rede de seu computador manualmente.

As próximas seções explicam quais configurações mudar para que o Windows 11 possa ainda compartilhar arquivos com outros PCs e dispositivos em sua rede.

Definindo sua rede doméstica para ser privada

Nos Windows 7, 8, 8.1 e em algumas primeiras versões do Windows 10, o Grupo doméstico era um modo bem fácil de compartilhar arquivos. Com alguns cliques, ele permitia automaticamente que outras pessoas na rede compartilhassem suas pastas Música, Imagens e Vídeos. E, por conveniência, omitia a pasta que a maioria das pessoas *não* quer compartilhar: `Documentos`.

TROCANDO DE PÚBLICO PARA PRIVADO

Quando você abre pela primeira vez a área Rede do Explorador de Arquivos, o Windows exibe alguns banners que podem ser confusos. Veja o modo certo de clicar em todas as mensagens e banners pop-up para que o Windows troque rapidamente a chave de sua rede de Pública para Privada e ative o Compartilhamento de arquivos.

Se não tem certeza se clicou em tudo corretamente, seguir as etapas nas próximas três seções garantirá que todas as chaves serão mudadas na direção certa. Se quiser, experimente um modo fácil de configurar uma rede privada clicando nestas mensagens e banners pop-up.

1. **Abra o Explorador de Arquivos e clique em Rede no painel à esquerda.**

2. **Quando a janela A descoberta de rede está desativada aparecer, clique em OK.**

3. **Clique no banner amarelo no topo do Explorador de Arquivos mostrando `A descoberta de rede e o compartilhamento de arquivos estão desativados. Clique para alterar`.**

4. **Quando o menu suspenso aparecer abaixo do banner, escolha Ativar descoberta de rede e compartilhamento de arquivos.**

5. **Quando a janela Descoberta de rede e compartilhamento de arquivos aparecer, escolha a primeira opção: Não, tornar a rede à qual estou conectado uma rede privada.**

Isso faz duas coisas: permite que seu PC veja outros PCs na rede e que os PCs vejam o seu. Quando alguém na sua rede clica no nome de seu computador, a pessoa pode ver qualquer arquivo, pasta ou impressora compartilhada na rede. Se sua rede ainda não funciona corretamente, siga o restante das etapas nesta seção para concluir o processo de configuração.

Agora, sem o suporte do Grupo doméstico, o Windows 11 não compartilha *nenhum* arquivo ou pasta: ele trata sua rede doméstica como *pública*. As redes públicas funcionam bem em cafeterias e aeroportos, onde você não deseja que estranhos saibam sobre seu PC conectado, muito menos acessem seus arquivos privados.

Mas você deseja uma rede *privada* em casa para poder compartilhar arquivos, além de uma impressa, entre todos os seus PCs. Para trocar sua rede para privada, siga estas etapas:

1. **Clique no botão Iniciar, no ícone Configurações e em Rede e Internet no painel à esquerda.**

   A seção aparece, como mostrada na Figura 15-3, permitindo verificar duas vezes as configurações Rede no topo da página.

2. **Mude a rede para Privada, se necessário.**

   Verifique se a rede tem as palavras Rede privada abaixo de Propriedades, como na Figura 15-3. Se tiver Rede privada, clique no botão Propriedades. Quando a página Propriedades aparecer, clique no botão Privada em um menu suspenso no topo da página.

   Tornar uma rede Privada impede que seu PC apareça para estranhos que vagam pela internet e limita o acesso aos PCs em sua própria rede privada.

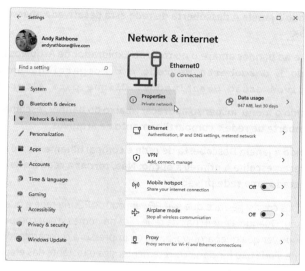

FIGURA 15-3: A página Rede e Internet permite trocar sua rede entre Pública e Privada.

3. **Clique no botão Iniciar e na caixa Pesquisa no topo do menu Iniciar, digite** Gerenciar configurações de compartilhamento avançadas, **pressione Enter e confirme se as configurações estão corretas:**

   A página Configurações de compartilhamento avançadas do bom e velho Painel de Controle aparece, como na Figura 15-4. Talvez as configurações exibidas estejam corretas, mas são o primeiro lugar a examinar se sua rede não se comporta bem. É possível abrir cada uma das três seções listadas abaixo clicando na seta para baixo ao lado do nome da seção.

   Privada: Veja se a rede está definida para Privada (Perfil atual). Se informar Pública, repita as Etapas 1 e 2. Quando uma rede está definida para Privada, o Windows deve ativar automaticamente a Descoberta da rede, permitindo que seus PCs se vejam. Se necessário, habilite a opção Ativar compartilhamento de arquivo e impressora.

   Convidado ou Público: Tudo nessa seção deve estar desativado. Isso deixa o PC mais seguro quando conectado a uma rede pública.

   Todas as Redes: Verifique se aparece um ponto ao lado destas configurações:

   - Desativar compartilhamento de Pasta pública.
   - Usar criptografia de 128 bits para ajudar a proteger as conexões de compartilhamento de arquivos.
   - Ativar compartilhamento protegido por senha.

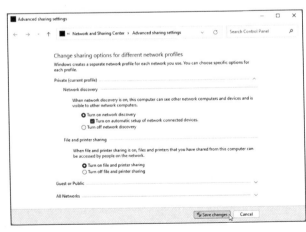

FIGURA 15-4: A página Configurações de compartilhamento avançadas permite ajustar as configurações da sua rede.

CAPÍTULO 15 **Conectando PCs a uma Rede** 311

4. **Clique no botão Salvar alterações.**

   O Windows realiza as etapas de segundo plano necessárias que começam a compartilhar sua impressora e permitem escolher quais arquivos e pastas compartilhar.

A maioria das pessoas precisa realizar essas etapas apenas uma vez, quando configuram pela primeira vez sua rede *doméstica*. Quando você usa notebooks e tablets em trânsito, o Windows trata automaticamente toda rede recém-encontrada como pública, adicionando maiores controles de segurança condizentes.

Após configurar sua rede doméstica como privada, acontecem várias coisas:

» Seus computadores em rede aparecem na área Rede do Explorador de Arquivos, localizada na parte inferior do painel esquerdo do Explorador (seus outros computadores agora devem conseguir ver o seu PC também).

» Você pode ver qualquer arquivo compartilhado com outros PCs em sua rede.

» Qualquer impressora instalada em um dos PCs Windows aparecerá como uma opção nos menus de impressão do outro PC.

» Você pode começar a compartilhar arquivos e pastas em seu computador Windows, uma tarefa descrita na próxima seção.

Compartilhando arquivos e pastas em sua rede privada

Depois de tornar privada sua rede, como descrito na seção anterior, outros computadores na rede finalmente conseguem ver seu PC. Mas eles não conseguem acessar seus arquivos ou suas pastas.

Antes disso, você deve compartilhar manualmente seus arquivos e suas pastas seguindo estas etapas:

1. **Abra o Explorador de Arquivos clicando em seu ícone na barra de tarefas e encontre a pasta ou os arquivos que deseja compartilhar.**

   Quando o Explorador aparecer, clique no link Este Computador no painel à esquerda; suas pastas mais populares aparecem no lado direito do Explorador. Nesse ponto, é possível navegar para a pasta que contém os itens que você deseja compartilhar.

   Explico como navegar o Explorador de Arquivos e selecionar itens no Capítulo 5.

2. **Clique com o botão direito na pasta ou nos arquivos que deseja compartilhar e, no menu suspenso exibido, escolha Mostrar mais opções. Quando o menu completo aparecer, clique em Dar acesso a e, então, clique na opção Pessoas específicas no menu suspenso.**

Aparece a janela Escolher pessoas com quem compartilhar, como na Figura 15-5. Nela você pode adicionar pessoas que devem ter permissão de acessar os arquivos ou as pastas em sua rede doméstica.

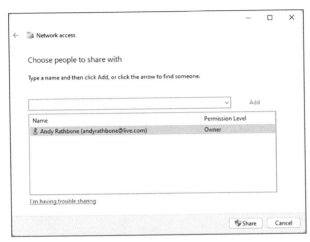

FIGURA 15-5: Escolha as pessoas a quem deseja dar acesso às pastas.

3. **Adicione os nomes das pessoas que devem ter acesso aos arquivos ou às pastas e clique no botão Adicionar.**

Adicione as pessoas em sua rede que devem conseguir acessar os arquivos e as pastas. Você pode fazer isso de vários modos, com estes sendo os mais fáceis:

- *Contas Microsoft:* Se os proprietários da conta usam contas Microsoft, basta digitar o email vinculado à conta deles.
- *Todos:* Para adicionar todos a sua rede, adicione a palavra **Todos**.

4. **Clique no nome da pessoa adicionada e escolha o tipo de acesso concedido a ela.**

Há três opções aqui, como mostrado na Figura 15-6: Leitura, Leitura/Gravação e Remover:

- *Leitura:* A opção mais popular, permite que a pessoa exiba o conteúdo do arquivo ou da pasta, sem fazer nenhuma alteração. Se ela quiser alterar, pode copiar o arquivo ou a pasta para seu próprio computador e fazer alterações lá. Mas ela não conseguirá alterar a cópia em seu próprio PC.

CAPÍTULO 15 **Conectando PCs a uma Rede** 313

- *Leitura/Gravação:* Permite que as pessoas não só exibam, leiam e copiem os itens, mas também que os *alterem.* Isso significa que elas também podem excluí-los, portanto, tenha cuidado ao dar a elas esse poder, sobretudo se compartilhou o item com Todos, como descrito na Etapa 3.

- *Remover:* Escolha essa opção para remover o acesso aos itens de uma pessoa listada, útil quando alguém não é mais confiável para acessar seus arquivos.

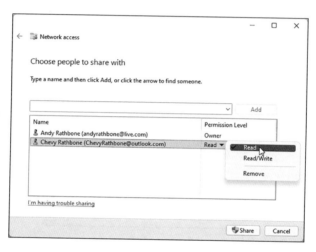

FIGURA 15-6: Escolha as pessoas que devem ter acesso aos seus itens compartilhados, assim como o tipo de acesso.

5. **Clique no botão Compartilhar para colocar as alterações em vigor.**

A próxima seção explica como acessar os itens compartilhados na rede depois que você terminou de compartilhar os itens.

Acessando o que outras pessoas compartilharam

Para ver as pastas compartilhadas de outras pessoas no seu PC e na rede doméstica, clique no ícone Explorador de Arquivos (mostrado na margem), encontrado na barra de tarefas na parte inferior de toda tela Windows.

Quando o Explorador aparecer, clique em Rede, encontrada no painel de Navegação na borda esquerda do Explorador. O lado direito da janela, mostrado na Figura 15-7, lista de imediato os nomes e os ícones de todo computador em sua rede que oferece arquivos compartilhados.

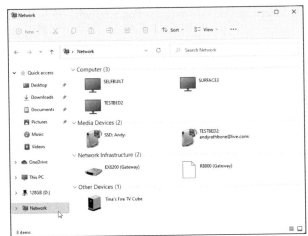

FIGURA 15-7: Clique em Rede para ver outros PCs acessíveis em sua rede.

Para percorrer os arquivos compartilhados em outro computador da rede, clique duas vezes no nome desse PC na janela Rede. A janela logo exibe as pastas compartilhadas desse computador, como na Figura 15-8, prontas para serem percorridas como se fossem as suas.

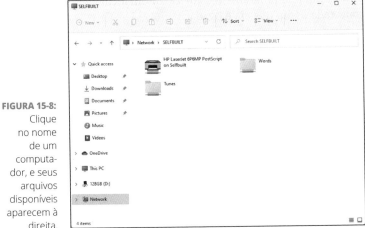

FIGURA 15-8: Clique no nome de um computador, e seus arquivos disponíveis aparecem à direita.

Se uma senha for solicitada, digite um nome e uma senha do proprietário da conta nesse computador.

CAPÍTULO 15 **Conectando PCs a uma Rede**   315

Você pode fazer mais do que percorrer os arquivos, como descrito aqui:

» **Abrir:** Para abrir um arquivo em uma pasta compartilhada, clique duas vezes em seu ícone, como faria em qualquer outro arquivo. O programa certo o abre. Se você vir uma mensagem de erro, a pessoa que compartilhou o arquivo o criou usando um programa que você não tem. A solução? Compre ou baixe o programa ou o app, ou peça à pessoa que salve o arquivo em um formato que um de seus programas possa abrir.

» **Copiar:** Para copiar um arquivo a partir de outro PC em rede, arraste-o para sua própria pasta. Ou clique com o botão direito no ícone do arquivo e escolha Copiar no menu suspenso e, então, clique com o botão direito dentro da pasta de destino e escolha Colar no menu suspenso.

Compartilhando uma impressora na rede

Se você criou uma rede, explicado antes neste capítulo, o Windows torna bem fácil compartilhar uma impressora. Após plugar uma impressora USB, o tipo com conector mostrado na margem, em seus PCs Windows em rede, você terminou: o programa reconhece automaticamente a impressora recém-conectada assim que ela é ligada.

E mais: seu PC Windows rapidamente espalha a notícia para todos os PCs em sua rede. Em minutos, o nome e o ícone da impressora aparecem em todos os PCs e em todos os menus de impressão de seus programas.

Se você não vir sua impressora listada, verifique se seguiu as etapas na seção "Definindo sua rede doméstica para ser privada", anteriormente neste capítulo.

Para ver a impressora compartilhada em seus outros PCs Windows em rede, siga estas etapas:

1. **Clique no botão Iniciar e em Configurações.**

2. **Quando o app Configurações aparecer, clique no ícone Bluetooth e dispositivos (mostrado na margem).**

3. **Quando a página Bluetooth e dispositivos for exibida, clique em Impressoras e scanners na borda direita para ver qualquer impressora ou scanner disponível para seu PC.**

Compartilhando com Compartilhar por proximidade

NOVO

Criar uma rede facilita compartilhar arquivos com outros PCs em casa. É o melhor modo de compartilhar uma conexão de internet, além de impressoras.

Mas uma rede não é a única maneira de compartilhar arquivos:

» Você pode anexar arquivos ao email e enviá-los para pessoas com o app Email ou qualquer outro programa de email, como explico no Capítulo 10.

» Pode compartilhar seus arquivos e pastas OneDrive com qualquer pessoa na internet, como visto no Capítulo 5.

E mais: você pode compartilhar arquivos entre os computadores próximos com o recurso Compartilhar por proximidade. Esse recurso funciona com o Bluetooth ou o Wi-fi de seu computador, que vem predefinido em quase todo computador e dispositivo portátil (se seu PC não tiver Bluetooth, você pode adicioná-lo comprando um adaptador e plugando-o em uma das portas USB do PC).

DICA

O Compartilhar por proximidade não é o modo mais rápido de enviar um arquivo, portanto, não o utilize para enviar vídeos grandes. É usado principalmente para enviar um ou dois pequenos arquivos para notebooks próximos. Para ter segurança e economizar bateria nos notebooks e nos tablets, desative o recurso após compartilhar seus arquivos.

DICA

Se você é fã da Apple, o Compartilhar por proximidade se parece muito com o recurso AirDrop encontrado nos dispositivos Apple como iPads, iPhones e Macs.

As próximas duas seções explicam como ativar o recurso Compartilhar por proximidade, além de como usá-lo para compartilhar arquivos com dispositivos próximos.

Ativando o recurso Compartilhar por proximidade

Antes de compartilhar arquivos com o recurso, primeiro você deve ativá-lo seguindo estas etapas:

CAPÍTULO 15 **Conectando PCs a uma Rede** 317

1. **Clique no botão Iniciar, escolha o ícone Configurações e a categoria Sistema.**

   O app Configurações abre mostrando as configurações Sistema.

2. **Escolha Compartilhar por proximidade no painel à direita.**

   As configurações aparecem, como mostrado na Figura 15-9.

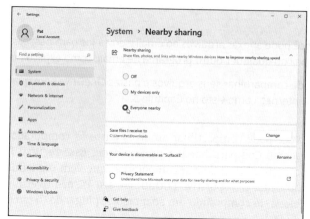

FIGURA 15-9: Clique na opção Compartilhar por proximidade para Somente meus dispositivos ou Todos nas proximidades.

3. **Escolha quem pode enviar arquivos para você.**

   O recurso Compartilhar por proximidade tem três opções:

   - *Desativado:* Escolha essa configuração se já definiu uma rede doméstica privada e está em casa. Você não precisa do recurso Compartilhar por proximidade.

   - *Somente meus dispositivos:* Apenas se deseja limitar o recurso Compartilhar por proximidade a seus próprios PCs.

   - *Todos nas proximidades:* A opção mais popular, permite que qualquer pessoa com um computador Windows 10 ou 11 receba ou envie itens pelo recurso Compartilhar por proximidade. É um modo prático de enviar um arquivo para alguém em uma reunião na sala ou cafeteria (se um estranho tentar enviar um arquivo indesejado, basta ignorar a mensagem que aparece no PC; a transferência não acontece).

   Suas alterações ocorrem de imediato. Se não funcionar, verifique se você ativou o Bluetooth; o recurso Compartilhar por proximidade precisa disso para funcionar (explico como ativar o Bluetooth no Capítulo 3).

Após ativar o recurso Compartilhar por proximidade, você não precisa voltar a essa configuração, a menos que queira desativá-lo.

Compartilhando arquivos com o recurso Compartilhar por proximidade

Após você e seu amigo terem ativado o recurso, siga estas etapas para compartilhar um arquivo ou uma pasta com um amigo próximo:

1. **Encontre o arquivo que deseja compartilhar.**

   O Explorador de Arquivos oferece o modo mais fácil de compartilhar coisas com o recurso Compartilhar por proximidade, mas outros apps também têm suporte para o novo recurso.

2. **Selecione o item ou os itens que deseja compartilhar e clique no ícone Compartilhar do app na linha superior de ícones do Explorador.**

   Clique no ícone Compartilhar no topo do Explorador.

3. **Quando a janela Compartilhar aparecer, escolha como deseja compartilhar o arquivo.**

   A janela Compartilhar no Explorador de Arquivos, mostrada na Figura 15-10, tem três modos de compartilhar seus itens:

   - *Compartilhar por proximidade:* Essa área lista qualquer PC próximo com o recurso Compartilhar por proximidade ativado. Clique no nome de um computador para começar a enviar cópias dos arquivos para ele. Também oferece um modo rápido de ativar ou desativar o recurso, economizando tempo.

   - *Email para um contato:* As pessoas sempre contatadas aparecem como uma linha superior na janela. Clique no nome da pessoa e escolha o email preferido para enviar os arquivos. Isso funciona melhor para arquivos bem pequenos, não para vídeos e nem para um grande número de fotos.

   - *Compartilhar com aplicativo:* Escolha um app listado no grupo para enviar o arquivo para esse app em seu próprio PC.

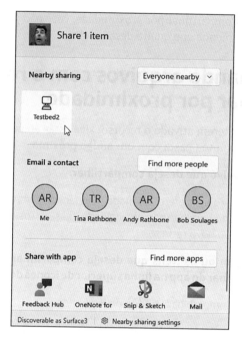

FIGURA 15-10: Clique no nome do PC que deve receber o arquivo.

4. **Peça que a outra pessoa aprove a transferência.**

   Ao escolher o nome de um computador na etapa anterior, uma mensagem aparece no computador de destino. Isso permite que o proprietário aceite a transferência e, igualmente importante, recuse as transferências de arquivo indesejadas ou inesperadas.

   Após o destinatário aprovar a transferência clicando no botão Salvar, os arquivos que chegam aparecem na pasta Downloads dele.

5

Música, Fotos e Vídeos

NESTA PARTE...

Mostre suas fotos aos amigos.

Copie fotos do seu celular ou da câmera para o PC.

Assista aos vídeos no PC ou no tablet.

Organize um álbum de fotos digitais em sua câmera digital ou celular.

NESTE CAPÍTULO

» Reproduzindo música, vídeo e CDs

» Criando, salvando e editando playlists

» Copiando CDs para seu HD ou outro disco

Capítulo **16**

Reproduzindo e Copiando Música

C riado para os minimalistas, o app Windows Groove Música se atém ao essencial. Com poucos cliques, ele toca a música armazenada no PC.

Para alguns, é o suficiente. Mas o Groove Música não tem recursos mais robustos. Preso no mundo dos arquivos de música digital, o app não consegue copiar CDs de música para seu computador. Não consegue criar CDs a partir de seus arquivos de música e nem mesmo *reproduzir* um CD que você colocou na unidade de disco do PC. E não consegue reproduzir a música armazenada no OneDrive, a menos que ela também seja baixada para seu PC.

Resumindo, o Groove Música agora é um tocador básico para a música armazenada em seu próprio computador. É bom para tablets com Windows e muitos notebooks novos; eles não têm unidades de disco, portanto, seus proprietários naturalmente aceitam música digital.

Mas, em um PC desktop, talvez você prefira um programa de música de antigamente, o Windows Media Player. Seu funcionamento lembra muito as versões anteriores do Windows, com uma grande exceção: ele não pode mais reproduzir DVDs (mas ainda reproduz CDs).

Este capítulo explica como e quando trocar entre o app Groove Música e o Windows Media Player. Também explica quando você pode querer abandonar o barco com as ofertas padrão do Windows e baixar um app cheio de recursos para atender às suas necessidades.

Reproduzindo Música com o App Groove Música

De acordo com a música da juventude de hoje, o app Windows Groove Música reconhece os arquivos de música apenas se armazenados em seu PC ou, quando informado, em um pendrive inserido na porta USB do computador. O app Groove Música torce o nariz ao reproduzir os antigos CDs ou DVDs, portanto, nem tente.

Mas, se você quer apenas reproduzir sua própria coleção de músicas digitais, o app lida com a tarefa de modo bem simples e fácil. Ao abrir pela primeira vez, como mostrado na Figura 16-1, o programa exibe a música armazenada em seu próprio PC (você verá somente sua música OneDrive se pediu ao OneDrive para armazenar a música no PC e no OneDrive, uma tarefa explicada no Capítulo 5).

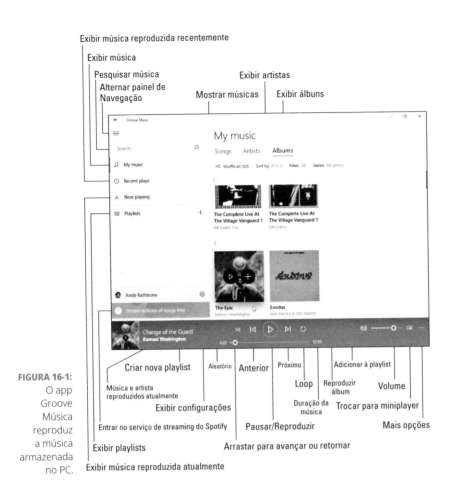

FIGURA 16-1:
O app Groove Música reproduz a música armazenada no PC.

Para inicializar o app Groove Música e começar a ouvir música, siga estas etapas:

1. **Clique no ícone Groove Música do menu Iniciar.**

    Acesse o menu Iniciar com um clique do botão Iniciar na borda esquerda da barra de tarefas, a faixa na parte inferior de sua tela. Quando o menu aparecer, clique no ícone do app Groove Música, mostrado na margem.

    Se você não localizar o ícone do app, clique no botão Todos os aplicativos do menu Iniciar para ver todos os apps instalados. Então, escolha Groove Música na lista de apps classificados por ordem alfabética.

    Quando inicializado, o app Groove Música aparece na tela, como na Figura 16-1, mostrando blocos que representam seus álbuns, artistas ou músicas (quando aberto pela primeira vez, talvez seja necessário clicar em algumas telas de boas-vindas).

CAPÍTULO 16 **Reproduzindo e Copiando Música**   325

2. **Exiba sua música por álbum, música ou artista.**

   O painel de Navegação na borda esquerda do app Groove Música tem estas opções para exibir sua música:

   - *Pesquisar:* Digite o nome da música ou o título do álbum do artista nessa caixa e o app mostra qualquer correspondência armazenada no PC.
   - *Minhas músicas:* Clique em Minhas músicas no painel de Navegação, e o app exibe sua música. Clique nos links Músicas, Artistas ou Álbuns abaixo das palavras Minhas músicas, no painel à direita, para ver sua canção agrupada por música, artista ou álbum.
   - *Reproduções recentes:* A música tocada recentemente aparece aqui, facilitando ouvir uma reprodução.
   - *Reproduzindo agora:* Escolha isso para ver a música reproduzida atualmente, além de uma lista das músicas na fila para tocar em seguida.
   - *Playlists:* As playlists que *você* cria aparecem aqui, prontas para serem reproduzidas de novo ao clicar em seus nomes. Ou crie sua própria playlist clicando no ícone com sinal de mais ao lado.

DICA

3. **Informe ao app qual música reproduzir.**

   No lado direito do app, clique na guia Músicas, Artistas ou Álbuns para exibir sua música classificada segundo essas categorias.

   Passe o mouse sobre qualquer capa do álbum e o ícone Reproduzir aparece. Clique nele para começar a tocar tudo dentro do bloco, sendo um único álbum ou o trabalho inteiro do artista.

   Um ícone com sinal de mais ao lado permite adicionar rapidamente esse item à playlist atual ou a uma nova. Passando o mouse sobre os itens e clicando no sinal de mais, você pode criar rápido uma playlist que o manterá ouvindo música por horas.

4. **Ajuste a música enquanto ela toca.**

   A barra Aplicativos, mostrada na parte inferior da Figura 16-1, tem vários ícones para controlar sua música: Aleatório, Loop, Anterior (para ir para a música anterior), Pausar/Reproduzir e Próximo (para ir para a música seguinte).

Para ajustar o volume, clique no pequeno alto-falante na barra Aplicativos à direita inferior da tela. Ou, na área de trabalho, clique no ícone do pequeno alto-falante ao lado do relógio na barra de tarefas, a faixa na borda inferior da área de trabalho.

DICA

A maioria dos tablets com tela de toque inclui uma chave de volume em uma das bordas.

COLOCANDO MAIS RECURSOS DO APP GROOVE MÚSICA

O Groove Música faz pouco mais do que reproduzir sua música, mas você pode estender seus limites minimalistas com estas dicas:

- **Crie playlists:** Playlist é apenas uma lista de músicas organizadas em certa ordem. Para criar uma, passe o mouse sobre qualquer bloco e aparece um ícone de sinal de mais ao lado de uma música ou sobre uma lista de músicas. Clique nele, e uma lista suspensa de playlists aparece. Clique na playlist desejada, e o Groove Música copia a música para a lista. Se você ainda não criou nenhuma playlist, as palavras Nova Playlist aparecem em uma caixa; mude as palavras para um termo que descreva sua lista de músicas e terá criado sua primeira playlist. Os proprietários da conta Microsoft têm uma vantagem: as playlists criadas em seu PC também aparecem no tablet Windows ou no Xbox One.

- **Acesso do OneDrive:** O app Groove Música não consegue reproduzir as músicas armazenadas exclusivamente no OneDrive. Quando você tenta reproduzir uma música ou um álbum armazenado no OneDrive, o app baixa rapidamente a música para o PC. Isso significa que você precisa de uma conexão de internet para acessar. Descrevo como manter a música OneDrive armazenada no PC e no OneDrive no Capítulo 5.

- **Menu Fixar em Iniciar:** Clique com o botão direito em um álbum favorito no Groove Música e escolha Fixar em Iniciar no menu suspenso. Clique em Sim na tela de confirmação para acessar rápido o menu Iniciar com um clique.

- **Compre música:** O app não permite mais comprar ou ouvir estações de rádio online. Pelo contrário, ele pede para você assinar o serviço de streaming Spotify. Se você não vir o Spotify na seção Todos os aplicativos do menu Iniciar, então precisará baixá-lo na Microsoft Store.

- **Experimente outro app:** Se você gosta da simplicidade dos apps, mas quer um pouco mais de poder, procure o app VLC da VideoLAN ou experimente as alternativas disponíveis na Microsoft Store.

O app Groove Música continua a reproduzir música mesmo se você começa a trabalhar com outros apps ou troca para a área de trabalho. Para pausar ou se mover entre as faixas, passe o mouse sobre o ícone do Groove Música na barra de tarefas; aparece um menu suspenso, com controles para reproduzir, pausar ou pular as faixas.

Retornando a Reprodução de Música para o Windows Media Player

A Microsoft espera que o app Groove Música atença todas as suas necessidades musicais. Dessa forma, o Windows tenta forçá-lo a usar o Groove Música. Por exemplo, abra um arquivo de música na pasta Músicas de sua área de trabalho, e o app passa a reproduzir automaticamente o arquivo.

Com seus controles grandes e simples, o app Groove Música funciona bem nos tablets com tela de toque. Contudo, quando você trocar para a área de trabalho, talvez prefira um programa de música com mais recursos. Por sorte, o Windows 11 ainda inclui o Windows Media Player, um marco da área de trabalho Windows por mais de uma década.

Siga as etapas nesta seção para retornar as tarefas de reprodução de música para o Windows Media Player e tornar o programa mais fácil de encontrar.

1. **Clique no botão Iniciar e digite** windows media player **na caixa Pesquisa, localizada na borda superior do menu Iniciar.**

   A janela Pesquisa do menu Iniciar lista o Windows Media Player.

2. **Escolha Fixar em Iniciar na lista de opções no lado direito da janela Pesquisa.**

   Isso coloca o ícone Windows Media Player no menu Iniciar, para facilitar o acesso (o mesmo menu permite selecionar Fixar na barra de tarefas; isso coloca um segundo link para o Windows Media Player na barra de tarefas, a faixa na parte inferior da tela).

3. **Abra a pasta Músicas e clique com o botão direito na música que deseja que o Windows Media Player reproduza.**

   Aparece um menu suspenso.

4. **Clique em Abrir com e, então, quando o segundo menu suspenso aparecer, clique em Escolher outro aplicativo.**

   Talvez você veja o Windows Media Player listado no primeiro menu suspenso, mas não clique nele. Se clicar, o Windows Media Player reproduzirá apenas uma música, mas o Groove Música ainda reproduzirá todas as outras.

5. **Quando a janela Como deseja abrir este arquivo aparecer, mostrada na Figura 16-2, escolha Windows Media Player e clique na caixa de seleção Sempre usar este aplicativo para abrir arquivos MP3.**

Essa etapa pede ao Windows Media Player para reproduzir sua música, em vez do app Groove Música do menu Iniciar. Se você armazena suas músicas em formatos de arquivo diferentes de MP3, talvez precise repetir essas etapas para os outros arquivos.

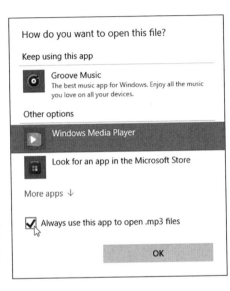

FIGURA 16-2: Escolha o Windows Media Player para reproduzir sua música.

Após seguir essas etapas, o Windows Media Player entra em ação sempre que você clica duas vezes em um arquivo de música na área de trabalho. Também é possível iniciá-lo diretamente clicando em seu ícone (mostrado na margem) no menu Iniciar ou na barra de tarefas.

LEMBRE-SE

Essas etapas não desativam nem desinstalam de modo permanente o app Groove Música do menu Iniciar; ele ainda funciona bem. Para abri-lo, basta clicar em seu ícone no menu Iniciar. Quando o Groove Música aparecer, ele ainda exibirá e reproduzirá todas suas músicas.

Porém, ao clicar em uma música no programa Explorador de Arquivos da área de trabalho, o Windows Media Player abre e começa a reproduzir sua música.

Siga essas mesmas etapas para escolher quais programas devem abrir seus arquivos favoritos. Você não está limitado às opções que a Microsoft configura com o Windows 11.

CAPÍTULO 16 **Reproduzindo e Copiando Música** 329

EXECUTANDO O WINDOWS MEDIA PLAYER PELA PRIMEIRA VEZ

Na primeira vez em que você abre o Windows Media Player da área de trabalho, uma tela inicial pergunta como lidar com as configurações do player quanto à privacidade, ao armazenamento e à loja de música. A tela tem duas opções:

- **Configurações recomendadas:** Para o impaciente, essa opção carrega o Windows Media Player com as configurações escolhidas da Microsoft. O Windows Media Player se configura como o player padrão para a maioria das músicas e dos vídeos. Ele percorre a internet para atualizar as informações do título de suas músicas e informa à Microsoft o que você está ouvindo e assistindo. Escolha as Configurações recomendadas se tem pressa; sempre é possível personalizar no futuro.

- **Configurações personalizadas:** Para os detalhistas e aqueles que se preocupam com a privacidade, essa opção permite microgerenciar o comportamento do Windows Media Player. Várias telas permitem escolher as músicas e os vídeos que o player pode reproduzir, e você pode controlar quanto de seus hábitos de audição podem ser enviados para a Microsoft. Escolha apenas se você tem tempo para percorrer vários minutos de telas de opções chatas.

Se mais tarde quiser personalizar qualquer configuração do Windows Media Player — as escolhidas para você nas Configurações recomendadas ou as que escolheu em Configurações personalizadas —, clique no botão Organizar do Windows Media Player à esquerda superior e escolha Opções.

Estocando a Biblioteca do Windows Media Player

Você pode carregar o Windows Media Player clicando em seu ícone no menu Iniciar ou na barra de tarefas, a faixa na borda inferior da área de trabalho. Nenhum ícone no menu Iniciar nem na barra de tarefas? A seção anterior explica como colocá-lo lá.

Ao rodar o Windows Media Player, o programa automaticamente classifica o material de música digital, imagens e vídeos de seu PC e cataloga tudo o que encontra de forma automática também.

Mas, se notar que falta uma mídia de seu PC na Biblioteca do Windows Media Player, pode informar ao player onde encontrar esses itens seguindo estas etapas:

1. **Clique no botão Organizar do Windows Media Player (à esquerda superior do programa) e escolha Gerenciar bibliotecas no menu suspenso para mostrar um menu instantâneo.**

O menu aberto lista quatro tipos de mídia com a qual o Windows Media Player pode lidar: Música, Vídeos, Imagens e TV Gravada.

2. **No menu aberto, escolha o nome do tipo de arquivo que falta.**

Aparece uma janela, como na Figura 16-3, listando as pastas monitoradas. Por exemplo, o player normalmente monitora o conteúdo de sua pasta Músicas, portanto, qualquer coisa adicionada a ela aparece automaticamente na biblioteca do Media Player também.

Mas, se você armazena os itens em outro lugar, talvez em um HD portátil, pendrive ou local na rede, esta é sua chance de instruir o player para esse outro local da mídia.

3. **Clique no botão Adicionar, selecione a pasta ou a unidade que contém seus arquivos, clique no botão Incluir pasta e em OK.**

Clicar no botão Adicionar abre na tela a janela Incluir pasta na música. Navegue até a pasta que gostaria de adicionar, a pasta no HD portátil, por exemplo, e clique no botão Incluir pasta. O Windows Media Player imediatamente começa a monitorar essa pasta, adicionando a música dela à sua biblioteca.

Para adicionar música de outras pastas ou unidades, talvez uma pasta em outro PC em rede ou pendrive, repita as etapas até ter adicionado todos os locais onde o Windows Media Player deve pesquisar a mídia.

Para impedir o player de monitorar uma pasta, siga o passo a passo, mas, na Etapa 3, clique na pasta que não deseja mais que seja monitorada, então clique no botão Remover, mostrado na Figura 16-3.

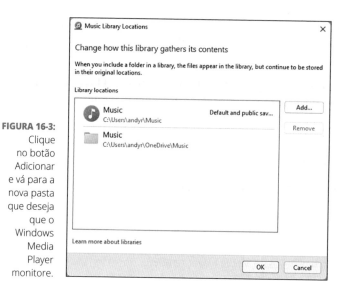

FIGURA 16-3: Clique no botão Adicionar e vá para a nova pasta que deseja que o Windows Media Player monitore.

Ao executar o Windows Media Player, o programa mostra a mídia coletada (como na Figura 16-4) e continua a estocar sua biblioteca como a seguir:

FIGURA 16-4: Clique em um item à esquerda para ver seu conteúdo à direita.

» **Monitorando suas pastas:** O Windows Media Player sempre monitora suas pastas Músicas, Imagens e Vídeos, além de qualquer outro local adicionado. Ele atualiza automaticamente sua biblioteca sempre que você adiciona ou remove arquivos de suas pastas (é possível mudar quais pastas o Windows Media Player monitora seguindo as três etapas anteriores).

332   PARTE 5 **Música, Fotos e Vídeos**

O QUE SÃO TAGS DE UMA MÚSICA?

Dentro de todo arquivo de música reside um pequeno formulário chamado *tag*, contendo o título, o artista, o álbum e outras informações afins da música. Ao decidir como classificar, exibir e categorizar sua música, o Windows Media Player lê essas tags — *não* os nomes de arquivo da música. Praticamente todo tocador de música digital, inclusive o iPod, conta com tags.

Na verdade, as tags são tão importantes que o Windows Media Player acessa a internet, pega informações sobre a música e as preenche automaticamente quando ele adiciona arquivos à sua biblioteca.

Muitas pessoas não se importam em preencher as tags das músicas, mas outras as atualizam meticulosamente. Se suas tags já estão preenchidas como você prefere, impeça o Windows Media Player de mexer nelas: clique no botão Organizar, escolha Opções, clique na guia Biblioteca e desmarque a caixa de seleção ao lado de Recuperar informações adicionais da internet. Mas, se suas tags forem bagunçadas, deixe a caixa de seleção marcada para que o player limpe as tags para você.

Se o Windows Media Player cometer um erro, corrija você mesmo as tags: clique com o botão direito na música (ou, no caso de um álbum, nas músicas selecionadas) e escolha Encontrar informações do álbum. Quando uma janela aparecer listando a sugestão do player para a música ou o álbum, escolha o link Editar. Na nova janela exibida, preencha o álbum, o artista, o gênero, as faixas, o título, o artista participante e o compositor. Clique em Terminar quando acabar de arrumar as informações.

» **Adicionando itens reproduzidos:** Sempre que você reproduz um arquivo de música no PC ou na internet, o Windows Media Player adiciona a música e seu local da internet à biblioteca, para que você possa encontrá-la e produzi-la no futuro. A menos que seja informado especificamente, o Windows Media Player *não* adiciona os itens reproduzidos recentemente que residem nos PCs de terceiros, pendrivers USB ou cartões de memória.

» **Música tirada de CD:** Ao inserir um CD de música na unidade de CD, o Windows pode se oferecer para *extraí-la*. É um jargão para copiar a música do CD para seu PC, uma tarefa descrita na seção "Extraindo (Copiando) CDs para o PC", posteriormente neste capítulo. Qualquer música tirada aparece de forma automática na biblioteca do Windows Media Player (o Windows Media Player não copiará filmes em DVD para sua biblioteca, infelizmente, nem reproduzirá os discos).

» **Música baixada de lojas online:** Quando você compra uma música e a coloca na pasta Músicas, o Windows Media Player estoca automaticamente sua biblioteca com a compra mais recente.

CAPÍTULO 16 **Reproduzindo e Copiando Música** 333

DICA — Fique à vontade para repetir as etapas nesta seção e pesquisar arquivos onde quiser. O Windows Media Player ignora os arquivos já catalogados e adiciona os novos.

PAPO DE ESPECIALISTA — O Windows Media Player não oferece um editor avançado para mudar as *tags* de uma música, descritas na seção separada. Pelo contrário, o player as edita automaticamente para você a partir de um banco de dados online.

Navegando nas Bibliotecas do Windows Media Player

As Bibliotecas do Windows Media Player são onde a ação acontece internamente. Nelas você organiza os arquivos, cria playlists, grava ou copia CDs e escolhe o que tocar.

Quando carregado pela primeira vez, o Windows Media Player exibe o conteúdo de sua pasta Músicas, o que é bem apropriado. Na verdade, o Windows Media Player mantém várias bibliotecas, planejadas para mostrar não apenas sua música, mas também fotos, vídeos e programas de TV gravados.

Todos os itens que podem ser reproduzidos aparecem no painel de Navegação na borda esquerda da janela, mostrada na Figura 16-5, onde podem ser acessados com um clique. A metade superior do painel mostra sua própria coleção de mídia, devidamente listada com seu nome no topo.

FIGURA 16-5: Clique no tipo de mídia que você deseja percorrer no painel de Navegação à esquerda.

334 PARTE 5 **Música, Fotos e Vídeos**

O Windows Media Player organiza sua mídia nestas categorias:

» **Playlists:** Você gosta de reproduzir álbuns ou músicas em certa ordem? Clique no botão Salvar lista no topo da lista de músicas para salvá-la como uma playlist que aparece nessa categoria (explico as playlists na seção "Criando, Salvando e Editando Playlists", mais adiante neste capítulo).

» **Música:** Toda sua música digital aparece aqui. O Windows Media Player reconhece os maiores formatos de música, inclusive MP3, WMA e WAV (até reconhece os arquivos AAC sem proteção contra cópia, vendidos pelo iTunes). E o Windows 11 também tem suporte para o FLAC, um formato que compacta a música sem perder qualidade de som).

» **Vídeos:** Procure aqui os vídeos salvos de uma filmadora ou câmera digital, smartphone ou vídeos baixados da internet. O Windows Media Player reconhece os formatos AVI, MPG, WMV, ASF, DivX, alguns arquivos MOV e outros. O Windows 11 também tem suporte para os arquivos MKV, um formato de vídeo relativamente novo usado por alguns smartphones para fazer vídeos de alta definição.

» **Imagens:** O Windows Media Player pode exibir fotos individualmente ou em uma apresentação de slides simples, mas sua pasta Imagens e o app Fotos, ambos vistos no Capítulo 17, lidam melhor com as fotos (o Windows Media Player não consegue corrigir fotos de cabeça para baixo, por exemplo, algo feito com facilidade de dentro da pasta Imagens do app Fotos).

» **Outras Bibliotecas:** Aqui você pode encontrar a mídia que aparece em outros PCs em sua *rede* doméstica, um modo particular de conectar PCs que descrevo no Capítulo 15.

Após clicar em uma categoria, o painel de Navegação do Windows Media Player permite exibir os arquivos de inúmeras maneiras. Por exemplo, clique em Artista na categoria Música do painel de Navegação, e ele mostra a música em ordem alfabética segundo os nomes dos artistas.

Do mesmo modo, clicar em Gênero na categoria Música separa as músicas e os álbuns por diferentes tipos de música, anteriormente na Figura 16-5. Em vez de apenas mostrar um nome para clicar, por exemplo, blues, o player organiza sua música em pilhas de capas, como se você tivesse classificado seus álbuns ou CDs no piso da sala.

DICA

Para reproduzir qualquer coisa no Windows Media Player, clique com o botão direito e escolha Reproduzir. Ou, para reproduzir toda a música de um artista ou gênero, clique com o botão direito na pilha e escolha Reproduzir tudo.

CAPÍTULO 16 **Reproduzindo e Copiando Música** 335

SIM, O WINDOWS ESPIONA VOCÊ

Como seu banco, operadora de cartões de crédito, smartphone e cartão clube do mercado, o Groove Música e o Windows Media Player espionam você. A Declaração de Privacidade online com 5 mil palavras da Microsoft se resume a: ambos os players informam à Microsoft toda música, arquivo ou filme que você reproduz. Alguns acham isso assustador, mas, se a Microsoft não sabe o que você reproduz, o Windows não consegue recuperar as informações de perfil do artista e a capa na internet.

Se você não se importa com a Microsoft cantarolando junto sua música, não leia mais. Se for importante, escolha seu nível de vigilância no Windows Media Player: clique no botão Organizar, na parte esquerda superior do Media Player, escolha Opções e clique na guia Privacidade. Veja o resumo das opções da guia que causam mais comoção:

- **Exibir informações sobre a mídia a partir da internet:** Se essa opção está selecionada, o Media Player pergunta à Microsoft qual CD você está reproduzindo e recupera os acessórios para exibir na tela: capas do CD, títulos da música, nomes do arquivo e informações afins.

- **Atualizar arquivos de música recuperando informações sobre a mídia na internet:** A Microsoft examina seus arquivos e, se conhece algum, preenche as tags das músicas com as informações certas (para saber mais sobre tags, veja o box "O que são tags de uma música?").

- **Enviar identificação exclusiva do Player a provedores de conteúdo:** Conhecida no ramo como *mineração de dados*, essa opção permite que outras empresas rastreiem como você usa o Media Player ao tocar uma música com proteção de cópia.

- **Cookies:** Como muitos outros programas e sites, o Media Player rastreia sua atividade com pequenos arquivos chamados *cookies*. Eles não são ruins, pois ajudam o player a controlar suas preferências.

- **Melhoria da experiência do cliente:** Quando ativado, esse recurso dá à Microsoft os "dados de uso do player", um termo genérico que pode significar qualquer coisa. Desativei o meu.

- **Histórico:** O Windows Media Player lista os nomes dos arquivos reproduzidos recentemente para sua conveniência, e para possíveis gargalhadas dos colegas de trabalho ou da família. Para impedir que as pessoas vejam os títulos da música e vídeos recém-reproduzidos, remova *todas* as marcas de verificação dessa seção e clique nos dois botões chamados Limpar histórico e Limpar caches.

Para ter informações sobre configurações de privacidade, acesse a central de privacidade em http://www.microsoft.com/privacy.

336   PARTE 5 **Música, Fotos e Vídeos**

Arquivos de Música em uma Playlist

O Windows Media Player reproduz vários arquivos de música digital, mas eles têm algo um comum: quando você pede ao Media Player para reproduzir uma música ou um álbum, ele imediatamente coloca esse item em sua lista *Reproduzindo agora*, uma fila de itens para tocar um após o outro.

Você pode começar a reproduzir a música pelo Windows Media Player de vários modos, mesmo que ele não esteja em execução no momento:

» Clique no ícone do Explorador de Arquivos (mostrado na margem) na barra de tarefas, clique com o botão direito em um álbum ou uma pasta com música e clique em Reproduzir com Windows Media Player. O player abre na tela e começa a tocar sua escolha.

» Ainda exibindo sua própria pasta Músicas, clique com o botão direito nos itens e escolha Adicionar à lista do Windows Media Player. Seu computador os coloca em fila no Media Player, prontos para serem reproduzidos após você ter ouvido a música que toca atualmente.

» Coloque um CD de música na bandeja de CD do PC e pressione-a no computador. Clique na mensagem suspensa Selecionar para escolher o que acontece com os CDs de áudio. Quando aparecer o segundo menu suspenso, escolha Reproduzir CD de áudio, e o Windows reproduz automaticamente os futuros CDs de áudio assim que inseridos.

» Clique duas vezes em um arquivo de música, estando ele em sua área de trabalho ou em qualquer pasta. O Windows Media Player começa a reproduzi-lo imediatamente.

Para reproduzir as músicas listadas na própria biblioteca do Windows Media Player, clique com o botão direito no nome da música e escolha Reproduzir. O Media Player começa a tocar de imediato, e a música aparece na lista Reproduzindo agora.

Veja outros modos de reproduzir músicas no Windows Media Player:

» Para reproduzir um álbum inteiro na biblioteca do Windows Media Player, clique com o botão direito no álbum na categoria Álbum da biblioteca e escolha Reproduzir.

» Quer ouvir vários arquivos ou álbuns, um após o outro? Clique com o botão direito no primeiro e escolha Reproduzir. Clique com o botão direito no próximo e escolha Adicionar à lista Reproduzindo agora. Repita até terminar. O Windows Media Player coloca todos em fila na lista Reproduzindo agora.

CAPÍTULO 16 **Reproduzindo e Copiando Música** 337

» Para voltar ao item recém-reproduzido, clique com o botão direito no ícone do Windows Media Player na barra de tarefas. Quando a lista de itens recém-reproduzidos aparecer, clique no nome do seu item.

» Nenhuma música decente na pasta de músicas? Comece a copiar seus CDs favoritos para o PC, um processo chamado *extração*, que explico na seção "Extraindo (Copiando) CDs para o PC", posteriormente neste capítulo.

Itens Reproduzidos Agora

Você pode reproduzir a música diretamente a partir da Biblioteca do Windows Media Player: basta clicar com o botão direito em um arquivo, um álbum, um artista ou um gênero e escolher Reproduzir. O Windows Media Player começa a reproduzir a música, mas o programa fica parado, em geral preenchendo a tela.

Para ter um player menor e mais gerenciável, clique no botão Biblioteca/Player, mostrado na margem, e abra a janela Reproduzindo agora, mostrada na Figura 16-6 (o botão Biblioteca/Player fica à direita inferior da biblioteca). Não vê os controles? Passe o mouse sobre a janela Media Player, e os controles aparecem na borda inferior dela.

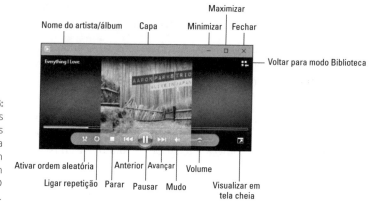

FIGURA 16-6: Os botões inferiores da janela funcionam como em um CD player.

A janela minimalista Reproduzindo agora mostra o que está sendo reproduzido no momento, podendo ser um vídeo ou a capa da música tocando. Os controles na tela permitem ajustar o volume, pular entre as músicas listadas ou vídeos ou pausar a ação.

O Windows Media Player tem os mesmos controles básicos ao reproduzir qualquer arquivo, seja ele uma música, seja um vídeo, seja um CD, seja um slide de fotos. A Figura 16-6 mostra o Media Player aberto na janela

Reproduzindo agora quando ele reproduz um álbum. Os rótulos na imagem explicam a função de cada botão. Ou deixe o mouse sobre um botão especialmente misterioso, e o Windows Media Player exibe uma explicação suspensa.

Os botões na parte inferior funcionam como os encontrados em qualquer CD player, permitindo reproduzir, parar, voltar, avançar rápido e deixar sem som a música ou o filme atual. Para ter mais controle, clique com o botão direito em qualquer janela Reproduzindo agora. Aparece um menu para as tarefas comuns:

» **Exibir lista:** Mostra a playlist à direita, que é útil para ir direto para músicas diferentes.

» **Tela cheia:** Aumenta a janela para preencher a tela.

» **Ordem aleatória:** Reproduz as músicas aleatoriamente.

» **Repetir:** Faz um loop na mesma música.

» **Visualizações:** Escolha entre mostrar a capa do álbum, linhas onduladas, espirais bacanas, ondas que dançam ou outro movimento louco.

» **Aprimoramentos:** Abre um equalizador, ajuste do balanço, velocidade de reprodução, balanceador de volume e outras opções de som.

» **Letras, legendas ou subtítulos:** Exiba esses itens, se disponíveis, que são úteis em uma noite de karaokê.

» **Sempre mostrar Reproduzindo agora no topo:** Mantém a janela acima das outras na área de trabalho.

» **Mais opções:** Ativa a página Opções, na qual você pode ajustar os hábitos do Windows Media Player ao extrair CDs, estocar a Biblioteca e outras tarefas.

» **Ajuda com Reprodução:** Acessa o programa Ajuda para lidar com as dores de cabeça.

DICA

Os controles Reproduzindo agora desaparecem da tela quando você não move o mouse por um tempo. Para reativá-los, mova o mouse na janela Reproduzindo agora.

Para voltar à Biblioteca do Windows Media Player, clique no ícone Biblioteca/Player à direita superior da janela.

DICA

Quando você minimizar o Windows Media Player na barra de tarefas da área de trabalho, passe o mouse sobre o ícone dele: um controle aparece, permitindo pausar ou pular entre as músicas.

CAPÍTULO 16 **Reproduzindo e Copiando Música**   339

Reproduzindo CDs

Contanto que você insira o CD na unidade corretamente (em geral, com a etiqueta para cima), reproduzir uma música é uma das tarefas mais fáceis do Windows Media Player. Comece pressionando o botão Ejetar da unidade, um botão raramente identificado que fica ao lado ou na unidade de disco na frente do PC.

Quando a bandeja aparecer, coloque o CD (etiqueta para cima) na unidade e pressione a bandeja. O Windows Media Player vai para a tela e o reproduz, normalmente identificando de imediato o CD e o artista. Em muitos casos, até abre uma imagem da capa na tela.

Os controles na parte inferior, mostrados na Figura 16-6, permitem percorrer as faixas, ajustar o volume e aprimorar sua experiência auditiva.

Se por algum motivo obscuro o Windows Media Player não começar a reproduzir seu CD, veja o item Biblioteca no painel de Navegação do Windows Media Player à esquerda da janela. Você deve identificar o nome do CD ou as palavras *Álbum desconhecido*. Quando encontrar a listagem, clique nele e no botão Reproduzir para começar a ouvir.

DICA

Pressione F7 para desativar o som do Windows Media Player e atender uma chamada telefônica. Pressionar Ctrl+P alterna o modo pausar/reproduzir.

Deseja copiar o CD para o PC? Isso se chama *extrair*; explico a extração na seção "Extraindo (Copiando) CDs para o PC", mais adiante.

Reproduzindo DVDs

E agora a má notícia: o Windows Media Player não consegue reproduzir DVDs. Essa novidade é um pouco chocante, considerando que o Media Player no Windows 7 *podia* fazer isso. O que aconteceu?

Segundo a Microsoft, os DVDs são uma tecnologia antiga não mais necessária. Os notebooks ultrafinos e os tablets de hoje nem têm unidades de DVD. A maioria das pessoas assiste a filmes por streaming, na internet, em seus computadores, e veem seus discos em um DVD player ou no console de jogos conectado a uma TV, diz a empresa.

PAPO DE ESPECIALISTA

E mais: a Microsoft não queria mais pagar pela licença às empresas que têm as patentes requeridas para reproduzir os DVDs.

Embora o Windows Media Player não possa mais reproduzir DVDs, o Windows ainda pode, se você comprar um software para essa finalidade. A Microsoft e outras empresas vendem o software para reproduzir DVD na Microsoft Store (explico a Microsoft Store e as estantes digitais cheias de apps no Capítulo 6).

Vídeos e Programas de TV

Muitas câmeras digitais e smartphones conseguem capturar pequenos vídeos e fotos, portanto, não fique surpreso se encontrar vários vídeos na biblioteca Vídeos do Windows Media Player.

Reproduzir vídeos é como reproduzir uma música digital. Clique em Vídeos no painel de Navegação à esquerda do Windows Media Player. Clique duas vezes no vídeo que deseja ver e divirta-se com a ação, como na Figura 16-7.

FIGURA 16-7: Mova o mouse sobre o vídeo para que os controles apareçam na parte inferior.

O Windows Media Player permite assistir a vídeos de vários tamanhos. Faça com que ele preencha a tela pressionando Alt e Enter, por exemplo (repita essas teclas para voltar ao tamanho original).

- » Para o vídeo se ajustar automaticamente ao tamanho da janela Windows Media Player, clique com o botão direito no vídeo durante a reprodução, escolha Vídeo no menu suspenso e selecione Ajustar vídeo ao Player ao redimensionar.

- » Você também pode alternar o modo de tela inteira clicando em Tela inteira na parte direita inferior do vídeo, como na Figura 16-7.

- » Ao escolher um vídeo para assistir na internet, a velocidade de sua conexão determina a qualidade. As conexões de banda larga costumam lidar com vídeos de alta definição, mas as conexões e os PCs mais lentos normalmente têm problemas. Não prejudicará seu computador escolher a qualidade errada de vídeo; o vídeo apenas pula e pausa durante a reprodução.

CAPÍTULO 16 **Reproduzindo e Copiando Música** 341

ESTAÇÕES DE RÁDIO NA INTERNET

O Windows Media Player não tem um modo fácil de reproduzir as estações de rádio na internet. Contudo, o Windows mostra vários meios de ouvir música na internet:

- Vá para o Google (www.google.com) e pesquise *estação de rádio na internet* para ver o que aparece. Quando encontrar uma estação transmitindo em MP3 ou no formato Windows Media Audio (WMA), clique no botão Sintonizar ou Ouvir agora do site para carregar o Windows Media Player e começar a ouvir.

- Gosto das estações em SomaFM (www.somafm.com — conteúdo em inglês). Ela oferece dezenas de estações de variados gêneros, todas reproduzidas em seu navegador ou no Windows Media Player.

- Instale um app de streaming de música, como Pandora ou Spotify, que permite sintonizar milhares de estações no mundo todo, ambos disponíveis na Microsoft Store.

Criando, Salvando e Editando Playlists

Playlist é apenas uma lista de músicas (e/ou vídeos) reproduzida em certa ordem. E daí? Bem, o bom de uma playlist é o que você pode *fazer* com ela. Por exemplo, salve uma playlist de suas músicas favoritas, e elas estarão sempre disponíveis para tocar com um clique.

É possível criar playlists temáticas para animar viagens longas, festas, jantares especiais, treinos físicos e outros eventos.

Para criar uma playlist, siga estas etapas:

1. Abra o Windows Media Player e encontre o painel Playlist.

DICA

Não vê uma playlist na borda direita do Windows Media Player? Clique na guia Reproduzir à direita superior. Ou, quando o player estiver no modo Reproduzindo agora, clique com o botão direito em uma parte vazia da janela Windows Media Player e escolha Mostrar lista no menu suspenso: a lista dos itens reproduzindo atualmente aparece na borda direita.

2. **Clique com o botão direito no álbum ou nas músicas desejadas, escolha Adicionar a e selecione Lista de reprodução.**

   Uma alternativa é arrastar e soltar os álbuns e as músicas no painel Playlist na borda direita do Windows Media Player, como na Figura 16-8. De qualquer modo, o Windows Media Player começa a reproduzir a playlist assim que você adiciona a primeira música. As opções da música aparecem no painel direito na ordem em que foram selecionadas.

FIGURA 16-8: Arraste e solte os álbuns e as músicas no painel Playlist.

3. **Ajuste sua playlist para mudar a ordem ou remover as músicas.**

   Adicionou algo por engano? Clique com o botão direito no item na playlist e escolha Remover da lista. Fique à vontade para reorganizar sua playlist arrastando e soltando itens em cima ou embaixo na lista.

   Verifique a linha na parte inferior da playlist para ver quantos itens você adicionou a ela, além da duração em minutos.

4. **Quando estiver contente com a playlist, clique no botão Salvar lista no topo, digite um nome na caixa destacada e pressione Enter.**

   O Windows Media Player lista sua nova playlist na seção Playlists da biblioteca, pronta para ser ouvida quando clicada duas vezes.

Depois de salvar a playlist, pode gravar em um CD com um clique, como descrito na próxima dica.

DICA

Crie suas próprias playlists com músicas preferidas ou Greatest Hits e, então, grave-as em um CD para tocar no carro ou no aparelho de som em casa. Após criar uma playlist com menos de oitenta minutos, insira um CD virgem no gravador de CD e clique na guia Gravar. Aceite a oferta do player para importar sua playlist atual e clique no botão Iniciar gravação.

CAPÍTULO 16 **Reproduzindo e Copiando Música**   343

DICA Para editar uma playlist criada antes, clique duas vezes no nome dela na área Playlists da Biblioteca. Reorganize, adicione ou exclua os itens na playlist e clique no botão Salvar lista.

Extraindo (Copiando) CDs para o PC

Em um processo conhecido como *extração*, o Windows Media Player pode copiar seus CDs para o PC como arquivos MP3, o padrão da indústria para música digital. Mas até você informar ao player que deseja arquivos MP3, ele cria arquivos *WMA* — um formato que não tocará em iPads, na maioria dos smartphones e nem em muitos outros tocadores de música.

DICA Para o Windows Media Player criar músicas no formato MP3 mais versátil, em vez do WMA, clique no botão Organizar, à esquerda superior, escolha Opções e clique na guia Copiar Música. Escolha MP3 no lugar de WMA no menu suspenso Formato e mude a qualidade do áudio um pouco de 128 para 256 ou mesmo 320, para ter um som melhor (para um som ainda melhor, escolha FLAC, em vez de WMA ou MP3; contudo, os arquivos consumirão muito mais espaço de armazenamento). Se você pretende mover a música para um tocador de música portátil, escolha um formato que o player suporte. Na dúvida, escolha MP3.

Para copiar os CDs para o disco rígido de seu PC, siga estas instruções:

1. **Abra o Windows Media Player, insira um CD de música e clique no botão Extrair CD.**

    É preciso pressionar um botão na frente ou no lado da unidade de disco do PC para a bandeja ejetar.

    O Windows Media Player conecta a internet, identifica seu CD e preenche o nome do álbum, o artista e os títulos da música. Então o programa começa a copiar as músicas do CD para o PC, listando seus títulos na Biblioteca do Windows Media Player. E acabou.

    Se o Windows Media Player não conseguir encontrar os títulos das músicas automaticamente, vá para a Etapa 2.

2. **Clique com o botão direito na primeira faixa e escolha Encontrar informações do álbum, se necessário.**

    Se o Windows Media Player aparecer de mãos vazias, clique com o botão direito na primeira faixa e escolha Encontrar informações do álbum.

344   PARTE 5 **Música, Fotos e Vídeos**

Se você está conectado à internet, digite o nome do álbum na caixa Pesquisa e clique em Pesquisar. Se a caixa encontrar o álbum, clique em seu nome, escolha Avançar e clique em Terminar.

Se não estiver na internet ou se a caixa Pesquisa aparecer vazia, clique com o botão direito na primeira música, clique em Editar e preencha manualmente o título da música. Repita para os outros títulos, assim como para o álbum, o artista, o gênero e as tags do ano.

Algumas dicas para extrair CDs para seu computador:

» Em geral, o Windows Media Player copia toda música no CD. Mas, para deixar o cantor Tiny Tim fora de seu compilado de músicas ukulele, remova a marca de verificação da caixa ao lado do nome dele. Se o Media Player já copiou a música para seu PC, fique à vontade para excluí-la de dentro do Windows Media Player. Clique no botão Biblioteca, clique com o botão direito na música do cantor ofensivo e escolha Excluir.

» O Windows Media Player coloca automaticamente seus CDs extraídos na pasta Músicas. Você também pode encontrar sua música recém-extraída lá, além de na Biblioteca do Windows Media Player.

Gravando (Criando) CDs de Música

Para criar um CD de música com suas canções favoritas, crie uma playlist com as músicas do CD listadas na ordem desejada e, então, grave a playlist em um CD. Explico como fazer isso na seção "Criando, Salvando e Editando Playlists", anteriormente neste capítulo.

Mas e se você quiser duplicar um CD, talvez para criar uma cópia descartável de seu CD favorito para tocar no carro? Não faz sentido arranhar o original. Você desejará fazer cópias dos CDs das crianças também antes que elas façam pizzas com eles.

Infelizmente nem o Windows Media Player e nem o Windows 11 têm uma opção Duplicar CD. Pelo contrário, você deve realizar os cinco passos a seguir para criar um novo CD com as mesmas músicas, com a mesma fidelidade do CD original:

1. **Extraia (copie) a música para o HD.**

    Antes de extrair seu CD, mude a qualidade da gravação para a mais alta: clique em Organizar, escolha Opções, clique na guia Copiar Música e mude a caixa formato para um com menos perda, como WAV, ALAC ou FLAC. Clique em OK.

CAPÍTULO 16 **Reproduzindo e Copiando Música** 345

2. **Insira um CD virgem na unidade do computador.**

3. **No painel de Navegação do Windows Media Player, clique na categoria Música e escolha Álbum para ver seus CDs salvos.**

4. **Clique com o botão direito no álbum recém-extraído na biblioteca, escolha Adicionar a e selecione Lista de gravação.**

   Se sua Lista de gravação já tiver alguma música listada, clique no botão Limpar lista para apagar e, então, adicione a música do CD à Lista de gravação.

5. **Clique no botão Iniciar gravação.**

Agora os detalhes. A menos que você mude a qualidade para um formato sem perda ao copiar o CD para o PC, o Windows Media Player compactará suas músicas conforme as salva no HD, descartando a qualidade do áudio no processo. Gravar de volta no CD não irá repor a qualidade perdida. Se quiser as duplicatas mais precisas com as quais o Windows Media Player consegue lidar, mude o formato de extração para WAV (Sem perdas).

LEMBRE-SE

Se mudar o formato para WAV (Sem perdas) para duplicar um CD, lembre-se de retorná-lo para MP3 depois, ou seu disco rígido ficará sem espaço quando você começar a extrair muitos CDs.

Uma solução mais simples pode ser comprar um software de gravação de CD na Amazon, na loja de material local ou na loja de informática. Diferentemente do Windows Media Player, a maioria dos programas de gravação de CD tem um botão Duplicar CD com a conveniência de um clique.

O PLAYER ERRADO CONTINUA ABRINDO MEUS ARQUIVOS!

O Windows Media Player não é o único programa Windows para reproduzir músicas e ver filmes. Muitas pessoas usam o iTunes para gerenciar suas músicas e filmes porque ele abre de modo conveniente em iPads e iPhones para uma diversão no trânsito.

Mas, quando seu computador inclui mais de um media player, os players começam a disputar sobre qual lida com as tarefas de reprodução da mídia.

O Windows resolve essas disputas com a área Defaults na área Configurações. Para escolher o player que deve abrir cada formato, vá para a seção anterior deste capítulo "Retornando a Reprodução de Música para o Windows Media Player". Essa seção explica como escolher qual player deve lidar com qual tipo de arquivo de mídia.

NESTE CAPÍTULO

» Copiando fotos e vídeos da câmera ou do celular para o PC

» Tirando fotos com a câmera do PC

» Conectando o celular ao app Seu Telefone

» Exibindo fotos na pasta Imagens

Capítulo **17**

Lidando com Fotos, Vídeos e Celulares

Por anos o Windows se oferecia de bom grado para importar suas fotos assim que você conectava a câmera. Mas, quando o Windows 10 chegou, esse recurso ficou de lado. Para compensar os erros do passado, agora o Windows 11 oferece pelo menos cinco modos de importar as fotos da sua câmera e do smartphone.

Este capítulo mostra os melhores modos de copiar suas fotos digitais e vídeos do celular ou da câmera para o PC. Nele, é possível exibi-los para amigos e família, enviar por email para parentes distantes e salvar em locais onde possa realocá-los com facilidade.

Uma última observação: após começar a criar um álbum de família digital no PC, faça backup corretamente ativando o Histórico de Arquivos ou o OneDrive, os recursos automáticos de backup no Windows que descrevo no Capítulo 13. Os computadores vêm e vão, mas as memórias de família não têm preço.

Descarregando as Fotos do Celular ou da Câmera no PC

A maioria das câmeras digitas vem com um software que obtém as fotos na câmera e as coloca no PC. Esse software pode ser complicado e difícil de lidar. Por sorte, o Windows pode obter as fotos facilmente de quase toda marca e modelo de câmera digital, além de grande parte dos celulares. Em consonância com a marcha do Windows para longe dos programas da área de trabalho, agora ele permite que o app Fotos lide com o trabalho de importar e organizar suas fotos.

Essas etapas funcionam para a maioria das câmeras e dos smartphones; talvez os proprietários de iPhones tenham mais sorte acessando o iTunes para copiar suas fotos para o PC.

Para importar as fotos de sua câmera ou celular para o PC, siga estas etapas:

1. Plugue o cabo do celular ou da câmera no PC.

Muitas câmeras vêm com dois cabos: um que pluga na TV para exibir e outro que pluga no computador. Você precisa encontrar o que pluga seu computador para transferir as fotos (nos celulares, o cabo do carregador USB normalmente lida com o trabalho).

Conecte a pequena extremidade do cabo de transferência na câmera ou no celular e conecte a extremidade maior (mostrada na margem) na *porta USB* do PC, uma entrada retangular com cerca de ½ ou ¼ de polegada. As portas USB ficam na parte de trás dos computadores mais antigos, na frente dos computadores mais novos e nas laterais de notebooks e tablets.

DICA

Se o plugue USB não encaixar na porta, vire-o e tente de novo.

Se você conectar um celular Android, peça-o para conectar no "Modo Câmera", em vez de no "Dispositivo de Mídia". Isso permite que o Windows reconheça o celular como uma câmera simples, não como um celular complicado.

Se o Windows não reconhecer sua câmera digital, verifique se ela está definida para *modo de exibição*, ou seja, o modo em que é possível ver as fotos na tela da câmera. Se ainda tiver problemas, desconecte o cabo do PC, aguarde uns segundos e, então, conecte de novo.

348   PARTE 5 **Música, Fotos e Vídeos**

PEGANDO AS FOTOS DA CÂMERA COM UM LEITOR DE CARTÃO

O Windows pega as fotos da câmera digital com muita facilidade. Já um *leitor de cartão de memória* não só agiliza o trabalho, como também é sua única opção quando você perdeu o cabo de transferência da câmera. Tal leitor é uma caixinha com um cabo que conecta a porta USB de seu computador, o mesmo ponto usado pelo cabo de sua câmera.

Para mover as imagens da câmera para o PC, clique no ícone Explorador de Arquivos da barra de tarefas e clique duas vezes na letra da unidade do leitor para ver todas as fotos (em geral, a fotos residem em uma pasta chamada `DCIM`). Nela você pode selecionar as fotos que deseja e recortar e colar em uma pasta dentro da pasta `Imagens` (explico como recortar, copiar e colar arquivos no Capítulo 5).

Os leitores de cartão de memória são baratos (menos de R$70,00), fáceis de configurar, rápidos ao copiar imagens e muito convenientes (às vezes eles vêm embutidos na frente de alguns PCs desktop). E mais: você pode deixar sua câmera desligada enquanto descarrega as fotos das férias, preservando a vida útil da bateria. Ao comprar um leitor, verifique se ele pode ler o cartão de memória usado por sua câmera, assim como vários outros tipos de cartões (isso garante que funcionará com seu próximo gadget de computador).

2. **Ligue o celular ou a câmera (se ainda não ligou), clique no menu Iniciar e abra o app Fotos clicando no ícone.**

   O app aparece na tela. Se por acaso você tiver dois dispositivos com fotos, talvez seu smartphone com um cartão de memória, escolha sua câmera no menu suspenso.

3. **Clique no botão Importar no canto direito superior do app Fotos e escolha A partir de um dispositivo conectado no menu suspenso.**

   O menu suspenso, na Figura 17-1, tem duas opções, dependendo do que você plugou na porta USB:

   - *De uma pasta:* Escolha isso para importar as fotos de uma pasta. Essa pasta pode estar em um HD portátil ou no pendrive conectado ao PC, ou talvez uma pasta de outro PC conectado na rede. Você precisa escolher isso apenas uma vez. Quando aberto, o app Foto, em seguida, importará qualquer foto encontrada na pasta. As fotos rapidamente aparecerão no app Fotos.

   - *A partir de um dispositivo conectado:* Escolha isso para importar as fotos armazenadas em uma câmera ou celular plugado na porta USB nas duas etapas anteriores (se um menu suspenso aparecer, escolha o nome da câmera nele).

CAPÍTULO 17 **Lidando com Fotos, Vídeos e Celulares** 349

DICA

Se preferir importar as fotos com o Explorador de Arquivos, ainda é possível. Abra o Explorador e clique em Este Computador no painel na borda esquerda dele. Quando encontrar o nome de sua câmera listado à direita, clique com o botão direito no ícone dela. Quando aparecer o menu suspenso, escolha Importar imagens e vídeos. O bom e velho programa Importar imagens e vídeos aparece, pronto para importar suas fotos, como fazia nas versões anteriores do Windows.

FIGURA 17-1: Quando o Windows reconhece sua câmera, ele se oferece para copiar as fotos para o PC.

4. Clique no menu Selecionar e decida sobre quais fotos importar.

O app Fotos pesquisa imediatamente sua câmera para obter novas fotos digitais e vídeos, então as exibe, como na Figura 17-2. O app classifica as fotos pelo mês em que foram tiradas.

FIGURA 17-2: O app Fotos exibe grupos de imagens com base na data e na hora em que foram tiradas.

Clique no menu Selecionar, e um menu suspenso lista três opções:

- **Nenhum:** Clique aqui apenas se mudou de ideia sobre a importação, talvez porque conectou a câmera errada.

350 PARTE 5 **Música, Fotos e Vídeos**

- *Todos os itens:* Escolha isso para importar *todas* as fotos da câmera, mesmo que tenham sido importadas antes.

- *Itens desde a última importação:* Selecione essa opção para importar suas novas fotos. O Windows seleciona rapidamente apenas as fotos ainda não importadas.

Você também pode selecionar a dedo apenas algumas fotos; basta clicar na caixa da miniatura que deseja importar.

Se não quiser importar uma foto selecionada, clique para remover a marca de verificação à direita superior da foto indesejada. Para ver mais fotos, use a barra de rolagem mostrada à direita da Figura 17-2 (explico as barras de rolagem no Capítulo 4).

5. **Examine as fotos selecionadas e clique no botão Importar selecionadas.**

O Windows começa a importar suas fotos selecionadas, deixando as cópias originais na câmera. Ele coloca as cópias das fotos na pasta Imagens do computador, separando-as em grupos nomeados por ano e mês. Por exemplo, as fotos tiradas em janeiro de 2020 aparecem em uma pasta chamada 2020-01.

Quando o Windows termina de importar as fotos, o app Fotos permanece na tela para exibir as imagens mais recentes. As fotos mais recentes sempre aparecem no topo do app. Conforme você pagina a lista de fotos do app, volta no tempo, vendo as fotos mais antigas organizadas por mês e dia. Explico o restante do app Fotos mais adiante neste capítulo.

Fazendo Fotos e Vídeos com o App Câmera

A maioria dos tablets, dos notebooks e alguns PCs desktops vêm com câmeras embutidas, por vezes chamadas de *webcams.* Essas câmeras minúsculas não conseguem fazer fotos de perto e com alta resolução daquele pássaro raro na árvore do vizinho, mas funcionam bem para sua principal finalidade: tirar uma foto rápida para usar como uma foto da conta no PC, no Facebook ou em outros sites.

As câmeras também fazem vídeo, sendo perfeitas para conversar por vídeo na internet pelo Zoom ou com o app Teams Chat predefinido, explicado no Capítulo 10.

Para tirar uma foto ou fazer um vídeo com a câmera do PC usando o app Câmera, siga estas etapas:

1. **No menu Iniciar, clique no ícone Câmera para abrir o app.**

   Se você não encontrar o ícone Câmera no menu, clique no botão Todos os aplicativos do menu Iniciar para ver uma lista alfabética de cada app no PC.

2. **Se o app pedir permissão para usar a câmera e o microfone ou a localização, clique em Sim ou Não.**

   Por segurança, talvez o Windows peça permissão para ligar sua câmera. Isso ajuda a impedir que apps sorrateiros espionem você sem que note. Se estiver usando o app da câmera, clique no botão Sim para lhe dar permissão.

   O programa também pode pedir permissão para acessar seu local preciso. Isso permite que o programa marque sua foto com as informações de localização. É útil ao viajar, mas pode ser uma invasão de privacidade quando você está em casa ou na casa de um amigo.

   Após decidir se deve permitir acesso à sua localização, a janela da câmera se torna um visor gigante, mostrando exatamente o que ela vê: seu rosto.

   Se seu computador ou tablet incluir duas câmeras (em geral, uma na frente e outra atrás), alterne entre elas clicando no ícone Mudar câmera, mostrado no canto direito superior da Figura 17-3.

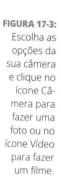

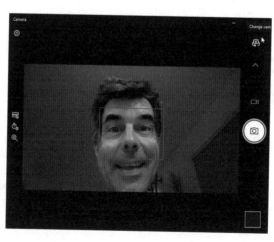

FIGURA 17-3: Escolha as opções da sua câmera e clique no ícone Câmera para fazer uma foto ou no ícone Vídeo para fazer um filme.

3. **Clique no ícone Câmera para tirar uma foto ou no ícone Vídeo para começar a gravar um filme (clique no ícone Vídeo de novo e pare de gravar).**

DICA

Quando a câmera detecta um rosto, coloca um quadrado em volta dele, permitindo saber onde ela focará. Sim, é um pouco bizarro.

O app Câmera salva todas as fotos tiradas e os vídeos em uma pasta `Imagens da Câmera` dentro da pasta `Imagens`. O Histórico de Arquivos faz backup dessa pasta, como visto no Capítulo 13.

DICA

Planejando conversar com amigos ou colegas de trabalho pelo Zoom ou pelo Teams Chat? Inicialize o app da câmera e poderá ver seu segundo plano, além da iluminação, antes da reunião. Isso permite passar um tempo organizando o espaço e ajustando as luzes antes de ficar "ao vivo" com amigos ou colegas.

Obtendo Fotos do Celular Android com o App Seu Telefone

NOVO

A maioria das câmeras não tem Wi-fi, portanto, suas fotos podem ir para o PC apenas via cabos ou cartões de memória. Já os smartphones atuais vivem e morrem nas ondas de rádio. Isso facilita muito copiar suas fotos e seus vídeos para o PC:

» Para guardar uma foto rápida ou duas no celular, envie-as por email para você ou seus amigos.

» Para pegar as fotos e os vídeos de seu celular automaticamente, instale o app OneDrive da Microsoft, disponível para telefones Android e Apple. O app automaticamente faz o upload das fotos e dos vídeos mais recentes de seu celular para o OneDrive sempre que você tem uma conexão Wi-fi. Para vê-los, clique no OneDrive no Gerenciador de Arquivos, como descrito no Capítulo 5; as fotos e os vídeos de seu celular ficam em uma pasta chamada `Imagens da Câmera`, dentro da pasta `Imagens` do OneDrive.

Para agradar a todos, recentemente a Microsoft atualizou seu antigo app Complemento para Seu telefone. Agora ele permite navegar 2 mil fotos mais recentes de seu celular e, então, obtém só as que você deseja.

DICA

Mas, com o Windows 11 e um telefone Android bem novo, o app recém-atualizado faz muito mais que isso. Como descrevo no Capítulo 12, o app permite enviar e receber mensagens de texto de seu celular a partir do PC, executar os apps do celular em uma janela na tela, exibir as notificações do celular e, com um microfone e alto-falante, enviar e receber ligações. É um modo fácil de aproveitar o poder de seu celular a partir do notebook ou do PC desktop (atualmente, o app permite apenas exibir e copiar fotos, não vídeos).

CAPÍTULO 17 **Lidando com Fotos, Vídeos e Celulares**   353

VENDO SEU TELEFONE NO PC

Você pode fazer pouco com seu modelo mais novo de smartphone Samsung e o app Seu telefone recém-atualizado do Windows. Veja o resumo:

- **Exibir configurações:** Basta abrir o app, como na Figura 17-4 anterior, e o topo do painel esquerdo mostra a intensidade do sinal sem fio do celular e o nível de bateria, além de um modo de alternar suas configurações Bluetooth, som, leitor de música e Não perturbar.

- **Notificações:** Se você não se incomoda muito com as notificações incessantes do PC, pode ativar essa opção para ver as notificações que chegam do celular também.

- **Mensagens:** Esse recurso útil permite ler e responder as mensagens de seu celular usando o teclado em tamanho normal do PC. Chega de digitar com os polegares!

- **Fotos:** Outro recurso útil que exibe as fotos do celular no PC, como descrevo anteriormente neste capítulo.

- **Apps:** Você pode rodar os apps do celular no PC, contanto que não se importe em vê-los em uma janelinha do tamanho do telefone (pode ser mais fácil só executá-los no celular).

- **Chamadas:** Se você conectar um microfone ao PC, essa opção permitirá enviar e receber as ligações do celular a partir do PC. Ligue para seus amigos e informe que a garantia do carro deles expirou!

Embora o app Seu telefone tenha novos recursos e estabilidade em cada versão, alguns ainda aparecem pela metade. Mas vale a pena instalar se você tem um telefone Galaxy Samsung novo o bastante para aproveitar. Para ver os modelos atualmente com suporte, abra a Microsoft Store e exiba os detalhes do app Seu telefone.

Para copiar fotos de seu celular com o app, siga estas etapas:

1. **Instale o app Seu telefone da Microsoft no smartphone Android e vincule o celular ao PC.**

   No telefone, acesse a Microsoft Store e instale o app Seu telefone da Microsoft. Execute o app no celular e siga as instruções para vinculá-lo ao seu PC com Windows.

   Descrevo com mais detalhes o processo de conectar seu smartphone Android ao PC no Capítulo 12.

354 PARTE 5 **Música, Fotos e Vídeos**

2. **No PC, abra o app Seu telefone.**

   Clique no botão Iniciar e no app Seu telefone na parte inferior da lista do menu Iniciar. O app aparece na tela e exibe suas fotos, como na Figura 17-4.

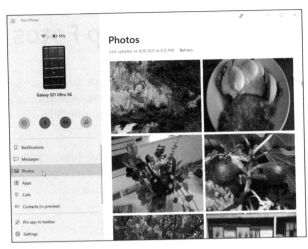

FIGURA 17-4: Quando vinculado ao seu PC, o app Seu telefone abre exibindo as 2 mil fotos mais recentes de seu celular.

3. **Para obter uma foto, clique nela com o botão direito e escolha as opções no menu suspenso.**

   O menu suspenso tem estas opções:

   - *Abrir:* A opção mais usada, ela abre a foto para mostrar com seu app de exibição de fotos padrão, em geral o Fotos.

   - *Abrir com:* Permite escolher qual app deve abrir a foto, útil quando você deseja abrir um *editor* de fotos, não um visor.

   - *Copiar:* Escolha isso para copiar a foto para a área de transferência para colar depois, útil para colar em um email ou um programa de edição de imagens.

   - *Salvar como:* Escolha isso para salvar a foto no PC para uma futura referência.

   - *Compartilhar:* Essa definição acessa seu programa de email com a foto anexada, pronta para enviar para um amigo.

   - *Excluir:* Elimine as fotos ruins escolhendo essa opção e excluindo-as rapidamente.

   Quando terminar de exibir ou obter as fotos necessárias, feche o app clicando no X à direita superior.

CAPÍTULO 17 **Lidando com Fotos, Vídeos e Celulares**   355

O app Seu telefone tem vários outros recursos também, como descrito na seção "Vendo seu telefone no PC". A Microsoft parece adicionar ativamente novos recursos, portanto, não fique surpreso ao ver o app ganhar mais poder nos próximos meses.

Exibindo Fotos com o App Fotos

A Microsoft sempre atualiza o Windows para adicionar novos recursos. Mas alguns também desaparecem: o Visualizador de Fotos da área de trabalho, uma marca do Windows por quase uma década, não aparece mais no menu Iniciar.

A Microsoft claramente planeja que, quando você quiser exibir fotos e vídeos, acesse o app Fotos mais recente, mostrado antes na Figura 17-1. É um modo rápido de exibir suas memórias de diferentes maneiras:

» **Coleção:** Quando aberto no menu Iniciar, o app Fotos aparece no modo Coleção. Ele exibe *todas* as suas fotos e vídeos, classificados pela ordem em que foram feitos. Embora não deixe passar nada, em geral é um exagero, a menos que você esteja preparado para sentar e excluir as ruins (clique com o botão direito na foto indesejada e no botão Excluir no menu suspenso para se livrar dela para sempre).

DICA

Para mudar rápido o tamanho das miniaturas exibidas, clique em um dos três pequenos ícones da grade à direita superior do app.

» **Álbuns:** O app Fotos adota uma abordagem mais cuidadosa aqui, dividindo automaticamente suas fotos em grupos nomeados segundo o dia em que foram tiradas. Ele exclui automaticamente as duplicatas, uma forma curta, mas delicada, de mostrar seus destaques. Para criar seu próprio álbum, selecione algumas fotos, clique com o botão direito em qualquer uma e escolha Adicionar ao álbum no menu suspenso. Então, é possível adicionar essas fotos a um álbum existente ou criar seu próprio álbum.

» **Pessoas:** Se você clicar em Aceitar quando abrir pela primeira vez essa categoria, o app Fotos sempre examinará as fotos de entrada para obter os rostos. Um clique no link Pessoas exibe uma foto de cada rosto reconhecido, agrupado por pessoa. Clique na foto da pessoa para ver cada imagem representando seu rosto (se parece estranho, desative clicando no ícone Mais do app Foto, escolhendo Configurações e clicando na opção da seção Pessoas).

- » **Pastas:** Permite apenas exibir suas fotos por pasta, o que pode ser um modo prático de exibir as fotos armazenadas em um pendrive recém-inserido.

- » **Editor de Vídeo:** Isso troca para o app Editor de Vídeo, no qual você pode cortar os vídeos existentes ou criar um próprio.

As quatro seções a seguir explicam como tirar o máximo do app Fotos.

Exibindo sua coleção de fotos

Quando aberto, o app Fotos obtém automaticamente as fotos e os vídeos do PC e os coloca na tela em miniaturas grandes, classificadas pela data em que foram feitos. Isso facilita mostrar as fotos das últimas férias em um tablet, um celular ou mesmo em um computador ligado a uma TV ou um monitor grande.

Para inicializar o app Fotos e começar a mostrar suas fotos, siga estas etapas:

1. **No menu Iniciar, clique no ícone Fotos.**

   O app aparece rapidamente como mostrado na Figura 17-5. O app Fotos pesquisa fotos e vídeos na pasta Imagens de seu computador, além das pastas OneDrive, e os exibe como um grupo, todos na ordem em que foram feitos.

   O app Fotos também aparece quando você abre uma foto a partir do Explorador de Arquivos da área de trabalho (explico como navegar seus arquivos com o Explorador no Capítulo 5).

FIGURA 17-5: O app Fotos exibe as fotos armazenadas no PC e no OneDrive.

2. **Pagine até a foto que deseja exibir ou editar.**

   O app Fotos exibe suas fotos em um fluxo longo, sem pastas. Chamada apenas de *Coleção*, a exibição de rolagem coloca as fotos mais recentes no topo, com as mais antigas na parte inferior.

CAPÍTULO 17 **Lidando com Fotos, Vídeos e Celulares** 357

DICA

Pagine com o mouse usando a barra de rolagem à direita do app. Em uma tela de toque, deslize o dedo para cima ou para baixo na tela para ver as fotos mais recentes ou antigas.

O app mostra uma lista de anos com rolagem ao lado da barra, permitindo descer rápido para ver as fotos tiradas em certo ano.

3. **Clique em uma foto para vê-la em tela cheia e escolha qualquer opção de menu para exibir, navegar, manipular ou compartilhar suas imagens.**

Quando uma foto preencher a tela, mostrada e identificada na Figura 17-6, os menus aparecerão no topo. Cada opção de menu permite controlar o app e as fotos de um modo diferente:

- *Foto Anterior/Próxima:* Mova o mouse para a borda esquerda ou direita da foto, e aparecem setas. Clique na seta para a direita para ver as fotos mais antigas ou clique na esquerda para ver as mais recentes.

- *Zoom:* Clique nesse botão, e aparece um controle deslizante, permitindo ampliar ou reduzir a foto.

- *Excluir:* Se você encontrar uma foto desfocada, clique nesse ícone para excluí-la imediatamente. Apagar as fotos ruins facilita reposicionar as boas.

- *Adicionar aos favoritos:* Clique aqui para adicionar a foto a um álbum chamado Favoritos, facilitando encontrá-la no futuro.

- *Girar:* Clicar nesse ícone gira a foto para a direita em 90°; para girar na direção oposta, clique três vezes.

- *Recortar:* Um clique nesse ícone coloca um quadrado redimensionável em torno da foto. Arraste as bordas do quadrado para dentro ou para fora e enquadre-a para que fique melhor.

- *Editar e criar:* Isso acessa um grande menu suspenso com opções para editar, adicionar efeitos, adicionar texto, transformar em um vídeo e usar outras ferramentas de manipulação de fotos.

- *Compartilhar:* Clicar aqui permite compartilhar sua foto por qualquer meio oferecido por seu PC, inclusive email e o recurso Compartilhar por proximidade, um modo conveniente de passar arquivos para outros PCs descrito no Capítulo 15.

- *Imprimir:* Clicar nesse ícone envia a foto para sua impressora.

- *Voltar para exibição anterior:* Volte a exibir miniaturas de suas fotos clicando na seta para a esquerda, à esquerda superior da foto (talvez você precise clicar ou tocar na foto exibida atualmente antes de a pequena seta aparecer).

- *Ver mais:* Clicar nesses três pontos acessa um novo menu suspenso. Esse menu permite iniciar uma apresentação de slides, copiar a foto, salvá-la em um novo formato, abri-la em um novo programa, defini-la como a tela de bloqueio de seu PC ou tela de fundo e ver detalhes, como o nome da foto, o tamanho, a data em que foi feita e a resolução (também tem itens de menu extras que não entram no topo, como Imprimir).

FIGURA 17-6: Clique em qualquer lugar para fazer tarefas diferentes enquanto exibe uma foto.

4. **Para sair do app Fotos, clique no X no canto direito superior.**

   O app sai da tela.

Exibindo álbuns de fotos

Todos gostam de tirar fotos, mas apenas os meticulosos gostam de passar horas organizando-as, excluindo as ruins e classificando-as em pastas mais fáceis de acessar.

É o caso em que a exibição Álbuns com curadoria robótica do app Fotos é útil. Quando você troca para a exibição Álbuns, o app Fotos coloca seus olhos robóticos em todas as fotos (inclusive no OneDrive), exclui as duplicadas, encontra uma foto vistosa para a capa e a nomeia pela data da sessão de fotos. Ao abrir a exibição Álbuns, o app transforma automaticamente suas fotos em uma exibição de slides.

Para exibir os álbuns do app Fotos, siga estas etapas:

1. **No menu Iniciar, clique no ícone Fotos.**

    O app aparece rápido, como na Figura 17-5 anterior, e mostra seu modo Coleção: uma sequência de fotos classificadas pela ordem em que foram tiradas.

2. **No menu superior do app Fotos, escolha Álbuns.**

    O app classifica suas fotos em álbuns que representam o melhor da sua sessão e as exibe, como na Figura 17-7.

FIGURA 17-7: Clique em Álbuns para ver suas fotos classificadas por sessão.

O app classifica cada coleção de fotos por data ou nome. Clique em um álbum, e o app Fotos mostra a melhor foto dessa sessão, mostrada na Figura 17-8.

FIGURA 17-8: Clique em uma data para ver suas melhores fotos na sessão de fotos tiradas do dia.

3. **Clique em qualquer foto para exibi-la ou clique no botão Assistir para ver uma apresentação de slides automática.**

   O app preenche a tela com a foto; para ver mais, clique nas setas Anterior ou Próxima nas bordas esquerda e direita da foto.

O app Fotos faz o seu melhor em relação a quais fotos funcionam bem para cada sessão. Tendo piedade dos parentes de férias sentados no sofá na foto saturada, o app exclui algumas fotos. Em geral é bom, pois ele é inteligente o bastante para remover as duplicadas e as desfocadas.

Você também pode clicar no botão Salvar no OneDrive para salvar seu álbum nele, onde poderá exibi-lo em qualquer dispositivo com um app OneDrive (isso inclui os celulares mais populares, os tablets e algumas smart TVs de hoje).

Clicar no botão Assistir, mostrado na parte inferior da Figura 17-8, reproduz uma exibição de slides com música e uma página de título vistosa. Você pode mudar a música e ajustar os slides clicando no botão Editar próximo, que o coloca no Editor de Vídeo para fazer mudanças.

Vendo uma exibição de slides

O Windows tem vários modos de mostrar suas fotos como uma exibição de slides. São uma ótima forma de mostrar fotos para os amigos amontoados em torno da tela de seu computador.

DICA

Para ver uma exibição de slides de todas as imagens em uma pasta do Gerenciador de Arquivos, abra uma das fotos da pasta. Quando ela abrir no app Fotos, clique no ícone Mais e escolha Apresentação de slides no menu suspenso. O app Fotos exibirá os slides com todas as fotos nessa pasta.

Veja outras dicas para apresentações de slides bem-sucedidas e dinâmicas:

» Antes de iniciar a exibição de slides, gire qualquer imagem de lado, se necessário, para que todas apareçam na posição correta.

» A apresentação de slides inclui apenas as fotos na pasta exibida atualmente ou que você selecionou. Ela não se aprofunda nas pastas *dentro* da pasta e exibe suas fotos também.

CORRIGINDO AS IMAGENS GIRADAS

Antigamente, não importava como você inclinava sua câmera ao tirar a foto; você simplesmente girava a foto impressa para exibi-la. A maioria das telas de computador atuais não tem articulação, portanto, o Windows gira a foto para você, se descobrir como. O Windows tem dois modos:

- Clique no botão Girar do app Fotos (o botão apenas gira as fotos para a direita, portanto, você deve clicar no botão três vezes para girar uma foto para a esquerda).

- Clique com o botão direito em qualquer foto que aparece de lado. Então, escolha Girar no menu suspenso para que os penhascos verdes voltem a ser os campos gramados.

Socorro!

NESTA PARTE...

Coloque as ferramentas de reparo do Windows 11 para trabalhar.

Entenda as mensagens de erro.

Saia do antigo PC e vá para o novo.

Encontre ajuda para o Windows 11.

NESTE CAPÍTULO

» Curtindo as correções mágicas no Windows

» Reduzindo as telas de permissão

» Retornando arquivos e pastas excluídos e suas versões mais antigas

» Recuperando uma senha esquecida

» Corrigindo menus presos e telas congeladas

Capítulo **18**

O Caso da Janela Quebrada

P or vezes você tem uma leve sensação de que algo está errado. Seu computador mostra uma tela estranha que você nunca viu antes ou o Windows começa a funcionar mais lento que o Congresso.

Outras vezes fica óbvio que algo saiu de controle. Os programas congelam, os menus ficam aparecendo ou o Windows sempre o chateia com uma mensagem de erro incompreensível toda vez que você liga o PC.

Muitos dos maiores problemas são resolvidos com pequenas soluções. Este capítulo indica a solução certa.

TENTE ISTO PRIMEIRO

Às vezes, uma vaga frustração vai ficando mais forte. Sua internet sem fio não funciona bem. A impressora não conecta. Um site leva horas para carregar. Um programa simplesmente não colabora. Dezenas de problemas começam com essas pequenas irritações.

Curiosamente, por vezes a correção mais simples é reiniciar o computador:

1. **Clique com o botão direito no menu Iniciar, escolha Desligar ou sair e selecione Reiniciar no menu suspenso.**

Seus programas começam a fechar. Se um programa perguntar se você deseja salvar seu trabalho, salve-o. Então, o PC desliga. Alguns segundos depois, ele se levanta dos mortos e o coloca na tela de bloqueio, pronto para outra rodada.

Se reiniciar seu computador lhe der a calmaria tão necessária ou realmente corrigir o problema, então a reinicialização costuma operar maravilhas. Experimente antes de passar muito tempo com correções mais cansativas.

Correções Mágicas no Windows

Por anos, a Restauração do Sistema foi a correção preferida do Windows quando o computador começava a funcionar mais ou menos. Essa restauração existe no Windows 11, como descrevo na seção "Restaurando a partir de um ponto de restauração", mais adiante neste capítulo. Mas o Windows tem várias outras ferramentas avançadas que trazem de volta a saúde de um computador doente.

As próximas seções explicam cada ferramenta, quando acessá-la e o melhor modo de elas fazerem sua mágica.

Redefinindo o computador

Ao lidar com um PC especialmente ruim, às vezes reinstalar o Windows é o único remédio. No passado, reinstalar o Windows exigia *muito* tempo e esforço. E, após reinstalar o programa, você ainda precisava copiar seus arquivos e programas de volta para o computador. Podia levar horas, mesmo com backups atualizados.

RESTAURANDO A PARTIR DE UM PONTO DE RESTAURAÇÃO

Os novos programas Recuperação no Windows fazem maravilhas ao ressuscitarem um computador doente e são mais poderosos que a antiga tecnologia Restauração do Sistema. Mas para o caso de contar com os programas Restauração do Sistema predefinidos nas versões anteriores do Windows, o Windows 11 ainda inclui o recurso, se você souber onde encontrá-los.

Para enviar o PC de volta a um ponto de restauração em que ele funcionava muito melhor, siga estas etapas:

1. **Clique no botão Iniciar, digite** Restauração do Sistema **na caixa Pesquisa e pressione Enter. Quando a janela Propriedades do Sistema aparecer, clique no botão Restauração do Sistema.**

   A janela Restaurar Sistema aparece.

2. **Clique no botão Avançar na janela Restauração do Sistema.**

   O Ponto de restauração do sistema lista os pontos disponíveis.

3. **Clique em um ponto de restauração listado.**

4. **Clique no botão Procurar programas afetados para ver como seu ponto de restauração escolhido afetará os programas.**

   Um toque útil, esse recurso lista os programas que você provavelmente precisará reinstalar.

5. **Clique em Avançar para confirmar o ponto escolhido e, então, clique em Terminar.**

   Seu computador reclama um pouco e reinicia, usando as configurações anteriores que (espera-se) funcionavam bem.

Se seu sistema *já* funciona bem, fique à vontade para criar seu próprio ponto de restauração, como descrevo no começo do Capítulo 13. Nomeie o ponto com algo descritivo, por exemplo, Antes de instalar o software de impostos (assim você sabe qual ponto de restauração usar caso as coisas deem errado).

O objetivo do Windows é resolver esse problema. Pressionando alguns botões, é possível pedir ao programa para se reinstalar no PC. E, ao instalar uma nova cópia de si mesmo, o Windows preserva as contas de usuário de todos e arquivos pessoais. Para os proprietários da conta Microsoft, o Windows preserva qualquer app baixado da Microsoft Store, além de algumas configurações mais importantes do computador.

CAPÍTULO 18 **O Caso da Janela Quebrada** 367

Fazer uma redefinição salva as configurações das conexões de internet sem fio, além da conexão do celular, caso tenha uma. A ferramenta Redefinir também lembra qualquer configuração BitLocker e BitLocker-To-Go, atribuições de letras da unidade e configurações de personalização, inclusive o plano de fundo da tela de bloqueio e o papel de parede da área de trabalho.

Quando seu PC desperta renovado com a nova cópia do Windows, você precisa reinstalar os programas da área de trabalho (por educação, o programa deixa uma lista útil dos programas na área de trabalho, completa, com links em sites, se disponíveis, para que você saiba exatamente o que reinstalar). Os apps que faltam podem ser instalados com facilidade a partir da Microsoft Store: abra a Microsoft Store no menu Iniciar e clique no ícone Biblioteca na borda esquerda do app. Uma lista dos apps já baixados aparece, com um botão Instalar ao lado.

A ferramenta Redefinir pode ir além, se você quiser, limpando *tudo* no seu computador: contas de usuário, dados e arquivos pessoais. Então o Windows se reinstala, como se fosse um novo PC. Isso permite iniciar do zero ou simplesmente desistir e vender a máquina sem se preocupar com o vazamento de informações pessoais.

Para redefinir o PC doente, siga estas etapas:

1. **Clique no botão Iniciar, escolha o ícone Configurações no menu Iniciar e clique na categoria Sistema.**

    O app Configurações abre na página Sistema.

2. **Nessa página, clique na configuração Recuperação no painel direito e, então, clique em Restaurar o PC.**

    O Windows exibe a janela Restaurar Este PC, mostrada na Figura 18-1, com dois modos para redefinir seu computador:

    - *Manter meus arquivos:* A opção usada por quase *todos*, isso reinstala o Windows, mas preserva as contas de usuário e os arquivos das pessoas. As únicas coisas que você perde são os *programas da área de trabalho*, que devem ser reinstalados a partir de seus discos originais ou arquivos de instalação. Se você escolher essa opção, vá para a Etapa 4.

    - *Remover tudo:* Escolha isso apenas quando deseja limpar *tudo* no PC, inclusive as contas de usuário e os arquivos de todos, e reinstalar o Windows. Então é possível começar do zero, vender ou dar o PC com segurança para terceiros. Se você escolher isso, vá para a Etapa 3.

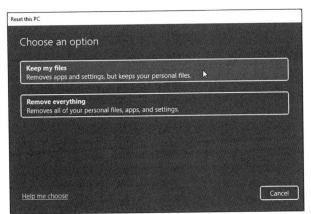

FIGURA 18-1:
A menos que você tenha um bom motivo, escolha Manter meus arquivos.

3. **Escolha se é para apenas remover os arquivos ou remover os arquivos *e* limpar a unidade.**

   O Windows tem várias opções:

   - *Apenas remover meus arquivos:* Selecione essa opção apenas quando seu PC ainda ficará na família. Embora a opção seja relativamente segura, alguém com as ferramentas certas pode conseguir extrair as informações apagadas anteriormente (se seu computador tem mais de uma unidade, o Windows pergunta se deseja remover os arquivos das duas unidades ou apenas da unidade onde o programa está instalado).

   - *Remover arquivos e limpar completamente a unidade:* Selecione essa opção quando pretende vender ou doar seu computador para terceiros. Essa opção mais demorada remove os dados e faz uma limpeza *extra* do HD. Isso impede a entrada de todos, exceto dos especialistas mais dedicados que têm um equipamento caro de recuperação de dados.

   - *Qual unidade:* Uma terceira opção aparece para pessoas que têm o Windows em duas unidades de disco, talvez armazenando os backups do Histórico de Arquivos em uma segunda unidade. Escolha Todas as unidades para limpar por completo as duas unidades; escolha Apenas a unidade onde o Windows está instalado para preservar o backup do Histórico.

   Ao clicar em uma opção e no botão Reiniciar, o Windows remove tudo do PC, limpando totalmente a unidade, se solicitado, e, então, se reinstala, para deixar seu computador com uma cópia "novinha" do programa. Nesse ponto, você terminou, e o PC está pronto para recomeçar ou ser entregue em segurança.

CAPÍTULO 18 **O Caso da Janela Quebrada** 369

4. **Anote quais programas da área de trabalho (e possivelmente os drivers) precisam ser reinstalados, clique em Avançar e no botão Reiniciar.**

O Windows pergunta como gostaria de reinstalá-lo.

5. **Escolha como reinstalar o programa.**

O Windows tem dois modos de reinstalação:

- *Download da nuvem:* Criado para pessoas com uma conexão de banda larga rápida, isso recarrega o Windows direto dos próprios computadores da Microsoft. É útil se você não tem uma cópia de backup do Windows ou se a outra opção falha.

- *Reinstalação local:* Primeiro experimente essa opção para economizar tempo. O Windows procura uma cópia de backup, escondida secretamente em seu HD ou armazenada em um pendrive ou DVD.

Quando escolhe a opção, o Windows pede uma aprovação final e, então, realiza seu pedido.

O Windows se reinstala no PC, levando de quinze minutos a uma hora. Quando seu computador despertar, deverá se sentir renovado e pronto para trabalhar de novo. Espere uma das seguintes coisas, ou todas, ao redefinir seu PC:

» Quando o computador desperta e você faz login, haverá um atalho chamado Aplicativos removidos na área de trabalho. Clique nele, e o navegador exibe uma página com links de qualquer programa disponível da área de trabalho removido e drivers que você precisa reinstalar; se decidir ficar sem eles, é tudo (e, se sente *falta* deles, precisa dos discos de instalação do programa para reinstalá-los).

» Logo depois de o Windows despertar, ele visita o Windows Update para baixar e instalar um monte de correções de segurança, além de cópias atualizadas dos aplicativos da coleção. Pegue um bom romance.

» Após reiniciar o PC, reinstale um a um os programas da área de trabalho, reiniciando o computador depois de cada nova instalação. Isso lhe dará uma melhor chance de eliminar qualquer programa com mau comportamento que possa ter causado os problemas que bagunçaram tudo.

» Se você conectou uma rede, talvez precise informar ao Windows se está em uma rede *privada* (doméstica) ou *pública*. Descrevo o processo no Capítulo 15.

370 PARTE 6 **Socorro!**

CUIDADO

» Se inseriu um DVD Windows no PC na Etapa 5, cuidado quando o computador reiniciar. Ao recomeçar, ele pode mostrar a mensagem "Pressione qualquer tecla para reiniciar a partir do disco". *Não* pressione; pelo contrário, espere alguns segundos até a mensagem desaparecer. Então o programa se carrega a partir do *disco rígido* recém-atualizado do computador, não a partir do DVD de instalação do Windows.

» Se você limpou seu HD por completo, pode usar um backup do Histórico de Arquivos, descrito na próxima seção, para restaurar os arquivos que residiam nas pastas Documentos, Músicas, Imagens e Vídeos.

Restaurando backups com o Histórico de Arquivos

O programa de backup do Windows, Histórico de Arquivos, salva os arquivos que *você* criou. Ele não faz backup de seus apps e programas. Afinal, eles sempre podem ser reinstalados. Mas os muitos momentos que inspiraram tantas fotos, vídeos e documentos podem *nunca* ser recriados.

Para manter os arquivos seguros, o Histórico de Arquivos faz automaticamente uma cópia de *todo* arquivo nas pastas Documentos, Músicas, Fotos e Vídeos. Ele copia todos os arquivos na área de trabalho também. E o Histórico faz essas cópias a *cada hora*.

O Histórico de Arquivos torna os backups fáceis de ver e restaurar, permitindo percorrer diferentes versões de seus arquivos e pastas, comparando-as com suas versões atuais. Caso você encontre uma versão melhor, pressione um botão para ativar essa versão mais antiga.

LEMBRE-SE

O Histórico de Arquivos não funciona até ser ativado, um processo descrito no Capítulo 13. Mas, *por favor*, volte alguns capítulos e ative-o agora. Quanto antes ele for ativado, mais backups você terá para escolher quando precisar. Seu disco rígido portátil também precisa ser plugado no PC para que o computador acesse os arquivos.

Para percorrer o backup dos arquivos e das pastas, restaurando os desejados, siga estas etapas:

1. **Clique no botão Pesquisar da barra de tarefas, digite** Histórico de Arquivos **e pressione Enter.**

    O bom e velho Painel de Controle aparece, aberto na seção Histórico de Arquivos.

2. **Clique no link Restaurar arquivos pessoais no lado esquerdo da seção.**

   O programa Histórico de Arquivos aparece, como na Figura 18-2. Ele lembra muito uma pasta simples, mas está mostrando as pastas de backup: suas pastas principais, área de trabalho, contatos, sites favoritos, além das pastas Imagens, Documentos, Vídeos e Músicas, entre outras.

   Fique à vontade para abrir as pastas dentro da janela. Você também pode ver dentro dos arquivos para examinar seu conteúdo.

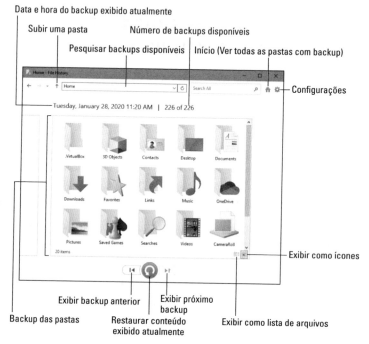

FIGURA 18-2: O programa Histórico de Arquivos permite restaurar os backups a partir de qualquer uma das pastas principais.

3. **Escolha o que gostaria de restaurar.**

   Aponte e clique passando por bibliotecas, pastas e arquivos até encontrar o item ou itens que gostaria de restaurar:

   - *Pasta:* Para restaurar uma pasta inteira, abra-a para exibir seu conteúdo.
   - *Arquivos:* Para restaurar um grupo de arquivos, abra a pasta que os contém, para que os ícones dos arquivos fiquem na tela.
   - *Um arquivo:* Para restaurar uma versão anterior do arquivo, abra-o dentro da janela Histórico de Arquivos. O Histórico exibe o conteúdo do arquivo.

Quando encontrar o arquivo ou a pasta que deseja restaurar, vá para a próxima etapa.

4. **Avance ou volte no tempo para encontrar a versão que gostaria de restaurar.**

   Para navegar as diferentes versões do que é exibido atualmente, escolha a seta para a esquerda na parte inferior, como na Figura 18-3. Para ver uma versão mais recente, escolha a seta para a direita.

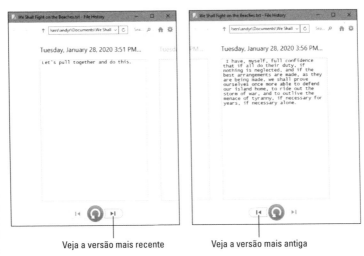

FIGURA 18-3: Clique na seta esquerda ou direita na parte inferior para ver as versões mais recentes ou antigas do arquivo.

Veja a versão mais recente   Veja a versão mais antiga

Conforme avançar e voltar no tempo, fique à vontade para clicar e abrir as pastas ou os arquivos individuais, vendo dentro até encontrar a versão que deseja recuperar.

DICA

Não tem certeza se uma pasta contém o item buscado? Digite uma palavra ou duas do documento na caixa Pesquisa à direita superior do Histórico de Arquivos.

5. **Clique no botão Restaurar para recuperar a versão desejada.**

Se estiver vendo um arquivo individual, uma pasta ou o conteúdo de uma biblioteca inteira, clicar no botão Restaurar (mostrado na margem) coloca o item de volta no lugar em que estava antes.

Isso levanta um possível problema: o que acontece se você tenta restaurar um arquivo mais antigo chamado Notas para um lugar que já tem um arquivo Notas? O Windows o avisa com a janela na Figura 18-4, o que o leva à Etapa 6.

CAPÍTULO 18 **O Caso da Janela Quebrada** 373

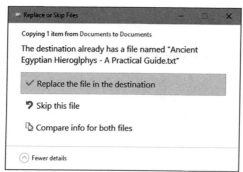

FIGURA 18-4: Escolha se é para substituir o arquivo existente, ignorar o arquivo ou qual arquivo manter.

6. **Escolha como lidar com o conflito.**

   Se o Windows percebe um conflito de nomenclatura no item que você tenta restaurar, o Histórico de Arquivos mostra três modos de lidar com a situação, como na Figura 18-4.

   - *Substituir o arquivo no destino.* Clique nessa opção apenas quando tem certeza de que o arquivo mais antigo é melhor que o atual.

   - *Ignorar este arquivo.* Clique aqui se não quer restaurar o arquivo ou a pasta. Essa opção o retorna para o Histórico de Arquivos, no qual você pode percorrer outros arquivos.

   - *Comparar informações dos dois arquivos.* Em geral a melhor escolha, essa opção permite comparar os tamanhos e as datas dos arquivos antes de escolher qual manter, o arquivo substituto ou o que existe atualmente. Ou, se quiser, essa opção também permite manter os *dois* files: o Windows simplesmente adiciona um número após o nome do arquivo novo, nomeando como Notas (1), por exemplo.

7. **Saia do Histórico de Arquivos fechando a janela.**

   Você fecha a janela como qualquer outra. Clique no X no canto direito superior.

Deseja saber mais sobre o Histórico de Arquivos? Continue lendo:

» Além de fazer backup de tudo nas principais pastas e na área de trabalho, o Histórico armazena uma lista de seus sites favoritos, listados anteriormente na Figura 18-2 como Favoritos.

» Explico como usar o Histórico de Arquivos para mover os arquivos do antigo PC para um novo no Capítulo 20.

DICA

» Não dependa muito do Histórico de Arquivos. A Microsoft está descontinuando conforme faz as pessoas armazenarem seus backups no OneDrive, seu serviço de armazenamento alugado na internet. Talvez você queira investir em um programa de backup de terceiros para colocar no lugar o Histórico.

O Windows Continua Pedindo Permissão

Como as versões anteriores do Windows, o 11 tem as contas de usuário Administrador e Padrão. A conta Administrador, para o proprietário do computador, é toda-poderosa. Já os proprietários das contas Padrão não têm permissão para fazer as coisas que podem mudar o PC ou suas configurações.

Mas não importa qual conta você tem, por vezes esbarrará na versão "cerca de arame farpado" do Windows. Quando um programa tenta mudar algo no PC, o Windows incomoda você com uma mensagem como a mostrada na Figura 18-5.

FIGURA 18-5: A janela de permissões do Windows aparece quando um programa tenta mudar algo no PC.

Os proprietários da conta Padrão veem uma mensagem um pouco diferente que os pede para contatar o proprietário da conta Administrador e digitar uma senha.

Claro, quando essas telas aparecem com muita frequência, a maioria das pessoas simplesmente as ignora e aprova, mesmo que signifique permitir que um vírus se instale confortavelmente dentro de seu PC.

CAPÍTULO 18 **O Caso da Janela Quebrada** 375

> ## SOLUÇÃO DE PROBLEMAS
>
> O Windows tem uma grande variedade de soluções automáticas: pequenos robôs que examinam o Windows e o PC para diagnosticar problemas, mudar as chaves e, por vezes, até resolver o problema. Para encontrá-los, abra a página Sistema do app Configurações e escolha a seção Solução de problemas à direita.
>
> Se você não vir uma solução de problemas recomendada para resolver a situação atual, clique na seção Outras soluções de problemas. O painel à direita mostra quase duas dúzias de programas de solução de problemas que visam consertar impressoras, o Windows Update, o som, a compatibilidade do programa etc.
>
> Basta clicar no botão Executar ao lado da solução desejada, e a Solução de problemas aparece, tentando várias correções e perguntando se o problema foi corrigido antes de seguir com a próxima correção possível. Vale a pena visitar antes de ligar para um profissional, embalar seu PC e levá-lo à loja.

Portanto, quando o Windows enviar uma tela de permissão, reflita: "O Windows pede permissão para algo que *eu* fiz ou solicitei?" Se a resposta for sim, aprove para o programa obedecer a você. Mas, se mostra uma tela de permissão de repente quando você não fez nada, clique em Não ou Cancelar. Isso ajuda a impedir que possíveis males invadam seu PC.

Se você não tiver tempo para essa camada de segurança chata e deseja sofrer as consequências, poderá descobrir como desativar as permissões da conta de usuário lendo o Capítulo 11.

Preciso Recuperar os Arquivos Excluídos

Todos que trabalham com computador sabem a agonia de ver horas de trabalho indo pelo ralo: você excluiu sem querer um arquivo.

O programa de backup Histórico de Arquivos do Windows, descrito antes neste capítulo, é a salvação aqui. Mas, se você nunca ativou o Histórico, uma tarefa fácil que explico no Capítulo 13, o Windows tem outro modo de recuperar os arquivos excluídos: a Lixeira.

A Lixeira funciona porque o Windows *realmente* não destrói os arquivos excluídos. Pelo contrário, ele os coloca na Lixeira (mostrada na margem), que reside em sua área de trabalho.

Abra a Lixeira clicando duas vezes e encontrará todo arquivo ou pasta que excluiu nas últimas semanas. Explico a Lixeira no Capítulo 3, mas veja uma dica: para restaurar um arquivo ou uma pasta na Lixeira, clique com o botão direito no arquivo e escolha Restaurar. O item excluído reaparece como mágica em seu antigo lugar.

Preciso Corrigir os Apps com Problemas

O Windows torna bem fácil consertar os apps, que quase sempre são baixados da Microsoft Store. Se um app não parece estar mais em boa forma e você deseja redefini-lo para começar do zero, siga estas etapas:

1. **Clique no botão Iniciar e escolha o ícone Configurações no menu Iniciar.**

   O app Configurações aparece, aberto na página Sistema.

2. **No painel direito do app Sistema, clique no ícone Aplicativos (mostrado na margem). Quando a janela Aplicativos aparecer, clique na seção Aplicativos e recursos na borda direita.**

   A página Aplicativos e recursos aparece, listando seus apps por ordem alfabética na parte inferior.

3. **Clique no botão Mais (mostrado na margem) ao lado do nome do app com mau funcionamento e, quando o menu abrir, clique em Opções avançadas.**

4. **Quando as configurações Opções avançadas aparecerem, clique no botão Reparar.**

   Isso pede ao Windows para corrigir o app, se possível, preservando suas configurações e dados.

5. **Se a opção Reparar não corrigir o problema, clique no botão Redefinir ao lado.**

Ao escolher Redefinir, o Windows exclui e reinstala o app do zero, levando as definições de preferência e os detalhes de login com ele. Não é grande coisa, digamos, no app Calculadora. Porém, os apps mais elaborados, como Email e Calendário, podem levar um tempo para voltar a ficar por dentro das configurações certas.

Minhas Configurações Estão Bagunçadas

Às vezes você deseja voltar as coisas como eram *antes* de começar a mexer nelas. Sua salvação é o botão Restaurar padrão, que aguarda seu comando em áreas estratégicas no Windows. Clicar nesse botão retorna as configurações para o modo como o Windows as definiu originalmente.

Veja alguns botões Restaurar padrão que você pode achar úteis:

CUIDADO

» **Aplicativos:** O Windows inclui um botão Reparar e Redefinir que restaura os apps com mau funcionamento de volta à condição original. Descrevo como na seção anterior "Preciso Corrigir os Apps com Problemas".

» **Firewall:** Se você suspeita de algo ruim no Windows Firewall, retorne suas configurações originais e comece de novo (alguns programas podem precisar ser reinstalados). Clique no botão Iniciar e digite **firewall e proteção de rede** na caixa Pesquisa. Quando a janela Segurança do Windows aparecer, escolha Firewall e proteção de rede à esquerda. À direita, clique em Restaurar firewalls para o padrão (cuidado aqui, pois talvez você precise reinstalar alguns apps e programas).

» **Media Player:** Quando a boa e velha Biblioteca do Media Player tem erros, peça que ela exclua seu índice e comece do zero. No Media Player, clique com o botão direito nas setas Avançar ou Voltar no menu superior, clique em Ferramentas, escolha Avançado no menu suspenso e escolha Restaurar bibliotecas de mídia (ou, se removeu sem querer os itens da Biblioteca, escolha Restaurar itens de biblioteca excluídos).

» **Cores:** O Windows permite ajustar as cores e os sons da área de trabalho, por vezes em uma verdadeira bagunça. Para voltar as cores e os sons padrão, clique com o botão direito no botão Iniciar e escolha Configurações. Abra a categoria Personalização, escolha Temas à direita e os temas do Windows na seção Tema atual.

» **Fontes:** Ajustou demais suas fontes? Volte-as ao normal clicando no menu Iniciar, digitando **Painel de Controle** na caixa Pesquisa e pressionando Enter. Quando o Painel de Controle aparecer, clique em Aparência e personalização, depois clique em Fontes. No painel esquerdo, clique em Configurações da fonte, depois, no botão Restaurar configurações da fonte padrão.

» **Bibliotecas:** No Windows 11, as bibliotecas ficam ocultas por padrão (explico como ativá-las no Capítulo 5). Quando ativadas, as bibliotecas aparecem no painel de Navegação de toda pasta. Mas, se uma delas estiver faltando (digamos, a biblioteca Música), é possível retorná-la. De dentro do Explorador de Arquivos, clique com o botão direito na palavra `Bibliotecas` à direita de qualquer pasta, escolha Mais opções no menu suspenso e escolha Restaurar bibliotecas padrão. Todas as suas bibliotecas padrão (Documentos, Músicas, Imagens e Vídeos) reaparecerão.

» **Adaptadores de rede:** Essa solução com um clique remove e reinstala seus adaptadores de rede e muda sua rede para suas configurações originais. Para redefinir a rede, clique no botão Iniciar, escolha Configurações e a categoria Rede e Internet à esquerda. No painel direito, clique na seção Configurações avançadas de rede e, então, clique na opção Redefinição da rede. Por fim, clique no botão Redefinir agora. Para restaurar sua rede para funcionar perfeitamente quando o processo terminar, você precisará concluir as etapas descritas no Capítulo 15, que mostram como compartilhar arquivos com seus computadores em rede.

» **Pastas:** O Windows oculta algumas opções relacionadas às pastas, aos painéis de Navegação, aos itens exibidos, como eles se comportam e como pesquisam os itens. Para refletir sobre suas opções ou retorná-las às configurações padrão, abra qualquer pasta e clique no ícone Mais, mostrado na margem. Quando a lista suspensa aparecer, escolha Opções. A janela Opções da pasta aparece, listando um botão Restaurar padrões em cada guia: Geral, Exibir e Pesquisar (clique em Aplicar após cada mudança para ela entrar em vigor).

Por fim, não se esqueça da opção Redefinir no Windows, descrita no começo deste capítulo. Embora seja um exagero para muitos problemas, ela redefine grande parte de suas configurações com o padrão.

Esqueci Minha Senha

Quando o Windows não aceitar sua senha na tela Login, talvez você fique bloqueado, sem poder acessar seu próprio computador. Verifique tudo isto antes de gritar:

» **Verifique a tecla Caps Lock.** As senhas do Windows diferenciam *letras maiúsculas e minúsculas*, ou seja, ele considera *OpenSesame* e *opensesame* como senhas diferentes. Se a luz da tecla Caps Lock estiver acesa no teclado, pressione-a de novo para desligar. Então, tente inserir a senha mais uma vez.

» **Use o Disco de Redefinição de Senha.** Explico como criar um Disco de Redefinição de Senha para um proprietário de conta Local no Capítulo 14 (o disco não funciona para os proprietários da conta Microsoft). Quando você esquecer a senha de sua conta Local, insira esse disco para usar como

CAPÍTULO 18 **O Caso da Janela Quebrada** 379

uma chave. O Windows permite que você volte para a conta, onde rapidamente poderá criar uma senha mais fácil de lembrar (vá para o Capítulo 14 e crie um Disco de Redefinição de Senha agora se ainda não o fez).

» **Deixe que outro usuário redefina sua senha.** Qualquer pessoa com uma conta Administrador no PC pode redefinir sua senha. Peça à pessoa para ir ao Painel de Controle da área de trabalho (veja o Capítulo 12), clicar em Contas de usuário e, então, clicar em Contas de usuário de novo. Nesse ponto, a pessoa pode clicar no link Gerenciar outra conta para ver uma lista das contas. Ela pode clicar no nome de sua conta e no link Alterar senha para criar uma senha da qual você possa se lembrar com mais facilidade.

Nota: Se você esqueceu a senha de sua *conta Microsoft*, nenhuma sugestão anterior funcionará. Pelo contrário, abra qualquer navegador e acesse www.live.com. Insira o email da conta Microsoft e clique no link Esqueceu a senha? O site o guiará nas etapas para redefinir sua senha.

Se nenhuma opção funcionar, infelizmente é uma pena. Compare o valor dos seus dados protegidos por senha com o custo de contratar um especialista em recuperação de senhas. É possível encontrar tal especialista pesquisando *recuperar senha do windows* no Google (www.google.com). Procure alguém com boas referências e que esteja no ramo há anos.

MEU PROGRAMA CONGELOU!

Um dia, um de seus apps ou programas congelará, deixando-o com calafrios sem conseguir acessar o comando Fechar normal. Caso você passe por essa situação congelante, estas etapas livrarão o programa congelado da memória de seu PC (e a tela também):

1. **Clique com o botão direito no menu Iniciar e selecione a opção Gerenciador de Tarefas no menu suspenso.**

   O programa Gerenciador de Tarefas aparece, e sua seção Aplicativos lista os nomes dos programas em execução atualmente.

2. **Clique no nome do app ou do programa congelado.**

   Se não identificar o nome de seu programa, clicar no link Mais detalhes mostra tudo atualmente em execução no PC.

3. **Clique no botão Finalizar tarefa, e o Windows retira o programa congelado.**

   Se seu computador parecer um pouco confuso depois, não se arrisque: reinicie-o.

380   PARTE 6 **Socorro!**

Meu Computador Congelou Mesmo

De vez em quando o Windows deixa a bola cair e fica vagando, até se sentar sob uma árvore. Você fica olhando para um computador que só olha de volta. Nenhuma luz pisca. Clicar em pânico não faz nada. Tocar aleatoriamente no teclado não resolve, ou, pior, um bipe começa a soar a cada tecla pressionada.

Quando nada na tela se move (exceto, talvez, o ponteiro do mouse), o PC está congelado. Experimente estas abordagens, na ordem a seguir, para corrigir o problema:

» **Abordagem 1:** Pressione Esc duas vezes.

- Essa ação raramente funciona, é um primeiro ataque rápido que não atrapalha em nada.

» **Abordagem 2:** Pressione as teclas Ctrl, Alt e Delete simultaneamente e escolha Iniciar Gerenciador de Tarefas no menu que aparece.

- Se você tiver sorte, o Gerenciador de Tarefas aparecerá com a mensagem de que descobriu um aplicativo que não responde. O Gerenciador lista os nomes dos programas em execução atualmente, inclusive o que não responde. Na guia Processos, clique no nome do programa que causa a confusão e, então, clique no botão Finalizar tarefa. Você perdeu o trabalho não salvo nesse programa, claro, mas deve estar acostumado (se acessou a combinação de teclas Ctrl+Alt+Delete sem querer, pressione Esc para sair do Gerenciador de Tarefas e voltar para o Windows).

- Se isso ainda não resolver, pressione Ctrl+Alt+Delete de novo e clique no ícone Energia (mostrado na margem), à direita inferior da tela. Escolha Reiniciar no menu suspenso, e seu computador desliga e reinicia, retornando com um humor melhor, espera-se.

» **Abordagem 3:** Se as abordagens anteriores não funcionarem, desligue o PC pressionando o botão de energia (se isso apenas ativa o menu Desligar computador, escolha Reiniciar, e seu computador deve reiniciar).

» **Abordagem 4:** Se você continuar pressionando o botão de energia do computador por tempo suficiente (em geral de quatro a cinco segundos), ele acabará parando de resistir e desligará.

382   PARTE 6 **Socorro!**

NESTE CAPÍTULO

» Entendendo as notificações

» Decifrando as mensagens de segurança

» Respondendo às mensagens na área de trabalho

Capítulo **19**

Mensagens Estranhas: O que Você Fez Não Processa

s mensagens de erro na vida *real* são bem fáceis de entender. Um relógio digital piscando significa que você precisa definir a hora. O bipe de um carro estacionado significa que você deixou as chaves na ignição. O olhar severo do cônjuge significa que se esqueceu de algo importante.

Mas as mensagens de erro do Windows poderiam ter sido escritas por uma subcomissão do Senado, se não fossem tão sucintas. Raramente as mensagens de erro descrevem o que você fez para causar o evento ou, pior, como corrigir o problema.

CAPÍTULO 19 **Mensagens Estranhas: O que Você Fez Não Processa** 383

Neste capítulo, coletei as mensagens de erro mais comuns do Windows, notificações e as tentativas confusas de conversação. Encontre uma mensagem que corresponda à sua situação e, então, leia sobre como lidar com ela do modo mais elegante que o Windows permitir.

Adicione Sua Conta Microsoft

Significado: Embora as mensagens nessas janelas possam ser um pouco diferentes, todas significam a mesma coisa: você deve fazer login na conta Microsoft para realizar a tarefa desejada. Se não tiver uma conta Microsoft, verá a mensagem como a da Figura 19-1. Como descrito no Capítulo 2, as contas Microsoft permitem aproveitar a maioria dos benefícios do Windows.

FIGURA 19-1: Para aproveitar as vantagens de alguns recursos do Windows, você deve criar uma conta Microsoft.

Causas prováveis: Talvez você tenha tentado comprar um app na Microsoft Store, acessar o OneDrive na internet ou ativar os controles Windows Family Safety, com todos querendo uma conta Microsoft.

Solução: Inscreva-se em uma conta Microsoft gratuita, como descrito no Capítulo 2.

Notificações do Calendário

Significado: Quando seu compromisso está se aproximando, o Windows envia a mensagem vista na Figura 19-2.

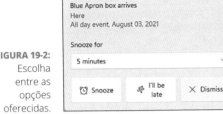

FIGURA 19-2: Escolha entre as opções oferecidas.

Causa provável: Você inseriu um compromisso no app Calendário predefinido e o Windows o está lembrando de que ele se aproxima. É uma das muitas notificações que aparecem na parte direita inferior da tela.

Soluções: A maioria das pessoas prefere ver lembretes sobre seus compromissos. Mas, se o grande número de notificações começar a perturbá-lo depois de um tempo, fique à vontade para desativá-las. Explico no Capítulo 12 como selecionar quais apps podem enviar notificações.

Escolha o que Acontece com o Dispositivo

Significado: O Windows deseja saber o que fazer com o dispositivo que você acabou de plugar no PC, portanto, a mensagem mostrada na Figura 19-3 aparece no canto direito inferior da tela.

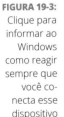 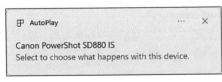

FIGURA 19-3: Clique para informar ao Windows como reagir sempre que você conecta esse dispositivo ao PC.

CAPÍTULO 19 Mensagens Estranhas: O que Você Fez Não Processa   385

Ao clicar na janela da Figura 19-3, a janela na Figura 19-4 aparece à direita *superior* da tela.

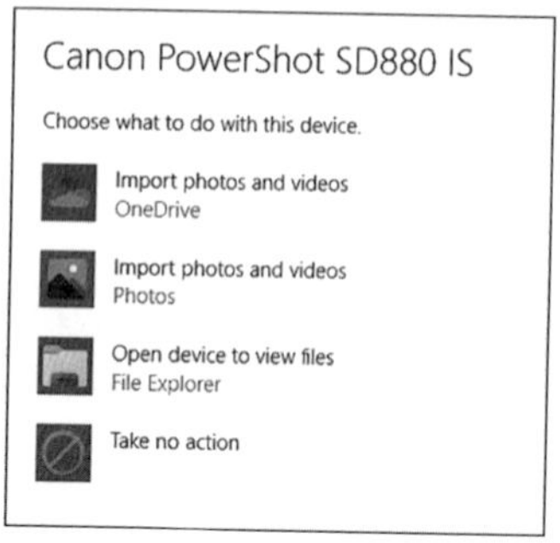

FIGURA 19-4: Informe ao Windows o que fazer com o item que você acabou de inserir no PC.

Causas prováveis: Você acabou de colocar um *pendrive* (um cartão de memória) na porta USB do computador, anexou um celular ou câmera ou conectou outro dispositivo ao computador.

Solução: Escolha como deseja que o Windows reaja quando reconectar o dispositivo no futuro. Sempre é possível mudar essa decisão visitando a página Bluetooth e dispositivos do app Configurações e escolhendo Reprodução Automática no painel à direita. Clique em qualquer dispositivo listado, e um menu suspenso lista todas as suas opções (prefiro a opção Sempre perguntar, quando disponível, para eu poder escolher a ação que prefiro em cada momento em particular).

Os Arquivos Excluídos São Removidos em Todos os Lugares

Significado: Quando você excluir um arquivo do OneDrive, seu espaço de armazenamento online, ele não ficará mais disponível para os outros dispositivos. Para lembrá-lo, o Windows envia a mensagem vista na Figura 19-5.

FIGURA 19-5: Excluir os arquivos do OneDrive os remove da pasta OneDrive de todos os seus dispositivos.

386 PARTE 6 **Socorro!**

Causa provável: Você está excluindo um arquivo armazenado no OneDrive.

Soluções: Fique à vontade para excluir o arquivo do OneDrive se não precisa mais dele lá. Apenas mantenha uma cópia nos PCs que precisam dele. Explico as particularidades do OneDrive no Capítulo 5 (se você excluir um arquivo do OneDrive, ele irá para a Lixeira do OneDrive, onde fica por trinta dias). Para recuperar um arquivo excluído por engano, clique no botão Lixeira do OneDrive, selecione o arquivo excluído por engano e clique no botão Restaurar.

Quer Mudar os Aplicativos?

Significado: Seu app exibido atualmente está tentando abrir outro app. O Windows mostra a mensagem vista na Figura 19-6 para assegurar que o app não esteja tentando fazer nada prejudicial.

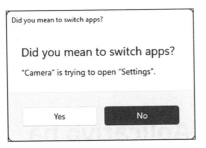

FIGURA 19-6: Clique em Sim, a menos que pense que o app está tentando algo ruim.

Causa provável: Você clicou dentro de um app que requer outro app para lidar com o trabalho.

Solução: A menos que pense que o app está tentando instalar um vírus ou fazer algo ruim, clique no botão Sim para aprovar o trabalho.

Deseja Permitir que Este Aplicativo Faça Alterações no Seu Dispositivo?

Significado: Tem certeza de que o software não tem vírus, spyware e outras coisas perigosas?

Causa provável: Uma janela parecida com a mostrada na Figura 19-7 aparece quando você tenta instalar o software baixado ou um driver para uma das partes do PC. Nesse caso, o programa de segurança da Microsoft simplesmente deseja abrir um programa para saber se é seguro.

FIGURA 19-7: Você acha que o software é seguro?

Soluções: Se tem certeza de que a ação solicitada é segura, clique no botão OK, Sim ou Instalar. Mas, se essa mensagem aparecer inesperadamente ou você acha que não é seguro, clique em Cancelar, Não ou Não instalar. Explico a computação segura no Capítulo 11.

Deseja Fixar Este Aplicativo na Barra de Tarefas?

Significado: Um app tenta se fixar na barra de tarefas, a faixa de ícones na parte inferior da sua tela.

Causa provável: Alguns apps recém-instalados não se contentam apenas em se adicionar ao menu Iniciar. Eles querem monopolizar um espaço na barra de tarefas também. Portanto, o Windows pede sua aprovação exibindo a janela mostrada na Figura 19-8 antes de permitir que isso aconteça.

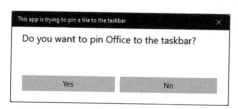

FIGURA 19-8: Este app deve ter permissão para aparecer na barra de tarefas?

388 PARTE 6 **Socorro!**

Soluções: Se você acha que usará o app com frequência e há espaço para ele na barra de tarefas, clique em Sim. Do contrário, clique em Não. Sempre é possível fixar o app lá no futuro, como descrito no Capítulo 3.

Deseja Salvar as Alterações?

Significado: Você não salvou seu trabalho em um programa, ele está para fechar e seu trabalho será perdido.

Causas prováveis: A janela na Figura 19-9 aparece quando você tenta fechar um aplicativo, sair ou reiniciar seu PC antes de pedir ao programa para salvar o trabalho criado.

FIGURA 19-9: Deseja salvar seu trabalho?

Soluções: Clique no botão Salvar para salvar seu trabalho e deixar o programa fechar. Explico como salvar arquivos no Capítulo 6. Não quer salvar o arquivo? Clique em Não salvar para descartar seu trabalho e seguir em frente. Ou, se o gato pisou no teclado, clique em Cancelar para evitar a travessura do bichano e voltar à normalidade.

Insira as Credenciais da Rede

Significado: O Windows não permite que você acesse certo arquivo ou pasta, portanto, envia a mensagem vista na Figura 19-10.

CAPÍTULO 19 **Mensagens Estranhas: O que Você Fez Não Processa** 389

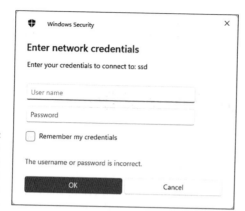

FIGURA 19-10: Insira sua conta de usuário e senha para continuar.

Causa provável: Você está tentando acessar um arquivo ou uma pasta na rede ou outra conta de usuário à qual não tem permissão.

Soluções: Peça ao proprietário da conta de usuário ou do computador em rede para lhe dar permissão para acessar o arquivo, um processo visto no Capítulo 15. Então, quando inserir sua conta de usuário e senha, o Windows permitirá que veja a pasta ou o arquivo. Ainda vê a mensagem? Verifique para assegurar que inseriu seu nome de usuário e sua senha corretamente.

Como Deseja Abrir Este Arquivo?

Significado: A janela na Figura 19-11 aparece quando você precisa dar permissão a um app para realizar uma ação.

FIGURA 19-11: O Windows não sabe qual programa deve abrir este arquivo.

Causa provável: Os apps e os programas do Windows costumam disputar pelo direito de abrir seus arquivos. Para garantir que o programa certo abra o arquivo, o Windows exibe essa mensagem para você confirmar se o programa correto está lidando com o trabalho.

Soluções: Se o programa certo for listado para abrir seu arquivo, clique na caixa de seleção Sempre usar este aplicativo e, então, clique no botão OK. O Windows não o incomodará na próxima vez em que você abrir esse tipo de arquivo, mas a mensagem reaparecerá na próxima vez em que você abrir um tipo de arquivo *diferente*. Se o programa errado tentar abrir o arquivo, clique ou toque no programa certo na lista da mensagem.

Se o Windows não oferecer nenhuma sugestão válida, clique na opção Procurar app na Store (explico esse problema no Capítulo 6). Para abrir o arquivo, talvez seja necessário baixar ou comprar um app na Microsoft Store.

Manter Estas Configurações da Tela?

Significado: Você consegue visualizar o que está na tela e está como deseja?

Causa provável: O Windows envia a mensagem vista na Figura 19-12 como uma segurança quando você muda as configurações da exibição, talvez para alterar a resolução para que mais informações caibam na tela.

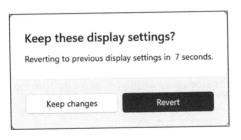

FIGURA 19-12: O Windows quer assegurar que as alterações recentes da tela funcionem corretamente.

Soluções: Se tudo parece bem na tela, clique em Manter alterações, e o Windows fica com as configurações recém-alteradas. Se você não clica em nada, o Windows pressupõe que as alterações deixaram sua tela ilegível, portanto, volta para as últimas configurações que funcionavam.

CAPÍTULO 19 **Mensagens Estranhas: O que Você Fez Não Processa**   391

Vamos Terminar de Configurar

Significado: A Figura 19-13 é como a Microsoft assegura que você conhece todos os novos recursos no Windows 11. E isso inclui alguns pelos quais você pode ter que pagar mais adiante.

FIGURA 19-13: O Windows 11 deseja terminar de apresentar os novos recursos.

Causa provável: Os proprietários dos computadores novos e com upgrade recente veem muito isso.

Soluções: Clique em Lembrar mais tarde para adiar a tarefa; clique em Continuar para percorrer as telas. Clique no botão Não obrigado em cada tela. Sempre é possível ativar os recursos depois, se e quando forem necessários. Se você deseja revê-los, clique no app Introdução na seção Todos os aplicativos do menu Iniciar.

Nenhuma Unidade Útil Encontrada

Significado: A mensagem na Figura 19-14 informa que o programa de backup do Windows, o Histórico de Arquivos, não está funcionando.

FIGURA 19-14: Sua unidade de backup ou cartão não está plugado no PC.

Causa provável: O Histórico de Arquivos está salvando seus arquivos em um HD portátil, pendrive ou cartão de memória que não está mais conectado ao PC.

392   PARTE 6 **Socorro!**

Soluções: Essa mensagem aparece com mais frequência em notebooks e tablets após você levá-los junto em trânsito, deixando a unidade de backup em casa. Portanto, encontre o HD portátil, o pendrive ou o cartão de memória e conecte de volta no PC (se o Histórico de Arquivos não começar a funcionar de novo, reveja a seção Histórico de Arquivos no Capítulo 13 para verificar se as configurações estão corretas).

Depois de plugar a unidade de volta no PC, o Histórico de Arquivos faz um backup totalmente novo de tudo que ainda não foi salvo.

Salvar no OneDrive

Significado: O Windows deseja armazenar seus arquivos automaticamente no OneDrive, portanto, envia a mensagem na Figura 19-15.

FIGURA 19-15: Deseja salvar suas capturas de tela no OneDrive?

Causa provável: Você pressionou ▇+PrtScrn para fazer uma *captura de tela* — uma imagem que está na tela. Normalmente o Windows armazena o arquivo de captura de tela na pasta `Capturas de Tela`, que reside dentro da pasta `Imagens`. Mas o Windows deseja que você as armazene no OneDrive, seu espaço de armazenamento online.

Soluções: Clique em Sim se precisa acessar essas capturas de tela a partir de qualquer dispositivo ou navegador. Mas clique em Não se as acessará apenas a partir de seu PC. Isso evita que o OneDrive acabe ficando sem espaço e a Microsoft peça que você pague por mais armazenamento.

Escolha o que Acontece com as Unidades Removíveis

Significado: O Windows envia a mensagem mostrada na Figura 19-16 quando deseja saber o que fazer quando você pluga um disco rígido ou um pendrive na porta USB do PC.

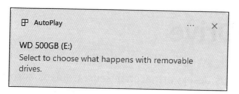

FIGURA 19-16: O Windows deseja saber o que fazer com a nova unidade.

Causa provável: Você plugou um novo disco rígido ou pendrive na porta USB do PC.

Solução: Basta ignorar a mensagem, e ela sumirá sem problemas. Se clicar nela, o Windows permitirá que escolha entre três ações:

- **Configurar definições de armazenamento:** Isso abre as configurações Armazenamento do app Configurações, com poucas relacionadas às unidades portáteis (antes, o Windows permitia usar a unidade como um dispositivo de backup).

- **Abrir pasta para exibir arquivos:** A escolha mais provável, ela permite exibir o conteúdo da unidade recém-plugada.

- **Nenhuma ação:** Escolha isso, e o Windows para de enviar mensagens sem sentido como essa. Então, quando quiser ver o que há dentro da unidade, abra o Explorador de Arquivos para ver o conteúdo dela.

Ameaças Encontradas

Significado: Quando o antivírus predefinido do Windows encontra um arquivo potencialmente perigoso no PC, ele o informa com a mensagem na Figura 19-17. Então, o Windows remove o arquivo para que ele não prejudique seu computador ou seus arquivos.

FIGURA 19-17:
O Microsoft Defender Antivírus encontrou e removeu um arquivo potencialmente perigoso no computador.

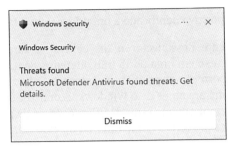

Como a maioria das notificações, esta sempre aparece na parte direita inferior da tela.

Causa provável: Um arquivo potencialmente perigoso (*malware*) chegou por email, com um pendrive, um computador em rede ou um site malicioso. O Windows remove o arquivo para ele não causar nenhum dano.

Soluções: O Microsoft Defender Antivírus já removeu o culpado, mas tenta lembrar qual ação o forçou a eliminar o problema. Então, se possível, não tente repetir essa ação. Não faz mal pedir ao Microsoft Defender Antivírus para fazer uma varredura completa em seu computador e analisar qualquer dispositivo de armazenamento que você acabou de conectar (explico o Microsoft Defender Antivírus no Capítulo 11).

Clique no botão Descartar, respire aliviado e continue com seu trabalho.

Dispositivo USB Não Reconhecido

Significado: Quando você vir a mensagem na Figura 19-18, significa que o Windows não consegue descobrir o que foi plugado na porta USB do PC.

FIGURA 19-18:
O Windows não reconhece o que existe na porta USB do PC.

CAPÍTULO 19 **Mensagens Estranhas: O que Você Fez Não Processa**   395

Causa provável: Infelizmente, muitos culpados são responsáveis aqui, variando desde um dispositivo danificado a um driver ruim e falta de sorte.

Soluções: Primeiro, tente desconectar o dispositivo, aguardando trinta segundos, então, conecte-o em uma porta USB diferente. Se não funcionar, acesse a página de suporte do dispositivo na internet: Talvez seja preciso baixar e instalar um software antes de o Windows reconhecer o dispositivo. Ou o dispositivo pode simplesmente estar danificado. Antes de pensar nisso, tente reiniciar o PC clicando com o botão direito no botão Iniciar, em Desligar ou sair no menu suspenso, e clicando em Desligar no próximo menu.

Verifique Sua Identidade Neste PC

Significado: O Windows envia a mensagem vista na Figura 19-19 quando quer ter certeza de que realmente é você antes de deixá-lo fazer algo importante.

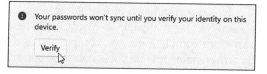

FIGURA 19-19: O Windows quer ter certeza de que realmente é você.

Causa provável: Em geral, isso aparece quando você ou outra pessoa criou uma nova conta de usuário no PC. Até conseguir acessar tudo normalmente, você precisa provar sua identidade.

Soluções: Clicar no botão Verificar e inserir a senha da conta nesse ponto quase sempre pede ao Windows para abrir as portas e deixar você trabalhar em paz.

Não Temos Permissão para Encontrá-lo

Significado: O app Mapas no Windows deseja saber sua localização física atual, como na Figura 19-20; já o Windows quer saber se você permitirá isso.

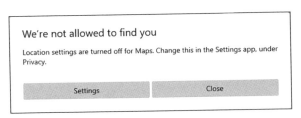

FIGURA 19-20: Clique em Configurações e dê permissão ao app para saber sua localização.

Causa provável: Um app em particular precisa de sua localização para fazer algo. Nesse caso, o app Mapas quer saber sua localização para conseguir exibir as informações no mapa.

Soluções: Se confia no app e fica à vontade para deixar que ele saiba onde você está atualmente, clique em Configurações, que abre a seção do app. Nesse ponto, você pode permitir que o app acesse sua localização sem que ele pergunte novamente. Se acha que o app está sendo muito intrometido, clique em Fechar ou Não. Contudo, é provável que o app peça permissão de novo na próxima vez em que abri-lo.

Você Não Tem Permissão Atualmente para Acessar Esta Pasta

Significado: Se você encontra a janela na Figura 19-21, significa que o Windows não deixará que veja dentro da pasta que está tentando abrir. Uma mensagem parecida aparece quando o Windows não permite que você veja dentro de um arquivo.

FIGURA 19-21: Encontre alguém com uma conta Administrador para abrir a pasta ou o arquivo.

Causa provável: O arquivo ou a pasta pertence a alguém com uma conta de usuário diferente.

Soluções: Se você tem uma conta Administrador, pode abrir arquivos e pastas nas contas de usuário de outras pessoas clicando em Continuar. Se não tem, é bloqueado.

Suas Configurações de Privacidade Bloquearam o Acesso ao Seu Local

Significado: Algo no Windows pede permissão para saber sua localização física atual, como na Figura 19-22, e o programa deseja saber se você permite isso.

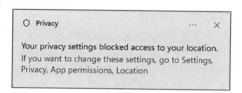

FIGURA 19-22: Clique em Configurações e dê permissão ao app para saber sua localização.

Causa provável: Suas configurações Privacidade no Windows 11 são definidas de modo que nenhum app tenha permissão para saber sua localização.

Soluções: Para mudar essas configurações, abra o app Configurações no menu Iniciar. Vá para a seção Privacidade e segurança. Nela, é possível escolher quais apps podem acessar as informações que muitas pessoas consideram privadas. Explico o app Configurações no Capítulo 12.

> **NESTE CAPÍTULO**
>
> » Copiando arquivos e configurações do antigo PC para o novo
>
> » Transferindo arquivos e configurações com um programa ou um técnico
>
> » Transferindo arquivos e configurações sozinho com um disco rígido portátil

Capítulo **20**

De um PC Antigo para um Novo com o Windows 11

Quando você traz para casa seu novo computador com o incrível Windows 11, falta o mais importante de tudo: as coisas do *antigo* computador. Como você copia seus arquivos do PC velho e empoeirado para o PC novinho em folha com o Windows? Como *encontra* tudo que deseja mover?

Este capítulo explora suas opções e compara os graus de dificuldade.

DICA

Uma economia de tempo: se está apenas fazendo *upgrade* do PC relativamente novo com o Windows 10 para o 11, pode pular este capítulo. Quando atualiza, o Windows 11 deixa seus arquivos pessoais, apps e programas da área de trabalho onde estão. As versões mais antigas do Windows provavelmente rodam nos PCs mais antigos; esses PCs não terão capacidade suficiente para fazer o upgrade para o Windows 11, infelizmente.

CAPÍTULO 20 **De um PC Antigo para um Novo com o Windows 11** 399

O Modo Microsoft de Ir para o Windows 11

O motivo para a Microsoft ter removido e ocultado os programas de backup no Windows 11 se resume a uma palavra: *OneDrive*, o espaço de armazenamento predefinido na internet que vem embutido no Windows 11.

O Windows facilita como nunca armazenar todos seus arquivos no OneDrive. Assim que você cria um arquivo ou importa uma foto digital, o Windows praticamente implora para começar a salvá-la nos 5GB de espaço do OneDrive. No Windows 11, todos os anúncios instantâneos e as sugestões promovem os benefícios do OneDrive.

Na verdade, o OneDrive funciona *realmente* bem como um plano de backup. Se você armazena o conteúdo das pastas Documentos, Músicas, Imagens e Vídeos do PC no OneDrive, elas aguardam automaticamente por você no novo PC com o Windows 11.

Quando você começa no novo computador e faz login com sua conta Microsoft, todos os arquivos, pastas e configurações vão automaticamente para o novo PC. Qualquer app baixado na Microsoft Store vai automaticamente para o novo PC também.

Resumindo, nenhum trabalho de sua parte. Você não precisa escolher do que fazer backup nem passar horas encontrando e copiando todos seus dados para um backup. Se disser para o Windows usar o OneDrive, ele fará um backup automático de tudo no antigo PC enquanto você trabalha. Igualmente sem esforço, ele colocará automaticamente essas informações no novo PC com o Windows 11.

Mas o OneDrive tem algumas ressalvas:

» O OneDrive funciona apenas com PCS que rodam o Windows 8, 8.1 ou 10. Os PCs com Windows 7 não podem usar os apps, e a maioria dos proprietários de PCs com o Windows 7 não usa o OneDrive.

» Restaurar todos os arquivos e pastas do OneDrive para o novo PC pode demorar. Por isso, é mais rápido mantê-los no OneDrive e pegar à medida que são necessários.

>> O Windows oferece apenas 5GB de espaço de armazenamento livre no OneDrive, que não são suficientes para fazer backup na maioria dos PCs. Para aumentar esse tamanho online para 100GB, é preciso pagar US$1,99 por mês à Microsoft. Se seu PC tem uma grande coleção de músicas, vídeos ou fotos, talvez seja preciso ter 1TB (1.000GB) de espaço, disponível por US$6,99 ao mês ou US$70 por ano.

Enfim, o OneDrive é o modo mais fácil de transferir seus arquivos, apps e configurações para o novo PC com Windows 11. Mas, a menos que você use pouco seu PC, pagará uma taxa mensal ou anual por essa conveniência.

Contratando Terceiros para Fazer a Mudança

Por anos, o Windows veio com o programa Windows Easy Transfer, que simplificava mover seus arquivos de um PC para outro. Infelizmente, a Microsoft descontinuou o programa.

Talvez a Microsoft tenha abandonado a transferência de arquivos automática do PC, mas revendedores terceirizados ficam contentes com esse serviço. Basicamente, você tem duas opções: usar o software de upgrade do computador ou levar o PC a um profissional.

As próximas seções mostram os prós e os contras de cada uma.

Comprando o programa PCmover da Laplink

O pacote de softwares PCmover da Laplink (`www.laplink.com` — conteúdo em inglês) transfere não apenas os arquivos e as configurações de seu antigo PC, mas alguns programas também. É mais trabalho do que o antigo programa Easy Transfer da Microsoft jamais fez. O pacote PCmover funciona com toda versão do Windows, do Windows XP ao Windows 11.

Porém, os programas de transferência avançados vêm com uma impressionante variedade de complicações em potencial, o que não é nenhuma surpresa: mover de um PC para outro é tenso, com possíveis percalços (no lado positivo, a Laplink ajuda na mudança oferecendo suporte técnico gratuito 24 horas nos EUA, no Canadá, na Austrália, na Nova Zelândia e no Reino Unido)

CAPÍTULO 20 **De um PC Antigo para um Novo com o Windows 11** 401

A Windows Store Edition gratuita do PCmover está disponível na Microsoft Store, mas transfere apenas 500MB de arquivos (e nenhuma configuração, app, programa ou perfil do usuário), então, avisa que você deve comprar as versões Home ou Professional para terminar o trabalho.

Você deve escolher entre o PCmover Home ou Professional. Ambos permitem transferir informações apenas de *um* PC antigo para *um* novo. Em geral não é um problema, mas lembre-se de que você não pode dar o programa a um amigo após ter transferido seus arquivos.

» **PCmover Home:** Esse pacote minimalista move arquivos, configurações e perfis do usuário para seu novo PC. Mas não moverá apps e programas.

» **PCmover Professional:** Uma opção mais popular (e cara), esse software copia apps e programas para o novo PC, assim como seus arquivos, configurações e perfis do usuário.

Os dois copiam os arquivos, as configurações e alguns programas do antigo PC para o novo, como na Figura 20-1. Mas nenhum pacote tem a garantia de copiar *todos* seus programas. Por motivos técnicos, alguns programas podem ser transferidos, mas outros, não (os motivos por trás desses possíveis problemas estão em uma seção própria detalhada demais para listar aqui).

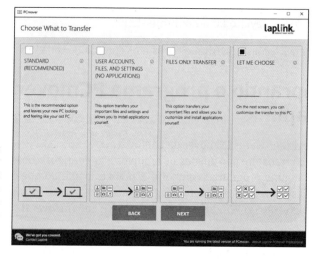

FIGURA 20-1: O PCmover da Laplink ajuda a mudar de um antigo PC para um novo.

Se você pretende transferir seus arquivos por uma rede, pode comprar e baixar o programa PCmover escolhido no site da Laplink. Mas a maioria das pessoas acha melhor comprar o box PCmover Ultimate na Amazon (www.amazon.com). Ele inclui o PCmover Professional *e* um cabo de transferência, custando menos que a versão no site da Laplink.

402   PARTE 6 **Socorro!**

ZINSTALL WINWIN PRO

Talvez o PCmover seja a solução de transferência de arquivos de terceiros menos cara, mas não é a mais completa. O Zinstall WinWin custa mais que o dobro da concorrência. Dependendo de sua situação, pode fazer um trabalho mais completo, sobretudo ao transferir os programas da área de trabalho do antigo PC para o novo.

Para ter mais informações sobre os produtos da Zinstall, acesse o site da empresa em www.zinstall.com [conteúdo em inglês].

Os programas PCmover são protegidos contra cópia, portanto, é preciso ter uma conexão de internet antes de começar a usá-los. E mais: dependendo da quantidade de informação em seu antigo PC, e como você conecta os dois computadores, o processo de transferência pode levar horas.

Resumindo, o software PCmover é melhor para alguém que não é apenas paciente, mas também tem experiência suficiente com computadores para saber como falar com os técnicos se algo der errado (em geral, os técnicos falam muito, muito *tecnicamente*).

Visitando uma oficina de reparos

A maioria das oficinas de reparo de PCs pode mover as informações do antigo PC para o novo (ligue primeiro para saber se eles querem apenas o PC ou o PC, o monitor, o teclado e o mouse). As oficinas que atendem em domicílio são ainda melhores, porque você não terá que desconectar nenhum cabo e deixar seu PC na loja.

Veja com os vizinhos, provavelmente eles já têm uma loja de computadores local favorita ou um técnico.

Os preços nas lojas de reparo de PCs local variam muito, e é possível que eles cobrem mais do que comprar um software de transferência de arquivos. Mas, se algo der errado, eles serão os únicos que falam com o suporte técnico, não você.

Provavelmente uma oficina transferirá seus arquivos mesmo se seu antigo computador não liga mais ou tem problemas para rodar. Há boas chances de que o HD do antigo computador ainda funcione e tenha todos seus arquivos. Os técnicos na oficina normalmente podem transferir seus arquivos do HD do antigo computador direto para o novo.

Mesmo que odeie jogar a toalha e ligar para um profissional, lembre-se, você precisa transferir as informações do antigo PC apenas *uma vez*. Se o técnico que faz o trabalho for amistoso e bem competente, pegue o contato dele. Talvez seja útil no futuro.

Transferindo os Arquivos Sozinho

Você mesmo pode transferir os arquivos se muda a partir de um PC com Windows 8, 8.1 ou 10. Pode fazer isso combinando uma conta Microsoft e o programa de backup Histórico de Arquivos predefinido no Windows. Peça ao programa para fazer backup dos arquivos no antigo PC, então, peça ao Histórico de Arquivos no novo PC com o Windows 11 para restaurar os arquivos.

Mas é preciso ter um disco rígido portátil para tanto. Esses HDs são bem baratos, em geral custando menos de R$400. E há um bônus: quando você acaba de transferir os arquivos, o disco funciona perfeitamente para fazer backup de seu *novo* computador.

Para transferir os arquivos do antigo computador com Windows 8, 8.1 ou 10 para um novo com Windows 11, siga estas etapas:

1. **Se você já usa o Histórico de Arquivos em seu antigo PC, vá para a Etapa 5. Do contrário, vá para a Etapa 2.**

2. **Faça login em sua conta Microsoft no antigo PC.**

   Quando faz login com uma conta Microsoft, a Microsoft se lembra de muitas de suas configurações e de seus serviços para poder duplicá-los em outros PCs conectados.

   Se você usa uma conta local no antigo PC com Windows, converta-a em uma conta Microsoft, uma tarefa bem simples descrita no Capítulo 14.

3. **Plugue o disco rígido portátil no antigo PC e configure o Histórico de Arquivos para salvar seus arquivos nesse disco rígido.**

   O Histórico de Arquivos vem predefinido nos Windows 8, 8.1 e 10. Descrevo como configurá-lo e ativá-lo no Capítulo 13. A Figura 20-2 mostra como informar ao Windows 11 sobre sua nova unidade de backup. Assim que o Windows encontra a nova, pode levar desde alguns minutos até horas para fazer backup de seus arquivos na primeira vez.

404   PARTE 6 **Socorro!**

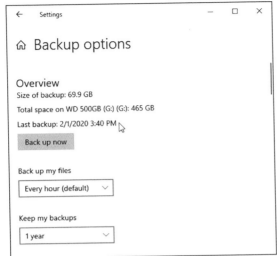

FIGURA 20-2:
Peça ao Windows para usar sua nova unidade e fazer backup dos arquivos.

Enquanto o Histórico de Arquivos faz backup dos arquivos, ele mostra `Fazendo backup dos seus dados`.

Quando termina de fazer backup dos arquivos em um disco portátil, a mensagem muda para `Último Backup`, seguida da data e da hora em que terminou de fazer backup. Nesse ponto, vá para a Etapa 4.

4. **Faça login no novo PC com Windows 11 usando a mesma conta Microsoft do antigo PC. Então, plugue o disco rígido portátil no novo computador.**

   Fazendo login com sua conta Microsoft, suas configurações se transferem automaticamente para o novo PC. Qualquer arquivo armazenado no OneDrive será disponibilizado também.

5. **Faça login com sua conta Microsoft no novo PC, abra o Histórico de Arquivos e direcione o novo PC com Windows 11 para o antigo backup do Histórico.**

   No novo PC com Windows 11, clique no botão Iniciar e digite **histórico de arquivos** na caixa Pesquisa. Então, clique em Restaurar seus arquivos com o Histórico de Arquivos. Quando a janela Histórico de Arquivos aparecer, clique em Configurar definições do Histórico de Arquivos.

A janela Histórico de Arquivos do app Configurações aparece, como na Figura 20-3.

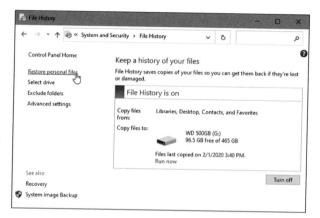

FIGURA 20-3: Escolha o backup que você gostaria de restaurar.

Se você encontrar a caixa de seleção `Quero Usar um Backup Anterior nesta Unidade do Histórico de Arquivos`, clique nela. Uma janela suspensa abre, listando o backup feito no antigo PC, clique em seu nome e no botão Ativar.

O novo PC começa a fazer backup de seus arquivos pela primeira vez, mas os arquivos novos não danificarão o backup do antigo PC.

6. **Escolha Restaurar arquivos pessoais no painel esquerdo da janela Histórico de Arquivos.**

A janela mostrada na Figura 20-4 aparece.

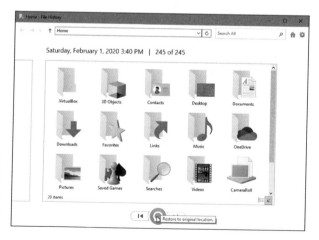

FIGURA 20-4: Clique no botão verde para restaurar arquivos e pastas.

406 PARTE 6 **Socorro!**

7. **Escolha os arquivos e as pastas a restaurar; clique no botão verde Restaurar.**

Clique nas setas Versão anterior ou Próxima versão ao lado do grande botão verde na parte inferior da janela até encontrar a data e a hora dos arquivos que gostaria de restaurar.

Por exemplo, se você usou o Histórico de Arquivos no antigo PC pela primeira vez na Etapa 4, clique na seta Versão anterior (à esquerda) até estar no backup Número 1.

Se usa o Histórico de Arquivos em seu antigo PC desde o início, clique na seta Próxima versão (à direita) para ir para o backup mais recente.

Quando exibir os arquivos ou as pastas que deseja restaurar, clique no botão verde encontrado na borda inferior da janela, mostrado na Figura 20-4. O Histórico de Arquivos começa a copiar os arquivos e as pastas do antigo PC para o novo.

Se tudo correr bem e seu novo PC tiver espaço de armazenamento suficiente, logo ele terá os arquivos e as pastas do antigo.

» Se você já usa o Histórico de Arquivos no antigo PC, todos os backups dele ainda deverão estar disponíveis no novo PC.

» O novo PC continuará a fazer backup dos arquivos no novo PC para seu HD portátil. Mantenha o HD plugado de modo permanente (ou, se comprou um novo notebook ou tablet, plugue-o com frequência para que o computador possa manter os backups atualizados).

» Se apenas pediu emprestado o HD portátil a um amigo, é possível desconectá-lo nesse ponto e devolvê-lo. Mas você realmente deve ter seu próprio HD portátil para começar a fazer backup do novo PC com Windows 11.

» Sua conta Microsoft e seu Histórico de Arquivos podem transferir suas configurações e arquivos para o novo PC. Contudo, você ainda precisa instalar todos os antigos *programas* da área de trabalho no novo PC.

» Se estiver mudando do Windows 10, 8.1 ou 8 para o Windows 11, pode encontrar seus apps aguardando na Microsoft Store: clique no ícone perto do canto direito superior da Microsoft Store e escolha Minha Biblioteca no menu suspenso. Nesse ponto, é possível encontrar e baixar seus antigos apps para o novo PC.

» A Microsoft não atualiza mais o programa Histórico de Arquivos, portanto, se essas instruções não funcionarem, então o Histórico pode ter sido deixado de lado para abrir caminho para o sistema de backup do OneDrive.

CAPÍTULO 20 **De um PC Antigo para um Novo com o Windows 11**

PARTE 6 **Socorro!**

> **NESTE CAPÍTULO**
>
> » Encontrando sugestões úteis rapidamente
>
> » Entendendo as políticas de suporte da Microsoft
>
> » Encontrando ajuda para certo problema ou programa

Capítulo **21**

Assistência no Sistema de Ajuda do Windows

Não se dê ao trabalho de ler este capítulo inteiro em busca de pormenores. O que você encontra aqui são modos mais rápidos de fazer o Windows repartir informações úteis quando algo na área de trabalho o deixa desconcertado:

- » **Pressione F1 quando estiver na área de trabalho:** Pressione a tecla F1 dentro do Windows ou de qualquer programa da área de trabalho.
- » **Menu Iniciar:** Clique no botão Iniciar e no ícone Obter ajuda.
- » **Ponto de interrogação:** Se encontrar um pequeno ícone com ponto de interrogação na parte direita superior de uma janela, acesse-o com um clique rápido.

Em cada caso, o Windows acessa a ajuda, ficando online, buscando instruções predefinidas ou levando-o a um tutorial interno.

Este capítulo explica como aproveitar a ajuda que o Windows 11 oferece.

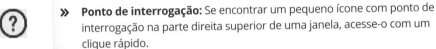

Começando com o Windows 11

O app Dicas integrado oferece um tour guiado rápido no Windows 11. Ele, em grande parte, agrada às mesmas pessoas que gostam de ler introduções de livros que definem o clima do que está por vir.

Para abrir o app, clique no botão Iniciar e no ícone Dicas (mostrado na margem) no menu Iniciar. O app aparece, como na Figura 21-1.

FIGURA 21-1: O novo app Dicas faz uma rápida apresentação do Windows 11.

O app Dicas mostra uma grade com grandes blocos, cada um dando dicas sobre um tema diferente. Clique no botão Veja o que é novo, mostrado na Figura 21-1, para ter uma explicação rápida dos maiores acréscimos no Windows 11.

Fique à vontade para clicar em outras categorias e navegar nas dicas oferecidas. Mas o app Dicas serve como uma introdução muito rápida do Windows 11. Com certeza não é uma solução de problemas.

Contatando o Suporte

O Windows 11 vem com um app que espera simplificar como encontrar o tipo de ajuda de que você precisa para certo problema. Chamado Obter ajuda, o app lembra muito os robôs de telefone que o fazem pressionar diferentes números no aparelho até finalmente ser encaminhado para o devido departamento.

Na verdade, o próprio app Obter ajuda precisa de ajuda: ele funciona apenas quando você está conectado à internet. Se não há conexão, ele simplesmente mostra uma mensagem de erro.

Para abrir o app Obter ajuda e ser encaminhado para alguém ou algo que possa ajudar no problema em particular com o PC, siga estas etapas:

1. **Clique no botão Iniciar, no ícone Todos os aplicativos e em Obter ajuda (o ícone na margem).**

    O programa Obter ajuda aparece, mostrado na Figura 21-2, e acessa um Assistente virtual (um robô) para responder ao problema.

2. **Digite sua pergunta na caixa na borda inferior do app.**

    O robô pesquisa o material de respostas online da Microsoft para encontrar qualquer correspondência e mostra os resultados. Se algum resultado responde à sua pergunta, terminou!

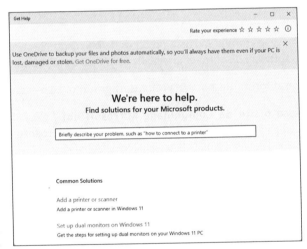

FIGURA 21-2: O programa Obter ajuda do Windows 11 tenta guiá-lo até a resposta.

Mas, se ainda tem perguntas, as próximas duas seções explicam as opções.

Opções de suporte da Microsoft

Se você comprou seu PC diretamente nas lojas online ou de revenda da Microsoft, ela oferece um serviço estendido e planos de garantia. Pagando antecipadamente, é possível aproveitar os planos de suporte sem cobranças extras no futuro.

Contudo, a Microsoft muda seus planos de suporte com frequência, portanto, veja as últimas notícias sobre o suporte pago dela, abra o app Obter ajuda, escolha Chat e pergunte quais planos de suporte são oferecidos no momento.

Nota: A Microsoft fechou todos os pontos de venda Microsoft Store em junho de 2020. Agora ela oferece apenas suporte online.

Opções de suporte gratuitas da Microsoft

Para ter suporte gratuito, sua melhor escolha é o site da Comunidade Microsoft. É um ponto de encontro online para proprietários confusos, técnicos competentes e entusiasmados e um eventual funcionário da Microsoft.

Você acessa o site, escolhe sua categoria, digita a pergunta e aguarda. Às vezes um funcionário da Microsoft responde, mas normalmente alguém com um problema parecido entra na conversa. Quanto mais pessoas respondem, mais provável é que todos encontrem uma solução para um problema em comum.

Mas lembre-se: os fóruns são para produtos da Microsoft. Se você tem problemas com o software de outra empresa, fica limitado ao suporte técnico dela.

Para acessar o fórum Resposta da Microsoft gratuito, siga estas etapas:

1. **Acesse o site da Comunidade Microsoft em** `https://answers. microsoft.com` **e faça login com sua conta Microsoft, se pedido.**

2. **Escolha seu produto na primeira página, então, escolha a versão do Windows e o assunto nas caixas suspensas.**

Você pode até restringir sua pesquisa com um subtópico, como na Figura 21-3.

3. **Pesquise o fórum para ver as perguntas anteriores respondidas.**

Se algo sobre seu computador não funciona corretamente, é provável que não funcione para outras pessoas também. Para pesquisar, clique no pequeno ícone de lente de aumento na parte direita superior da tela, digite algo que descreva o problema na caixa Pesquisa e pressione Enter.

Quando o site listar os resultados, percorra-os para ver se alguma solução funciona para o problema em particular de seu PC. Se não, vá para a Etapa 4.

412   PARTE 6 **Socorro!**

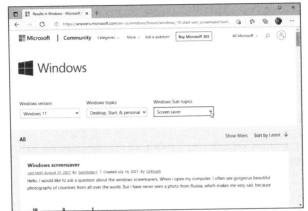

FIGURA 21-3: O fórum online de Respostas da Microsoft dá suporte técnico gratuito.

4. **Clique no link** `Fazer uma pergunta` **no topo da página. Quando o formulário aparecer, digite a pergunta, preencha um título, a descrição do problema e a categoria. Depois clique no botão Enviar.**

   Para fazer uma pergunta, clique no link `Fazer uma pergunta`. O site mostra um formulário, como o da Figura 21-4, para você preencher um assunto e detalhes sobre o problema do PC.

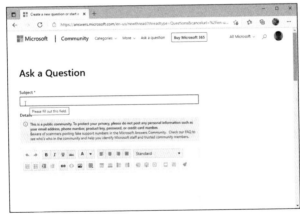

FIGURA 21-4: Digite um assunto para a pergunta.

Não se esqueça de preencher as listas suspensas Categoria na parte inferior do formulário. Elas permitem escolher sua versão do Windows, além de restringir sua pergunta por tópico. Essas pequenas tarefas ajudam que as pessoas encontrem sua pergunta e possivelmente forneçam respostas quando visitam mais tarde.

CAPÍTULO 21 **Assistência no Sistema de Ajuda do Windows** 413

Então você espera. Quando alguém responde, um aviso aparece em seu email com um link para sua mensagem postada e resposta. Clique no link para acessar de novo o fórum, no qual poderá iniciar uma correspondência que pode resolver seu problema.

O site da Comunidade Microsoft é gratuito, e, embora não haja garantias de que você obterá uma resposta, vale muito a pena tentar. Encontrei algumas soluções só navegando as respostas para perguntas feitas anteriormente.

DICA

Para ter resultados melhores, lembre-se destas dicas ao postar uma mensagem nesse site:

» Não reclame. Lembre-se, a maioria dos visitantes do site não é paga. Muitos são almas confusas tentando montar soluções, como você. Muitos nerds também andam por lá. Na verdade, eles estão interessados em resolver problemas e são persuadidos mais pela lógica do que por emoções.

» Para atrair as melhores respostas, seja o mais descritível possível. Se você vir uma mensagem de erro, liste-a na integridade, sem erros ortográficos. Digite a marca e o modelo exatos de seu computador.

» Se possível, liste as etapas exatas realizadas no PC para reproduzir o problema. Se o problema for reproduzido nos computadores de outras pessoas, sempre será *muito* mais fácil de resolver.

» A maioria das melhores respostas não vem de técnicos pagos da Microsoft. Elas vêm de estranhos com o mesmo problema, talvez até a mesma marca e modelo de PC, e que desejam trocar dicas para melhorar as coisas para ambos.

» Fique de olho na caixa de entrada e responda às pessoas que tentam ajudar. As informações trocadas ficarão no fórum por anos. Mesmo que você não consiga resolver seu problema imediato, está deixando uma trilha que poderá ajudar outras pessoas a resolverem o problema no futuro.

A Parte
dos Dez

7

NESTA PARTE...

Descubra dez coisas que você odiará no Windows 11 e como corrigi-las.

Obtenha dez dicas ou mais para os proprietários de telas de toque.

NESTE CAPÍTULO

» Sabendo se o PC pode fazer upgrade para o Windows 11

» Fazendo o Windows 11 parecer mais com sua antiga versão

» Encontrando o programa de backup

» Parando as telas de permissão

» Encontrando os menus do Windows

» Capturando imagens da tela

» Descobrindo sua versão do Windows

Capítulo **22**

Dez Coisas que Você Odiará no Windows 11 (e Como Corrigi-las)

alvez você esteja pensando se o Windows 11 funcionaria melhor se... *(insira sua implicância aqui).*

Se estiver pensando (ou dizendo) estas palavras com frequência, leia este capítulo. Aqui você encontra não apenas uma lista das coisas mais incômodas no Windows 11, como também os melhores modos de corrigi-las.

Sabendo Se Seu PC Pode Fazer Upgrade para o Windows 11

Como em toda nova versão do Windows, a Microsoft elogia o 11 como a versão mais segura de todas. Mas, desta vez, provavelmente ela está certa: o Windows 11 rodará apenas em computadores com um chip TPM 2.0 (Trusted Platform Module) especial. Esse chip adiciona uma camada extra de segurança em relação a como o Windows funciona, tornando-o muito mais seguro, se comparado com o passado.

E mais: o Windows 11 requer uma CPU (Unidade de Processamento Central) extra e veloz que o mantém funcionando rápido. Esses requisitos fazem o Windows 11 rodar mais rápido e com mais segurança do que nunca.

Porém, os PCs mais antigos não atendem a esses requisitos. Há chances de que antigo PC com Windows 10 não estará à altura.

Mas como saber se seu PC é compatível com os novos requisitos? A Microsoft lançou um app PC Health Check gratuito que roda em seu PC e permite saber se ele é compatível. Baixe o app em **https://aka.ms/GetPCHealthCheckApp** e execute-o em seu próprio PC para saber se ele atende aos requisitos rigorosos.

Se seu PC, notebook ou tablet passa no teste, você está com sorte: o Windows 11 é um upgrade gratuito.

Se não passa, há duas opções:

>> Compre um novo PC já com o Windows 11 instalado. Será mais rápido do que seu antigo PC, e explico como transferir os dados do antigo PC para o novo no Capítulo 20.

>> Fique com o antigo PC. A Microsoft continuará dando suporte para o Windows 10 até outubro de 2025. São mais quatro anos, quase. E, até lá, talvez o Windows 12 possa já estar bem perto.

Não Há Programa de Backup!

Na verdade, o Windows 11 inclui vários programas de backup. Mas a Microsoft está tornando-os cada vez mais difíceis de encontrar. O Histórico de Arquivos, o programa de backup usado no Windows 10, não é mais desenvolvido e pode desaparecer em breve. O backup da imagem do sistema do Windows 7 ainda existe no Windows 11, mas seu futuro é ainda mais duvidoso.

Não, a visão de programa de backup da Microsoft no Windows 11 é o OneDrive. Na teoria, o OneDrive é ótimo: ele permite armazenar de graça 5GB de arquivos na internet. É suficiente para dar o gostinho e atrair muitas pessoas.

O OneDrive é conveniente, fácil de usar e transparente: é provável que você nem saiba que está armazenando seus arquivos na internet, em vez de no próprio PC. Uso o OneDrive o tempo inteiro.

O problema existe quando você ultrapassa os 5GB minúsculos de espaço gratuito. Nesse ponto, a Microsoft deseja que você pague uma taxa mensal ou anual recorrente para o armazenamento.

Pago a taxa anual. Uso muitos computadores diferentes e gosto de acessar meu mesmo lote de arquivos no iPad da Apple, no celular Androide e nos PCs e tablets com Windows.

Mas, se você não tem essas necessidades, talvez seja melhor pagar uma vez por um programa de backup de terceiros e esquecer a solução na nuvem da Microsoft.

Quero o Botão e o Menu Iniciar à Esquerda Inferior!

Para fazer o Windows 11 parecer novo e empolgante, a Microsoft centralizou todos os ícones na barra de tarefas, a faixa na parte inferior de sua área de trabalho. Isso quebra a tradição de toda versão do Windows dos anos 1990. Muitas pessoas não gostam.

Por sorte, seguindo estas etapas, você pode colocar o botão Iniciar e os ícones da barra de tarefas de volta onde ficavam:

1. **Clique com o botão direito na parte vazia da barra de tarefas e escolha Configurações da Barra de Tarefas no menu suspenso.**

   O app Configurações abre mostrando as configurações dela.

2. **No painel à direita, clique na seção Comportamentos da Barra de Tarefas.**

3. **Na seção Alinhamento da Barra de Tarefas, escolha Esquerda, em vez de Centro, no menu suspenso.**

A barra de tarefas volta para a esquerda, colocando o botão Iniciar onde ficou nos últimos trinta anos.

DICA

Se você prefere que o Windows 11 lembre mais sua versão antiga e familiar do Windows, verifique o site Stardock (www.stardock.com — conteúdo em inglês). Nele você encontrará um modo barato de se livrar do menu do Windows 11 em favor de algo mais como as versões anteriores do programa.

O Windows 11 Continua Mudando!

A Microsoft envia uma grande atualização para o Windows 11 todo ano, um alívio bem-vindo em relação às duas atualizações anuais para o Windows 10. Cada atualização contém centenas de alterações; muitas são apenas correções de erros "internos", outras são mudanças sutis das palavras nos menus, e há aquelas que adicionam recursos grandes e novos.

Todavia, mesmo quando a mudança no Windows 11 não é perceptível, a dos seus apps incluídos é. A Microsoft ajusta sempre seus apps, por exemplo, Email e Calendário, Fotos, Câmera, Groove Música e outros. Para ver a lista de alterações, abra a Microsoft Store, clique nos três pontos à direita superior e escolha Atualizações e downloads no menu suspenso.

Na sequência, a Microsoft Store lista todos os apps instalados e a última vez em que foram atualizados sem você saber (clique no ícone Biblioteca no painel à esquerda, então clique no botão Obter atualizações no topo da página para baixar as últimas versões do app). Há boas chances de que você verá que muitos dos apps foram atualizados na última semana.

Resumindo, o Windows 11 está sempre mudando, e não há como impedir isso. Os menus podem mudar seus nomes da noite para o dia; o menu Iniciar às vezes gera novos ícones em novos locais. Alguns apps ganham novos recursos ou menus, e outros abandonam recursos. Alguns apps desaparecem por completo.

A mudança rápida é o preço que você paga pela visão "sempre atualizada" da Microsoft para o Windows 11. Infelizmente, não há um modo de travar o programa e dizer "Pare de mudar!"

Não Quero uma Conta Microsoft

A Microsoft deseja que *todos* façam login com uma conta da empresa. Para o crédito dela, o Windows 11 é muito mais fácil de usar com uma conta Microsoft. Muitos recursos requerem uma. Sem a tal conta, você perde os benefícios do espaço de armazenamento online do OneDrive. Seu *filho* até precisa fazer login com uma conta Microsoft se você deseja controlar o uso do PC dele.

Mas, se você não quer uma conta Microsoft, não precisa dela. Basta se registrar na conta Local. Os proprietários da conta Local se limitam ao mundo "old school" da área de trabalho. Para muitas pessoas, a área de trabalho funciona bem.

Uma conta Local permite usar sua área de trabalho e programas nela, como era feito no Windows 7 e nas versões anteriores do Windows.

Explico como criar as contas de usuário Local e Microsoft no Capítulo 14.

O Windows Me Obriga a Fazer Login o Tempo Todo

Em geral, o muito consciente Windows apaga sua tela quando você não tocou em uma tecla por alguns minutos. E, ao pressionar uma tecla com atraso para trazer a tela de volta, você encontra a tela de bloqueio.

Para passar da tela de bloqueio, é preciso digitar sua senha e fazer login na conta. Algumas pessoas preferem esse nível extra de segurança. Se a tela de bloqueio aparece quando você passa muito tempo no bebedouro, você fica protegido: ninguém pode passar e xeretar seu email.

Outras pessoas não precisam dessa segurança extra e simplesmente desejam voltar a trabalhar rápido. Veja como lidar com as duas situações:

Para impedir que o Windows peça uma senha sempre que desperta, os proprietários da conta local podem seguir estas etapas:

1. **Clique no botão Iniciar e no ícone Configurações.**

   O app Configurações aparece.

2. **Clique na categoria Contas no painel à esquerda do app Configurações e, então, clique em Opções de entrada no painel à direita.**

3. **Clique na janela Senha das Opções de entrada, depois clique no botão Alterar que aparece.**

4. **Digite sua senha atual na caixa Senha atual e clique em Próximo. Então, deixe em branco as caixas Nova senha, Confirmar senha e Sugestão de senha.**

5. **Clique em Próximo e em Terminar na tela seguinte.**

Isso redefine sua senha para nada, deixando-o com um Windows mais fácil de usar. Quando o PC voltar depois de suspenso, você ficará no mesmo local onde parou de trabalhar e não terá mais que inserir sua senha.

Infelizmente, ele também o deixa com um Windows menos seguro. Qualquer pessoa que passar pelo computador terá acesso a todos seus arquivos.

Para voltar ao Windows mais seguro, porém menos amistoso, siga os mesmos passos, mas, na Etapa 4, crie uma nova senha, em vez de deixar as caixas em branco.

DICA

Se você odeia fazer login, é um candidato perfeito para o Windows Hello. Em vez de digitar um nome e uma senha, basta colocar o dedo em um leitor biométrico. O Windows imediatamente o cumprimenta e permite entrar. Descrevo como configurar o Windows Hello no Capítulo 14.

Não Consigo Alinhar Duas Janelas na Tela

Com seu arsenal de ferramentas para arrastar e soltar, o Windows simplifica obter informações de uma janela e copiá-las para outra. Você pode arrastar um endereço de uma lista de endereços e soltá-lo em uma carta no processador de texto, por exemplo.

Contudo, a parte mais difícil de arrastar e soltar ocorre quando você alinha duas janelas na área de trabalho, lado a lado, para trocar informações entre elas.

O Windows tem um modo simples de alinhar as janelas para facilitar arrastar e soltar:

1. **Arraste uma janela para a borda esquerda, direita, superior ou inferior.**

   Quando o ponteiro do mouse toca na borda da tela, a janela se redimensiona para preencher metade da tela.

   DICA

   O Windows também permite arrastar janelas para os cantos, que é seu modo de informar às janelas para se redimensionarem para preencher um quarto da tela. Arrastando uma janela em cada canto, é possível alinhar bem quatro janelas na tela.

2. **Arraste a outra janela para a borda oposta.**

   Quando o ponteiro do mouse atingir a outra borda, as duas janelas serão alinhadas lado a lado.

Você também pode minimizar todas as janelas, exceto as duas que deseja alinhar lado a lado. Clique com o botão direito em um local vazio na barra de tarefas e escolha Mostrar janelas lado a lado. As duas janelas se alinham na tela perfeitamente.

Tente arrastar as janelas para cada posição na área de trabalho, inclusive os cantos, e fique preparado para quando precisar exibir vários arquivos na tela simultaneamente.

Tenho Permissão para Fazer Algo Apenas Se Sou o Administrador!

O Windows é muito chato sobre quem faz o que em seu computador. O proprietário do PC tem a conta Administrador. E, em geral, o administrador dá a outra pessoa uma conta Padrão. O que significa? Bem, apenas o administrador pode fazer as seguintes coisas no computador:

- » Instalar programas.
- » Criar ou alterar as contas das pessoas.
- » Iniciar uma conexão de internet.

>> Conectar alguns gadgets.

>> Realizar ações que afetam outras pessoas no PC.

As pessoas com contas Padrão, por natureza, estão limitadas a atividades bem básicas. Elas podem:

>> Executar os programas instalados previamente.

>> Alterar a imagem e a senha de suas contas.

Se o Windows informa que apenas um administrador pode fazer algo em seu PC, há duas opções: encontre o administrador para digitar a senha e autorizar a ação ou convença o administrador a fazer o upgrade de sua conta para que seja uma conta Administrador, uma tarefa simples vista no Capítulo 14.

Não Sei Minha Versão do Windows

O Windows 11 tem diversas versões. Não tem muita certeza de qual versão existe em seu computador? O Windows não mostra com clareza, mas uma pequena sondagem o força a revelar essa informação. Especificamente, é preciso ver a janela Sistema.

Siga estas etapas para ver qual versão do Windows está instalada:

1. **Clique com o botão direito em Iniciar e escolha Configurações no menu suspenso.**

O app Configurações abre na categoria Sistema; pagine até a seção Sobre na borda direita e abra-a. Nela, na seção Especificações do Windows do painel à direita, é possível ver qual versão do Windows existe em seu PC. Há boas chances de que seja a versão Home ou Pro do Windows 11 (o 11 vem apenas na versão 64 bits, caso alguém precise saber).

Se você roda uma versão anterior do Windows, siga estas etapas:

1. **Na área de trabalho, clique no botão Iniciar.**

2. **Clique com o botão direito no item de menu chamado Computador ou Meu Computador e escolha Propriedades no menu suspenso.**

Quando a janela Propriedades do Sistema aparecer, leia as informações para descobrir sua versão do Windows e se é 32 ou 64 bits.

424   PARTE 7 **A Parte dos Dez**

Se sua área de trabalho não tem um botão Iniciar, você ainda roda o Windows 8 e deve pensar em fazer o upgrade (a Microsoft vai parar de dar suporte ao 8 em janeiro de 2023). E, se ainda não sabe, a Microsoft não suporta mais o Windows 7, ou seja, ele não recebe mais atualizações de segurança. Isso o deixa vulnerável a vírus, ransomware e outros problemas cibernéticos.

A Tecla Print Screen Não Funciona

Ao contrário de seu nome, a tecla Print Screen não envia uma imagem de sua tela para a impressora. É o oposto: essa tecla (em geral identificada como PrintScreen, PrtScr ou PrtSc) envia a imagem da tela para a Área de transferência do Windows.

A partir dela, você pode colar a imagem em um programa gráfico, como o Paint, permitindo que ele envie a imagem para a impressora.

Se quiser capturar uma imagem da tela inteira e salvá-la rapidamente como um arquivo, pressione ⊞+PrtScr.

Esse atalho pede ao Windows para fazer uma imagem de sua tela atual e salvá-la como um arquivo. O Windows salva essas imagens na pasta Imagens do computador, dentro da pasta *Capturas de Tela*. Os arquivos de captura de tela têm o formato PNG, o favorito de muitos programas gráficos (a captura de tela não inclui o ponteiro do mouse). As capturas subsequentes incluem um número após o nome, como Captura de Tela (2) e Captura de Tela (3).

Quando salva, sua captura de tela pode ir para a impressora quando você clica com o botão direito no arquivo e escolhe Imprimir no menu suspenso.

Alguns tablets também podem fazer capturas e salvar, caso você segure o botão volume e pressione a tecla Windows predefinida do tablet. Outros tablets requerem combinações de teclas diferentes, portanto, veja no manual dele para saber como fazer capturas de tela.

Quando algo na tela do PC parecer confuso ou com problemas, faça uma captura de tela. Enviar o arquivo de captura para o suporte técnico permite que ele veja exatamente o que está acontecendo, aumentando as chances de conserto.

426   PARTE 7 **A Parte dos Dez**

> **NESTE CAPÍTULO**

> » **Conhecendo novos gestos para telas de toque**
>
> » **Ativando o modo Avião durante o voo**
>
> » **Conectando uma nova rede sem fio**
>
> » **Ativando o recurso de rotação automática do tablet**
>
> » **Ajustando-se a diferentes locais**
>
> » **Fazendo backup do notebook ou do tablet antes de se deslocar**
>
> » **Acessando o Mobility Center**

Capítulo **23**

Dez Dicas ou Quase para Proprietários de Tablet e Notebook

Em geral, tudo neste livro se aplica a PCs desktop, notebooks e tablets. Mas o Windows 11 tem algumas configurações exclusivas para o povo com dispositivos portáteis, e explico esses itens aqui.

Planejado para viajantes, ele explica como trocar rapidamente para o modo Avião, conectar outro ponto de acesso Wi-fi e ativar o recurso rotação automática do tablet não corporativo.

Como muitos PCs portáteis incluem telas de toque, explico os novos gestos oferecidos pelo Windows 11, além de como ajustá-los à sua vontade.

Ao menos leia a seção sobre backup de seu notebook ou tablet antes de sair por aí. É mais essencial do que nunca.

ONDE ESTÁ O MODO TABLET?

Os Windows 8, 8.1 e 10 incluíam algo chamado modo Tablet, que fazia o Windows trocar para o modo amistoso para os dedos. Quando no modo Tablet, o menu Iniciar do Windows preenchia a tela inteira, por exemplo; o app em execução atualmente preenchia a tela também. Como os tablets costumam ser menores que os monitores desktop, ver um programa de cada vez facilitava focar as informações essenciais.

Mas o modo Tablet nunca "pegou" de fato e, em geral, confundia os proprietários do PC desktop. Assim, o Windows 11 abandonou por completo esse modo. Pelo contrário, o 11 sempre adiciona um espaço extra aos itens de menu, facilitando tocar com a ponta do dedo.

Conecte um teclado, e o Windows 11 sabe que deve parar de exibir seu teclado na tela; isso devolve a você metade do estado real do visor, facilitando ver o que é feito na tela.

Há chances de que você não sentirá falta da camada extra de complicação que o modo Tablet adicionava à mistura.

Os Novos Gestos da Tela de Toque

NOVO

As telas de toque, encontradas em tablets e alguns notebooks, permitem substituir o mouse e o teclado tradicionais pela ponta do dedo. Em vez de clicar em um botão para pressioná-lo, por exemplo, você toca nele.

Por anos o Windows teve suporte para telas de toque, mas o Windows 11 introduz novos modos de manipulação para interagir com um visor de tela de toque. Por exemplo, o Windows 11 mostra uma grade útil quando você desliza uma janela para um canto; a grade permite ver as diferentes maneiras de encaixar o resto das janelas abertas (volte ao Capítulo 4 para obter detalhes).

O Windows 11 também suporta o feedback *tátil* com canetas, um jeito complicado de dizer que você sente leves vibrações ao escrever, muito parecido com a sensação de uma caneta normal. Isso permite *sentir* o que você está fazendo, lembrando a escrita em um papel com textura (mas seu tablet ou notebook deve ter suporte para o feedback tátil).

NOVO

Por fim, o Windows 11 introduz novos modos de arrastar os dedos na tela para fazer certas tarefas, cada uma descrita na lista a seguir:

» Deslize um dedo para dentro a partir da borda esquerda para abrir o painel Widgets (explico o painel Widgets cheio de informações no Capítulo 3).

» Deslize um dedo para dentro a partir da borda direita para ver o calendário do mês atual e o painel de Notificações.

» Deslize três dedos para baixo na tela, e todos os apps abertos minimizam, se tornando ícones na barra de tarefas e deixando-o com uma área de trabalho vazia.

» Deslize três dedos de novo para cima e coloque as janelas minimizadas mais uma vez na área de trabalho.

» Deslize três dedos para a esquerda ou a direita para trocar rápido entre os apps abertos.

» Deslize quatro dedos para a esquerda ou a direita para trocar entre qualquer área de trabalho virtual aberta (explico as áreas de trabalho virtuais no Capítulo 3).

Se seu notebook inclui um trackpad no lugar de uma tela de toque, muitos dos mesmos gestos funcionam nele também.

DICA

Para ajustar as configurações do trackpad, escolha Configurações no menu Iniciar, Bluetooth e dispositivos no painel à esquerda. Escolha Painel tátil à direita, e todas as opções disponíveis aparecem, prontas para serem ativadas, desativadas ou ajustadas um pouco ao seu gosto.

DICA

Para ajustar as configurações da tela de toque, escolha Configurações no menu Iniciar, Bluetooth e dispositivos no painel à esquerda. Escolha Tela de toque no painel à direita para ver suas opções, inclusive como ativá-las ou desativá-las.

Trocando para o Modo Avião

A maioria das pessoas gosta de trabalhar nos tablets ou nos notebooks durante um longo voo. Os dispositivos portáteis são ótimos para assistir a filmes e jogar enquanto você finge acompanhar algum trabalho.

Porém, a maioria das linhas aéreas pede para você desligar sua conexão sem fio durante o voo, referido no jargão dos aeroportos como *modo Avião*.

Para ativar o modo Avião em um tablet ou notebook, siga estas etapas:

1. **Clique ou toque no ícone Wi-fi ao lado do relógio no canto direito inferior da tela.**

   Aparece um painel cheio de ícones, inclusive a opção do modo Avião.

2. **Clique ou toque no ícone Modo Avião (mostrado na margem).**

   Quando o botão perto do ícone é destacado, o modo Avião é ligado, desativando as radiotransmissões do seu tablet: Wi-fi, Bluetooth e GPS.

Para desativar o modo Avião e reconectar a internet, repita as etapas. Mas, desta vez, você *desliga* o modo Avião, o que reativa seu Wi-fi, Bluetooth e GPS.

DICA

O modo Avião não apenas coloca seu tablet e notebook em conformidade com as regras de segurança das linhas aéreas, como também preserva a vida útil da bateria. Se você está ficando sem bateria e não precisa de internet, fique à vontade para manter seu computador no modo Avião.

Se seu notebook ou tablet tem um plano de dados de celular sem fio, o modo Avião desativa isso também. É um modo prático de *encerrar* com uma chave a atividade de radiotransmissão de seu computador.

Mas, se você usa fones de ouvido Bluetooth, fique à vontade para ligar o Bluetooth do notebook ou do tablet (o ícone Bluetooth fica bem à direita do modo Avião). As linhas aéreas não implicam com o Bluetooth, apenas com o Wi-fi.

Conectando uma Nova Rede de Internet sem Fio

Sempre que você conecta uma rede sem fio, o Windows guarda suas configurações para conectar de novo na próxima vez em que visitá-lo. Mas, quando acessa uma rede sem fio pela primeira vez, é preciso informar ao computador que é hora de conectar.

Explico melhor as conexões sem fio no Capítulo 15, mas veja as etapas para uma consulta rápida:

1. **Ligue o adaptador sem fio de seu notebook, se necessário.**

   A maioria dos adaptadores fica ativa continuamente, a menos que seu computador esteja no modo Avião. Nesse caso, desative o modo Avião, como descrito na seção anterior.

2. **Quando o painel aparecer, clique na seta para a direita no ícone de rede sem fio do painel, mostrado na margem.**

   O Windows lista qualquer rede sem fio encontrada dentro da faixa.

3. **Conecte uma rede sem fio clicando em seu nome e no botão Conectar.**

   Em muitos lugares, clicar no botão Conectar conecta imediatamente seu notebook à internet. Mas, se seu notebook pedir mais informações, vá para a Etapa 4.

CUIDADO

   Nunca conecte uma rede sem fio listada como conexão *ad hoc*. Essas conexões costumam ser configuradas em locais públicos por ladrões que esperam enganar visitantes desavisados.

4. **Insira o nome da rede sem fio e a chave/senha de segurança, se solicitado.**

   Algumas redes sem fio secretas não transmitem seus nomes, portanto, o Windows as lista como Rede oculta. Se você encontrar esse nome ou o Windows pedir a chave de segurança da rede, encontre o proprietário da rede e peça o nome dela, conhecido como *SSID* (identificador do Conjunto de Serviços), e a chave de segurança ou a senha para digitar aqui.

   Ao clicar no botão Conectar, o Windows informa que teve sucesso (talvez você também precise clicar em um aviso legal ao conectar em alguns locais públicos). Marque a caixa de seleção próxima identificada como Conectar automaticamente. Isso pede ao computador para lembrar a senha e conectar automaticamente na próxima vez em que você estiver dentro da faixa.

Se você faz login com uma conta Microsoft, as senhas do Wi-fi acompanham sua conta. Se faz login em uma rede Wi-fi com seu notebook, pode acessar automaticamente a mesma rede Wi-fi com o tablet também.

Ativando a Rotação da Tela do Seu Tablet

A maioria dos tablets com Windows deve ser mantida na horizontal. Mas, quando você os pega, eles giram automaticamente para manter seu trabalho virado para cima. Por exemplo, vire o tablet na vertical, e sua área de trabalho fica longa e estreita.

A rotação automática é útil quando você lê um livro digital, porque as páginas mais longas e finas lembram mais um livro impresso. Também é um modo conveniente de girar as fotos em um tablet ao mostrá-las aos amigos. Mas, quando a tela gira de modo inesperado, a rotação automática incomoda.

DICA

A maioria dos tablets vem com o botão de bloqueio da rotação em uma borda (em geral, esse botão fica perto do botão de energia, por algum motivo). Pressionar o botão bloqueia a tela ou permite que ela gire livremente.

Você também pode ativar a rotação automática diretamente no Windows seguindo estas etapas:

1. **Toque no botão Iniciar e em Configurações. Quando a janela Configurações abrir, toque na configuração Sistema no painel à esquerda e, então, toque na seção Tela no lado direito.**

    O Windows 11 mostra suas configurações para ajustar todos os aspectos de sua tela.

2. **Toque na opção da configuração Bloquear rotação.**

    Quando o botão mostra On, o Windows impede a tela de girar automaticamente. Toque nele, e o botão mostra Off, forçando o tablet a ficar virado para cima, não importando como ele é movido.

Repita as etapas para ativar ou desativar a rotação automática.

Ajustando-se a Diferentes Locais

Os PCs não saem da mesa de trabalho, facilitando muito a configuração. Você precisa inserir seu local apenas uma vez, por exemplo, e o Windows configura de modo automático o fuso horário, os símbolos da moeda e coisas parecidas que mudam no planeta.

Mas o bom da mobilidade de um tablet ou um notebook é compensado com a chatice de informar exatamente onde ele está localizado atualmente. Esta seção mostra o que você precisa mudar ao ir para uma área diferente.

Siga estas etapas para que seu notebook saiba que você entrou em um novo fuso horário:

1. **Na área de trabalho, clique com o botão direito na área Data/hora, na parte direita inferior da barra de tarefas.**

    Aparece um menu suspenso

2. **Clique em Ajustar data/hora.**

    O app Configurações abre na página Hora e Idioma.

3. **Clique na opção Fuso horário e, então, selecione seu fuso horário atual na lista suspensa.**

   Isso muda o fuso horário, do qual quase todos os viajantes precisam. Aqueles com uma estada maior podem optar por mudar os itens específicos da região, por exemplo, a moeda ou os formatos de data, hora e número, ou adicionar caracteres de outro idioma ao teclado.

   Se você viaja com frequência, ative a opção Definir fuso horário automaticamente.

   Se já está muito adaptado a um fuso horário, vá para a Etapa 4.

4. **Mude os formatos de data/hora, assim como as preferências regionais e de idioma, para que correspondam aos hábitos do país atual.**

   As opções na página Hora e Idioma do app Configurações permitem mudar todas as configurações regionais no Windows:

   - *Data e hora:* É a seção que você mudou na Etapa 3. Não é preciso rever, a menos que tenha errado nela.

   - *Idioma e região:* Escolha essa opção para informar aos apps qual país você visita (permite que os apps exibam o conteúdo local que corresponde ao lugar). Você também pode adicionar outro idioma aqui para que possa ler e digitar nele. Também é possível mudar o layout de seu teclado para corresponder aos teclados do outro país.

   - *Sincronizar agora:* Clicar aqui pede ao Windows para verificar no servidor da Microsoft e definir automaticamente a data/hora do seu PC.

5. **Feche o app Configurações, se quiser.**

   Suas alterações ocorrem de imediato. Para sair do app Configurações, clique no ícone Fechar à direita superior.

Ativando o Widget Trânsito

NOVO

O Windows 11 apresenta um painel de *Widgets* — caixinhas cheias de informação que podem ser ativadas com um clique rápido em um ícone da barra de tarefas ou, em uma tela de toque, um dedo deslizando para dentro a partir da borda esquerda.

Embora eu tenha explicado os Widgets no Capítulo 3, um que é útil de adicionar ao viajar é o Widget Trânsito. Ele coloca um pequeno mapa localizado no painel Widget que mostra constantemente o trânsito nas proximidades.

Clique ou toque no pequeno mapa, e seu navegador preenche a tela com um mapa da área imediata e a situação atual do trânsito (nele você também pode encontrar orientações para as proximidades).

O Widget Trânsito é rápido de acessar, atualiza automaticamente e pode ajudá-lo a decidir se vale a pena sair do hotel naquele momento em particular ou aguardar até que o trânsito diminua.

Verifique se o Widget Trânsito está adicionado e definido para atualizar automaticamente. Não faz sentido pegar aquele café até o furacão passar.

Fazendo Backup do Notebook Antes de Se Deslocar

Explico como fazer backup de um PC no Capítulo 13, e o backup de um notebook ou um tablet funciona como no PC. Por favor, lembre-se de fazer backup do notebook antes de sair de casa ou do escritório. Ladrões roubam notebooks e tablets com mais frequência do que roubam PCs desktop. Seu notebook e tablet podem ser substituídos, mas os dados, não.

Mantenha as informações de backup em *casa* ou na *nuvem* — não na bolsa do notebook.

O furto é um dos motivos para eu não recomendar armazenar nenhum cartão de memória de backup dentro ou no estojo do tablet. Quando o ladrão pega seu tablet, ele leva o backup junto.

O OneDrive da Microsoft, predefinido no Windows 11, permite armazenar suas informações na internet com muita facilidade, fornecendo um backup automático. Explico como configurar o OneDrive no Capítulo 5.

Acessando o Mobility Center

Introduzido no Windows 7, o Mobility Center existe no Windows 11. É uma coleção de configurações acessadas com frequência para os dispositivos portáteis.

Para acessar o Mobility Center, clique com o botão direito no botão Iniciar e escolha Mobility Center no menu suspenso. Ele aparece como na Figura 23-1.

434   PARTE 7 **A Parte dos Dez**

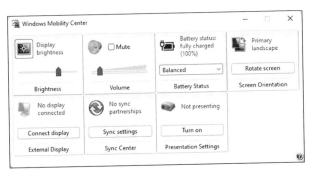

FIGURA 23-1: O Mobility Center coloca as configurações do notebook e do tablet em um local fácil de acessar.

Fabricantes diferentes oferecem configurações variadas, mas a maioria tem modos rápidos de mudar o brilho da tela, o volume do som, a rotação, os planos de bateria e maneiras de conectar monitores e projetores.

Transformando a Calculadora na Ferramenta do Guerreiro Viajante

Quando estourou na cena de computação em meados dos anos 1980, o Windows incluía uma calculadora básica com funções aritméticas normais. Hoje, a calculadora exibe muitos recursos novos que ajudam não só os alunos de matemática, mas quem viaja mundo afora.

Especificamente, agora a calculadora inclui vários conversores, permitindo calcular taxas de câmbio, valores métricos e diversas outras medidas.

Para acessar os diferentes modos de conversão da Calculadora, siga estas etapas:

1. **Clique no menu Iniciar, digite Calculadora na caixa Pesquisa e pressione Enter.**

    O app Calculadora aparece, mostrado na Figura 23-2.

2. **Clique no ícone Menu na parte esquerda superior da Calculadora.**

    Um menu abre, listando todos os modos que o app pode exibir.

3. **Na seção Conversor do menu, escolha o que deseja converter.**

    Por exemplo, escolha Moeda para converter dólar em euro.

CAPÍTULO 23 **Dez Dicas ou Quase para Proprietários de Tablet e Notebook**   435

4. Insira a quantia que deseja converter e a moeda do país visitado atualmente.

Para converter US$100 em euros, digite 100 no espaço da Calculadora clicando (ou tocando) nos botões dela. Abaixo, use o menu suspenso para escolher Euro ou digite a moeda que gostaria de converter. A calculadora mostra várias moedas, desde Afeganistão — Afghani até Zâmbia — Quacha.

FIGURA 23-2: O app Calculadora permite converter moedas estrangeiras e equivalentes do sistema métrico.

Assim que você escolhe o tipo de moeda, a Calculadora pesquisa a taxa de câmbio e lista até onde esse dinheiro vai no país que você está visitando.

Em outro benefício para os viajantes, a Calculadora converte medidas de volume, temperatura e velocidade. Vale a pena ver ao viajar para países desconhecidos ou quando você termina a viagem e precisa detalhar os comprovantes.

Índice

SÍMBOLOS

0000
   Código de acesso universal, 253

A

Acessibilidade
   Daltônicos, 268
   Facilidade de Acesso, 267

Acesso
   Tipo, 313

Adaptador de rede, 302

Agente virtual, 278

Álbuns de fotos, 360

Alexa, 185

Anúncios pop-up, 251

Apple iTunes, 93

Apps, 13, 31, 139
   Atualização automática, 139
   Desinstalar, 143
   Email, 204
      Pastas, 206
   Gratuitos, 35
   Pessoas, 215
   Sociais, 202

Apresentação de slides, 260

Área
   de trabalho, 47–70
      Partes, 49
      Virtual, 67, 153
   de transferência, 148

Arquivos, 133
   Associações de arquivo, 138
   de dados, 106
   Extensão de arquivo, 138
   temporários
      Excluir, 279

Árvore
   Metáfora, 95

Assistente virtual, 411

Atalho, 143

Atualizações, 16

Avião
   Modo, 429

B

Backup, 161
   Imagem do sistema, 274

Banda larga, 184

Barras
   de endereço, 192
   de rolagem, 358
   de tarefas, 49, 56, 153, 259
   Endereço, 75
   Rolagem, 81, 99
   Título, 74, 84

BD-RE, 110

BD-ROM, 110

Bibliotecas, 334, 378

Bing, 195

Bluetooth, 251, 317

Borda, 82

Botão iniciar, 49

Burn-in, 262

C

C:\, 96

Cabos de rede, 302
  Ethernet, 304

Caixa
  de rolagem, 81
  Pesquisa, 30, 76

Calculadora, 435

Câmera, 352

Caminho, 96

Captura de tela, 149, 393

Cartões de memória, 114
  Formatos populares, 115

CD
  CD-R, 110
  CD-RW, 110
  Gravar, 345
  Reproduzir, 340

Central de Privacidade, 295

Centro de ações, 60

Chat
  Convidar pessoas, 225
  Por vídeo, 223–224

Chave de segurança da rede, 187

Código de acesso, 253

Cofre pessoal, 122

Coluna
  Classificar por cabeçalho, 158

Compartilhar por proximidade, 317

Computação segura, 388

Conexão ad hoc, 431

Configurações rápidas, 64

Confusão monocromática, 74

Conta
  Administrador, 284
  Convidado, 285
  Criança, 285
  Local, 28, 285, 289
  Membros da família, 286
  Microsoft, 28, 190, 289
  Outros membros, 286
  Padrão, 284
  Usuário, 283–284

Contato
  Excluir ou editar, 218

Cookies, 336

Copiar e colar, 145

Correção da ortografia, 209

Cortana, 15, 56, 155

D

Dados
  Mineração de dados, 336

Declaração de Privacidade, 336

Descompactar, 281

Desfazer, 150

Dicas
  Apps, 410

Disco
  Criar, 112

Disco de redefinição de senha, 27

Dispositivos, 251

Docking station, 90

Documentos, 129

Drivers, 232, 280

DVD
  DVD-RW, 110
  Reproduzir, 340

E

E-mail
    Anexo, 212
    Criar, 207
    Ler ou responder, 209

Emojis, 208

Endereços, 191
    Barra, 98

Estações de rádio, 342

Excluir, 103

Exibição
    de rolagem, 357
    de slides, 362

Explorador de Arquivos, 71, 89
    Seções, 92

Extração, 344

F

F1
    Tecla de ajuda, 409

Feedback tátil, 428

Firewall, 232, 378

Fontes, 259

Formato PNG, 425

Formatos, 131

Fotos
    Dicas para encontrar, 160
    e vídeos, 356

G

Gadget removível, 93

Gerenciador de Arquivos, 39, 90

Gravação, 109

Grupo doméstico, 308

H

HD externo, 273

Hiperlinks, 208

Histórico
    de Arquivos, 271, 273, 276, 371
    de computação, 92

Home page, 193–194

I

Ícones, 35, 40, 49
    Remover, 39

Impressora
    A jato de tinta, 167
    Bandeja da impressora, 166
    Compartilhar, 316
    Digitalização, 178
    Driver, 177
    Erro de memória, 172
    e scanners
      Instalar, 254
    Fila de impressão, 164, 172
    Impressora Wi-fi, 256
    Imprimir
      Página de teste, 255
    Tipo de papel, 173

Imprimir
    Área de trabalho, 166
    Configurações, 170
    Envelope, 172
    Microsoft Edge, 175
    Páginas da web, 174

Iniciar
    menu
      Partes, 30
    Menu, 130

ISP, 184

J

Janelas, 10
    Alinhar as janelas, 423
    Ativa, 83
    Grade, 86
    Lado a lado, 86

L

Leitor
    biométrico, 27, 232, 298
    de cartão de memória, 349
Lente de aumento
    Ícone, 154
Linha do tempo, 70
Links da internet, 155
Listas de Atalhos, 59
Lixeira, 54, 104, 376
Login, 29

M

Malware, 395
Marca "Queijo Mofado", 159
Mecanismo de busca, 194
Media Player, 378
Mensagens
    de erro, 384
    de texto
        Enviar, 223
Menu
    hambúrguer, 164
    Iniciar, 21–45
Microsoft, 10
    Conta, 28
    Defender, 232
    Defender Antivírus, 395

Edge, 11, 65, 183
Store, 31, 66, 137, 139, 289, 327
Teams, 221
Word, 159, 172
Mídia
    Categorias, 335
Minimizar, 58
Mixer, 61
Mobility Center, 434
Modo
    de exibição, 348
    de vídeo, 244
    Tablet, 90
Monitor e projetor
    Adicionar ao PC, 246
música, 342
    Formatos, 335
    Playlist, 326

N

Nomenclatura
    Conflito, 374
Nomes de arquivo ilegais, 102
Notificações, 63, 249
Nuvem, 89, 116

O

Office
    Pacote, 121
OneDrive, 79, 90, 116, 280, 289, 295, 400, 419
    Espaço de armazenamento, 401

P

Página impressa, 168

Painel
de Controle, 269
Navegação, 78, 135
Widgets, 429

Paisagem ou Retrato
Modo, 248

Papel
de parede, 52, 258
fotográfico, 173

Parear, 253

Pastas, 49, 94, 134

PC
congelado, 381
Health Check, 14
PC Health Check
Health Check
Apps, 418

PCmover
Software, 401

PDF
Arquivo, 165

Pen drives, 115

Permissões, 108

Personalização, 258

Pesquisa
Caixa, 154
Dicas, 156

Phishing, 211, 234–235

PIN, 27
Número, 298

Plano
de fundo, 52
de garantia, 411

Playlist, 342

Ponto de restauração, 270, 367

Porta HDMI, 246

Print Screen, 149
Tecla, 425

Programas e apps, 11

Proprietários da conta, 23

Proteção de tela, 262

Provedores de Serviço de Internet (ISPs), 305

Q

QR code, 257

R

Recortar e copiar, 148

Recuperar um arquivo, 387

Rede, 161, 301
Adaptadores de rede, 379
Doméstica, 161
Partes, 302
Privada, 187
Pública, 187
Rede doméstica, 312
Rede sem segurança, 187
Sem fio, 185

Renomear, 101

Resolução da tela, 244

Restauração do Sistema, 366

Rotação automática, 431

Roteador, 302
Configurar, 305

S

Salvar, 134

Segurança, 25

   Backup, 273

   da família

      Categorias, 238

   Disco de redefinição de senha, 299

   do Windows, 231

      Categorias, 231

      Opções da família, 237

   Pontos de restauração, 272

   Risco de infecção

      Reduzir, 234

Selecionar, 147

Senhas, 27, 296, 379

Sensor de Armazenamento, 278

Serviço estendido, 411–412

Seu Telefone

   App, 256

Sistema

   Categoria, 244

   operacional, 10

Smartphone, 217

SmartScreen

   Filtro, 236

Software de instalação, 254

Solução de problemas, 376

Spooler de impressão, 174

Spotify, 327

SSID, 305, 431

String secreta, 253

Suporte gratuito, 412

T

Tablet

   Modo, 428

Tag, 333, 336

Teams Chat, 221

Tela

   Bloqueio, 259

   de bloqueio, 11, 22, 421

   de permissão, 376

   de toque, 90, 428

      Regras, 4

   Fundo, 259

Tema, 54, 258

Tethering, 252

Tipo de arquivo, 178

TPM

   2.0

      Chip, 418

      chip, 16

Trackpad, 429

Trânsito

   Widget, 433

Troca Rápida de Usuário, 292

Truque "laço", 82

U

USB

   Porta, 252, 348

   USB-C, 275

V

Verificação de segurança, 23

Vídeo
Bate-papo, 224
Formatos, 335

Videogames, 266

Vírus, 233

Visão de Tarefas, 34
Ícone, 152

VPN, 258

W

Webcams, 351

Widgets, 14, 64

Wi-fi
Configurar, 258

Windows
Media Player
Lojas online, 333

WYSIWYG, 168

Z

Zinstall WinWin, 403

ZIP
Arquivo, 199

ROTAPLAN
GRÁFICA E EDITORA LTDA

Rua Álvaro Seixas, 165
Engenho Novo - Rio de Janeiro
Tels.: (21) 2201-2089 / 8898
E-mail: rotaplanrio@gmail.com